Regional Development and Higher Education
A Study on the Coordinated Development of Education, Economy and Society in Xiong'an New Area

国家社会科学基金重点项目
"雄安新区教育与经济社会协同发展研究"（项目编号：AGA190011）
资助成果

区域高等教育研究丛书（周光礼／总主编）

区域发展与高等教育
雄安新区教育与经济社会协同发展研究

周光礼　薛欣欣　刘军伟　公钦正　姚蕊　等◎著

华中科技大学出版社
http://press.hust.edu.cn
中国·武汉

图书在版编目（CIP）数据

区域发展与高等教育：雄安新区教育与经济社会协同发展研究/周光礼等著．—武汉：华中科技大学出版社，2024.6
（区域高等教育研究丛书）
ISBN 978-7-5772-0833-6

Ⅰ.① 区… Ⅱ.① 周… Ⅲ.① 地方教育-研究-雄安新区　Ⅳ.① G527.223

中国国家版本馆 CIP 数据核字（2024）第 094681 号

区域发展与高等教育：
雄安新区教育与经济社会协同发展研究

周光礼　等著

Quyu Fazhan yu Gaodeng Jiaoyu：
Xiong'an Xinqu Jiaoyu yu Jingji Shehui Xietong Fazhan Yanjiu

策划编辑：张馨芳
责任编辑：殷　茵
封面设计：原色设计
版式设计：赵慧萍
责任校对：张汇娟
责任监印：周治超

出版发行：华中科技大学出版社（中国·武汉）　　电话：(027) 81321913
　　　　　武汉市东湖新技术开发区华工科技园　　邮编：430223
录　　排：华中科技大学出版社美编室
印　　刷：湖北金港彩印有限公司
开　　本：710mm×1000mm　1/16
印　　张：21.5　　插页：2
字　　数：436 千字
版　　次：2024 年 6 月第 1 版第 1 次印刷
定　　价：98.00 元

本书若有印装质量问题，请向出版社营销中心调换
全国免费服务热线：400-6679-118　竭诚为您服务
版权所有　侵权必究

总 序
PREFACE

党的二十大报告中强调"教育、科技、人才是全面建设社会主义现代化国家的基础性、战略性支撑",首次强调教育、科技、人才一体化赋能新质生产力建设,赋予教育新的战略地位、历史使命和发展格局。事实上,自2021年以来,习近平总书记先后提出中国要努力成为"世界主要科学中心和创新高地""世界重要人才中心和创新高地""具有强大影响力的世界重要教育中心"等战略命题。这些战略命题的提出,一方面彰显了中国高等教育的全球化愿景,另一方面凸显了中国高等教育区域化诉求。区域对知识、技能的可获得性空前重视,区域的发展越来越依赖知识和创新。随着中国经济发展呈现极化趋势,习近平总书记提出要率先将北京、上海、粤港澳大湾区建设高水平人才高地。各地因此非常强调高等教育支撑地区发展目标,其手段是为区域培育独特的优势和环境,打造有竞争力的知识产业。作为知识和创新的战略力量,高等教育在区域发展中处于核心地位。

高等教育要全球化,首先必须区域化。当前中国高等教育进入一个区域发展的新时代。在计划经济时代,高等教育服务行业经济,高等教育资源实行计划配置。在社会主义市场经济时代,高等教育服务区域经济,高等教育资源实行市场配置。进入中国特色社会主义新时代,中国经济发展极化效应凸显,呈现出"三点"(京津冀、长三角、粤港澳大湾区)"一线"(长江经济带)格局,高等教育资源配置模式实行"有为政府、有效市场"。在这种背景下,中西部一大批名校纷纷在深圳、东莞、苏州等沿海经济发达地区开设新校区。地方政府引进优质高等教育的积极性空前高涨,传统的经济开发区已被新型的高教开发区所取代。人们对此莫衷一是,批判、颂扬皆有之。这些争议为我们思考高等教育与区域发展提供了一个契机。中国高等教育变革的主要驱动力来自两个方面,一是全球性的高等教育变革,二是区域性的经济社会变革。前者聚焦于高等教育的国际化、市场化、数字化和智能化,后者强调知识经济与产业转型升级。两者的交汇点是新经济和新产业,所谓新经济和新产业即建立在知识的生产、传播和消费之上的经济,这种新的产业形态以研究和创新为特征,是为知识产业。高等教育的国际化和数字化使知识生产和研究的全球化成为可能，高等教育的市场化强调知识本身就是交换的商品。可见，新经济和新产业就是知识产业。知识产业的一个重要特点是知识生产是全球性的，但创新过程（新产品和方法的开发）仍然是区域性的。这意味着区域的创新活力来源于系统的开放性。全球知识产业的兴起使中国高等教育面临重要挑战。为了回应这种挑战，中国传统高等教育模式应做战略性调整。这种调整必须能够容纳并支撑两种变革趋势：一是知识生产模式的转型，即由生产"学科知识和理论知识"向生产"跨学科知识和应用知识"转型；二是人才培养模式的变革，即由"面向学科的专业教育"向"面向职场的专业教育"转型。然而，建立在学科和院系矩阵结构的基础之上、以封闭性为其突出特点的中国传统高等教育无法包容和支撑这两种变革趋势。知识产业要求加强高等教育与区域发展之间的有效联合，将教学、研究活动和创新活动在一个统一的模式下聚合起来。唯有打破传统的学科边界和院系结构，建构区域科教系统与区域创新系统的开放界面，才能真正建立一个连接高等教育与区域发展的有效机制。如何建立一种满足知识产业发展需要的高等教育模式，关涉中国高等教育变革与转型的成败。

教育、科技、人才一体化赋能新质生产力呼唤区域知识创新中心建设。新质生产力是生产要素的系统集成，科技为首要，创新是特征，产业为载体。区域知识创新中心是区域中的行动者围绕知识生产、知识整合、知识传播、知识运用而形成的协同运作的复杂系统。其核心包括两个方面：区域知识创新主体以及彼此之间的相互联系。美国旧金山"硅谷"是区域知识创新中心的典型案例。企业、大学、独立科研机构是"硅谷"的知识创新主体。"硅谷"不仅聚集着大量的创新企业，而且有13所知名大学以及众多企业资助的世界一流实验室。这些创新主体之间形成了复杂的互动网络：一方面，大学和独立科研机构为企业提供科技成果，培育高科技人才；另一方面，企业为大学和独立科研机构的研究提供资金支持，以及市场方面的反馈信息。这种互动关系的形成有赖于"硅谷"完善的创新支持系统。硅谷地区拥有活跃的技术转移中介组织以及大量的风险投资家，一方面能把大学和科研机构的成果转移给企业，另一方面也能把社会的需求信息反馈给研究机构，引导科研内容更能贴近实际生活。"硅谷"的快速崛起引发了人们对区域知识创新的思考。关于区域知识创新的研究始于20世纪80年代。区域知识创新理论研究最早可追溯到1987年，弗里曼基于二战后日本经济腾飞经验提出了国家创新系统的概念。在此基础上，其他学者和OECD对国家创新系统的行为主体、运行机制、动力系统等进行了全面研究。区域创新系统的概念最早由英国卡迪夫大学库克于1992年提出，用以描述和解释科研创新呈现集聚状态。库克认为，企业为了促进对基础性创新的学习而聚集于大学、研究机构周围，从而呈现出创新活动的集聚，进而形成区域创新系统，这是创新集聚效应的内在机理。库克从地域性和网络性的角度第一次界定了区域知识创新中心的概念，如其所言，区域知识创新中心是"由地理上靠近且分工合作的企业、高校以及研究机构等构成的区域性网络。企业和其它相关组织在具有根植性特征的环境下相互学习并传播创新"。1997年，安息姆和艾萨克森根据社会凝聚力将区域知识创新中心分为两种模式：一类是区域性的国家创新系统，即区域知识创新中心被视为国家创新体系的子系统，从属于国家创新体系；另一类是植根于区域的创新系统，即系统的产业结构以及制度建设都在区域内进行。这一分类影响很大。1999年豪威尔（Howell）从创新驱动力的角度将这两种模式表述为"自上而下"和"自下而上"。2006年，杨开忠等人进一步把"自上而下"模式称为政府主导型，"自下而上"模式称为市场主导型。应该说，区域创新的三螺旋理论也是这一分类的具体展开。三螺旋模型（Triple Helix Model，TH模型）的概念最早是埃茨科维兹和雷德斯多夫提出的，用以解释大学、产业和政府三者间在知识经济时代的新关系。三螺旋模式是一种区域知识创新模式，强调大学、产业、政府三方在创新过程中密切合作、相互作用。

应该说，这些研究成果主要是从区域发展的角度取得的。本丛书主张从区域高等教育发展的角度构建新的概念框架。我们所理解的区域知识创新中心是指在一个地理区域内，由参加技术创新和扩散的企业、大学及独立研究机构、中介服务机构和政府组成，通过政府行为和制度规范，创造、储备、使用和转让知识、技能和新产品的社会网络系统。大学和科研院所、企业构成了区域知识创新网络的内核，其创新能力决定了区域创新中心核心竞争力的强弱，通过与政府、中介服务机构等组成的创新支持网络的互动来影响区域知识创新绩效。区域知识创新中心建立在知识产业充分发育的基础上。知识产业的充分发育体现在两个方面。一是知识生产的分散化。随着高等教育的国际化、市场化、信息化、智能化，一方面，潜在知识生产者数量快速增长，知识生产从大学和科研院所发展到许多不同机构；另一方面，社会对专业知识的需求也快速增加，专业知识成为企业提升竞争优势的关键。整个社会中的个人和组织既是专业知识的生产者，同时又是这些知识的消费者。"知识生产依赖于更广阔的社会背景，而不是集中在少数几个机构中。知识生产囊括了处于各种不同社会关系中的个人和组织。"可见，知识生产已经成为一个分散的过程。这一过程以知识生产场所的扩展为基础，场所的扩展使知识资源的不断组合成为可能。二是创新过程的集聚化。分散性知识生产同时也创造了一个合作的世界。知识生产的分散化促使专业知识市场的产生，由于知识生产者也是知识消费者，因此知识生产机构之间必须加强沟通。事实上，知识生产的分散化更加促使创新资源在特定的区域集聚，合并创新的趋势越发明显。在这种背景下，一些大学越来越多地参与合作和联盟，并与分散在世界各地的"解决问题团队"共享人力和其他资源，因此，这些大学的机构需要重新组织。从这个意义上说,分散性知识生产的存在必然引起目前大学组织结构的变化。对大学来说,必须要更加开放,要与更多的机构保持接触,要更加深入地融于社会。为此,大学至少要建立两种结构:一是问题导向的科研结构,二是能力导向的教学结构。其中,在知识产业中,不仅需要创造知识的研究者,而且需要问题的解决者、问题的识别者、问题的经纪人。这需要培养大批具有新技能的人才。这种人才的新技能主要不在于生产新的知识,而在于如何将他人创造的知识进行整合。

根据知识生产的分散化和创新过程的集聚化,可以建构出一个区域知识创新中心模型。区域发展需要创新与新技能的汇聚,因此区域知识创新中心的核心是两个相互耦合的子系统:一个是创新研发系统,另一个是人才培养系统。创新研发系统是由创新主体所构成的系统,它是区域知识创新中心的核心要素,对于创新中心正常运作至关重要。创新主体包括大学科研机构、独立科研机构与企业创新部门。其中,大学科研机构和独立科研机构擅长基础性创新,这种创新并不完全以市场为导向;企业创新部门以市场为导向,以技术创新见长。任何一个能接入互联网的地方都可以参与到区域知识创新体系当中,因此境内大学乃至境外大学都可以参与区域创新研发系统。人才培养体系也是区域创新中心的核心要素——培养具有新技能的人才支撑知识产业。人才培养体系包括大学的学历教育与非学历教育、企业的职业培训以及问题解决小组的团队学习。人才培养系统与创新研发系统是一种紧密耦合关系,区域知识创新中心既应成为创新研发的平台,也应成为教育教学的平台,是科教融合和产教融合的统一体。其他行动者以这一平台为载体进行频繁的交流互动。政府通过运用政策、资金、行政、法律等手段引导区域知识创新活动,为区域知识创新中心提供制度支撑。企业家和企业通过知识转移实现创新的价值,并将需求反馈给创新研发系统和人才培养系统。投资者通过资金投入支持创新项目,扶持创新企业。

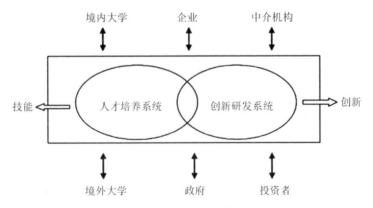

区域知识创新中心模型

本丛书将新质生产力作为教育、科技、人才一体化与区域高质量发展的中间变量，强调高等教育和区域在共同利益的基础上建立合作伙伴关系。当前中国经济已经进入科技密集型和创新密集型产业为主的新发展阶段，其持续发展不能依赖旧质生产力，而必须依靠知识和创新，依靠高等教育赋能新质生产力。从推动区域高质量发展的角度看，高等教育已经成为关键性资源，它能为本地知识产业和人力资本储备继续竞争优势。从高等教育发展来看，参与区域发展有着广泛的利益，如整合产业优质的教育资源优化人才培养模式，获得丰收的财政资源改善办学条件。

中国人民大学教育学院院长
吴玉章讲席教授
教育部长江学者特聘教授
2024 年 5 月

前言
INTRODUCTION

2023年5月29日，习近平总书记在中共中央政治局第五次集体学习时强调，"建设教育强国，是全面建成社会主义现代化强国的战略先导，是实现高水平科技自立自强的重要支撑，是促进全体人民共同富裕的有效途径，是以中国式现代化全面推进中华民族伟大复兴的基础工程"。建设教育强国，龙头是高等教育。建设高等教育强国，关键是"双一流"建设。随着"双一流"建设进入第二个周期，各省、直辖市、自治区在各自制定的"双一流"建设方案基础上，统筹推进区域高等教育体系建设。如何统筹协调区域内世界一流大学的建设，实现城市区域与大学融合发展，形成区域性科学人才中心和创新高地，建设高质量的区域高等教育体系，是当前迫切需要研究的关键问题。

基于此目的，本书聚焦高等教育与区域发展，试图从底层逻辑、国际视野、国家战略等方面全面阐述雄安新区高等教育与经济社会协同发展问题。

从逻辑维度来看，随着中国由行业经济向区域经济转变，区域高等教育日渐成为区域发展的重要推动力量。改革开放40多年来，中国经济要素、创新要素逐步向东部沿海地区集聚，逐步形成了京津冀、长三角和粤港澳大湾区三大增长极。据统计，这三大增长极的GDP之和约占全国GDP的50%，它们的一个共同发展趋势就是实现由劳动密集型、技能密集型产业向科技密集型、创新密集型产业转变，进入了知识经济时代。如果说劳动密集型和技能密集型产业对高等教育的依赖性不强，那么科技密集型和创新密集型产业则离不开高等教育，离不开一流大学。因为在知识经济时代，区域发展主要依靠知识和创新，而知识和创新离不开高水平研究型大学。这是近年来中国"西学东扩"和优质高等教育资源向东部沿海集聚的根本原因。在这种背景下，中国的"双一流"建设更突出强调了大学对国家和社会发展的支持和贡献，发挥高水平研究型大学建设的外溢效应，以促进经济社会发展。

从全球维度来看，世界一流大学汇聚产生了世界学术中心和创新高地。工业革命以来，世界学术中心和经济中心呈现出共生关系。当地中海北岸成为世界中心时，世界学术中心和创新高地出现在意大利；当西欧成为世界经济中心时，世界学术中心和创新高地先后出现在英国、法国、德国；当北美成为世界经济中心时，美国成为世界学术中心和创新高地；当东亚逐步成为世界经济中心时，习近平总书记提出，中国要努力成为世界主要科学中心、世界重要人才中心和创新高地、具有强大影响力的世界重要教育中心。事实上，当今世界公认的世界一流大学并不是散乱无序地分布在世界各地，而是呈现出特定范围内集中分布的态势，形成了几个较为明显的世界一流大学高地，如美国的旧金山湾区和纽约湾区，日本的东京湾区，中国的京津冀、长三角和粤港澳大湾区。这些世界一流大学高地支撑起世界三大学术中心和创新高地，即北美、西欧和东亚。

从国家战略维度来看，要积极探索高质量的区域高等教育体系建设。立足世界百年未有之大变局和中华民族伟大复兴战略全局，习近平总书记多次强调："中国要强盛、要复兴，就一定要大力发展科学技术，努力成为世界主要科学中心和创新高地。"基于新时代"四点一线一面"的战略布局、2035年建成教育强国的时间布局，要积极探索京津冀、长三角、粤港澳大湾区、海南自贸区、长江经济带、西部地区"双一流"建设与区域经济社会协同发展问题，进而推动世界一流大学高地建设。若干世界一流大学高地的建成，将带动世界科学中心和创新高地的建设，支撑中国现代化强国建设，助推中华民族伟大复兴。本书聚焦雄安新区高等教育与区域发展研究，可为新时代"双一流"建设提供有益的参照。

本书共分十一章。第一章至第四章是理论研究。其中，第一章描述了京津冀地区的经济特征与发展现状，为全书提供了宏观社会环境；第二章分析了雄安新区建设的战略定位与教育需求，为全书提供了政策背景；第三章阐述了高等教育与区域协同发展的相关理论，为全书提供了分析框架；第四章探讨了高等教育与区域协同发展的国际经验，为全书提供了国际视野。第五章至第八章是实证研究。其中，第五章研究了京津冀地区高等教育人力资本对经济社会发展贡献测度，第六章探讨了京津冀地区高等教育结构与产业结构耦合协调，第七章研究了知识创新体系与雄安新区经济社会协同发展，第八章探讨了高等教育资源空间布局及其对区域科技创新能力的影响。这四章是本书的主体部分，分别从人才培养系统和科技创新系统两个维度研究了雄安新区高等教育与经济社会协同发展问题。第九章至第十章是对策研究。其中，第九章探讨了基于深圳经济特区和浦东新区经验的雄安新区基础教育体系建构，第十章探讨了基于深圳经济特区和浦东新区经验的雄安新区高等教育体系建构。第十一章则是全书的研究总结和归纳。

本书是国家社会科学基金重点项目"雄安新区教育与经济社会协同发展研究"（AGA190011）的最终研究成果。课题负责人为中国人民大学周光礼教授，课题组主要成员包括北京大学阎凤桥教授、中国教育发展战略学会常务副会长兼秘书长韩民研究员、中国教育发展战略学会常务副会长康宁博士、中国人民大学申素平教授、中南大学莫甲凤副教授、华东师范大学姚荣副教授、陕西科技大学武建鑫教授、西安外国语大学王嘉铭教授、中国人民大学薛欣欣博士、内蒙古幼儿师范高等专科学校刘军伟副教授等。主要撰稿人为周光礼、薛欣欣、刘军伟、公钦正、姚蕊等。

课题组竭尽全力，希望在高等教育与区域发展方面有所建树，但由于学识有限、时间有限，难免存在疏漏，敬请读者批评指正。在本书即将付梓之际，十分感谢瞿振元会长、刘元春校长、王小梅主编，感谢他们为本书提供的宝贵意见；十分感谢我的博士生袁晓萍、曹雁、赵之灿、耿孟茹、程雅曦，感谢他们为本书提供丰富的资料；十分感谢华中科技大学出版社的张馨芳老师，感谢她精益求精的工作精神；十分感谢本书中参考、引用（包括未及标注）内容的各位原创作者，感谢你们奉献的学术成果。

2024 年 1 月于北京

目 录
CONTENTS

第一章　京津冀地区的经济特征与发展现状 ···001
　　一、京津冀地区的经济特征 ···001
　　二、京津冀地区的发展现状 ···006

第二章　雄安新区建设的战略定位与教育需求 ···018
　　一、雄安新区的战略定位　018
　　二、雄安新区的教育需求 ···034

第三章　高等教育与区域协同发展的理论分析 ···049
　　一、高等教育在区域发展中的作用 ···049
　　二、大学参与区域发展的角色、模式和影响因素 ···055
　　三、粤港澳、京津冀、长三角地区的高等教育与经济发展 ···062

第四章　高等教育与区域协同发展的国际经验 ···070
　　一、美国高等教育与区域协同发展的案例研究 ···071
　　二、英国高等教育与区域协同发展的案例研究 ···093
　　三、东亚及其他地区高等教育与区域协同发展的案例研究 ···102
　　四、研究结论与启示 ···114

第五章　京津冀地区高等教育人力资本对经济社会发展贡献测度 ···119
　　一、京津冀地区高等教育人力资本供给状况：基于调查问卷的分析 ···119
　　二、京津冀地区经济社会总体发展水平：基于人类发展指数的分析 ···126
　　三、京津冀地区高等教育人力资本对经济社会发展的贡献 ···137

第六章　京津冀地区高等教育结构与产业结构耦合协调研究 ···151
　　一、研究设计 ···151
　　二、京津冀地区产业结构现状 ···157
　　三、实证分析 ···180
　　四、研究结论与政策建议 ···188

第七章　知识创新体系与雄安新区经济社会协同发展研究 … 196
一、雄安新区知识创新体系构建的现实条件 … 196
二、区域创新系统构建的理论基础和分析框架 … 199
三、推进雄安新区知识创新体系构建的举措 … 220

第八章　高等教育资源空间布局及其对区域科技创新能力的影响 … 227
一、理论建构与研究设计 … 228
二、两类资源空间布局及其对区域创新能力的影响 … 232
三、结论与讨论 … 238

第九章　基于深圳经济特区和浦东新区经验的雄安新区基础教育体系建构 … 242
一、基础教育整体发展状况 … 243
二、区域基础教育资源类型分析 … 247
三、区域基础教育资源流动分析 … 253
四、雄安新区基础教育体系建构 … 257

第十章　基于深圳经济特区和浦东新区经验的雄安新区高等教育体系建构 … 261
一、数据来源 … 261
二、区域产业定位与高等教育发展 … 262
三、区域空间布局与高等教育发展 … 267
四、区域时间阶段划分与高等教育发展 … 272
五、雄安新区高等教育系统建构 … 276

第十一章　结语 … 295
一、加强教育系统党建工作 … 295
二、全面推进依法治教 … 297
三、保障教育经费投入 … 298
四、加强基础设施保障 … 299

主要参考文献 … 300

附录　研究总报告 … 304
一、研究问题 … 304
二、研究背景和文献综述 … 308
三、研究程序 … 312
四、研究发现和结论 … 317
五、分析和讨论 … 324
六、建议 … 329

第一章 京津冀地区的经济特征与发展现状

设立河北雄安新区是深入推进京津冀协同发展的一项重大决策部署,是千年大计、国家大事。2014 年 2 月 26 日,习近平总书记在北京考察工作,亲自主持召开座谈会并发表重要讲话,提出京津冀协同发展的重大国家战略。随后,以习近平同志为核心的党中央战略谋划、强力推动,提出以疏解北京非首都功能为"牛鼻子",推动京津冀协同发展这一重大国家战略,建设高水平的社会主义现代化城市,雄安由此落子。雄安新区在京津冀协同发展中具有重要的战略意义,雄安新区的建设规划也应在京津冀一体化发展的背景下进行。因此,探讨雄安新区教育与经济社会协同发展,首先需要正确把握京津冀地区的经济发展现状。

一、京津冀地区的经济特征

(一)已有研究视角

根据对京津冀地区经济研究的相关文献分析发现,当前学界的研究视角有两个。一是单独研究,即视角向内,仅探析京津冀地区的经济特征;二是对比分析,即通过与长三角、珠三角地区的对比,凸显京津冀地区的经济特征。

1. 京津冀地区经济特征的单独研究

在单独研究中,王岩发现,在发展水平上,京津冀地区发展形成了以天津、唐山、沧州、秦皇岛为主的东部沿海地区向西部内陆地区扩散,并且以北京为中心向周围扩散的区域经济特征;在产业结构上,通过测算区位熵指数发现制造业更多聚集于天津、河北,科技研发及第三产业更多聚集于北京,但是存在差异的同时,三地的产业结构亦发生趋同趋势。[①] 武义青等重点探究经济增长方式的转

---

① 王岩:《京津冀地区经济的时空特征及对协同发展的思考》,《价格理论与实践》2016 年第 11 期,第 142-145 页。

型,认为 1996—2015 年京津冀地区的经济增长方式大致经历三个阶段:1996 年至 2001 年为第一个阶段,2002 年至 2011 年为第二个阶段,2012 年至 2015 年为第三个阶段。其中,第二个阶段与第一个阶段相比,经济增长方式向粗放型退化。第三个阶段与第二个阶段相比,经济增长向着更绿色、更健康、更低碳的方式转变。①

还有部分学者重点探究京津冀内部不同区域的协同或差异。如郑涛、李达测算空间变异系数及莫兰指数发现,在绝对增长量方面,京津与河北的差距不断加大,而相对增长率方面,却呈现河北省内部分城市增长较快、北京和天津相对增长乏力的现象。此外,京津冀地区已经从单发展核心转化为双发展核心,热点分布逐渐从京津扩散至河北省内的石家庄市和唐山市。②刘典、蔺雪芹同样在以上两种系数的基础上,基于地理加权回归模型得出相类似的结论:一是通过对比 GDP 增幅发现发展放缓且空间分布不均衡,经济极化中心向沿海地区移动;二是通过计算空间变异系数发现经济协同发展水平有所提升,形成"高水平低增速、低水平高增速"特征,但仍属于低水平协调发展模式;三是通过计算莫兰指数发现经济发展呈现空间集聚但程度有所减弱。③还有学者关注区域经济创新能力,发现京津冀三地存在区域经济创新能力发展不均衡问题。北京和天津科技创新资源丰富、创新能力强,而河北从科技投入到创新产出的效率均比较低,整体区域创新能力在东部地区乃至全国排名都比较靠后,特别是与北京、天津相比,差距较大。

综合来看,京津冀地区经济特征的描述包括两个视角。一是纵向分析,重点探究该地区"不同时段"的经济发展水平、经济增长方式的变化;二是横向分析,重点探究京津冀内部"不同区域"的协同或差异,其中协同包括协同发展的空间特征(多运用莫兰指数指标衡量)、协同发展水平(多运用产业关联度衡量),差异包括产业结构、经济发展水平、区域创新能力的对比。

2. 京津冀地区经济特征的对比研究

在对比研究中,主要通过对比长三角、珠三角④、京津冀地区的经济总量、

---

① 武义青、孙久文、韩烁烁等:《京津冀经济增长方式及阶段性特征》,《经济与管理》2019 年第 1 期,第 4-8 页。

② 郑涛、李达:《京津冀区域经济空间差异分析》,《商业经济研究》2017 年第 5 期,第 200-202 页。

③ 刘典、蔺雪芹:《京津冀地区经济协同发展的时空演化特征及影响因素》,《城市问题》2020 年第 3 期,第 28-37 页。

④ 本书选取与雄安新区战略定位一致的粤港澳大湾区作为常模之一。粤港澳大湾区的范围是"九市二区",即在珠三角地区基础上,加入香港、澳门两个特别行政区,形成泛珠三角区域。因此,本书第一章、第二章中文献回顾与政策梳理部分离不开对珠三角地区的讨论。

产业结构、对外开放水平、区域创新能力、城市建设水平、发展模式等指标，凸显京津冀地区的经济特征。

冯雪玲、张永庆指出，和长三角、珠三角地区对比，北京和天津的经济发展水平远超河北省内城市，京津虹吸现象严重，京津周围形成"环京津贫困带"，明显的经济差距导致产业融合度低，产业对接困难。[①] 刘学敏除了以上发现外，通过对比补充了两个观点：一是通过分析三大城市群首位城市的带动作用发现，对比之下的北京难以发挥辐射带动作用；二是和长三角、珠三角地区相比，京津冀地区具有国有经济比重过高、产业结构趋同现象严重的特征。[②] 陈维和游德才从经济总量、产业结构、空间角度、对外开放水平和区域创新能力五个角度进行了比较分析，研究发现京津冀的人均国内生产总值、人均可支配收入均低于长三角、珠三角；产业结构上，长三角轻、重工业均较发达，珠三角偏向轻工业，重工业不太发达，京津冀偏向重工业，如金属原材料加工业和矿产加工等。此外，京津冀的城市化、对外开放水平和区域创新能力均要低于其他两地区。[③] 此后的研究亦围绕此分析框架，在上述五个角度的基础上增删修改。如金鹿与王琤从经济总量、全球联通、区域协同、创新产出四个角度进行对比分析[④]；刘钰从区域经济发展水平、城市建设水平和产业结构布局三方面进行研究，并最终总结出三大经济圈发展模式，即与长三角的一主多副模式、珠三角的多元中心模式相比，京津冀属于中心向外围的"梯度格局"，区域经济发展不平衡成为京津冀一体化的主要障碍[⑤]。

也有部分研究采取单因素分析。如专攻经济发展水平研究的学者罗植核算了2008年到2017年京津冀、长三角和珠三角城市群的全要素生产率及指数（全要素生产率是衡量一个地区经济增长质量的重要指标），发现长三角、珠三角地区的全要素生产率指数普遍高于京津冀地区。[⑥] 还有学者通过核算经济密度来反映区域经济的整体发展实力，京津冀经济密度不到长三角的1/3，不到珠三角的

[①] 冯雪玲、张永庆：《基于设立雄安新区后京津冀区域经济一体化研究——与长三角、珠三角地区的对比分析》，《物流工程与管理》2017年第8期，第143-145页。

[②] 刘学敏：《京津冀区域经济发展的对策研究——基于与"长三角"、"珠三角"区域的比较分析》，《港口经济》2010年第3期，第59-61页。

[③] 陈维、游德才：《珠三角、长三角和京津冀区域经济发展阶段及制约因素的比较分析》，《珠江经济》2007年第6期，第8-19页。

[④] 金鹿、王琤：《京津冀打造世界级城市群发展研究——基于三大城市群综合评价分析》，《开发研究》2019年第5期，第53-58页。

[⑤] 刘钰：《长三角、珠三角与京津冀区域经济比较》，《中国国际财经（中英文）》2017年第12期，第22-23页。

[⑥] 罗植：《中国三大城市群经济发展质量的区域比较——基于全要素生产率及指数的评价分析》，《企业经济》2019年第11期，第135-141页。

1/6，三地差距显著。又如专攻三大城市群内部经济发展联系与差异研究的侯燕磊、盛广耀通过计算经济发展差异度指数发现：珠三角地区经济发展的差异度很高，但其差异度有明显下降的趋势；京津冀地区经济发展的差异度较高，且逐渐上升，由 2005 年的 0.62 上升至 2015 年的 0.74。① 也有学者通过计算两种不同指数来考察三大城市群内部联系的平均水平：一种是城市间两两联系强度，发现京津冀城市群内部城市两两之间的平均引力强度值为 1813，低于珠三角城市群的 3386，但高于长三角城市群的 1393；一种是城市群内部最强联系的平均强度，京津冀同样低于珠三角，但略高于长三角。② 也有课题组开发出 ACEP 指数以测算三地一体化程度，得出珠三角城市群和长三角城市群的一体化水平稳居第一梯队，京津冀城市群居于第二梯队。③

综合来看，在对比分析中，一部分学者仅侧重对三大城市群的单一角度进行对比，如利用经过各种指标核算的经济发展水平、城市群内部经济发展差异、城市群内部经济联系强度、一体化水平等；另一部分学者倾向多元分析，在一篇文章中综合分析经济发展水平、产业结构、经济性质、城市化、区域协同、对外开放水平和区域创新能力等特征。而对比分析中所发现的部分经济特征和单一研究中的发现有所重复，另一部分则成为单一研究发现的有力补充。

（二）特征总结

通过文献分析，在已有研究的数据支持上，可将京津冀地区的经济特征归纳为以下四点。

1. 区域经济整体实力不强且内部发展失衡

在中国城市群中，京津冀地区经济发展质量要低于长三角、珠三角地区，处于第二梯队。已有测算显示，京津冀地区历年来生产总值总量及增速、人均生产总值、人均可支配收入均要低于长三角、珠三角地区，且能够反映经济发展质量的指标，如全要素生产率、经济密度等也呈现出相对弱势地位，这说明京津冀地区经济整体实力不强；而聚焦于区域内部，已有研究证明了京津冀三地经济发展呈现较大差异，京津两地经济发展水平远高于河北，虹吸效应明显，从而在京津

---

① 侯燕磊、盛广耀：《中国三大城市群协调发展水平评价》，《开发研究》2018 年第 3 期，第 1-8 页。
② 苗洪亮、周慧：《中国三大城市群内部经济联系和等级结构的比较——基于综合引力模型的分析》，《经济地理》2017 年第 6 期，第 52-59 页。
③ 中国发展研究基金会课题组：《中国城市群一体化报告》，《中国经济报告》2022 年第 5 期，第 109-119 页。

周围形成了"环京津贫困带"。通过学者们测算的长三角、珠三角、京津冀地区经济发展差异度指数，亦能发现京津冀地区经济发展的差异度较高，从而窥见其经济发展内部失衡的特点。虽然京津冀地区经济发展出现"断层"，但随着京津冀协同发展上升至战略高度，近些年也呈现出新的趋势，即原经济水平较高的京津两地增速有所放缓、稍显乏力，原处于经济发展低层的河北增速较快，从而将部分京津发展热度分散至河北省的石家庄、唐山等市区。但不可否认，经济发展低水平与失衡问题仍为该地区亟待解决的问题。因此，若要提升京津冀地区整体经济发展质量，首要任务即为提升河北省的经济发展水平。

2. 区域经济内部缺少协同联系，影响规模化发展

已有研究测算的产业关联度、莫兰指数、城市联系强度、ACFP 指数等指标均显示，京津冀地区内部的区域协同度（或一体化程度）要低于长三角、珠三角地区。以上海为中心的长三角地区拉动了周边多个城市的发展，"以一带多"；珠三角地区发展大体均衡，形成了有效的多元竞争共同发展，"多强迸发"；京津冀地区内部发展存在差距，难以形成有序的分工与合作。

在产业结构方面，一方面，京津冀三地产业结构存在差距，北京第三产业优势明显，天津与河北主要产业仍是第二产业；另一方面，三地在发展历程中未能充分协调发挥各地的差别优势，产业结构有趋同趋势，不利于实现京津冀地区优势互补的错位发展。北京这一中心城市的辐射带动能力较为有限，京津冀地区一直以来均未能超越长三角、珠三角地区，未能实现良好的协同发展，且导致互相消耗的低水平竞争，区域发展的尴尬境地亟待破解。

3. 区域创新能力发展不均衡且未带来等比创新产出

若想实现经济发展由高速向高质量的转变，区域创新能力必然为核心要素之一。已有研究通过各项指标显示出，和长三角、珠三角相比，京津冀拥有更加密集的科教资源，拥有较高的区域创新能力，但在创新产出方面（一般指专利申请和授权量）却并未表现出明显的优势，反而位于最末位。而在京津冀内部，区域的科教资源均集中于京津两地，河北产学研深度融合欠缺，新兴产业亟待拓展，技术创新能力需要提升，整体区域创新能力在东部地区乃至全国排名都比较靠后，与京津差距较大，这也是京津冀整体较高的区域创新能力未能带来等比创新产出的重要原因之一。据此，未来的重点在于将京津两地的科教、创新资源向河北转移，从而实现整体的平衡发展，带动创新效益的提升。

4. 区域对外开放程度有待提升

从实际利用外资水平、外资对国内生产总值的贡献上看，与长三角、珠三角

相比，京津冀均位于末位；在京津冀内部，对外贸易、实际利用外资和对外投资的基本情况均显示出，京津两地对外开放程度远大于河北，北京作为国际交往中心，天津作为北方国际航运核心，理应发挥领头作用，带领河北共同打造高水平的对外开放平台；而河北内部亦应形成对外开放核心地区，以弥补其在对外开放上的鸿沟，提升京津冀地区整体竞争力。

二、京津冀地区的发展现状

（一）京津冀协同发展的最新进展

1. 京津冀协同发展的顶层设计基本完成

（1）习近平总书记亲自谋划、亲自部署、亲自推动，对京津冀协同发展做出一系列重要论述，京津冀协同发展取得显著成效。

党的十八大以来，习近平总书记曾先后多次到京津冀三地实地考察调研，主持召开会议，做出一系列重要指示，为京津冀协同发展与雄安新区发展规划指明了方向。2014年2月26日，习近平总书记视察北京并发表重要讲话，强调京津冀协同发展是一项重大国家战略，并全面系统阐述了其重大意义、推进思路和重点任务。2015年2月10日，习近平总书记主持召开中央财经领导小组第九次会议，研究审议《京津冀协同发展规划纲要》，并在此次会议上提出"多点一城、老城重组"和在北京之外建新城的思路。2016年3月24日，习近平总书记主持召开中共中央政治局常委会会议，听取北京市行政副中心和疏解北京非首都功能集中承载地有关情况的汇报并做重要讲话。2016年5月27日，习近平总书记主持召开中央政治局会议，提出全新的战略构想——建设北京城市副中心和雄安新区两个新城，形成北京新的"两翼"，指引京津冀协同发展向纵深推进。2017年2月23日至24日，习近平总书记视察河北、北京并发表重要讲话，就河北雄安新区规划建设做出重要指示。2019年1月16日至18日，习近平总书记专程到雄安新区进行实地考察，并主持召开河北雄安新区规划建设工作座谈会，对推动雄安新区建设和京津冀协同发展提出新要求。2023年5月10日，习近平总书记在河北雄安新区考察并主持召开高标准高质量推进雄安新区建设座谈会。

（2）国家和地方层面的组织领导体系和政策规划体系已经形成。

一方面，为强化组织领导，在中央层面，中共中央成立京津冀协同发展领导小组，加强顶层设计，统筹协调、督促落实京津冀一体化；国务院成立高规格的专家咨询委员会，为党中央、国务院关于京津冀协同发展的重大决策提出咨询建议，提供智力支持。相应地，在地方上，京津冀三地分别成立协同发展领导小组和专家咨询委员会，推动京津冀协同发展的重大国家战略落地。

另一方面，为系统构建规划体系，中央在区域层面进行了一系列顶层设计。2015年4月，中共中央政治局会议审议通过《京津冀协同发展规划纲要》，随后印发《京津冀协同发展交通一体化规划》《京津冀协同发展生态环境保护规划》《京津冀协同发展产业升级转移规划》等12个专项规划。2016年2月，我国第一个跨省市的区域"十三五"规划——《"十三五"时期京津冀国民经济和社会发展规划》印发实施。2017年9月，《中共中央 国务院关于对〈北京城市总体规划（2016年—2035年）〉的批复》向社会公开。2018年12月，国务院批复同意《北京城市副中心控制性详细规划（街区层面）（2016年—2035年）》。2018年4月，中共中央、国务院批复中共河北省委、河北省人民政府、国家发展改革委《关于报请审批〈河北雄安新区规划纲要〉的请示》。随后，《河北雄安新区规划纲要》全文公布，并跟进完成了"1+4+26"规划编制的系统工程。同时，京津冀三地也根据中央区域性规划，围绕各自定位制定了一系列政策。2015年7月，北京、天津、河北分别通过《中共北京市委北京市人民政府关于贯彻〈京津冀协同发展规划纲要〉的意见》《天津市贯彻落实〈京津冀协同发展规划纲要〉实施方案》《中共河北省委、河北省人民政府关于贯彻落实〈京津冀协同发展规划纲要〉的实施意见》。2021年7月29日，河北省第十三届人大常委会第二十四次会议全票审议通过雄安新区首部综合性地方法规——《河北雄安新区条例》。总体而言，作为顶层设计，从中央到地方、从区域整体到京津冀各地构建起的京津冀协同发展规划体系，已经做到层次分明、定位清晰、相互衔接、整体有序，为具体落实京津冀协同发展的各项举措奠定了坚实基础。

2. 北京非首都功能疏解取得进展

有序疏解北京非首都功能是京津冀协同发展战略的核心，对于推动京津冀协同发展具有重要的先导作用。首都核心功能，即北京作为首都所承担的全国政治中心、文化中心、国际交往中心、科技创新中心四大功能。当前，对北京非首都功能的疏解已经取得初步进展。

（1）北京市严格控制非首都功能增量取得成效。

在《京津冀协同发展规划纲要》中，明确提出了四类重点疏解的非首都功能：第一类是一般性产业特别是高消耗产业，第二类是区域性物流基地、区域性专业市场等部分第三产业，第三类是部分教育、医疗、培训机构等，第四类是部分行政性、事业性服务机构和企业总部。目前，北京市政府对以上四类产业的增量控制均确定了明确目标，并通过提高新增产业准入门槛的方式，从源头上实现了增量的有效控制。2014年，北京市政府颁布《北京市新增产业的禁止和限制目录》，并先后于2015年、2018年和2022年，在充分考虑提升城市品质、保障城市运行和百姓生活服务需要的基础上进行了修订，对北京市拟新增的固定资产投资项目做了禁止性和限制性的规定。根据北京市推进京津冀协同办发布的数据，2014年以来，北京市不予办理新设立或变更登记业务累计达2.44万件，严格控制产业增量，为构建高精尖经济结构、发展符合北京功能定位的产业创造了宝贵空间。

（2）对北京非首都功能存量的疏解正在有序推进。

北京市始终抓住疏解非首都功能这个"牛鼻子"不放松，在严格控制增量的同时，推动一批区域性批发市场、一般制造业企业、学校、医院等非首都功能有序疏解，发挥示范带动作用。2014年以来，已有20多所北京市属学校、医院向京郊转移，疏解一般制造业企业累计约3000家，疏解提升区域性批发市场和物流中心累计约1000个[①]，促进了北京市产业结构的进一步优化。医疗资源方面，北京优质医疗资源向京郊和河北辐射，北京友谊医院、北京安贞医院在通州设立通州新院区，天坛医院整体迁建，宣武医院雄安医院开诊，北京协和医院与北京大学人民医院进驻雄安新区。教育资源方面，截至2024年初，北京27所高校已累计疏解学生10.8万人，北京科技大学、北京交通大学、中国地质大学、北京林业大学雄安校区已开工建设。行政服务方面，2024年1月底，北京市级机关两批集中搬迁工作顺利收官，城市副中心与主城区"以副辅主、主副共兴"的发展格局正在有序形成。

（3）疏解北京非首都功能使北京"大城市病"得到控制。

多年来，北京市常住人口以年均增长五六十万人的速度发展。庞大的人口规模致使北京人口增长与资源、环境矛盾十分突出。教育、医疗等公共服务资源紧张，交通拥堵、环境污染等"大城市病"问题长期困扰北京。在人口规模与资源环境的矛盾中，前者是自变量，控制人口增长将有效缓解北京的发展压力。根据《北京统计年鉴2022》的数据，2017年至2021年，北京市常住人口数量分别是2194.4万人、2191.7万人、2190.1万人、2189.0万人和2188.6万人，常住外来人口分别是855.5万人、848.2万人、843.5万人、839.6万人和834.8万人。五年来北京中心城区绿色出行比例为73.4%，成为首批全国"绿色出行创建城市"；高峰时段平均道路交通指数稳中有降，2022年降至4.65，处于"轻度拥堵"级别；市域内市郊铁路运营里程由183公里增至365公里，城市轨道运营里程由608公里增至807公里，全市轨道交通线网总规模1172公里，居全国第一。[②] 就环境污染而言，根据《2022年北京市生态环境状况公报》，北京市大力实

[①] 安蓓：《推进北京非首都功能疏解取得新突破——专访京津冀协同发展领导小组办公室有关负责人》，《人民日报》2021年7月31日，第2版。

[②] 北京市交通委员会：《2023年北京市交通工作会3月31日召开》．[2023-04-02]．http：//jtw.beijing.gov.cn/xxgk/dtxx/202303/t20230331_2949407.html?eqid=8942959100005935000000003642b8879.

施绿色北京战略,深入打好污染防治攻坚战,生态文明建设和生态环境保护取得突出成效,生态环境质量改善明显。①

3. "一核两翼"的规划开始实际落地

高质量建设北京城市副中心和河北雄安新区,与北京首都功能区形成"一核两翼"的格局,是更好地落实北京"四个中心"功能定位和深入推动京津冀协同发展的战略需要。②按照规划,京津冀地区在未来将会形成"一核两翼"发展新格局(见图1-1),打造现代化新型首都圈和以首都为核心的世界级城市群。可以说,打造一个"一核两翼"的区域协同发展格局将会是打破京津冀协同发展所面临种种僵局的关键途径。当前,北京城市副中心和雄安新区建设开局良好。就北京城市副中心建设而言,自2016年5月27日中央正式部署规划建设北京城市副中心和进一步推动京津冀协同发展有关工作后,作为首都空间格局调整的重要一

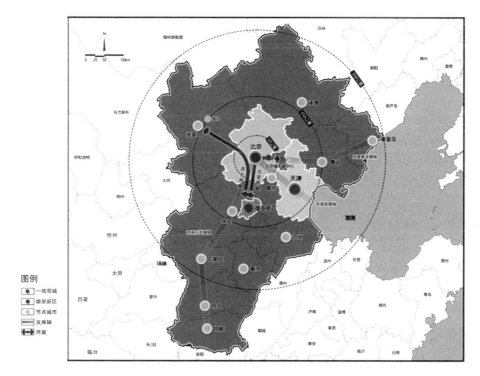

图1-1 京津冀地区空间格局示意图

---

① 北京市生态环境局:《2022年北京市生态环境状况公报》.[2023-05-23]. http://sthjj.beijing.gov.cn/bjhrb/index/xxgk69/sthjlyzwg/1718880/1718881/1718882/326119689/20230529 10113350104.pdf.

② 崔志新:《"一核两翼"科技创新协同之核》,《前线》2020年第9期,第62-64页。

环的城市副中心在"一带、一轴、多组团"的城市基本骨架规划下崭露锋芒,密集的配套资源、便捷的交通系统、绿色可持续的生态环境使之正向着世界级城市样板的方向加快建设,一个世界顶尖、高规格的城市新区已经初步成型。

就河北雄安新区而言,规划体系已基本建立,政策体系基本形成。自2017年4月1日中共中央、国务院决定设立雄安新区为国家级新区,至今已有7年,雄安新区"1+4+26"规划体系和"1+N"政策体系基本建立。292个重点项目累计完成投资6500多亿元,4000多栋楼宇拔地而起。"四纵三横"高速公路和对外骨干路网全面建成,京雄城际和雄安站建成投运。首批疏解央企总部建设进展顺利,央企在雄安设立子公司及各类分支机构200多家。雄安新区中关村科技园揭牌运营,源自北京的3000余家高新技术企业在雄安注册。北京援建的"三校一院"开学开诊,40余所学校、5所医疗卫生机构与雄安新区对接合作。[①]

(二)京津冀协同发展存在的问题

1. 产业结构差异明显,产业发展水平存在巨大落差

在产业结构方面,京津冀三地产业梯度差异明显。根据《北京统计年鉴2023》的数据,北京市的产业结构已经进入到后工业化阶段,第一、二、三产业占GDP的比重分别是0.3%、15.9%、83.9%,第三产业已经牢牢占据核心地位。根据《天津统计年鉴2023》的数据,天津市的产业结构正在向后工业化阶段过渡,第一、二、三产业占GDP的比重分别是1.7%、37.0%、61.3%,第三产业已经显著高于第二产业成为主导产业类型。根据《河北统计年鉴2022》,河北省的产业结构已经开始向后工业化阶段过渡,第一、二、三产业占GDP的比重分别是10.0%、40.5%、49.5%,第三产业已占据主要位置,但第一产业的占比较高。可见,京津冀三地产业结构存在差距,北京第三产业优势明显,天津与河北主要产业仍是第二产业;三地在发展历程中未能充分协调发挥各地的差别优势,产业结构有趋同趋势,不利于实现优势互补的错位发展。作为中心城市,北京的辐射带动能力较为有限,一直以来均未能超越长三角、珠三角地区,不但未能实现良好的协同发展,反而导致互相消耗的低水平竞争,区域发展的尴尬境地亟待破解。

在产业链方面,北京市经济技术开发区发布《高质量发展行动计划(2020年—2022年)》及《关于加快四大主导产业发展的实施意见》,将新一代信息技术、高端汽车和新能源智能汽车、生物技术和大健康、机器人和装备制造产业确立为

---

① 参见《京津冀 十年同心向未来 | 京津冀协同发展交出十年亮眼"成绩单":雄安新区"拔节成长" 公共服务共建共享》,《河北新闻联播》,2024年2月23日。

经开区四大主导产业，体现北京优势的产业主要集中在文化、科技和信息等符合首都功能定位的高精尖现代服务业，并位于产业链的上游。天津坚持制造业立市，坚持将实体经济特别是制造业做实做优做强，近年来一直在加快形成系统完备、高端高质的现代工业产业体系，增强智能科技等支柱产业的引领力，向制造强市的方向迈进。然而，天津的主导产业是石化、钢铁、汽车，和河北高度同构，随着北京周边地区环保政策的收紧，基础工业的排污成本也大幅升高，以制造业为主的天津经济发展面临困境。总体来看，天津目前仍处于从传统制造业向高端现代化制造业过渡的时期，处于产业链的中上游。2020年，河北制定了完整的产业发展规划和实施方案，着力提高全产业链现代化水平、培育产业集群，在近年的快速发展中逐步形成了以装备制造、钢铁、石化、食品、医药、建材、纺织服装等七大产业为主导并涵盖40个工业行业大类的较为完备的产业体系，新一代信息技术、高端装备制造、生物医药健康、新能源、新材料等新兴领域形成局部优势，但相对京津而言，河北整体仍处于产业链中下游，正在逐步改变高能耗、高污染、低附加值的传统产业居多的局面。因此，京津冀三地分别位于产业链的上、中、下游，彼此在产业关联与协作上难以产生平等、可持续的合作与互动，严重限制了京津冀的一体化发展。

2. 疏解存在结构性难题，尚未形成合理的协同治理机制

（1）北京非首都功能的进一步疏解存在结构性难题。

生产性功能疏解的特征是增量控制易，存量疏解难。北京市通过发布《北京市新增产业的禁止和限制目录》，严格控制新增产业类型，提高新增产业准入门槛，对不符合北京四个首都功能的产业进行了有效的增量控制。接下来，北京非首都功能疏解重点将从增量控制转移到存量疏解上。然而，与增量控制不同，存量疏解将涉及更多利益主体，推进起来更加复杂困难。一方面，北京现有的少量高耗能、高污染的传统工业是重点疏解对象，但这一类产业不仅不符合北京作为首都的发展功能定位，而且也不符合天津和河北向产业链上游转型的定位，应当进行淘汰而不是转移；另一方面，对央企、国企的存量疏解将发挥着带动性作用，但目前进行的疏解方式并非是整体直接搬迁，而是采取设置分支机构、转移部分员工的方式进行，而且在实际操作过程中，由于承接地的公共服务资源匮乏，实施起来难度较大；除央企、国企外，由于民营企业、外资企业不适合直接运用行政手段强制搬迁，因此，存量疏解的难度远大于增量控制。

服务性资源的特征是京郊疏解易，京外疏解难。北京中心城区聚集了大量包括高等教育在内的优质公共服务资源，使高收入人口高度密集，这是第三产业发达的重要原因，但北京单中心的城市格局又导致严重的"大城市病"的出现，因此，适度疏解作为优质公共资源的高等教育将会带动第三产业转移，有效缓解

"大城市病"的问题。然而,目前对服务性功能的疏解呈现出京郊疏解易、京外疏解难的突出问题。一方面,对于公共服务功能而言,由于不少在京高校、医院等公共服务机构归属于中央或国家各个部委管辖,北京市政府在决定其去留的问题上没有足够的决策权和话语权,而且这些机构在中国均为事业单位,这就意味着单位里的员工通常会拥有北京户口和事业单位编制,即能够享受北京的公共服务资源。因此可以看到,当前的高校、医院等机构的疏解方向基本是从北京中心城区搬迁至京郊地区,向河北和天津的疏解方式不是整体搬迁,而是增量疏解,即办分支机构的方式转移出去一部分人口。另一方面,对于行政服务功能而言,北京由于是中央政府所在地,行政服务的便利性是绝大多数企业总部设在北京或个人愿意留在首都发展的重要原因。北京的行政服务由中央和北京市两部分构成,北京市的行政服务功能离开北京市行政区划办公是不合常理的。因此,在中央的推动下,北京市大部分行政服务功能已经转移至北京城市副中心——通州。

(2)没有形成协同治理机制,导致要素单向流动。

京津冀三地之间的协作机制没有建立。已有研究测算的产业关联度、莫兰指数、城市联系强度、ACEP指数等指标显示,京津冀地区内部的区域协同度(或一体化程度)低于长三角、珠三角地区。以上海为中心的长三角地区拉动了周边多个城市的发展;珠三角地区发展大体均衡,形成了有效的多元竞争共同发展;但京津冀地区内部存在较大差距,没有形成有序的分工与合作。能否在区域内的各方之间建立起完善的协调和合作制度是推进区域协同发展乃至一体化可持续发展的基础性和前提性问题。在这方面,京津冀地区的进展远远落后于长三角、珠三角地区,这导致京津冀三地的合作、协作往往体现在政策层面、务虚层面、民间层面,真正跟进到操作层面、务实层面、行政层面的合作、协作较少。不合理的协调互动不仅拉大了三方发展差距,而且使京津冀三地的高端要素长期单向流动,导致协同发展陷入恶性循环。

京津冀三地的资源要素长期单向流动。京津冀地区内部的公共服务资源分布很不均衡,不同地区的发展差距悬殊,导致优质生产要素、高端创新资源向北京聚集。以高等教育资源为例,京津冀高校数量规模较大,根据教育部2022年教育统计数据,河北高校124所,北京高校92所,天津高校59所,共计275所,京津冀地区普通本科学生数和研究生数占全国高校总量的10.9%。然而,三地高等教育层次差距巨大,北京汇聚了一大批部属高校(教育部和其他中央部委直属高校共42所),而河北省内没有1所教育部直属高校。此外,尽管京津冀地区"双一流"建设高校数量十分可观,但仅北京一方就有34所,天津和河北分别只有5所和2所,分布十分不均衡。从高等教育人才培养层次上看,北京高校偏重于以本科和研究生为代表的中高层级人才,河北高校偏重于中低层级人才,两地表现出明显的结构性倒置;天津高等教育层次结构置于北京和河北中间,但是总体而言,人才培养也以中低层级人才为主。①除教育外,医疗、养老、交通等公共资源分布在三地之间的不均衡性使得优质生产要素,特别是与知识经济相关的高端创新要素纷纷离开河北和天津,向北京聚拢流动,进一步加剧了三地之间的发展落差,出现"北京吃不下,天津吃不饱,河北吃不着"的吊诡局面。

3. 交通、环境、产业等重点领域仍存在亟待解决的深层次问题

京津冀地区协同发展的三大重点领域是交通、环境和产业。近年来,三大重点领域的发展不断取得新突破,区域一体化交通网络基本形成,生态环境质量得到有效改善,产业联动发展取得重大进展,但三个领域仍然存在着亟待解决的深层次问题。

(1) 京津冀交通一体化尚有亟待补齐的短板。

区域发展,交通先行,通达的交通在推动产业和人才聚集的同时,也给各地百姓的生活带来了便利。"十四五"时期,北京将围绕"支撑雄安新区和北京城市副中心建设""保障北京冬奥会顺利举办""完善综合交通网络化布局""打造世界级综合交通枢纽""提升区域运输服务一体化水平"五个主要任务,推动京津冀交通一体化发展。②然而,目前存在的主要问题在于冀北、冀中南地区交通联系不足,津冀各城市之间的城际铁路较为缺乏,局部拥堵仍相对严重。如保定与沧州之间、保定与衡水之间、廊坊与邯郸之间、廊坊与邢台之间的交通联系度为零;京津两地以及衡水、沧州、唐山、秦皇岛的高速公路拥堵治理面临较大挑战,京沈高速、京秦高速、京承高速、通燕高速、京津塘高速、京新高速、津滨高速、唐廊高速、塘承高速、秦滨高速、津蓟高速、衡德高速、廊沧高速、唐港高速的拥堵指数较高、拥堵持续时间较长且拥堵里程较长。这一方面加大了北京市过境压力,另一方面也弱化了津冀各城市间的经济联系。

(2) 区域生态环境保护的协调性、持续性难度较大。

长期以来,京津冀地区环境污染严重的问题影响着区域内的生产发展和居民生活质量,从中央到地方为此做了大量努力,在大气污染治理方面制定了《京津冀及周边地区大气污染防治中长期规划》,签署了《京津冀区域环境保护率先突破合作框架协议》;在水污染方面建立了引滦入津、密云水库上游潮白河等相关流域跨区域横向生态补偿机制,推进永定河、白洋淀和衡水湖等的综合治理。这

---

① 高文豪:《京津冀高等教育协同发展问题及策略研究》,《中国高教研究》2021年第2期,第23-29页。
② 《"十四五"本市围绕五大任务推动京津冀交通一体化 部分高速路研究施划奥运专用道》,《北京日报》2021年6月16日,第5版。

些措施尽管取得了一定效果,使京津冀地区的环境污染问题得到了一定程度的控制,但仍然面临发展难题。一方面,京津冀地区治理污染的主体是中央和京津冀三方政府,但在实际过程中并没有建立起跨区域的生态协同治理机制。目前,京津冀地区跨界治理主要以中央补偿为主,地方省际横向补偿基金不足且多以项目形式出现,缺乏稳定的长效机制。另一方面,当前实现环境保护有效治理的成果,较大程度上依靠京津冀地区的行政化手段,特别是北京在调整产业结构,疏解高耗能、高污染的传统产业时,河北发挥了承载地的保障作用。也正因如此,导致河北与北京的经济发展差距越拉越大,河北的环境也承担了更重的负担。在未来,如何完善环境定价机制和补偿机制,将绿水青山转化为金山银山的实现机制等还需要不断探索。

(三)京津冀协同发展的问题成因

1. 分析视角:新制度主义分析框架

20世纪80年代以来,新制度主义政治学在西方政治学研究中兴起,并因其卓有成效的解释力而得到普遍应用。1996年,豪尔和泰勒发表了《政治科学与三个新制度学派》,将新制度主义政治学分为历史制度主义、理性选择制度主义和社会学制度主义[①],成为广为接受的分类方法,并为后续学者搭建研究框架提供了理论源头。历史制度主义的核心观点是,制度的产生取决于宏观社会背景和偶然实践,在制度发展过程中因权力的非对称性、学校成本等诸多影响因素而产生制度的自我强化,即路径依赖。历史制度主义能够对历时性组织制度变迁进行从产生到发展的系统描述,是一种基于各个子系统之间围绕稀缺资源展开竞争的冲突视角,能够从中观层面分析制度作用。理性选择制度主义的基本假设是,作为有限理性的个体,在没有制度约束的情况下,个体理性会导致集体非理性,进而出现集体行动困境。这是一种微观层面的分析,借助的是新社会主义经济学的理性人假设,强调政治人虽有理性,但仅仅是有限理性。一方面,只有依靠外在制度才能解决集体非理性的无政府状态,降低集体内个体的交易成本;另一方面,个体的思想和行为也会对制度产生塑造作用。社会学制度主义在最广泛意义上界定制度,认为制度不仅包括了正式规则、程序和规范,而且包括非正式的文化惯习、认知模式和具有象征意义的行为方式。因此,制度能够为特定社会的行动者提供合法性基础。社会学制度主义提供了宏观层面上的分析路径,强调的是文化环境对行动者的约束作用。

---

① 彼得·豪尔、罗斯玛丽·泰勒:《政治科学与三个新制度主义》,何俊智译,《经济社会体制比较》2003年第5期,第20-29页。

实际上，新制度主义的三种研究路径各有所长，由于基本假设和核心观点的不同，三者的解释也各有侧重。具体而言，理性选择制度主义强调从微观层面上对行动者展开具体分析，认为由于不同行动者本身是有限理性的，因此，在缺乏更高层次的制度规制的前提下，将会导致集体陷入非理性困境；社会学制度主义与理性选择制度主义相对，强调在宏观层面上思考和探讨文化环境的价值取向为行动者创造的环境和提供的合法性基础。相比之下，历史制度主义因为没有提出基本假设，仅仅描绘了制度产生的偶然性和环境巨变以及制度变迁的路径依赖，从而受到质疑，但正是因为历史制度主义的存在，使三个新制度主义流派出现了合并的趋势，综合的基础就是处于中观层面上、用以沟通行动者和外部环境的历史制度主义。[①] 因此，可以将三者融合建构成一个分析框架，即行动者-制度-文化环境分析框架，这一综合分析框架具有较强的解释力，具体包括三点：第一，基于有限理性的算计是组织变化和制度变迁的微观基础；第二，路径依赖、外部环境巨变是制度变迁的基本特征；第三，基于文化认同的合法性是制度变迁的决定性因素之一，能够对社会中的行动者发挥强大的规制作用。接下来，将以这一分析框架对京津冀地区的发展现状与问题进行分析。

2. 京津冀协同发展的问题原因

（1）从行动者的角度出发，京津冀三地之间协作程度有待提升，中央政府的角色地位有待进一步明确。

在一个多区域、多层次、利益分散化的区域协同发展中，单一的政府（无论是中央政府还是地方政府）很难有效地应对所有的挑战。[②] 一是地方政府面临着带动地方经济发展的主要责任，同时，中央政府对地方官员的评价也主要取决于地方发展水平。因此，各级地方政府背后各有自己的利益考量，为了促进辖区内的经济发展，甚至不惜采取行政手段干预市场经济，吸引各种优质资源和产业流入本地，对流出的优质资源加以限制，很容易形成各自为战的局面。二是中央政府在京津冀协同发展中的地位和作用还需进一步明确。京津冀地区不仅是北京、天津与河北的三方关系，还有中央政府这个至关重要的行动者。如前所述，党的十八大以来，中央政府在将京津冀协同发展上升为国家战略之后，一直在自上而下推动三地一体化发展，目的就在于打破京津冀三者因个体理性带来的集体非理性。但是，就目前的发展来看，中央政府还应进一步对自身作用和角色加以

---

① 周光礼：《大学治理模式变迁的制度逻辑——基于多伦多大学的个案研究》，《高等工程教育研究》2008年第3期，第55-61页。

② 薄文广、陈飞：《京津冀协同发展：挑战与困境》，《南开学报（哲学社会科学版）》2015年第1期，第110-118页。

界定，采取可持续的方式在协同发展的组织和制度上实现强力干预和新突破。例如，在广为关注的京津冀大气污染防治上，2013年中央安排财政拨款50亿元投入京津冀大气治理，且重点向大气污染最为严重的河北倾斜，但从较长时期看，更应通过相关政策和制度的调整来解决，否则就会导致严重的逆向选择问题。

（2）从路径依赖的角度来看，京津冀三地的发展自新中国成立以来就处于不平衡状态。

新中国成立以来，我国建立起计划经济体制，在计划经济体制之下，城市发展的根本动力和资源来源于中央政府。北京是新中国的首都，也是中央政府所在地，因此，北京得到了中央政府的全力支持，并获得了十分迅速的发展，成长为一个轻重工业门类齐全的生产型城市。作为当时中国的政治中心和经济中心，北京很快远远超越了天津和河北的发展，成为京津冀地区"高耸入云"但又独一无二的"高峰"。

改革开放之后，我国始终坚持以经济建设为中心，不断解放和发展生产力。1992年邓小平南方谈话时指出要建立社会主义市场经济体制，同年10月12日，在党的十四大报告中正式提出经济体制改革的目标是"建立和完善社会主义市场经济体制"。1994年，我国开始实施分税制财政管理体制，分税制改革反映在财政管理体制上就是中央政府与地方政府之间的集权与分权关系问题。采取分税制较好地解决了中央集权与地方分权问题，能够充分调动起地方发展的积极性。但随着市场化改革特别是分税制改革的进行，地方政府在获得越来越多的自主权的同时，也开始更多选择为所在辖区谋利益，为了本地区发展而忽略临近区域的发展，特别是在高端生产要素和能够增加地方税收的优质资源尚属于短缺资源的时代，京津冀地区之间的竞争超过合作，且天津和河北之间的竞争更加激烈。事实证明，在市场环境中，任何理性资源都更倾向于流动到北京而不是天津与河北，三地之间的差距在改革开放后越来越大。到了2000年，北京市地区生产总值已经是天津市的1.86倍，是河北省的62.9%。2005年，天津滨海新区被写入"十一五"规划并纳入国家发展战略，成为国家重点支持开发开放的国家级新区。滨海新区位于天津东部沿海地区、环渤海经济圈的中心地带。在国家政策的支持下，天津也取得快速发展并与河北拉开差距。因此，京津冀地区内部各方发展不平衡的问题不是一时形成的，而是历史发展中存在的"强者越强、弱者越弱"的马太效应和路径依赖。

（3）从文化环境的角度来看，京津冀地区与长三角、珠三角地区的文化环境存在显著区别。

首先，京津冀地区的市场化程度相对较低，政府行政力量更强。相比市场化程度和发展水平相对较高的珠三角、长三角地区，在京津冀地区，国有经济仍然占据主导力量，行政干预较多，其主要原因在于北京是中国的政治中心而非经济中心，政治稳定性相比经济发展更加重要。强势的国企挤压了京津冀地区民营经济的发展空间，限制了信息、技术、资金等生产要素在区域内的市场化流动。而广州、上海分别是珠三角和长三角的核心构成，二者长期以来具有对外开放的传统和市场化改革的基础。因此可以看到，在长三角和珠三角地区采取中外合作方式办学的民办高等教育机构的发展要比京津冀地区更繁荣，我国最早出现的独立学院等民办教育形式最早出现在长三角而不是京津冀地区也可以侧面印证这一点。

其次，京津冀地区的政策地位不平衡，进而形成"为首都服务"的政策态势。京津冀地区与长三角、珠三角地区的另一重要区别在于，长三角、珠三角地区的地方关系是基于平等的政策地位建立的地方合作与协同，而京津冀地区是唯一构成三地四方关系的区域，内部存在政策地位的差异。由于北京既是一个独立的直辖市，也是中央政府所在地，不仅要扮演好一个独立城市的角色，还必须承担起服务中央政府的角色。由此导致京津冀三地服从中央的命令和要求，也存在"为首都服务"的导向，中央与作为首都的北京之间难以划分清晰而明确的边界。

因此，以新制度主义理论作为分析框架，从行动者角度、制度角度和环境角度对京津冀地区协同发展的问题原因进行分析可以发现，京津冀三地具有各自的利益考量，在协同发展过程中存在因个体理性而带来的集体非理性的情况，三地之间的协作程度有待提升；在市场经济中，资源倾向于流动到北京而不是天津与河北，导致京津冀地区特别是天津与河北之间的竞争更加激烈，三地在发展过程中形成了马太效应；作为直辖市的北京与作为首都的北京之间模糊的边界也造成了京津冀地区内部政策地位的差异。推动京津冀地区协同发展，需要进一步提升三地之间的协作程度，充分促进优质资源共享，打造更加平等的文化环境。

第二章 雄安新区建设的战略定位与教育需求

经过多年努力,京津冀一体化发展取得了一定成效,但由于产业结构差异显著、北京非首都功能疏解存在结构性难题、没有形成合理的协同治理机制等问题,京津冀协同发展陷入了一种低效率的路径依赖之中,京津对河北产生的虹吸效应远大于溢出效应,导致区域内部的发展落差在生产要素长期单向流动的过程中不断拉大。雄安新区的设立正是为了在河北省内建设一个京津冀协同发展的新抓手和着力点,从而打破一体化建设面临的僵局,抗衡京津对河北资源要素的虹吸。因此,必须从区域整体系统发展、全国重大战略布局的高度认识雄安新区这个"千年大计、国家大事",并将其高起点、高标准地建设成为区域增长极。

一、雄安新区的战略定位

(一)设立雄安新区的战略设计

1. 设立雄安新区的战略考量

党的十八大以来,京津冀协同发展战略被提升为国家战略并取得了许多可喜进展,顶层设计基本完成,北京非首都功能疏解已经取得进展,"一核两翼"的规划已经开始实际落地。然而,京津冀地区是中央政府所在地及其周边,是中国北方最重要的经济增长高地,党和国家对京津冀的发展寄予厚望,但是其一体化水平还不够,必须进一步解决京津冀协同发展中存在的深层次问题,进一步推动京津冀地区的一体化发展,如北京、天津、河北的产业结构差异明显,产业发展水平存在巨大落差;北京非首都功能的疏解存在结构性难题,没有形成合理的协同治理机制,导致要素单向流动;三地之间的交通、环境、产业等重点领域仍存在亟待解决的问题。在运用新制度主义搭建起的"行动者-制度-文化环境"分析框架对京津冀发展进行分析后发现:从操作层面上,京津冀地区实际上存在北京、天津、河北和中央政府这四个行动主体,但由于京津冀三个行动主体存在各自为政的有限理性行为,导致三者之间常常会出现为了本省(市)所在辖区发展而不顾及周边其他省市区域的问题。与此同时，三地并没有在中央政府的推动下形成对有限理性行为的规制性协同制度，导致三地的有限理性最终导致集体非理性的情况出现。

从制度层面上，新中国成立之后确立的中央集权的计划经济体制，使作为首都的北京比天津和河北获得了更多资源和发展机会，并与二者的发展水平迅速拉开差距；改革开放之后，中国逐步确立了社会主义市场经济体制，市场在经济社会和资源要素流动中发挥着决定性作用，同时，在成功实施了分税制改革之后，中央与地方之间的关系得到重塑，权力的下放使地方政府谋求所在辖区经济发展的积极性被极大调动起来，这也为京津冀三地之间强者愈强的马太效应的发生奠定了前提基础。21世纪后，随着天津滨海新区得到国家层面的强力支持，天津获得了快速的腾飞并与河北拉开距离。从文化环境层面上看，由于北京是中央政府所在地，天津是直辖市，相比长三角、珠三角地区而言，可以说京津冀地区是区域内部发展相对较为不平衡的区域，这影响了区域内各个行动主体的发展思路和行为，特别是在京津冀地区存在着"为首都服务"的思路。

长期以来，由于宏观层面、中观层面和微观层面上存在的一系列深层次原因，京津冀协同发展已经陷入一种不平衡、不健康、三地之间发展水平越来越悬殊的路径依赖中。破除路径依赖，必须依靠"历史否决点"，从系统工程的角度出发重新进行总体规划和顶层设计。所谓历史否决点，即制度的薄弱环节，也是制度创新的契机所在，通常出现在外部环境发生剧烈变动的背景下。回顾改革开放以来的新区建设，深圳经济特区是在我国确定了改革开放基本国策的重大历史背景下提出来的，彼时的全球产业链正在空间范围内发生转移，劳动密集型产业从"亚洲四小龙"搬迁到了中国和印度等人口大国。在这种内外部环境发生巨大变化的历史契机之下，在中央政府的全力支持下，作为打破我国计划经济体制的试验田，政策红利、改革红利、人口红利集中释放，深圳经济特区也因此迅速取得了成功，成为中国第一代经济特区发展的典型代表。上海浦东新区是在邓小平南方谈话后改革开放进一步深入的背景下提出来的，国际资本走出滞涨危机之后具有更强的投资能力，浦东新区成为新时期对外开放的重要门户。在这样一种国内外历史机遇期，上海浦东新区也获得成功并成为中国第二代经济特区发展的典型代表。

如今，世界局势面临百年未有之大变局，国际力量格局正在发生深刻调整。中国特色社会主义建设进入新时代，中华民族正处于两个百年奋斗目标的重要历史交汇期，我国经济由高速增长阶段转向高质量发展阶段，一个阶段要有一个阶段的标志，雄安新区要在推动高质量发展方面成为全国的一个样板。同时，必须深刻认识到，当今的中国已经是世界第二大经济体，改革开放进入攻坚克难的深水区。历史证明，通过设置经济特区带动区域经济发展的方式是可行的，能够充分体现社会主义制度的优越性，在京津冀地区设立河北雄安新区是有成功经验可援的做法。因此，为了打破京津冀地区协同发展的路径依赖，必须抓住国内外形势变化的重要历史机遇期，在中央政府的强力推动下自上而下地设立河北雄安新区和打造北京城市副中心。可见，雄安新区承担的责任十分重大，应当看到其在推动京津冀一体化发展过程中发挥的特殊作用，即在相对积弱的河北省内高起点、高标准地打造一个具有全局意义的增长极，这个增长极应当有能力打破北京对河北长期以来产生的虹吸效应和磁吸效应，与北京城市副中心一起成为京津冀协同发展困境的"历史否决点"。

2. 雄安新区定位的政策支持

根据上述分析，雄安新区应当高起点、高标准定位，应当视为京津冀协同发展乃至区域整体经济发展的新抓手和着力点。在我国，广义上的政策不仅包括以公文形式公布的文件，还包括国家领导人发表的重要讲话等其他形式。为了进一步梳理当前对河北雄安新区定位的具体政策表述，本部分选择分析当前河北雄安新区建设的三份最重要的顶层设计政策文本，即《河北雄安新区规划纲要》《国务院关于河北雄安新区总体规划（2018—2035 年）的批复》《中共中央国务院关于支持河北雄安新区全面深化改革和扩大开放的指导意见》。同时，对习近平总书记关于河北雄安新区建设的重要表述按照时序进行系统整理汇总，从而对雄安新区的战略定位有一个更加严谨、全面、系统的理解。

2018 年 4 月 14 日，《河北雄安新区规划纲要》指出：雄安新区作为北京非首都功能疏解集中承载地，要建设成为高水平社会主义现代化城市、京津冀世界级城市群的重要一极、现代化经济体系的新引擎、推动高质量发展的全国样板。

具体而言，雄安新区的发展定位体现在以下方面。

绿色生态宜居新城区。坚持把绿色作为高质量发展的普遍形态，充分体现生态文明建设要求，坚持生态优先、绿色发展，贯彻绿水青山就是金山银山的理念，划定生态保护红线、永久基本农田和城镇开发边界，合理确定新区建设规模，完善生态功能，统筹绿色廊道和景观建设，构建蓝绿交织、清新明亮、水城共融、多组团集约紧凑发展的生态城市布局，创造优良人居环境，实现人与自然和谐共生，建设天蓝、地绿、水秀美丽家园。

创新驱动发展引领区。坚持把创新作为高质量发展的第一动力，实施创新驱动发展战略，推进以科技创新为核心的全面创新，积极吸纳和集聚京津及国内外创新要素资源，发展高端高新产业，推动产学研深度融合，建设创新发展引领区和综合改革试验区，布局一批国家级创新平台，打造体制机制新高地和京津冀协同创新重要平台，建设现代化经济体系。

协调发展示范区。坚持把协调作为高质量发展的内生特点，通过集中承接北京非首都功能疏解，有效缓解北京"大城市病"，发挥对河北省乃至京津冀地区的辐射带动作用，推动城乡、区域、经济社会和资源环境协调发展，提升区域公共服务整体水平，打造要素有序自由流动、主体功能约束有效、基本公共服务均等、资源环境可承载的区域协调发展示范区，为建设京津冀世界级城市群提供支撑。

开放发展先行区。坚持把开放作为高质量发展的必由之路，顺应经济全球化潮流，积极融入"一带一路"建设，加快政府职能转变，促进投资贸易便利化，形成与国际投资贸易通行规则相衔接的制度创新体系；主动服务北京国际交往中心功能，培育区域开放合作竞争新优势，加强与京津、境内其他区域及港澳台地区的合作交流，打造扩大开放新高地和对外合作新平台，为提升京津冀开放型经济水平做出重要贡献。

2018年12月25日，《国务院关于河北雄安新区总体规划（2018—2035年）的批复》指出：要按照高质量发展的要求，推动雄安新区与北京城市副中心形成北京新的两翼，与以2022年北京冬奥会和冬残奥会为契机推进张北地区建设形成河北两翼，促进京津冀协同发展。按照分阶段建设目标，有序推进雄安新区开发建设，实现更高水平、更有效率、更加公平、更可持续发展，建设成为绿色生态宜居新城区、创新驱动发展引领区、协调发展示范区、开放发展先行区，努力打造贯彻落实新发展理念的创新发展示范区。

2019年1月24日，《中共中央国务院关于支持河北雄安新区全面深化改革和扩大开放的指导意见》指出：系统推进体制机制改革和治理体系、治理能力现代化，推动雄安新区在承接中促提升，在改革发展中谋创新，把雄安新区建设成为北京非首都功能集中承载地、京津冀城市群重要一极、高质量高水平社会主义现代化城市，发挥对全面深化改革的引领示范带动作用，走出一条新时代推动高质量发展的新路径，打造新时代高质量发展样板。

2016年3月24日，习近平总书记在中共中央政治局常务委员会会议上的讲话指出：具体到哪里建，这是一个科学论证的问题。一旦定下来，京津冀三地和有关部门都要统一思想，提高认识，用大历史观看待这件大事。

2016年5月27日，习近平总书记在中共中央政治局会议上的讲话中指出：这是党的十八大后中央抓的一个新区建设。雄安新区是党中央批准的首都功能拓展区，同上海浦东、广东深圳那样具有全国意义，这个定位一定要把握好。

2017年2月23日，习近平总书记在河北雄安新区规划建设工作座谈会上的讲话中指出：建设北京城市副中心和雄安新区两个新城，形成北京新的两翼。这是我们城市发展的一种新选择。在新的历史阶段，集中建设这两个新城，形成北京发展新的骨架，是千年大计、国家大事。建设雄安新区是一项历史性工程，一定要保持历史耐心，有"功成不必在我"的精神境界。雄安新区将是我们留给子孙后代的历史遗产，必须坚持"世界眼光、国际标准、中国特色、高点定位"的理念，努力打造贯彻新发展理念的创新发展示范区。

2017年10月18日，习近平总书记在中国共产党第十九次全国代表大会上的报告中强调：以疏解北京非首都功能为"牛鼻子"推动京津冀协同发展，高起点规划、高标准建设雄安新区。

2018年2月22日，习近平总书记在中央政治局常务委员会会议上的讲话中指出：要贯彻高质量发展要求，创造"雄安质量"，在推动高质量发展方面成为全国的一个样板。要围绕打造北京非首都功能集中承载地，顺应自然、尊重规律，构建合理城市空间布局。

2018年7月6日，习近平总书记主持召开中央全面深化改革委员会第三次会议并发表重要讲话中指出：支持河北雄安新区全面深化改革和扩大开放，要牢牢把握北京非首都功能疏解集中承载地这个定位，围绕创造"雄安质量"，赋予雄安新区更大的改革自主权，在创新发展、城市治理、公共服务等方面先行先试、率先突破，构建符合高质量发展要求和未来发展方向的制度体系，打造推动高质量发展的全国样板。

2019年1月16日，习近平总书记在河北雄安新区规划展示中心的讲话中指出：建设雄安新区是千年大计。新区首先就要新在规划、建设的理念上，要体现出前瞻性、引领性。要全面贯彻新发展理念，坚持高质量发展要求，努力创造新时代高质量发展的标杆。

分析发现，河北雄安新区可谓被寄予厚望，无论是在规划中还是在习近平总书记的讲话中，都一再重申了雄安新区的定位和起点必须要高。这与前面对雄安新区定位的理论分析是一致的，即必须将雄安放在京津冀地区整体发展的背景下看待，且必须发挥雄安新区对京津冀目前发展面临困境的解题作用。可见，雄安绝不只是中央为了解决首都北京的"大城市病"所提出的权宜之计，必须在雄安的定位中体现出未来发展理念，以高质量发展的要求创建新时代高质量发展的标杆，将其打造成京津冀地区乃至中国北方的重要经济增长极，带领河北走出京津冀协同发展的不利地位，与北京和天津构成层次分明、分工合理的一体化发展新格局。

3. 雄安新区定位的阶段划分

（1）顶层设计阶段：2017年4月—2018年3月。

2017年4月，雄安新区正式设立。在第一年中，雄安共发生三件大事，分别为正式设立、写进十九大报告与习近平总书记听取规划编制汇报。

① 正式设立。

建立之初，中共中央、国务院从战略层面明确建立雄安新区与深圳、上海两大新区并列,新区属"副省级开发区",定位为"千年大计、国家大事";改革了传统五级垂直管理体制,专门设立河北雄安新区管理委员会(副省级)作为管理机构,具有"中央直管县"的鲜明特征。明确要依照"创新、协调、绿色、开放、共享"的新发展理念建立四大区域——绿色生态宜居新城区、创新驱动发展引领区、协调发展示范区、开放发展先行区;并指出技术、生态、产业、公共服务、交通、市场机制与对外开放七个方面的重点发展任务,提出七个城市战略决策目标,分别为智慧城市、生态城市、新产业城市、管理样板城市、绿色交通网城市、新机制城市、开放城市。四大区域与七大城市的提出明确了新区的建设目标。

② 写进十九大报告。

2017年10月18日,"雄安新区"写进十九大报告,彰显了我党对雄安新区规划建设的高度重视。习近平总书记在十九大报告中指出,要以疏解北京非首都功能为"牛鼻子"推动京津冀协同发展,高起点规划、高标准建设雄安新区。不仅重申上述通知中疏解北京非首都功能与推进京津冀协同两大战略目标,同时意味着:"疏解北京非首都功能"是京津冀协同发展战略的核心,对推动京津冀协同发展具有先导作用;而"高起点规划、高标准建设"的表述则意味着要用最先进的理念和水准进行规划设计,详尽规划好之后再进行建设工作,先谋而后动。

③ 习近平总书记听取规划编制汇报。

2018年初,中共中央政治局常务委员会开会,听取河北雄安新区规划编制情况的汇报。这次会议中,习近平总书记再一次重申"高质量""承接北京非首都功能""生态优先"等关键词,进一步要求深化规划内容和完善规划体系,尽快研究提出支持雄安新区加快改革开放的措施,适时启动一批基础性重大项目建设,确保新区建设开好局、起好步。

总的来看,2017年为雄安新区的顶层设计年,党中央通过出台通知、写进十九大报告以及2018年习近平总书记听取规划编制汇报,从战略层面规定了雄安新区建设的要求,并初步透露了雄安新区的四大战略目标:一是以疏解北京非首都功能为先导;二是吸引北京过多人口,探索人口经济密集地区优化开发新模式;三是调整优化京津冀城市布局和空间结构,推动京津冀协同发展;四是培育创新驱动发展新引擎,引领国内新一轮创新发展浪潮。但是,此时并未公布详细规划建设方案,如具体要疏解哪些非首都功能、哪些组织和机构可搬出北京、雄安新区政府与市场是何关系,这些问题均未得到解答。

(2)规划编制阶段:2018年4月—2019年4月。

经过前期的战略部署及高点定位后,这一阶段可称为雄安新区的蓝图绘制年。在这一年内,国家层面共出台了1项政策类文件、3项规划类文件,完成了"1+N"政策体系与"1+N"规划体系的核心部分。此外,还召开5次相关会议，做了3次相关报告，出台3项省委省政府文件、1则通知，相关领导人调研1次，省委书记文章发表1篇。

① 3项规划相继出台。

一是规划纲要。2018年4月14日，万众瞩目的《河北雄安新区规划纲要》正式出台，纲要是指导雄安新区规划建设的基本依据，规划期限至2035年，并展望本世纪中叶发展远景。纲要从空间布局、城市风貌、生态环境、产业发展、公共服务、交通网络、智慧新城和安全体系等方面描绘了新区的发展蓝图，是指导雄安新区规划建设的基本依据。纲要第一章鲜明地提出雄安新区建设目标和发展定位。

建设目标：到2035年，基本建成绿色低碳、信息智能、宜居宜业、具有较强竞争力和影响力、人与自然和谐共生的高水平社会主义现代化城市。到本世纪中叶，全面建成高质量高水平的社会主义现代化城市，成为京津冀世界级城市群的重要一极。集中承接北京非首都功能成效显著，为解决"大城市病"问题提供中国方案。

发展定位：包括总定位及具体定位。雄安作为北京非首都功能疏解集中承载地，要建设成为高水平社会主义现代化城市、京津冀世界级城市群的重要一极、现代化经济体系的新引擎、推动高质量发展的全国样板；最终建成绿色生态宜居新城区、创新驱动发展引领区、协调发展示范区、开放发展先行区。

不同于上一年度的顶层设计，规划纲要针对承接北京非首都功能进行了较为详尽的说明，与北京城市副中心形成北京发展新的两翼，重点承接包括高等学校和科研机构、医疗健康机构、金融机构、高端服务业、高技术产业等五个领域；同时，营造承接环境，包括一流硬件设施环境、优质公共服务环境、便民高效政务服务环境以及创新开放政策环境。

二是总体规划。2018年12月25日，《国务院关于河北雄安新区总体规划（2018—2035年）的批复》公布。这份总体规划完全符合此前公布的《河北雄安新区规划纲要》且做了细化、深化、补充和完善。在批复中，有三点需要额外注意：其一，相较于规划纲要，总体规划在"紧扣雄安新区战略定位"上除了两点具体定位外，额外提出"要按照高质量发展的要求，推动雄安新区与北京城市副中心形成北京新的两翼，与以2022年北京冬奥会和冬残奥会为契机推进张北地区建设形成河北两翼，促进京津冀协同发展"，突出强调了雄安新区在承接北京非首都功能及京津冀协同发展中的重要战略位置。其二，在"有序承接北京非首都功能疏解"上额外增加了企业总部、事业单位两项。

三是白洋淀规划。2019年初，《白洋淀生态环境治理和保护规划》公布，从生态空间建设、生态用水保障、流域综合治理、淀区生态修复等方面进行了全面规划。

② 政策文件与改革开放相连。

2019年1月24日，新华社授权公布《中共中央国务院关于支持河北雄安新区全面深化改革和扩大开放的指导意见》。此次出台的指导意见为"政策性文本"而非"规划性文本"，重点突出了改革开放与雄安新区建设的相关性。指导意见中关于雄安新区的指导思想增加了"供给侧改革为主线""赋予雄安新区更大的改革自主权""为全国改革开放大局作出贡献"的表述，可见，意见的出台以改革为重点。运用高频词分析指导意见可发现，"创新"在意见中出现71次，"改革"出现59次，"试点"出现13次，"智"出现15次，"绿色"出现9次。除了以往强调的"创新""绿色""智能"三个词（也是总体规划中重点强调的"高质量"含义），须重点关注"改革"和"试点"。对这两个词的频繁提及也意味着雄安新区全面深化改革的开始与改革中"引领示范"的角色定位，通过雄安的先行先试为全国提供可复制、可推广的经验。

此外，明确了市场与政府之间的关系，明确指出政府要把对经济活动的干预减少到最少，该政府做的事情一定要好好作为，比如营商环境的优化、人才的引进、为市场主体服务、加强事中事后监管等。不该政府做的事，政府坚决不要插手，要让市场机制最大限度地发挥作用；建设目标有所增加，到2022年，使市场在资源配置中起决定性作用，更好发挥政府作用的制度体系基本建立。改革开放作为雄安新区发展根本动力的作用得到显现；到2035年，雄安新区全面深化改革和扩大开放各项举措得到全面贯彻落实；到本世纪中叶，雄安新区社会主义市场经济体制更加完善，治理体系和治理能力实现现代化，改革开放经历和成果在全国范围内得到广泛推广，形成较强国际影响力。

总的来说，雄安新区建设的第二年可分为两个阶段：规划阶段和建设阶段。规划阶段包括3项规划与1项政策的出台，相当于为雄安搭建起了"四梁八柱"。建设阶段所出台的相关文件、报告与讲话可看作对规划期重点内容的强调。建设期着重强调以下几点内容。一是新区发展阶段：新区规划体系基本形成，已从顶层设计、规划编制转向实质性建设阶段；二是以疏解作为"牛鼻子"：打造北京非首都功能疏解集中承载地；三是建设要求：创造"雄安质量"，高标准高质量规划建设雄安新区；四是培育科技创新驱动发展力，包括发展雄安新区的科技服务业、建设雄安高端科技服务聚集区、建设全球创新高地等。

（3）实质建设阶段：2019年5月至今。

在第二阶段，雄安新区的战略定位已基本确定。在实质建设阶段，陆续出台旅游发展规划、启动区规划、起步区规划、社区生活圈规划、数字经济发展等，力图依据原有规划指示进一步细化方案，从多个角度高质量建设雄安新区。各类调研、文件、会议、报告等内容也彰显出雄安新区已经进入规划细化及落地期，下一步应根据已有战略定位及发展目标，对雄安发展的各个方面，如教育、旅游、科技、交通等建言献策，促进高质量发展。

总的来说，第三阶段聚焦创造"雄安质量"，努力把雄安新区打造成为高质量发展的全国样板，聚焦疏解北京非首都功能，全面提升河北承接能力和区域一体化发展水平。

4. 雄安新区定位的总结分析

雄安新区位于河北省境内，因此，它的定位必须与京津冀协同发展战略相结合。雄安新区相关规划中也明确提出，其设立在于调整优化京津冀城市布局和空间结构，推动京津冀协同发展。

雄安新区经历发展，已由顶层设计阶段、规划编制阶段转入大力建设阶段。经总结，现阶段雄安新区官方战略定位可分为短期定位与长期定位，具体可从北京发展需求、区域发展需求、国家发展需求三方面进行探讨。

（1）短期定位。

① 非首都功能集中承载地——迎合北京发展需求。

已有政策规划、领导人讲话中多次重点提及把雄安新区作为北京非首都功能集中承载地是"初心"，需要牢牢牵住疏解北京非首都功能这个"牛鼻子"不放松。事实上，北京作为国家首都，它的功能定位集中于"四个中心"，即全国政治中心、文化中心、国际交往中心和科技创新中心，但还额外承载了大量的非首都功能，从而造成人口众多、环境额外、资源压力大、房价过高等"大城市病"问题。据此，疏解北京非首都功能刻不容缓。2016年发布的《北京市国民经济和社会发展第十三个五年规划纲要》曾提出要有序疏解非首都功能，严格控制增量与有序疏解存量双管齐下。但疏解也分多种类型，疏解区域包括域内疏解（中心城区之外的其他北京市域区域）和域外疏解（北京市以外区域），疏解方式也分为分散疏解和集中疏解。分散疏解提倡自主选择疏解地，一般疏解规模小、作用低，相对而言，集中疏解方式与当下迫切需求更为匹配，近年来北京市政府陆续将行政副中心聚焦于通州便属于"域内集中疏解"方式。但根据相关测算，这一决策仅能疏散出 40 万左右人口，要想切实扭转北京"大城市病"日趋恶化的趋势，至少需要从现有常住人口中迁移出 500 万左右。对于我国这个人口大国而言，已有城市密集程度已经相当高，唯一的解决办法便是"另建新城"。而雄安，地处河北境内，到北京直线距离 105 公里，具有良好的自然环境、地理区位优势，开发度低，承载力较大，具备成为北京非首都功能"域外集中疏解地点"的优质潜质，适合与通州形成一体两翼，双向疏解。

现阶段雄安新区正处于有序承接北京非首都功能和人口转移阶段，规划中严禁承接和布局一般性制造业、中低端第三产业，承接重点可划分为三个方面：一类是具有公共服务职能的高等学校和科研机构、医疗健康机构等；一类是企业总部、事业单位等；一类是金融机构、高端服务业、高技术产业等行业。于雄安而言，单方面的承接可集中利用政策、资源优势，作为初期发展的契机与基础。可若想实现规划中所定"高质量发展"，单靠"输血"远远不够，还需谋划内生增长动力、提升自身吸引力，变"输血"为"造血"，实现永续发展。

② 京津冀协同发展的创新驱动增长极——迎合区域发展需求。

2014年初，中央将京津冀协同发展上升至国家重大战略，其中京津冀三地定位各不相同，北京为全国政治中心、文化中心、国际交往中心和科技创新中心，天津为全国先进制造研发基地、北方国际航运核心区、金融创新运营示范区、改革开放先行区，河北为全国现代商贸物流重要基地、产业转型升级试验区、新型城镇化与城乡统筹示范区、京津冀生态环境支撑区。但战略出台以来，三地发展不均衡、难以协调推进等问题并未得到有效缓解，京津两地虹吸效应十分显著，河北难以吸收优势资源与高端产业体系，发展呈现断崖式滞后，成为协同发展战略的掣肘性因素与最薄弱一环。据已有研究，河北经济发展主要存在市场化程度低、产业结构不合理、科技投入不足、产出效率低下、财政收入不足等问题，严重影响了京津冀协同发展。因此，京津冀协同发展的关键在于解决河北的可持续发展问题，让河北形成自身的创新驱动增长极。

在此背景下，雄安新区横空出世。首先，在区域空间布局上，雄安与北京、天津两地距离大致相等，三地所形成的三角形将会成为京津冀地区发展的有力支点，填补区域发展凹陷地带，优化京津冀地区发展的空间结构；其次，在资源配置与产业升级上，前文提到雄安新区首要定位为北京非首都功能集中疏解地，将会承接首都的高端服务业与高新技术产业，最终建设为"创新驱动发展引领区"，从而有力带动河北的创新驱动水平，优化京津冀地区发展产业结构。因此，雄安新区不仅肩负着自身的发展任务，亦是河北突破发展瓶颈的全部希望，还需与北京、天津有序互动，推动京津冀协同发展进入新阶段，成为京津冀协同发展的创新驱动增长极。

（2）长远定位。

① 引领城市群区域经济发展新模式——迎合国家发展需求。

雄安新区既是北京的两翼之一、河北的新区，也是京津冀的新区，更是国家的新区。因此，了解雄安新区的定位，不仅要跳出北京，更要跳出河北、跳出京津冀地区，着眼于国家整体战略布局。

2011年，我国提出要协调推进长三角、珠三角地区、京津冀地区的优化发展，形成三大世界级城市群成为我国区域经济发展的重要战略。而由于改革开放初期的战略布局，20世纪八九十年代，珠三角、长三角地区早已先后拥有了深圳特区与浦东新区两个国家级新区，率先实现飞跃发展。其中，深圳特区致力于发展对外经济合作和技术交流，促进社会主义现代化建设；浦东新区致力于发展金融贸易服务业，促进社会主义市场经济建设。然而，据前文分析，与长三角、珠三角地区相比，京津冀地区存在着区域经济整体实力不强、区域经济内部发展失衡、产业分工合作水平有待提高、城市等级断层影响区域经济规模化发展、区域经济内部缺少协同联系、区域经济市场化程度低、区域经济创新能力不足、发展不均衡的缺陷，因此，同为战略性城市群，京津冀急需赶上珠三角、长三角的发展步伐。此外，我国目前已经进入经济体制改革转型期，长三角、珠三角模式经过多年发展后续驱动力有所下降，探索创新性经济社会发展新模式的任务自然被赋予到京津冀地区。

据此，与珠三角的深圳特区、长三角的浦东新区相比，京津冀的雄安新区战略定位自然会有所区别，不仅仅是非首都功能的集中疏解地、京津冀协同发展的创新驱动增长极，更需要培育以创新驱动为核心的自身驱动力，肩负着引领我国城市群区域经济发展新模式的重大任务，让京津冀成为继珠三角、长三角之后中国区域经济发展的新的增长极。

② 中国改革开放的引领示范区——迎合国家发展需求。

2019年初公布的《中共中央国务院关于支持河北雄安新区全面深化改革和扩大开放的指导意见》的重要贡献之一是提升了雄安新区战略定位，使之与中国改革开放相结合，赋予其更多的改革自主权，以期打造成为中国改革开放的引领示范区。

据已有研究，截至2023年，我国已经陆续建设了7个经济特区、19个国家级新区、22个自贸试验区、230家国家级经济技术开发区、178个国家级高新技术产业开发区、12个国家综合配套改革试验区、5个国家级金融综合改革试验区，带动了中国各地区的振兴与发展。近些年，改革开放逐渐进入深水区，我国经济的发展亦从高速增长阶段转向高质量发展阶段，雄安新区急需探索新动能，挖掘新路径。新一轮改革大势即将掀起，而雄安新区的设立便迎合了此次浪潮，以期由以往的"深圳速度"转为现今的"雄安质量"。规划中明确提出要将雄安新区建设成为绿色生态宜居新城区、创新驱动发展引领区、协调发展示范区和开放发展先行区；建设雄安新区数字经济创新发展试验区、雄安区块链实验室、金融科技中心，加强数字化水平；坚持开放式建设、市场化运作；让市场充分彰显活力；建设自由贸易区以提升对外开放水平；交通一体化、5分钟生活圈等理念方便市民生活，绿色理念引导下规划治理白洋淀环境以提升宜居水平……以上种种，均显现出不同于以往改革开放过程中已有经验的新尝试。在国家层面，希望以雄安新区的建立探索出改革开放新路径，为其他区域提供可供复制的发展经验，完善现代化的国家治理体系和治理能力，作为中国改革开放的引领示范区，成为推动中华民族伟大复兴的"千年大计、国家大事"。

综合来看，建立至今，雄安新区在官方层面承担着"北京—区域—国家"三重定位的叠加。从起步定位来看，为迎合北京发展需求而成为非首都功能集中承载地，为迎合区域发展需求而成为京津冀协同发展的创新驱动增长极；从长远定位来看，为迎合国家发展需求需引领城市群区域经济发展新模式并成为中国改革开放的引领示范区。

（二）雄安新区战略定位的 SWOT 分析

SWOT 分析法是战略规划的基本方法，即分别分析研究对象的内部优势（strengths）、内部劣势（weaknesses）、外部机遇（opportunities）、外部威胁（threats）的情况。[①] SWOT 分析法能够将各种条件和相关要素依照矩阵形式进行排列，从而对研究对象及其所处情境有一个全面、系统、清晰的认知，为了全面客观地分析雄安新区战略定位的现有基础和基本条件，本研究借助 SWOT 分析框架，分别从内部优势、内部劣势、外部机遇、外部威胁四个方面进行分析（见表 2-1）。

表 2-1　河北雄安新区战略定位的 SWOT 分析

内部优势（strengths）	内部劣势（weaknesses）
中央自上而下推动的政策优势； 区位优势； 生态环境良好，环境承载力较强； 后发优势明显，改革包袱轻	经济发展基础薄弱，面临诸多困难和挑战； 环境压力大，生态修复成本较高； 缺乏创新要素和创新环境，可持续性发展难度大
外部机遇（opportunities）	外部威胁（threats）
深化改革开放的历史机遇； 社会主义建设的制度优势； 区域整体资源丰富的协同发展优势	北京和天津的虹吸效应； 逆全球化趋势有所抬头； 深化改革开放中的潜在风险

1. 雄安新区的内部优势（strengths）

（1）中央自上而下推动的政策优势。

设立河北雄安新区，是以习近平同志为核心的党中央深入推进京津冀协同发展做出的一项重大决策部署。党的十八大以来，京津冀协同发展上升为国家战略，为了选择一个疏解北京非首都功能的集中承载地，河北雄安新区在若干方案

---

① 周光礼：《中国大学的战略与规划：理论框架与行动框架》，《大学教育科学》2020 年第 2 期，第 10-18 页。

中脱颖而出，并得到全方位的部署。2017年4月1日，中共中央、国务院决定设立雄安新区为国家级新区。随后，围绕雄安形成了"1＋N"规划体系（多规合一）与"1＋N"政策体系，成为雄安新区规划建设的"四梁八柱"。"1＋N"规划体系中的"1"为《河北雄安新区规划纲要》，"N"为《河北雄安新区总体规划（2018—2035年）》《白洋淀生态环境治理和保护规划》《河北雄安新区起步区控制性规划》《河北雄安新区启动区控制性详细规划》4个综合性规划，另外加上26个专项规划；"1＋N"政策体系中，"1"是《中共中央国务院关于支持河北雄安新区全面深化改革和扩大开放的指导意见》，"N"包括相关的配套实施方案。这是在中央政府自上而下的推动下对雄安新区发展提供的专门的政策体系，为雄安的发展提供了政策优势，指明了发展方向。

（2）区位优势。

雄安新区地处京津冀腹地，距北京、天津均105公里，距石家庄155公里，距保定30公里，距北京大兴国际机场55公里，区位优势明显，为产业发展以及京津两大城市优质资源供应创造了条件。同时，雄安新区已融入京津城市大交通框架，将构建"四纵两横"区域高速铁路交通网络和"四纵三横"区域高速公路网。雄安站已于2020年底开通，便捷通畅的交通为推动雄安新区产业转型升级提供了有利条件。

（3）生态环境良好，环境承载力较强。

全境属暖温带季风型大陆性半湿润半干旱气候，春旱少雨，夏湿多雨，秋凉干燥，冬寒少雪。多年平均降水量495.1毫米，极端最大年降水量931.8毫米，极端最小年降雨量207.3毫米，多年平均蒸发量1661.1毫米。地势由西北向东南逐渐降低，海拔标高7~19米，自然纵坡千分之一左右，为缓倾平原，属太行山麓平原向冲积平原的过渡带。雄安新区属海河流域的大清河水系，区内河渠纵横，水系发育，湖泊广布，主要河流（渠）有大清河、萍河、瀑河、潴龙河、唐河、小白河、白沟河、孝义河、漕河、赵王新河、新盖房分洪道、任文干渠等110条河流和干渠，河网密度0.12~0.23公里/平方公里。白洋淀是华北平原最大的淡水湖泊，是大清河南支缓洪滞涝的天然洼淀，主要调蓄上游河流洪水。白洋淀由143个大小不等的淀泊组成，百亩以上的大淀99个，总面积366平方公里，其中有312平方公里分布于安新县境内。

（4）后发优势明显，改革包袱轻。

雄安新区由河北省保定市的雄县、容城县、安新县三县及周边部分区域组成。与已经形成固定经济模式的北京、上海等大城市不同，三个县城背负的历史包袱轻、后发优势显著，在实施深化改革开放、实验最高水平改革开放政策时可以"轻装上阵"，顾虑少、风险小，牵涉其中的利益关系少。可以说，与发展规划目标相对比，雄安新区的现状完全可以用"一张白纸"来形容，也正因如此，雄安新区拥有宽裕的发展空间，避免了各种协调整合的成本，具备高起点规划、高标准建设的基本条件，受到的各种牵绊较少，有利于尽快实现高质量发展的美好蓝图。

2. 雄安新区的内部劣势（weaknesses）

（1）经济发展基础薄弱，面临诸多困难和挑战。

雄安新区现有产业结构相对落后，雄县、容城、安新三县的第一产业占比较重，其中经济实力最强的雄县三次产业构成为11.1∶69.4∶19.5，第一产业占比高于全国平均水平2.15个百分点，农业人口占比为66.75%，高于全国平均水平22.85个百分点；第二产业以传统产业为主，处于价值链低端环节，容城主要发展服装业，雄县主导产业为塑料包装，安新发展制鞋、羽绒等产业，中小微企业占比超过95%。这些传统制造业布局散乱、污染严重，产业转移和升级的压力很大。同时，雄安新区高质量发展也面临着集聚产业、人才、资金等高端要素的挑战。

（2）环境压力较大，生态修复成本较高。

打造"绿色生态宜居新城区"是雄安新区高质量发展的底色和基色，雄安新区的发展必须以生态环境保护为底色。京津冀地区的生态环境治理是一项艰巨的复杂的系统工程，直接关系到京津冀协同发展这一重大国家战略预期目标的顺利实现。就目前来看，雄安新区的三个县城十分依赖传统产业，这种高耗能、高污染、高排放的产业结构对河北省的环境产生了严重破坏，且京津冀地区属于水资源十分匮乏的地区，要涵养地下水源，保护生物多样性，解决白洋淀补水不足、水质恶化以及可能发生的洪涝灾害风险等，工作量之大、投入之多、治理难度之高可想而知。

（3）缺乏创新要素和创新环境，可持续性发展难度大。

雄安新区定位之一是"创新驱动发展引领区"，这也是实现"雄安质量"的关键所在。然而，整个河北的高端创新资源要素相比京津两地而言均十分匮乏，特别是人才、资金、产业等在雄安的聚集程度更是非常低。以高等教育为例，河北省高等教育服务经济社会发展的能力弱，由于河北整体经济发展落后，就业机会少、待遇缺乏竞争力等问题突出，既使得河北留不住河北高校培养出的优秀毕业生，专业人才不断外流，也没有条件吸引有志青年到河北深造，使他们学成后作为高层次人才为河北的发展做出贡献。此外，河北经济发展滞后，全省范围内还没有形成在层次上、质量上、规模上与发展需求相衔接的高等教育体系，产业结构与学科结构之间的相关性有待加强。实际上，要想吸引高端创新资源和要素，必须要在雄安新区中形成创新环境，这种环境不仅包括便利的基础设施、优良的生态环境、充沛高端的公共服务资源，而且更需要体制机制的改革与创新，形成良好的、有利于鼓励创新的社会氛围。

3. 雄安新区的外部机遇（opportunities）

（1）深化改革开放的历史机遇。

党的十八大以来，以习近平同志为核心的党中央着眼党和国家发展全局，运用大历史观，以高超的政治智慧、宏阔的战略格局、强烈的使命担当，提出以疏解北京非首都功能为"牛鼻子"，推动京津冀协同发展这一重大国家战略。习近平总书记指出，考虑在河北比较适合的地方规划建设一个适当规模的新城，集中承接北京非首都功能，采用现代信息、环保技术，建成绿色低碳、智能高效、环保宜居且具备优质公共服务的新型城市。在京津冀协同发展领导小组的直接领导下，经过反复论证、多方比选，党中央、国务院决定设立河北雄安新区。规划建设雄安新区意义重大、影响深远。中国特色社会主义进入新时代，我国经济由高速增长阶段转向高质量发展阶段，一个阶段要有一个阶段的标志，雄安新区要在推动高质量发展方面成为全国的一个样板。

（2）社会主义建设的制度优势。

雄安新区以其独特的区位优势和发展潜力，成为实现京津冀一体化发展、疏解北京非首都功能的重要战略支点。国家对河北雄安新区的扶持政策与京津冀协同发展的优惠政策结合在一起，为河北的发展提供了新机遇和新优势，归根结底就是期望雄安新区能够发挥深化改革开放"试验田"的作用，充分利用起自身所拥有的最大政策优势，鼓励河北在全省范围内迈开步子大胆干。以高等教育为例，我国高等教育在过去几十年间经历了跨越式发展，特别是在高等教育重点建设政策的打造下，若干大学和学科已经进入世界一流梯队。在建设河北雄安新区的国家重大战略部署下，国家仍将充分发挥全国上下一盘棋、集中力量办大事的制度优势，把全国优质高等教育资源及发展取得的经验成果汇聚在河北雄安新区，助力雄安高等教育改革创新取得新突破。

（3）区域整体资源丰富的协同发展优势。

创新驱动的新兴产业逐渐成为推动全球经济复苏和增长的主要动力，新一轮科技革命和产业变革在全球范围内的到来，成为雄安及早抢占国际分工和贸易格局制高点的重要机遇。河北雄安新区紧邻北京和天津，作为北京非首都功能的集中承载地，雄安新区将在短时间内承接从北京转移出来的高度资源和创新要素。实际上，京津冀地区存在的最大问题不是区域内的优质资源短缺，而是资源分布不均衡并进而导致的两极分化，产生的结果即"北京吃不下，天津吃不饱，河北吃不着"，设置雄安新区能够采取外力推动优质资源在京津冀地区再分配。应当认识到，北京出现"大城市病"的重要原因在于第三产业发达引起的资金、人才等高端要素的高度聚集，这并不意味着资源本身是有问题的，将这些高端资源要素转移到雄安新区，不仅能够有效缓解北京现有的"大城市病"，而且可以在短时间内高起点、高标准推动雄安新区的快速发展，可谓"一箭双雕"。

4. 雄安新区的外部威胁（threats）

（1）北京和天津的虹吸效应。

雄安在地理位置上紧邻北京和天津，河北又整体环抱北京，从历史发展来看，北京和天津对河北产生了虹吸效应的不利影响。河北与北京、天津，雄安与京津冀地区其他核心城市之间的地缘经济关系呈现出越来越强的竞争型态势，各市县间也存在着发展不协同问题。因此，河北雄安新区建设过程中面对的一大挑战在于：必须充分利用雄安区别于其他区域的独特的地理位置和政策优势，以更高的站位积极参与到京津冀协同发展中来，在承接北京非首都功能时要打造和突出比较优势，关注京津冀地区整体的经济社会和产业发展对高等教育有关高精尖技术和高层次人才的需求，尽量减少北京和天津甚至是国内其他城市群对雄安新区产生虹吸效应的不良影响。

（2）逆全球化趋势有所抬头。

当今世界正在经历新一轮大发展、大变革、大调整，保护主义、单边主义抬头，经济全球化遭遇更大的逆风和回头浪。"中国开放的大门不会关闭，只会越开越大"，在当前涌动着一股"逆全球化"潮流之时，如何按照党中央的部署，将雄安新区建设成"开放发展先行区"，在逆全球化浪潮中打造法治化、国际化、便利化的教育体系，这将是河北雄安新区发展及建设与社会经济相匹配的教育体系的一大挑战。此外，高端创新发展要素在国家和地区间流动不畅，西方国家倡导下的全球治理体系失灵，国际化进程严重受阻，雄安新区将在这样一种严峻背景下，直面包括坚持开放为先、实施积极主动的开放战略，探索开放型"创新驱动发展引领区"等在内的一系列新挑战。

（3）深化改革开放中的潜在风险。

支持雄安新区全面深化改革开放，是党中央站在新时代党和国家事业发展全局的高度做出的重大国家战略，将雄安打造成新时代全面深化改革开放的新标杆，也是为了以"试点-推广"的方式探索可以复制推广到全国的改革开放新经验。在"摸着石头过河"的过程中，河北如何着力防范化解重大风险、保持经济持续健康发展和社会大局稳定，如何未雨绸缪、平稳有序地在各个领域率先开展重大改革试验，如何应对我国改革进入"深水区"乃至"无人区"后面临的顽瘴痼疾和各种风险，这将是雄安新区建设的一大挑战。

二、雄安新区的教育需求

（一）雄安新区教育概况

1. 雄安新区基础教育发展现状

根据《京津冀教育发展报告（2018—2019）》，雄安新区学校中，除了有 4 所普通高中、3 所职业高中、2 所完全中学、33 所初级中学、9 所九年一贯制学校、250 所完全小学、121 所三年制幼儿园这样明确分类的学校之外，还有 2 所九年一贯制非完全学校、13 所不完全小学、37 所教学点小学、3 所幼小一贯制学校、24 所两年制幼儿园、5 所教学点幼儿园等不能明确分类的学校，存在着教学点或不完整学校，严重影响教育质量，也导致了教育发展不均衡、优质教育资源短缺等问题。[①]

具体而言，在办学规模方面，雄安新区每十万人口平均在校生数为学前教育 3140 人、小学 9610 人、初中 3626 人、高中 1409 人，高于北京、天津和河北的平均规模，在同等经济发展水平和同等比例的教育资源投入情况下，雄安新区的学生人数多于京津两地，生均教育资源较低。在师资队伍方面，雄安新区基础教育生师比分别为小学 18.19、初中 14.58、高中 12.90，与京津两地相比，生师比较高，教师数量不足；基础教育教师学历层次较低，以小学阶段为例，小学教师中研究生学历占比 0.23%，本科学历占比 36.48%，专科学历占比 61.66%。在办学条件方面，以小学为例，体育运动场达标率 52.80%、音乐器材配备达标率 63.55%，办学条件达标率低于全国平均水平。[②] 当前雄安新区基础教育水平与北京、天津形成巨大落差，教育改革面临的任务十分艰巨。

2. 雄安新区高等教育发展现状

雄安新区依托北京、天津、河北三省市办高等教育。高等教育普及水平进一步提升，高等教育毛入学率超过 50%。优质高等教育资源丰富聚集，根据教育部 2022 年教育统计数据，北京市共有 92 所普通、职业高校，其中中央部门办 39 所，位居全国第一，普通本科院校 67 所，高职（专科）院校 25 所；成人高等学校 23 所，其中中央部门办 8 所。天津市共有 56 所普通、职业高校，其中中央

[①] 方中雄、桑锦龙等：《京津冀教育发展研究报告（2018—2019）》，社会科学文献出版社 2019 年版，第 115 页。

[②] 方中雄、桑锦龙等：《京津冀教育发展研究报告（2019—2020）》，社会科学文献出版社 2021 年版，第 125-129 页。

部门办 3 所，普通本科院校 30 所，高职（专科）院校 26 所；成人高等学校 13 所。河北省共有 124 所普通、职业高校，其中中央部门办 4 所，普通本科院校 58 所，高职（专科）院校 63 所；成人高等学校 5 所，其中中央部门办 1 所。高等教育质量持续提高，京津冀地区高校研究生招生规模较大，特别是北京高校研究生教育发展领先；创新创业人才培养机制在探索中推进，技术技能型人才和创新型人才培养能力显著提升，学生全面发展和个性发展需求进一步得到满足，综合素养不断提高。高等教育开放和辐射影响力不断扩大。北京和天津高等教育培养高素质、国际化人才的能力不断增强，与国际优质教育资源交流合作的平台进一步拓展。

3. 雄安新区职业教育发展现状

雄安新区共分为三个地区，分别是河北省保定市的雄县、容城、安新。有研究者对这三地的职业教育情况进行了摸排走访，结合各类途径所搜集到的资料，最终汇总出其职业教育资源配置情况。整体来看，三地职业教育院校数量相对较少，共计 15 家，其中 5 家位于雄县、7 家位于容城、3 家位于安新。主要以雄县职业教育技术中心、容城职业教育中心、安新职业教育中心为核心，在此基础上则有各类特色职业技术院校。三地职业教育院校学生数量 5000 人左右。

（二）教育在雄安新区建设中的重要意义

1. 雄安新区基础教育的重要意义

基础教育包括幼儿教育、义务教育、高中教育。其中义务教育具有普及性、公共性和强迫性的特点，是国家必须保障的基础公共服务。一方面，对于雄安新区的社会主义现代化建设而言，基础教育是非常关键的公共服务资源，优质基础教育资源的丰富程度将在很大程度上影响着雄安新区对高端创新人才的吸引力。只有将教育提升工作作为新区规划建设的重点工作，使雄安新区教育生态持续向好，师资水平不断提升，教育基础设施不断改善，群众对教育的重视程度出现质的转变，雄安新区才能真正引得来人才、留得下人才，获得长远可持续发展的前提条件。换言之，只有高起点、高标准规划发展雄安新区的基础教育，才能使将要迁往雄安新区的大批高端创新人才在儿女受教育问题上没有后顾之忧。正如《河北雄安新区规划纲要》中指出的："按照常住人口规模合理均衡配置教育资源，布局高质量的学前教育、义务教育、高中阶段教育，实现全覆盖。引进优质基础教育资源，创新办学模式，创建一批高水平的幼儿园、中小学校，培育建设一批国际学校、国际交流合作示范学校。"引入高水平基础教育资源并使其均衡分布，已经成为雄安新区提供优质共享公共服务的主要工作内容。

另一方面，由于雄安新区所在的三个县，即雄县、安新、容城的基础教育存量薄弱，推动当地基础教育现代化还将对提升当地居民的人口素质具有非常现实的意义。只有改变已有居民的知识水平，提高受教育程度，才能最大限度地释放人口红利，向高质量、高标准建设雄安新区的目标更进一步。

2. 雄安新区高等教育的重要意义

第一，高质量区域高等教育体系具有培养拔尖创新人才、孵化科技创新、引领新兴产业、传承创新优秀文化等多重功能。世界上著名的区域知识中心和科技创新高地有美国旧金山的"硅谷"和纽约湾区的128公路、日本的筑波科学城、英国的剑桥科技园、印度的班加罗尔、以色列的海法创新城，以及中国的深圳、浦东和台湾新竹等，其成功离不开高质量的区域高等教育体系。作为创新驱动发展引领区，雄安新区急需建设一个高质量的区域高等教育体系。其一，有助于培养和集聚创新创业人才。创新创业人才是建设创新驱动发展引领区的核心要素，创新创业人才不能全部依靠区外引进，需要雄安新区内部自我培养。事实上，建设区域知识创新中心需要建设拔尖创新人才培养系统，这离不开高质量的区域高等教育体系。其二，有助于打造高端高新科技型产业体系。创新驱动发展引领区不是传统工业和房地产业主导的产业集聚区，而是高端科技创新产业集聚区。雄安新区不是要复制劳动密集型和技能密集型产业体系，而是要建构科技密集型和创新密集型产业体系。这样的产业体系需要建设一个区域科研创新系统，离不开高质量的区域高等教育体系。其三，有助于打造京津冀地区新增长极。制约京津冀协同发展的突出短板是河北经济社会发展水平相对滞后，雄安新区的建设有助于形成新的经济增长极，补齐京津冀协同发展的短板。在雄安建设高质量的区域高等教育体系有助于加快北京优质的高等教育资源向河北疏解，并在新区实现有效的配置和利用，形成聚变和裂变效应，促进区域新增长极的形成，并不断强化新增长极对河北的辐射和带动功能，为京津冀世界级城市群建设提供强劲的发展动力。

第二，高等教育对促进雄安新区建设具有"磁体"与"容器"的作用。城市发展通常"先具备磁体功能，尔后才具备容器功能"[①]。当前，雄安新区对高端人才及产业的吸引汇聚能力弱，同时也缺乏足够的容纳、对接平台。作为创新知识产出、顶尖人才培养和区域经济社会发展的"动力引擎"，高等教育将同时提高城市对高端创新要素的吸引、汇聚和容纳、安置能力，从而不仅能使雄安新区集聚优质公共服务资源，也能为汇聚于此的高端人才及产业构筑"磁体"与"容

[①] 刘易斯·芒福德：《城市发展史——起源、演变和前景》，宋俊岭、倪文珍译，中国建筑工业出版社2005年版，第6页。

器",使之"引得来、留得下"。因此,在雄安新区规划建设一个现代化高等教育体系,对于区域经济社会发展而言,意义重大、影响深远。

综上所述,雄安新区的基础教育和高等教育发挥的作用并不一样。雄安新区基础教育最重要的属性是公共服务资源,对于那些与雄安新区高层次定位相匹配的尖端人才而言,优质的教育资源能够有效提高雄安对他们的吸引力;对于世世代代生活在这片土地上的居民,大批教育资源的涌入也将提高他们的受教育机会,使本土居民的整体素质上升到与雄安新区高层次定位相匹配的水平。高等教育对于雄安新区建设具有十分特殊的意义,这是因为雄安新区的定位中蕴含着在知识经济时代从"深圳速度"到"雄安质量"的创新驱动发展新路径,因此,作为轴心机构的大学将为雄安新区从各个方面提供源源不断的动能。大学和研究院所作为重要的高等教育机构,是社会各界高精尖研究人才的栖身之所,在疏解北京非首都功能的过程中,作为重点疏解对象的大学整体搬迁到雄安新区,意味着对于创新驱动发展而言最为珍贵和关键的高端创新人才将会随之而来,这也将成为雄安新区起步和发展的"第一桶金"。此外,只要有大学的声誉和品牌在,就会有各界人才纷至沓来。大学的根本功能在于育人,毕业生就业的属地效应保证了雄安新区未来人力资本的增量将是充足的、可靠的;大学的派生功能是知识生产,基础知识与地方需求的深度融合将是高端创新型产业和创新驱动发展的根本驱动力,因此,雄安新区的教育发展应当与雄安新区的整体定位相匹配,使之与经济社会协同发展。

(三)雄安新区的教育建设与改革任务

1. 雄安新区承担的教育建设任务

(1)创办公平而有质量的基础教育。

① 雄安新区区域规划与基础教育建设基础。

第一,雄安新区的空间布局和建设阶段。雄安新区规划范围涉及河北省雄县、容城、安新3县及周边部分区域,地处北京、天津、保定腹地,现有开发程度较低,具有充裕的发展空间。根据《河北雄安新区规划纲要》中的空间布局,雄安新区空间布局呈"一主、五辅、多节点"的特点。起步区为容城、安新两县交界处约100平方公里的区域,也是雄安新区的主城区,即"一主",在未来15~30年间,雄安新区要将发展重心放在起步区建设上,并选取20~30平方公里的启动区作为新区的建设抓手。因此雄安的主要建设顺序为启动区(20~30平方公里)—起步区(约100平方公里)—中远期发展格局。

第二,雄安新区基础教育建设基础。从雄安新区的整体教育基础来看,新区基础教育的整体水平在河北省内尚处于中下水平[①]，与北京、天津等地差距明显，属于优质教育资源洼地，对于高端人才吸引力严重不足。但是其基础教育也并非一张白纸，依旧有不少原三县的存量教育资源散布于原县域。总体特点表现为：举办主体不够多元化，总供给量不足，无法满足当地人口和承接人口的优质多元化教育需求；区域发展不均衡，布局不合理，存量中有县城教育资源和农村教育资源之分，按照规划，起步区乃至启动区更是直接承接了北京优质资源，其中，有约六成的义务教育阶段的学校分布于农村地区，可能会出现原居民与移民面临三阶分层的基础教育资源，公平问题凸显；教师资源不足，生师比偏高，教师教育理念落后，缺乏教研能力和培训模式。

第三，雄安新区基础教育发展价值导向。雄安新区首要定位是北京非首都功能疏解的集中承载地和京津冀新的经济增长极。由于承接非首都功能的紧迫性，中央政府及北京市、河北省政府应当在高等教育体系的规划建设中起主导作用，面向国家重大战略需求，积极吸纳和集聚创新要素资源，高起点布局高端高新产业，分步分类地有序承接。因此，雄安新区需要短时间内形成优质基础教育资源的聚集，对新区需要的高层次人才产生磁吸效应。就其价值属性而言，习近平总书记提出要优先发展教育事业，要努力让每个孩子都能享有公平而有质量的教育。办公平而有质量的基础教育是雄安新区和国家级特区创办基础教育的价值追求。因此，雄安的基础教育体系可以从优质与均衡基础教育资源的时空分布进行建构。

② 雄安新区创办优质均衡的基础教育。

第一，在雄安新区创办优质的基础教育。从雄安新区建设时间阶段来看，有着明显先后发展的阶段性，时间上遵循建设一批、成熟一批、逐次建设的原则。据上述分析，雄安面临原三县地区基础教育薄弱和启动区空白的现状，按照存量资源和增量资源进行分析，在新增教育资源建设方式上采取学校资源与教师资源外部引进方式，主要集中承载北京高标准教育资源，以异地办分校、集团化办学等方式，创建一批高水平幼儿园、中小学校，以社会招聘和政令等方式集中一批名校长、名师，组建一队高水平教师队伍。对于存量教育资源的改造方式，采取以硬件建设和智能化建设为主的标准化建设和对口帮扶、委托管理为主的管理体系建设，补充优质师资，提升教育教学质量。从举办主体来看，鼓励民办学校的高门槛进入，培育一批国际学校、国际交流合作示范学校，满足不同人群教育需求。比如积极对接北海幼儿园、史家小学、北京四中，成熟一个、实施一个，探索对接不同学段的模式，为起步区和中远期发展区培养"种子"教育资源。长期

---

① 李璐：《雄安新区义务教育均衡发展的问题、挑战与提升策略》，《天津市教科院学报》2020年第5期，第12-19页。

来看（2035年后），在启动区的基础上，完善承接全国优质基础教育资源的机制建设，明晰援建校对接工作机制，建设高素质、成长型教育人才队伍，创新教师薪酬和培养体系，降低政府的行政指令性工作，鼓励多元举办主体发展特色教育，整个新区发展优质素质教育。

第二，在雄安新区实现基础教育资源分布均衡化。根据雄安新区空间布局规划，存在启动区（20～30平方公里）和起步区（约100平方公里）的先后发展顺序，以及"一主""五辅"的空间分布。从均衡性角度出发，基础教育存在存量和增量间的平衡性、组团内与组团间的平衡性。均衡发展的重要原则是发挥引入优质资源的辐射带动作用。对于同一发展时间内存量和增量的均衡来说，传统的方式可以通过对存量资源的对口帮扶进行培训升级和教师制度化流动带动发展，或者直接通过短期内依靠承接北京骨干校长、教师转移或委托管理的方式实现高标准均衡。组团内的均衡则是依靠按服务半径和居住人口分布情况进行规划，按照教育需求分配，打破学区房制度，按规划，启动区预计20万～30万人口，拟建设高中4所、初中6所、完全中学2所、特殊教育学校1所、小学17所、幼儿园35所。远期来看，组团间的均衡则依靠先建成的组团重新变身"优质资源"，承载来源从北京优质资源扩大到自然演化的本土学校资源，双引擎驱动雄安基础教育发展，"质""量"并举，创新办学体制，成为教育改革的策源地。

（2）建设中国特色、世界一流的高质量高等教育。

雄安新区要实现疏解北京非首都功能和实施创新驱动发展两大战略定位，必须在技术创新、产业发展、人才集聚、公共服务等方面协同推进。在此过程中，高质量的区域高等教育体系建设将是重中之重。

① 雄安新区建设高质量区域高等教育体系的基本思路包括定位和实现定位的措施。

雄安新区高等教育体系发展定位是新区总体定位的集中体现。根据雄安新区总体定位要求，新区高等教育体系发展的基本定位应该是优质高等教育资源的集聚地、全国高等教育创新发展的示范区、全球主要的科学中心和科技创新高地。雄安新区高等教育体系将以显著的示范效应、极化效应和带动效应，为区域发展提供人才和创新支撑。雄安新区高等教育发展在新区总体建设中应处于优先和基础地位。基本定位确定之后，应该以其为引领，构建区域高等教育体系。具体地说，要有序构建包括研究型大学、应用型大学、社区学院三大高等教育体系，积极推进科教融合、产教融合、学科融合，建设以开放性、创新性和国际化为主要特色的区域高等教育体系。其中，研究型大学体系主要由北京疏解而来的10～20所部属高校和科研院所构成，通过科教融合，为雄安新区培养高端人才、提供技术研发、孵化新产业；应用型大学体系由疏解到雄安的央企总部、国内外高等教育机构和新区政府共建的专业学院构成，通过产教融合，为雄安新区培养创新创业人才；社区学院体系由京津冀优质高职院校与新区龙头企业共建的产业学院构成，通过产教融合，为雄安新区高水平产业体系培养高端技能型人才。

② 雄安新区的产业定位决定高等教育科类结构、层次结构。

雄安新区可以直接高起点对标深圳和浦东当前的发展阶段，即实施创新驱动发展战略，规划构建以第三产业为主的产业结构。

第一，就区域产业结构与高等教育科类结构的关系而言，雄安新区的首要定位是北京非首都功能疏解集中承载地，北京市的产业结构将直接决定雄安新区的产业结构。北京市在长期发展中形成了以第三产业为主的产业结构，2014年以来，第三产业占GDP比重超过80%，远超第一、二产业，其中，第二产业又以先进制造业为主，外迁的积极性和必要性相对较小，因此，首都功能疏解的重心必须放在第三产业。由于雄安新区将重点发展新一代信息技术产业、现代生命科学和生物技术产业、新材料产业、高端现代服务业、绿色生态农业等第三产业，相应地，雄安新区的高等教育应当着重发展计算机科学与技术、生物工程、材料科学与工程、应用经济学、农业工程等与产业结构相匹配的学科专业，为更好地服务区域经济社会发展需求做好准备。

第二，就区域发展动能与高等教育层次结构的关系而言，"创新驱动发展引领区"是雄安新区五大战略定位之一，实施创新驱动发展战略是雄安新区建设的题中应有之义，为此，雄安高等教育应当着重发挥本科教育的人才培养功能和研究生教育的科研创新功能，通过与科研院所、企业等创新主体合作，加快知识的创新输出与转化应用，充分发挥人才、学科、资源和平台的集聚优势，打造一个高水平高层次、本硕博贯通、知识溢出效应明显的高等教育体系。

③ 雄安新区的空间布局决定高等教育资源配置、办学模式。

根据《河北雄安新区规划纲要》，雄安新区空间布局的思路与深圳、浦东"两步走"的实践一致，即首先选择位于容城、安新两县交界处约100平方公里的区域作为雄安新区的起步区先行开发，条件成熟后再将雄安新区有序稳步推进至约2000平方公里的中远期控制区。

第一，在起步区（约100平方公里）内，由于承接非首都功能的紧迫性，中央政府及北京市、河北省政府应当在高等教育体系的规划、建设中起主导作用，并在起步区内非启动区的组团中选址设立雄安新区中关村科技园，引导科技创新资源集聚，打造一个科技园区与大学城共生共荣的教育、创新高地。在办学模式上，学习深圳经验，采取本土化办学方式，扎根雄安，建设一批与新区建设同步成长的大学；学习浦东经验，以异地办学或区域内迁入的方式，将在京部委所属高校部分或全部转移到这片土地上，加快雄安新区高等教育体系建设。

第二，在中期发展区（约200平方公里）和远期控制区（约2000平方公里）

内,为了体现雄安新区作为市场化国际大都市的发展定位,应当在政府引导的基础上,充分依靠市场力量、激发市场活力,发挥市场在高等教育资源配置中的重要作用。在办学模式上,以更加开放、包容的姿态与国内外高水平大学合作办学,提高雄安新区高等教育的市场化、国际化程度,打造具有国际影响力和竞争力的高等教育高地,走出一条创新、开放、可持续发展之路。

④ 雄安新区的发展阶段决定高等教育的建设方式、功能作用。

当今世界正经历百年未有之大变局,以改革开放为根本动力打造"千年大计"雄安新区,既是在我国经济由高速增长转向高质量发展的历史时期打造新时代发展样板的重要使命,也是中国为全人类开拓探索一条可持续发展新路径的伟大实践。结合《河北雄安新区规划纲要》中建设目标的时间节点及深圳和浦东的发展经验,雄安新区应分为2035年之前的政策扶持发展阶段和2035年之后的内生创新发展阶段。

第一,与深圳和浦东主要承接国际产业转移不同,雄安新区作为北京非首都功能疏解集中承载地,其承接重点包括北京的高等学校、科研机构和技术研发型企业等优质科技创新资源及高等教育资源。因此,在2035年以前的政策扶持发展阶段,雄安新区高等教育要以增量疏解、存量疏解和存量控制的方式,完成对北京疏解出的优质高等教育资源的承接任务。其中,增量疏解即鼓励北京的高校在雄安新区新办校区、特色学院和研究院;存量疏解即将部分北京的高校整体搬迁至雄安新区;存量控制即严格控制在京高校的规模,防止在疏解过程中出现"走回头路"的问题。

第二,在2035年之后的内生创新发展阶段,雄安新区的高等教育应当采取增量控制的方式实现可持续发展,汇聚和培育的高等教育资源必须与雄安新区的整体发展水平和方向相一致。在建设过程中合理把握开发节奏,逐步提高雄安新区创新发展的内生动力,摆脱对优惠政策等外部推动力量的依赖性,提升高等教育的基础研究能力和创新水平,增强创新链上游的知识供给能力,到本世纪中叶全面建成内生创新动力强劲、制度优越性彰显的社会主义现代化城市。

⑤ 2035年以前的雄安新区高等教育建设方式、功能作用。

2035年以前,雄安新区应当在约100平方公里的起步区内,选择非启动区的城市组团用以设立雄安新区中关村科技园,并在此区域内规划建设知识溢出效应明显、本硕博体系完整、以研究生教育为主的雄安新区大学城。应当以在京部委所属高校作为重点疏解对象,分期分批推动其向雄安新区疏解,努力在"十四五"期间形成一批标杆性项目,为深入实施中长期疏解任务奠定基础。对于"双一流"建设学科与雄安新区重点发展产业相匹配的高水平行业特色型大学,可以在保留北京校区的前提下,按照"存量疏解+存量控制"的原则,将本科及研究生教育整体迁入雄安新区大学城继续高起点办学;对于清华大学、北京大学等学科门类齐全、整体实力拔尖的高水平综合性大学,可以按照"增量疏解＋存量控制"的原则,通过在雄安新区大学城创办分校区、特色学院和高精尖研究中心等方式实施异地办学。在时机成熟时,可以采取本土化办学方式,以新机制、新模式建设世界一流的雄安大学,并以教育部直属高校身份尽快进入"双一流"建设高校队伍,与雄安新区的经济社会发展融为一体,加强同国内外一流大学的合作,保证雄安大学扎根区域、面向世界,实现长期高水平办学。

⑥2035年以后的雄安新区高等教育发展展望。

2035年之后,根据雄安新区逐渐定型的产业结构及行业分布,在高等教育发展基础上建设世界一流研究型大学,培育一批优势学科;发挥市场在高等教育资源配置中的决定性作用,统筹科研平台和设施、产学研用一体化创新中心资源,以中外合作办学的方式吸引汇聚国内外优质高等教育资源,打造高水平、开放式、国际化高等教育聚集高地;发挥高等教育在雄安新区内生创新发展中的作用,整合各类科教资源,为创新发展提供源头支撑。

(3) 建立健全现代职业教育和终身教育服务体系。

① 完善雄安新区现代职业教育体系。

第一,推动职业教育内涵发展。深化职业教育人才培养模式改革,创新工学结合人才培养实现形式,深入推进现代学徒制人才培养;推动中高职一体化发展。促进职业院校专业与职业岗位对接、专业课程内容与职业标准对接、教学过程与生产过程对接、学历证书与职业资格证书对接、职业教育与终身学习对接。服务区域和产业发展的需要,加强应用技术的传承应用研发,提高职业院校技术服务能力。建立职业院校教学工作诊断与改进制度,开展职业院校教学工作及专业评估,加强职业院校人才培养质量监测,建立完善职业教育质量年度报告制度。推动建设若干所一流职业教育类大学建设取得标志性成果,成为全国职业师范教育和应用技术大学示范标杆。深化中职高职系统(衔接)培养,推进高职本科联合培养改革,支持符合条件的"双高计划"院校的骨干专业前往雄安新区试办本科层次职业教育,积极稳妥推进符合标准的本科层次职业学校设置工作,探索高水平职业院校与本科高校联合培养专业学位硕士研究生机制。提升院校管理水平,基本建立依法治校、自主办学、民主管理的运行机制,不断完善多元参与的职业院校质量评价与保障体系。推进职业教育国际化,大力引进国际优质资源,探索国际化专业认证;配合国家"一带一路"倡议,利用现代信息技术手段,推动职业教育输出优质资源。

第二,推动产教融合发展。完善校企合作制度,落实企业支持和参与职业教育的职责,促进职业教育与产业体系建设同步发展。推动职业院校融入区域技术创新体系,支持职业院校与行业企业建立人才培养和技术技能积累创新共同体,通过校企合作、工学结合、教产对接,形成学校为主、政府推动、行业指导、企业参与的多元化办学模式。创新校企合作办学体制与产教融合机制。推动职业院校参与行业企业技术创新中心、先进装备实验实训中心建设。鼓励职业院校将实训基地建在合作企业，企业将技术研发与应用、员工继续教育和培训基地建在职业院校。支持各地统筹行业产业和教育资源，组建区域职业教育集团，创建产教融合发展示范区。鼓励高等职业院校、行业龙头企业牵头组建实体性职业教育集团，健全董事会、监事会等治理机构和决策机制。建立完善职业教育集团激励机制，开展职业教育集团绩效评价，促进职业教育集团成为产教融合的重要载体。建立产教融合、校企合作、协同发展的现代职业教育"雄安模式"。

第三，完善现代职业教育体系。优化职业教育战略性结构布局，根据工业化和新型城镇化发展要求优化职业教育结构，按照主体功能区规划和雄安新区规划统筹职业教育区域布局。加强省市两级政府统筹，把职业院校布局与服务当地特色优势产业发展有机结合。建立城乡结合、以城带乡的城乡职业教育协同发展机制。创新发展面向农村的职业教育与成人教育，加大新型职业农民的培育力度。调整优化职业教育层次结构，高等职业教育规模适度增长，加快发展本科及以上层次的职业教育，形成层次分明、结构合理的现代职业教育新格局。促进职业教育体系内部开放衔接，推动中职学校、高职院校、成人高校及本科高校资源整合，实施中高职、应用本科一体化办学。系统构建从中职、专科、本科到专业学位研究生的培养体系，推动中等职业学校、高等职业院校、应用技术类型高校、开放大学各层次联合培养知识型、发展型技术技能人才。鼓励有条件的高等职业院校与本科高校联合培养专业学位研究生。

② 健全雄安新区终身教育服务体系。

倡导终身学习理念，完善灵活开放、衔接互通的终身教育体系，推动学习型组织建设实践创新，加强学习型城市建设，满足人民群众更新知识、提高能力和全面发展的需要。

第一，打造终身教育体系。建立不同类型学习成果的互认与衔接机制和转换认定制度，构建市民终身学习"立交桥"。探索试行普通高等学校、高等职业院校、成人高等学校之间学分转换，建立"学分银行""市民终身学习卡"等终身学习制度，拓宽终身学习通道。制定非学历教育资格标准，依托"学分银行"平台，打通学历、非学历、职业资格证书之间的转换通道，实现学分互认。

第二，扩大终身学习资源供给。鼓励迁入雄安的高校与所在社区建立"区校终身学习联合体"，面向区域开展继续教育。不断加强老年教育体系建设，创办高水平的老年大学，建设好若干所示范性老年大学，实现街镇老年教育学校全覆盖，村居老年教育学习中心普及程度显著提高，以各种形式经常参与教育活动的老年人超过老年人口总数的50%。鼓励开展实用性强、符合区域经济发展的农村教育培训。建设终身学习服务平台，整合教育、文化、科技、体育等现有优质资源，建成覆盖全市的终身学习网络和区域性学习中心，为市民提供丰富多样的学习交流平台，注重为老年人、残疾人等特殊需求群体提供学习服务。建设一批有特色、受社区群众欢迎的"市民终身学习示范基地"，发挥其核心辐射作用。

2. 雄安新区承担的教育改革任务

（1）深化教育体制机制改革。

根据《河北雄安新区条例》，雄安新区管理委员会是省人民政府的派出机构，参照行使设区的市人民政府的行政管理职权，落实中央关于扩大省级政府教育统筹权的精神，加强雄安新区管理委员会教育统筹力度，完善市政府统筹推进、教育管理部门牵头、相关职能部门协作、各区政府联动的教育统筹工作机制，建立部市联席会议制度和年度会商机制，统筹教育改革发展稳定，统筹推进雄安教育现代化。持续推进简政放权，明确政府管理权限和职责，优化管理流程，提高管理效能，形成政事分开、权责明确、统筹协调、规范有序的管理体制，提升政府教育治理能力；落实和扩大高校办学自主权，推动完善高校内部治理结构。推动构建更加科学有效的教育评价制度体系，着力破除教育评价中存在的"五唯"问题，促进党的教育方针、立德树人根本任务落实到教育的各阶段、各环节、各方面；落实构建德智体美劳全面培养教育体系的要求，以立德树人为鲜明导向，重点突破考试内容改革，稳妥推进高考综合改革。

建立清单管理制度，切实转变政府教育管理职能，依法明晰各政府部门的教育职责，建立权力清单和责任清单，规范权力运行程序，确保教育责任履行到位，发挥政府保障教育事业优先发展、科学发展的主导作用；探索实施负面清单管理制度，更有效地激发各教育主体的积极性、主动性、创造性，提升市场配置教育资源的有效性。提升教育治理能力，创新政府教育管理和服务方式，综合运用法律、标准、规划、拨款、信息服务、政策指导等方式，拓宽家长、社会组织等主体参与教育管理、评价和服务的渠道，完善多元参与、平等协商、合作共治机制；改变直接管理学校的单一方式，减少行政干预，加强公共服务，提高管理和服务绩效。加强与社会各界、新闻媒体的沟通协调，引导形成支持教育改革创新的良好氛围。完善民办教育发展法律制度和政策支持体系，加强对民办教育的监督管理，促进民办教育科学健康发展。强化地方政府统筹发展职业教育的责任。改善办学条件，深化职业教育产教融合、校企合作。

（2）深化空间布局改革。

2017年4月1日，中共中央、国务院印发通知，决定设立国家级新区——河北雄安新区。雄安新区位于河北省中部，地处北京、天津、保定腹地。雄安新区包括雄县、容城、安新三县及周边部分区域，起步区面积约100平方公里，中期发展区面积约200平方公里，远期控制区面积约2000平方公里。2017年，雄安新区常住人口104.71万人。雄安新区发展的主要优势是现有开发程度较低，发展空间广阔，是承担北京非首都功能的理想之选；主要劣势是高端人才供不应求、经济基础较为薄弱、现有产业链不完整且以劳动密集型产业为主。雄安新区的教育基本上是零起点，是在一张白纸上绘画。

第一，规划均衡的优质基础教育资源空间布局。根据雄安新区新型城镇化和人口发展需要，有序扩充城镇学前教育、义务教育资源，加强学前教育规划建设，合理分配公办幼儿园和普惠性民办幼儿园学位资源。科学设置新型城镇化背景下的义务教育学校布局，进一步提高城镇学校学位供给能力。统筹城乡义务教育一体化发展。科学规划城乡教育设施，实现教育设施建设办学效益、规模效益、社会效益一体化。推进农村教育资源配置达标，优化农村义务教育学校布局，鼓励城市优质教育资源通过学校联盟、集团化办学、对口帮扶、学区化管理等办法，带动农村学校共同发展。推进教育资源向农村学校和城镇薄弱学校倾斜，打通城乡之间义务教育要素流动各个关卡，促进义务教育资源在城乡之间的科学调配，开展城乡义务教育一体化进程试点，加快建成一批示范区，切实缩小区域差距、城乡差距、校际差距，加快实现基本公共服务均等化。

第二，规划布局与高新技术产业空间临近的高等教育园区。高等教育是知识经济时代区域发展的关键因素，随着全球进入知识经济时代，区域发展越来越依靠知识与创新。从内生发展理论上来看，高等教育的集聚带来了创新要素的集聚，内生于空间的创新是经济发展的驱动力，是地方经济成败的决定性因素。创新活动空间分布的非均衡被认为是区域发展不平衡的基本原因。在劳动力和资本的流动速度都明显加快的情形下，最不易流动的要素就是知识与文化、技能、创新能力及其关系网络等无形因素，地方系统的竞争力就取决于这些因素，而这些因素就内生于区域高等教育发展之中。从实践来看，美国硅谷、128公路的成功经验就是将区域高等教育作为区域发展的重要组成部分，高等教育与区域发展产生共生效应。

（3）积极扩大教育对外开放。

第一，推进京津冀教育协同深入发展。加快"一带一路"教育共建，积极引进境外优质教育资源，提升中外合作办学水平，提高留学生培养质量，充分发挥教育在吸引国际高端人才、弘扬中华优秀传统文化等方面的作用，服务雄安新区开放发展先行区建设。到2035年，京津冀教育协同发展取得新成果，教育开放水平进一步提升，教育发展的竞争力和影响力进一步增强。积极承接北京非首都功能疏解，完善京津冀教育协同发展定期会商机制。加快建设雄安新区中关村科技园等承载平台，统筹调配优质资源，做好基础教育设施配套工作。支持高校共建京津冀课程联盟、优质教育资源共享联盟，推进课程学习成果互认、教师校长交流挂职等工作。构建京津冀职业教育协同发展共同体，建立与区域产业转型升级相适应的技术技能人才培养培训体系。

第二，加大教育交流合作力度。探索中外合作办学新机制和新模式，引导中外合作办学向高质量、规范化方向发展。支持高等学校加强与国外院校在教育、教学、科研等方面的深层次交流与合作，加强学生、教师、管理队伍的国际化视野培养。鼓励支持高校与世界一流大学和学科开展高水平人才联合培养和科研攻关，促进国际协同创新。支持职业教育借鉴和引进国际权威的职业资格证书体系、办学模式和考核标准，推进国际化应用技能型人才培养。鼓励中小学开展多种形式的对外交流。在2035年之后，雄安新区的高等教育应当采取增量控制的方式实现可持续发展。经过前期创新驱动发展与集中承接资源，雄安新区将会成长为一个前沿科技创新资源的"磁体"与"容器"，能够主动吸纳和培育创新要素资源，吸引世界一流的科技人才、具有国际影响力的大学及科研机构、具有国际竞争力的创新型企业入驻雄安新区。但汇聚和培育的高等教育资源必须与雄安新区的整体发展水平和方向相一致，真正将雄安新区打造成创新驱动发展的未来之城。

（4）有序承接北京疏解的部分教育功能。

第一，推动京津冀教育合作发展。落实京津冀协同发展战略，服务首都城市战略定位，完善教育协同发展工作机制，形成目标同向、政策协调、优势互补、合作共赢的教育格局，引导教育资源布局不断优化，整体提升区域教育发展水平。完善区域教育合作机制，积极发挥优质教育资源辐射带动作用。鼓励在京高等学校在京津冀地区内合作办学、学科共建，成立学校联盟，促进优质教学科研资源共建共享。鼓励职业学校合作办学、组建联盟等，实现京津冀职业教育统筹发展。推进优质基础教育资源向郊区和周边地区辐射，实现一体化学校、集团学校、联盟学校在课程教学、文化建设、师资队伍等方面共建共享。

第二，有序承接部分北京高校的疏解任务。雄安新区作为北京非首都功能疏解集中承载地，其承接重点包括北京的高等学校、科研机构和技术研发型企业等优质科技创新资源及高等教育资源。因此，应当综合考虑雄安新区在不同发展阶段对高等教育的引入、聚集与发展方式，区分高等教育承担的发展任务。雄安新区高等教育要以增量疏解、存量疏解和存量控制的方式，完成对北京疏解出的优质高等教育资源的承接任务。

（四）教育、科技、人才与雄安新区建设

雄安新区是京津冀协同发展的产物，要从国家战略的全局性高度出发，认识到雄安新区是中央政府为了打破京津冀协同发展当前陷入的无效率路径依赖状态而采取的自上而下的推进措施，目的在于改变京津冀地区内部发展水平严重失衡的现状，打造京津冀协同发展的新抓手和着力点，使河北在承接北京非首都功能转移的过程中，形成能够与北京和天津的虹吸效应相抗衡的反磁力中

心,重塑京津冀地区内部的政治、经济、文化格局,使整个区域进入一种协调均衡、层次分明、功能布局合理的发展格局,成为新的重要经济增长极。因此,高起点、高标准建设雄安新区是确定雄安新区定位、规划雄安新区建设的逻辑起点。

那么,应当如何根据雄安新区的高点定位,打造一个具有全局性、历史性意义的经济特区?高点定位离不开创新发展,而创新驱动的本质是人才驱动。从根本上来讲,要想实现雄安新区的高层次定位,并在承接非首都功能疏解的过程中形成可持续发展的动能,必须积极吸纳和集聚创新要素资源,培育新动能,打造全球创新高地,创造"雄安动力",从而在雄安新区吸引、汇聚、发展高端高新产业,实现高水平发展。能够实现创新驱动发展的地方本质上离不开对人才的有效吸引和源自人才的发展驱动力。根据美国知名学者 Florida 的创意资本理论,人掌握着创新资本(知识、技术、资金等资源)。因此,人才是创新驱动地方发展的源头,一个地方能否聚集创新活动、占据竞争的制高点,最终还是要看这个地方吸引人才的能力,能够吸引人才的地方就能在竞争中获胜,没有人才的地方就没有创新,也就没有长足发展的动力和竞争优势。正如习近平总书记所言,人才是创新的根基,创新驱动实质上是人才驱动,谁拥有一流的创新人才,谁就拥有科技创新的优势和主导权。要择天下英才而用之,实施更加积极的创新人才引进政策,集聚一批站在行业科技前沿、具有国际视野和能力的领军人才。

人才吸引力大小取决于地方优质公共服务资源和创新型机构的规模层次。毕业的博士研究生是社会发展的重要创新要素,本书曾就博士研究生毕业之后的就业地区选择意愿问题开展过一项质性研究。研究结果显示,博士选择就业地区是一个综合考量不同因素的过程,其中,对个人能力的自我评估、婚恋状况、自然环境、社会资本分布、社会认同程度、社会环境等都将影响其选择就业地区。仅就社会环境而言,由于不同地区的社会公共资源分布不均,选择公共资源聚集的地区就业成为博士生个体实现社会资本再生产和社会阶层流动的显性表征。除此之外,作为高层次专门人才的博士生普遍更加重视不同地区拥有的专业发展水平和职业平台规模。因此,从社会环境的角度而言,高端创新人才是否愿意落户雄安,很大程度上取决于雄安新区的公共服务资源密集程度及雄安新区的高端创新产业及机构规模。换言之,雄安新区必须快速汇聚起优质公共服务资源,构建足够的高层次创新型机构,才能吸引人才、汇聚人才、留住人才。

实际上,优质公共服务资源和创新型机构对于雄安新区来说是"蜜糖",雄安新区在启动阶段规划引入的优质公共服务资源和创新型机构正是来自作为首都的北京。中央规划建设雄安新区的重要目的在于使其承接北京的非首都功能,以尽快缓解北京当前面临的"大城市病"问题。北京市之所以会出现"大城市病",

主要原因在于大量优质公共服务资源集中在了北京的单中心，导致第三产业发达、高收入群体聚集，但这并不意味着北京的公共服务资源不够优质，或北京不应该发展高端服务业，而是说明有必要对优质公共服务资源进行重新分配，对第三产业的空间布局进行再调整，使其更为均衡、效率更高。因此，按照"跳出北京建新城"的思路建设一个北京非首都功能的承接地，作为引起北京"大城市病"的优质公共服务资源和作为第三产业的创新型机构就理应是最早也是最主要的疏解对象。

第三章 高等教育与区域协同发展的理论分析

区域发展关注能够确保一个区域经济体系达到高水平竞争力和创新能力的地方条件。这些地方条件既包括资金、劳动力、企业组织等有形要素,又包括知识、学习、关系、社会资本等无形要素。无形要素的形成离不开教育的深度参与。事实上,高等教育与区域发展具有内在的相关性。改革开放40年来,我国经济社会发展呈现出区域发展的趋势。其中,珠三角、长三角、京津冀三大经济板块迅速崛起,成为驱动我国经济快速发展的三个增长极。据统计,这三个区域的 GDP 约占全国的 50%,资金和人才的集中程度也接近全国的一半。其实,经济学家很早就发现,发展不会同时出现在所有的地方,而是以不同强度首先出现在一些增长点或增长极上,这些增长点或增长极通过不同的渠道向外扩散,对整个经济产生不同的最终影响。在区域增长极形成的过程中,我国高等教育资源也在快速地向这些地方集聚。长三角、珠三角正在大力推行"招院引校"政策,吸引北京及中西部大学到当地办分校或二级学院以及驻外研究院,出现了所谓的"西学东扩"现象。这种现象预示着区域发展开始将高等教育作为自身发展的重要组成部分。在长三角、珠三角地区,高等教育与区域发展的结合已经取得了初步成功。因此,从理论层面研究高等教育与区域经济社会协同发展具有重要的科学研究价值。

一、高等教育在区域发展中的作用

随着全球进入知识经济时代,区域的发展越来越依靠知识与创新,高等教育与产业界的联系日趋紧密。在这种背景下,我国的长三角、珠三角、京津冀等经济增长极的产业形态实现了由劳动密集型、技能密集型向科技密集型、创新密集型转变,高等教育在区域发展中的作用开始凸显。如何从学理上阐述高等教育与区域发展的相关性,以及高等教育发展与区域经济发展的共生性,成为一个十分紧迫的学术问题。

（一）创新与外生发展理论

区域经济学认为，创新是解释区域经济体系增长的重要原因。因此，完整的区域理论必须能够充分考虑创新来源及赋予区域创新能力的要素。区域经济学相关的早期研究将创新视为发展的外生因素，即创新从外部通过特殊的区域途径对区域经济产生积极影响。这种研究路径假定创新是外在的和给定的，倾向于揭示创新到达特定区域的途径，而不去解释创新的产生过程。这种研究路径的中心论题是创新的空间扩散及其模型中的路径选择。外生发展理论强调创新扩散是时间过程和空间过程相结合，呈现出时空扩散过程。第一，初始接受阶段。城市等级决定了扩散路径，即创新中心往往首先出现在首位城市或者都市区，而后依次向低等级城市扩散。第二，中期扩散阶段。这个阶段的特点是城市等级效应和近邻效应同时起作用。前期以等级效应为主，后期以近邻效应为主。第三，后期饱和阶段。此时，创新空间扩散是随机的。在创新原发地达到饱和时，外围区的应用密度仍可能低，即创新仍可能向外围扩散。这些外部的信息和知识是区域发展走向普遍的增长过程所必需的。[1] 应该说，外生发展理论回避了创新是如何产生的问题，因此不能很好地解释高等教育发展与区域经济发展共生性问题。

（二）创新与内生发展理论

高等教育与区域发展日渐增强的相关性呼唤新的区域理论，内生发展理论应运而生。内生发展理论认为，空间是发展过程的积极因素，城市和城市空间是集聚经济（地方化经济）产生的地方，因此整个区域的经济发展植根、建构于城市空间上。这种研究路径假设创新是内在的，区域发展的无形要素（知识、学习、关系、社会资本等）内生于区域高等教育发展之中，并共同形成了地方竞争力。正是高等教育发展与区域经济发展的共生性产生了协同、合作和交互作用，引起了地方产业的报酬递增和地区优势。这在高等教育资源密集的区域很容易解释，大学是创新活动的主要场所和新知识的"孵化器"，高等教育密集的区域是主要的研发中心，这里有大量的专业知识储备和可以降低创新活动风险的先进服务业（金融和保险）。这证实了创新活动的集中所带来的报酬递增，如加州硅谷和波士顿128公路。对这些现象进行解释是20世纪80年代一个非常有趣的课题。在深刻的技术变革推动下，人们开始把创新视为经济发展的驱动力，知识成了地方经济成败的关键因素。创新活动空间分布的非均衡被认为是区域发展不平衡的基本原因。在劳动力和资本的流动速度都明显加快的情形下，最不易流动的要素就是

---

[1] 罗伯塔·卡佩罗：《区域经济学》，赵文、陈飞等译，经济管理出版社2014年版，第204页。

知识与文化、技能、创新能力及其关系网络等无形因素，地方系统的竞争力就取决于这些因素。①

内生发展理论的中心论题是识别决定一个区域创新能力的内生的地方条件，即找出创新的地方性内生决定因素。根据内生发展理论，区域创新的内在决定因素有以下几点。

（1）知识溢出效应：地理临近性。

大学与企业等创新主体空间的临近性促进了隐性知识的交换，这是创新集中的原因。大量的实证研究证实，创新活动具有空间上集中的天然倾向，它们一般集中在核心区和大都市区，具有显著的极化效应。② 这些极化区域可以称为区域知识创新中心，如美国旧金山湾区和纽约湾区、日本筑波科学城等。对这一现象的解释是，区域知识创新中心促进了由科研院所和大学进行的科学技术知识的开发；更容易获得默会的、不可编码的知识，这是模仿和逆向工程所必需的；保证了技能工人和高端服务的便利性。③ 区域知识创新中心既是一个高等教育概念，也是一个区域经济概念；它既用来描述高等教育集聚，也用来表征企业创新的集聚。创新过程的复杂性和系统性解释了它们的累积性特征：技术创新领域的路径依赖，即不断追加的创新簇群随着最初的革命性创新选定的"技术轨迹"，知识的产生和增长在这个定义清晰的技术范围内进行。在区域层面，对创新要素的供给和需求相互作用、相互强化。创新企业和大学通过技术扩散和知识生产丰富了周围环境，而周围环境反过来支撑创新企业和大学的活动。结果就是研发活动不断集中，强化了创新空间集中的自发倾向。④ 区域知识创新中心概念能够解释高等教育对区域发展的作用。在一个区域中，大学的研发活动带来的好处不仅局限在组织内部，它们还"溢出"到周围环境中，从而有利于企业的创新活动。大量的实证研究证明，在一个区域中，创新活动的确存在溢出效应。地方性研发支出比外部研发支出的作用更显著，而且多样化的知识比专门化的知识对地方创新能力更重要。⑤

---

① 罗伯塔·卡佩罗：《区域经济学》，赵文、陈飞等译，经济管理出版社2014年版，第232—233页。
② 罗伯塔·卡佩罗：《区域经济学》，赵文、陈飞等译，经济管理出版社2014年版，第233—234页。
③ 罗伯塔·卡佩罗：《区域经济学》，赵文、陈飞等译，经济管理出版社2014年版，第234页。
④ 罗伯塔·卡佩罗：《区域经济学》，赵文、陈飞等译，经济管理出版社2014年版，第234页。
⑤ 罗伯塔·卡佩罗：《区域经济学》，赵文、陈飞等译，经济管理出版社2014年版，第235页。

(2) 集体学习与创新环境：关系接近性。

所谓关系接近性是指地方行动者之间的互动与合作，即组织之间的本地联系，这是地方创新能力的重要来源。在该理论中，地方行动者之间的经济社会联系决定了特定区域的创新能力和经济发展，它被命名为"创新环境"。空间的临近性和经济文化的同质性促进了人们之间的协作，并产生了创新组织的动态优势，因为这些因素支撑着集体学习和知识社会化的过程。在创新环境中，有两种经济和社会联系：一是非正式的"不可贸易"的依存关系，主要表现为一系列通过工作流动和组织间相互模仿过程产生的隐性知识的流动；二是正式的组织之间跨地区的合作协定，可定义为关系网络。大量的实证研究表明，对地方环境的认同往往优先于对单个合作者的认同，这显示了地方的重要性。人们常常用关系资本来衡量区域创新环境。所谓关系资本，是指一系列决定人们互动的规范和价值观，以及建立在各社会参与者之间的关系网络和社会总体凝聚力相联系的制度。关系资本在区域创新中的作用，主要通过集体学习和社会过程，降低了伴随创新过程的风险和不确定性。具体地说：① 在区域环境内的学习，通过生产者和消费者之间基于忠诚和信任的稳定持久的合作关系进行。这些关系导致生产者和消费者之间显性和隐性的知识流动，引发了不断增加的创新和特定技术路径依赖。② 地方劳动力市场中的关系也在地方创新体系中发挥重要作用，因为熟练工人在区域内的高流动率和极少的向外流动，大大丰富了企业间的知识流动并提高了工人的技能。③ 新企业的衍生即以前受雇于本地企业的员工创建新的企业也推进了知识的社会化过程。应该说，创新环境理论弥补了知识溢出理论的固有缺陷，它解释了知识传播的渠道，不仅只依据纯理论的接触可能性，而且在于那些已经被证实的地方经济现象，包括生产者和消费者的关系、劳动力在地方高度的流动性，以及新企业的衍生。创新环境理论阐述了通过行动者的互动与合作实现了知识的社会化，从而解释了高等教育在区域发展中的作用。

(3) 学习型区域：制度接近性。

创新环境理论关注地方创新能力内生性的基础，特别强调制度因素，即嵌入到地方环境中的一系列社会、经济、文化规则。在此基础上，发展出了国家创新系统理论。国家创新系统理论认为，制度不仅促进了参与者之间的合作，以及知识的社会化，还促进了经济参与者发展支持交互式学习过程的组织形态。这一研究领域的主要内容包括：现代经济的主要资源是知识，一个经济体的竞争力主要取决于学习和知识。在区域知识创新体系中，学习源自企业和区域科教系统之间、企业内部不同职能部门之间、生产者和消费者之间、企业和社会制度结构之间的合作与互动。企业内部不同职能部门之间、企业和大学及其他外部行动者之间的反馈、相互依赖和互补作用，是创新过程所需要的。这也表明创新过程是高度地方化的，它是各种传统、惯例、习惯、社会认同和风俗构成的"制度稠密"

的结果。因此,如果不在区域社会文化背景下(创新发生的地方)考察,很难真正理解创新。在制度接近性的区域,意味着一系列的规范、管理和行为规则等,它们帮助行动者获得有助于交互式学习的组织形式,这使得创新过程发生得更快,并使经济系统更具有竞争力。[①] 在制度接近性的区域中最有可能形成学习型区域,所谓学习型区域是指能够逐步开发交互式学习方式的社会经济系统。一个区域的竞争力取决于这种"学习能力"。学习型区域具有两个突出特点:一是在这个区域内,社会规范和制度支持交互式学习;二是作为一个拥有"有组织的市场"的区域,在这个区域内,隐性的、广泛共享的行为规则保障了信息的隐性交换和知识的创新。[②]

(三)学术中心与经济中心的共生性

高等教育与区域发展的相关性引发了人们对学术中心与经济中心协同发展的关注。较早关注这个问题的是北京大学的吴志攀教授,他在《高等教育与区域发展——以"首都教育"为视角的考察》一文中,提出了高等教育中心是否会成为区域发展的中心的问题。该研究以北京教育为例说明,高等教育中心不一定成为区域发展中心。他认为,在高等教育中心评价方面,如果以大学和在校大学生数量来衡量,并用高校教学与科研水平加以综合评价,北京地区高等教育目前保持全国高校数量和质量的领先地位,是全国的高等教育中心。但是,北京作为全国的首都,在经济方面已经落后于上海、广东、江苏与浙江,已经不是全国的经济中心。[③] 这种判断主要是从单纯工业 GDP 来看的,然而,高等教育本身就是第三产业,高等教育中心同时意味着它是服务业中心,学术中心与经济中心是重合的。事实上,在知识经济时代,高等教育能够直接或间接创造 GDP。一方面,作为现代服务业,高等教育中心直接创造了众多的就业就会;另一方面,现代经济的主要资源是知识,科技密集型和创新密集型产业的发展主要取决于知识与学习,前者与知识生产相关,即科研与创新,后者与知识传播相关,即教学与人才培养,而这是现代高等教育的两大基本职能。

根据高等教育与区域发展共生性理论,学术中心与经济中心的理想状态应该是协同发展的。这取决于我们如何界定学术中心和经济中心。我们所说的学术中

[①] 罗伯塔·卡佩罗:《区域经济学》,赵文、陈飞等译,经济管理出版社 2014 年版,第 242 页。

[②] 罗伯塔·卡佩罗:《区域经济学》,赵文、陈飞等译,经济管理出版社 2014 年版,第 242-243 页。

[③] 吴志攀:《高等教育与区域发展——以"首都教育"为视角的考察》,《北京大学教育评论》2003 年第 4 期,第 68-77 页。

心是指在一个区域中优质高等教育资源的相对集聚区，它不意味着全国第一。事实上，在一个国家，应该有若干个学术中心。我们所理解的经济中心是指经济活动的聚集区，它对周围地区产生较强的吸引力和辐射力。这个经济中心并不意味着必须全国第一，一个城市通常就是该地区的经济中心。从这个意义上来看，北京所在的京津冀地区既是学术中心，也是经济中心。长三角地区和珠三角地区既是学术中心，也是经济中心。从全球发展趋势来看，学术中心与经济中心基本是重合的。最近500年来，世界的科教中心依次发生四次转移：意大利（16世纪初到17世纪初）、英国（17世纪中叶到18世纪中叶）、法国（18世纪中叶到19世纪中叶）、德国（19世纪下半叶到20世纪上半叶）、美国（20世纪初至今）。世界科教中心其实是一种经济现象，当意大利是世界第一个经济中心时，它同时就是世界第一个科教中心；当英国取代意大利成为世界经济中心时，英国成了世界第二个科教中心；当法国、德国经济依次崛起时，法国、德国依次成为新的科教中心；当美国成为世界经济中心时，美国不久后也成为世界科教中心。也正是基于学术中心与经济中心的共生关系，习近平总书记在《求是》杂志上提出，要努力成为世界主要科学中心和创新高地，如其所言："中国要强盛、要复兴，就一定要大力发展科学技术，努力成为世界主要科学中心和创新高地。我们比历史上任何时期都更接近中华民族伟大复兴的目标，我们比历史上任何时期都更需要建设世界科技强国！"①

  区域发展必须将区域高等教育作为自身发展的重要组成部分。在中国，有一些区域性高等教育中心没能发挥出自身的优势，这既与这些地区的大学缺乏资金有关，也与这些地区的大学办学理念不够市场化和办学模式难以适应知识经济有关。但最主要的原因是这些地区没有将高等教育作为区域经济和社会发展的目标之一。在市场模式下，高等教育中心会随着区域经济中心的转移而转移。我国高等教育领域的"西学东扩"现象也充分说明了这一点。在东南沿海地区的"招院引校"，或北京、西安、武汉、成都、哈尔滨等地的名牌大学办分校或研究院时，其在进行区位选择时主要受区域经济发展水平的驱使，长三角、珠三角等经济增长极会成为这类大学的首选。在该思路下，经济活跃地区是中西部名牌大学办分校的首选区位，而这些地区的发展也依赖于这些分校的成功与失败。基于长三角和珠三角在高等教育与区域发展的结合上的成功经验，我们将其作为典型案例与京津冀开展比较研究，以为雄安新区教育与经济社会协同发展提供启示和借鉴。

---

① 习近平：《努力成为世界主要科学中心和创新高地》，《求是》2021年第6期。

二、大学参与区域发展的角色、模式和影响因素

（一）大学参与区域发展的角色

隐喻是人类感知和理解的重要方式之一。在讨论高等教育和区域发展问题时，出现了一些核心的隐喻方式。首先，将高等教育比作一种"机器"：高等教育就像一个引擎、发电站、驱动器、发电机、助推器、加速器或杠杆，为地区的增长和繁荣发挥作用。这一措辞表明，高等教育是区域发展的主要推动力。另一种隐喻是生物层面的：高等教育代表着区域发展的温室、苗床、温床、产卵场、催化剂或发酵罐。这些概念使人联想到发芽开花的事物。这种隐喻表明高等教育是实现区域创新和区域振兴的必要条件。第三种隐喻以网络为中心，认为高等教育是区域中的节点、枢纽、桥头、中介、耦合单元、传输点、传输中心等。这里强调高等教育对信息和知识的获取和传播。最后一种类型是时间隐喻，它暗示着高等教育机构在一个转型过程中起着带头作用，高等教育预示并象征着一个新时代，常使用先锋、先锋、灯塔和路标等术语。每一种隐喻都在一定程度上反映了某种现实，因此，在这些关于高等教育在区域发展中作用的隐喻里面蕴含了一些关于高等教育机构在区域发展中的性质和角色。

事实上，大学参与区域发展的问题关乎大学社会服务职能，即大学的第三项职能如何在区域中发挥其作用。教学职能是大学的第一项职能，起源于中世纪大学培养文、法、神、医专门职业人才的传统；科研作为大学的第二项职能，奠基于19世纪初柏林大学的建立。但这两项职能的形式局限在大学的象牙塔之内，大学与社会始终保持着一段有尊严的距离。直至19世纪中后期，由于社会经济的飞速发展，大学面临内外部变革的压力，大学的社会服务职能逐渐催生出来。20世纪60年代，在哈佛大学的一系列讲座中，加州大学校长克拉克·克尔提出了"多大学"（multiversity）一词，即一所高度关注社会经济和文化的大学。根据Scott的观点，19世纪发展起来的现代大学是新知识和新技术的重要来源，具有商业化的潜力。现代大学中社会服务职能的诞生是现代社会变化的直接结果，即学生人数的增长和对特定劳动力的需求。在美国，大学的社会服务职能受到了重视，具体表现为《莫里尔法案》的颁布和"威斯康星思想"的形成。

自此，社会服务成为大学公认的第三项职能，并作为一种正式的学术术语出现在高等教育的研究中，这一术语的价值内涵也随着后来的社会经济发展不断演变。值得注意的是，这里谈及的大学三大职能并非相互独立和排斥的。随着大学第三项职能的提出，教学和科研的社会服务价值都同样受到重视。例如，强调学生通过参与社会项目将学校所学知识应用于实践的"参与性学习"（servicelearning，SL）概念的出现，说明社会服务概念已延伸至大学教学之中。已有学者对大学社会服务职能的发展进行了梳理，提出大学的社会服务职能由初期阶段的政府主导，经历了三螺旋模式推动发展阶段，进入以广泛参与为特征的强化发展阶段。还有学者提出了当代大学除教学和科研外的三大新角色——知识转移、政策制定、经济举措（见表3-1），这三大新角色与大学的第三项职能——社会服务密切相关。

表3-1 大学组织的新角色（一）

大学角色	具体项目	特点
知识转移	技术商业化	专利、执照和衍生公司将知识从大学转移到私营部门；设立大学科技园
	商业支持	协助商业教育，撰写商业计划书，并协助提供便利
政策制定	经济发展与政策研究	大学的研究能为州和地方政府提供政策支持
	政策建议	教师的专业知识和研究成果，能对该区域经济基础的各种重要问题提供政策建议
经济举措	劳动力开发	为劳动者提供新技能和就业的培训，以及权利和补偿方面的教育
	伙伴关系	将不同的利益相关者与该区域联系起来，以促进区域经济的成功发展
	社区发展	通过创业改善当地经济增长和社区环境

大学的知识转移角色是大学在促进经济发展中的一个重要角色。首先，大学的知识转移是促进技术商业化最重要的因素。大学的技术商业化的成功取决于大学内外部的各种因素，包括历史的、环境的、制度的以及组织实践等。大学已采取多种机制促进知识的商业化发展，最常见的做法是通过设立技术转让办公室这一中介性质的机构。然而值得注意的是，技术转让办公室的商业化能力也存在较大的差异。如Breznitz对比了耶鲁大学和剑桥大学作为知识的来源在经济发展中的作用，重点关注二者知识商业化的过程，认为剑桥大学的技术转让办公室从规模、管理、工作人员数量和质量等方面来说都落后于耶鲁大学。耶鲁大学的技术转化办公室的核心宗旨是促进技术的商业化，在发展过程中由最初的官僚氛围浓厚，逐步发展成了一个更加专业化、商业导向的技术转让办公室，在大学进行技术商业化的途径上不断创新和突破，并在大学周边催生出了一个极其活跃的生物技术集群。创立衍生公司也被认为是大学对区域经济发展做出贡献的重要方式。

大学衍生公司通过以下三种方式促进区域经济发展：通过生产、创新产品来满足客服需求，以创造经济价值；为地区创造就业机会，尤其是高质量的就业岗位；为大学科技创新吸引更多的投资，促进大学科技的创新。其次，大学的知识转移也为当地企业，尤其是中小型企业提供了商业支持和援助。除了直接为中小型企业提供咨询和教育服务，大学对区域的商业支持的另一种显著方式是通过孵化器和科技园实现的，如亚利桑那大学的生物科技园为长期从事生物科技的公司提供支持，麻省理工学院的企业孵化中心为生物技术和制药公司提供支持，密苏里州立大学的创新中心也为企业从孵化到发展提供一系列服务。

政策制定角色指大学能向州和地方政府提供政策建议，意味着大学已成为区域经济中发展的关键行动者。大学的政策制定角色具体表现为两个方面。一方面，许多大学研究中心致力于开展有关经济发展的项目研究，在进行区域经济发展的有关科研中，大学得以关注到区域发展中所面临的问题，从而提出解决措施并改善区域发展环境。如弗吉尼亚理工学院的经济发展办公室，致力于开展可行性的经济影响研究，关注区域可持续发展、社区创业、产业集群分析和特定行业等研究项目。另一方面，大学通过参与区域政策制定过程为区域政策提供建议。如亚利桑那大学在全校范围内组建了专家小组，为市政厅的经济发展办公室撰写背景报告，其中还有多个区域相关者参与在内，包括家庭和消费资源学院、水资源研究中心、乌达尔公共政策研究中心、德拉奇曼土地和区域发展研究所以及经济发展办公室。他们共同撰写的报告讨论了许多区域政策相关问题，成为亚利桑那州许多政策的原型，包括老龄化、水资源管理、增长和环境保护、风险青年和北美自由贸易等。

经济举措角色直接指向大学的人才培养和伙伴关系对区域经济发展的贡献。自19世纪60年代《莫里尔法案》颁布之后，大学与其所在区域的联系日益紧密，主要通过劳动力开发、伙伴关系、社区发展的措施助力经济发展。首先，大学通过培养高素质人才并促进其在本区域就业而实现人力资本开发，还通过设立区域内培训和就业项目开发和提升当地已有的劳动力。其次，大学提供各种各样的项目，促进政府组织、私营企业和大学之间的伙伴关系，从而促进区域、国家和国际层面的经济增长。由于高技术产业的发展往往需要多学科知识，因此发展伙伴关系至关重要。再次，大学还通过社区发展项目，尤其是经济和社会项目，改善其所在区域的社区环境，这些项目往往由不同的社区团体与大学合作进行。

（二）大学参与区域发展的模式

Trippl和Sinozic总结了4种大学对区域发展贡献的概念模型，分别是创业型大学模型、区域创新系统（RIS）模型、知识生产模式Ⅱ大学模型、参与型大学模型。4种模式试图描述在除教学和科研的传统职能外，大学通过何种模式发挥其第三项职能，反映了不同大学是如何进行模式变革以发挥其对区域发展的贡献，分别强调了不同的大学对区域经济和社会的有益活动和产出。作者认为，创业型大学模型和 RIS 模型侧重大学在区域发展中经济层面的作用，强调知识商业化及大学与工商业的合作；而知识生产模式 II 大学模型和参与型大学模型则将大学在区域中的社会文化维度考虑在内。具体而言，创业型大学模型强调大学通过学术创业活动，如参与专利和技术许可来促进其所在区域的经济发展，这些活动源于大学的学科知识商业化，通常认为促进这些活动的措施包括鼓励科研人员进行商业化科研、在高校培育创业环境和文化、完善技术转化办公室的职能等。RIS 模型认为大学是区域知识的关键生产者，是区域知识基础设施中的关键决策者，关注大学如何与区域创新系统内其他行动者互动从而导致区域创新的发生。与创业型大学模型相比，RIS 模型不仅关注高校的商业化活动，还强调大学与工业界之间的知识交换和知识转移机制，这些措施包括大学与工业界正式的研发合作和知识交流机制，其中大学有一项重要任务就是将知识传递给区域中的中小型企业和集群。知识生产模式 II 大学模型的提出是基于迈克尔·吉本斯的知识生产模式转型理论，反映了大学在区域发展中角色的转变。该模型下的大学重视知识生产的应用性、跨学科性和异质性，这表明大学将与更广泛的区域组织进行合作研究，同时高校知识生产活动的问责、透明度和质量评估的受众也由学术同行扩展到社会公众。参与型大学模型中，大学不仅在区域中扮演知识生产者的角色，而更聚焦大学的区域身份塑造。参与型大学将区域需求正式地整合到大学的发展议程中，如根据区域需求调整教学活动，从而开展以区域人才需求为重点的课程，促进学生的本地就业和毕业生的保留率。此外，大学在区域中的公民角色也被考虑在内，包括政策宣传、提升区域居民的福利和健康、环境的可持续发展以及塑造独特的区域文化。参与型大学模型强调大学是整合不同层次上的政策的联结点，大学是区域治理网络建设的关键参与者。

Uyarra 总结了大学在其所在区域经济的创新发展中的 5 个关键角色，即大学对区域发展贡献的 5 种不同路径或模式。作者认为在大学与区域发展的研究历程中，大学在区域中所扮演的角色发生了重大转变（见表 3-2）。

表 3-2　大学组织的新角色（二）

模式	知识工厂	关系型大学	创业型大学	系统型大学	参与型大学
大学的主要作用	科学知识的生产	知识交流与互换	商业化	跨界合作	不断发展的角色
分析单位	创新的产出	联系	中介组织，如技术转移办公室	系统、网络	治理的空间

续表

模式	知识工厂	关系型大学	创业型大学	系统型大学	参与型大学
主要利益相关者	大学附近的高科技公司	大型的制造企业	大型制造企业、大学衍生企业	区域集群、区域中小型企业	区域利益相关者
参与的方式	单项的隐性参与	双向的隐性参与	双向的显性参与	三重螺旋：大学、政府和工业	敏锐的、响应式的
研究方法论	工业调查、引文计数、生产函数分析	工业调查、案例研究	对高校技术转移管理者的调研	国家和区域创新调查研究、案例研究	案例研究
大学影响区域创新的关键因素	科研的强度与投入、地理邻近性	企业规模、行业、研发强度等结构因素	组织结构和形式、管理实践、教师创业行为和动机	区域系统配置、区域政策、大学的制度能力	大学的数量和大学之间的协同效应、大学领导
政策启示	大学和企业的地理临近、增加科研经费	加强产学研联系	中介机构和组织需要制度安排和激励措施来确保联系	制度安排对于确保大学、工业和政府之间的联系至关重要	大学的使命和其他多层级政策的联合

（1）大学是科学知识的生产者——"知识工厂"（knowledge factory）。

大学被看作是知识的来源和储存库，有助于提高区域内企业的研发和创新水平，它的溢出效应可以对当地经济产生积极影响。这种模式重点关注大学科研的投入与产出，相关文献的重点集中于量化大学公共资助的收益、大学知识生产的地理溢出效应以及大学对高科技集群的区位影响。

（2）关系型大学（relational university）。

在关注大学对区域的经济贡献的大背景下，20世纪80年代，大学和企业的生产性联系开始建立起来，这一时期美国颁布的《拜杜法案》也强调大学与以技术为基础的企业开展合作研究。"大学—产业"联系的相关研究假设大学具有联系和协作的作用，承认企业和大学之间存在各种双向联系和知识共享过程。这一模式突破了大学知识生产与区域经济发展之间简单的线性关系，通过强调区域知识在大学和企业间的双向流动，拓宽了大学在区域中创新的渠道。

(3) 创业型大学（entrepreneurial university）。

20世纪末，随着知识经济时代的到来，大学的技术转化和商业化趋于制度化和合理化，尤其是在英美国家大学科研的商业化开发已成为一项势在必行的政策。通过在大学中专门的组织安排，如技术许可办公室和科技园，以及法律改革和激励结构，鼓励大学在创业和商业化方面更积极地做出努力。

(4) 系统型大学（systemic university）。

在区域创新系统的研究视角下，创新被视为一个集体的过程，区域创新源于本地化、创新相关和制度支持的网络。而大学是跨越边界的制度节点，是区域创新系统中的制度行动者。大学在区域创新体系中的作用，除了保持与大公司和学术衍生公司的密切联系外，还服务于以区域为基础的由中小型企业组成的集群和供应链。大学对区域的影响力取决于区域创新系统的配置。

(5) 参与型大学（engaged university）。

这一概念由博耶于1990年提出，他认为当今时代赋予了大学全新的内涵。大学不再只是独立自由的学术组织，而是正在发展成为通过跨学科的合作以解决实际问题的社会机构。这种角色重点强调区域需求和大学的适应性反应，更广泛地包括了大学对区域社会、文化和环境发展的贡献。大学通过正式和非正式的区域参与，成为区域学习、创新、治理网络参与的重要参与者。这意味着大学职能和区域发展之间的融合程度进一步加深，大学的区域参与重点不再仅限于对区域的经济贡献，而是更凸显其在区域发展中的公民角色，大学嵌入并整合到区域所有的关键部分之中，包括促进社会包容和流动性、为区域技能发展提供帮助、通过基础科学促进创新研究等。

（三）大学参与区域发展的影响因素

现代大学履行社会服务职能并积极融入区域发展已经成为一种显著趋势，而大学参与区域发展的程度和贡献因地区、高校而异，因而有必要理清高等教育参与区域发展的影响因素。经合组织的调查研究认为，大学成立的时间和地理位置、区域内大学机构的数量和关系都会影响到大学的区域参与，且新的现代大学往往比老的大学更重视对区域经济发展的贡献，并且拥有比老大学更适合区域合作的外部机制。

由欧盟资助的一项社会经济项目UNIREG的研究认为，国家高等教育系统的区域化程度、区域的类型特征（核心还是外围）、区域认同的特征、区域网络的存在和类型、区域内公共和私营组织对大学知识的吸收和利用能力、区域内大学的数量/规模/类型/组织结构（研究型大学、教学型大学、专业学院等）以及协同效应等，都会在一定程度上影响大学参与区域发展。UNIREG研究的关注点在于这些因素之间的相互作用，特别是竞争和等级效应影响大学在区域参与方面的差异。竞争和等级效应会引发大学管理层的制度和政策的反思与变革，还会使区域利益攸关方在规划和执行区域发展战略框架时认真考虑这些因素。

Boucher 在 UNIREG 研究的基础上提出，并不是所有的大学都平等地参与到地区的发展中来，不同大学参与地区发展的特征和程度存在相当大的异质性。因此，并不是所有地区都建立了区域合作伙伴之间的知识互动网络，知识互动网络的成熟度也不尽相同。Boucher 进一步以大学和区域的类型，即地区类型差异以及大学数量和规模的差异为出发点，提出了参与区域发展的大学的四种类型：边缘地区的单一大学、边缘地区的多个大学、核心地区的传统大学以及核心地区的技术型大学。参与区域发展程度最深的大学往往是位于边缘地区的单一且规模较大的大学。在 Boucher 的研究案例中，位于芬兰、爱尔兰和荷兰周边地区的 Joensuu、Limerick 和 Twente 大学，往往更直接地融入区域机构网络，在一定程度上将区域多层次网络合并起来，并在区域的经济、社会和文化发展中发挥关键作用。尽管这些边缘地区有了一体化的网络，但在社会经济发展的总体维度上仍然总是落后于核心都市地区。其余三种类型的大学在其区域发展中的作用往往受到竞争和等级效应的限制。针对多个大学，无论是核心地区还是边缘地区，大学之间往往存在争夺制度主导地位的竞争，从而缩小了该区域内大学参与区域发展的范围和水平。

对传统的大学而言，无论是在核心地区还是边缘地区，往往更关心自身在国际和国内大学体系中的声誉和地位，更少地关注参与本地区发展的问题。传统大学常常认为，地区参与削弱了它们在教学和研究方面的国际声誉。这些在国家高等教育体系中充当精英机构的大学，常常给地区参与赋予负面的内涵。它们主要将自己视为国家和国际机构，拥有全球学科方向的学术研究，重视高水平的理论而不是对当地实践的参与。因此，这些传统大学的利益与当地行为者和当局的利益之间往往缺乏协调。这就是所谓的大学的层级效应削弱了大学的区域参与，而这种层级效应往往与竞争效应相结合，从而降低较新的技术型大学在多大学核心区域的区域参与度。在多大学区域，一方面技术型大学之间相互竞争，另一方面与该地区享有特权的传统老牌大学进行声望等级制度的竞争，通常通过深化与该区域或当地社区的合作来弥补。

综上所述，本研究提出大学参与区域发展的影响因素主要包括：高等教育机构的特征和类型（研究型大学或应用型大学）、所在区域的环境（工业环境、经济环境、社会环境等）、国家政策框架（不同领域的政策制度都会影响大学的区域参与意愿和程度，如科技政策、研究政策、高等教育政策、经济政策和产业政策等）。

三、粤港澳、京津冀、长三角地区的高等教育与经济发展

粤港澳、京津冀和长三角是我国经济发展的三个增长极,除了良好的区域条件外,其区域发展离不开高等教育的基础支撑。珠三角作为我国改革开放最前沿,是我国参与经济全球化的主体区域之一,也是全国科技创新与技术的重要研发基地。2019年2月,《粤港澳大湾区发展规划纲要》正式发布,粤港澳大湾区由香港特别行政区、澳门特别行政区和珠三角九市共同组成,致力于将粤港澳大湾区打造成为"具有全球影响力的国际科技创新中心"。本部分将粤港澳大湾区这一泛珠三角区域作为研究对象,更加强调其在全球科技创新和国家对外开放中的重要作用。长三角作为我国经济发展基础和底蕴深厚的地区,旨在打造改革新高地、争当开放新尖兵、带头发展新经济,构筑生态环境新支撑,创造联动发展新模式,是我国的第二个增长极。京津冀作为全国的政治中心,其总体定位是以首都为核心的世界级城市群、区域整体协同发展改革引领区、全国创新驱动经济增长新引擎、生态修复环境改善示范区,是我国的第三个增长极。进入知识经济时代,高等教育日益成为区域发展的引擎,为经济增长提供人力资源、知识生产与传播、科技创新,带动技术创新与产业升级。

(一)粤港澳、京津冀、长三角地区高等教育的集聚及其经济根源

粤港澳、京津冀、长三角是我国人口和经济最为集中的三个区域。最近20年来,随着经济发展的极化效应凸显,我国高等教育资源迅速向粤港澳、京津冀、长三角地区集聚。

从高校数量上来看,三大区域高校数量增长明显。2018年,全国(含港澳地区)高校数量为2692所。其中,长三角458所,占比17%;京津冀270所,占比10%;粤港澳181所,占比7%。经过20年的发展,三大区域的高校数量占比大体上与其人口数量占比一致,但长三角、粤港澳地区的高校数量占比明显低于生产总值占比(见表3-3),长三角、粤港澳地区的高校还有进一步集聚的空间。如果从优质高校数量来看,高等教育的集聚效应更为明显。以"双一流"建设高校为例,三大区域约集中了42所"世界一流大学"建设高校的一半(20所),优质高校占比大体上与其生产总值占比相当。

表3-3 粤港澳、京津冀、长三角地区高校、人口、生产总值占全国比例

内容	粤港澳地区	京津冀地区	长三角地区	合计
高校占比	7%	10%	17%	34%

续表

内容	粤港澳地区	京津冀地区	长三角地区	合计
人口占比	9%	8%	16%	33%
生产总值占比	14%	8%	23%	45%
"世界一流大学"建设高校占比	24%	19%	5%	48%

从在校生数量上来看，2018 年全国普通高校在校生（含专科生、本科生、研究生）共计 3131 万人，占全国总人口的 2.2%。长三角地区的高校在校生为 508 万人，占本地总人口的 2.3%；京津冀地区的高校在校生 300 万人，占本地总人口的 2.7%；粤港澳地区的高校在校生 238 万人，占本地总人口的 1.9%。[①] 三大区域的高校在校生总数占全国的比例为 33%，三大区域的总人口数占全国的比例也是 33%，但三大区域生产总值占全国近一半。可见，三大区域的高校在校生规模与其人口发展规模相匹配，但与其经济发展规模不相匹配，仍有进一步集聚的空间。从 2008 年到 2018 年，全国主要省市高校在校生规模都有大幅度增长，其中粤港澳地区增长最快，增幅达 64%。

从专任教师数量上来看，2018 年全国高校专任教师 167 万人。长三角专任教师 28.54 万人，占比 17.09%；京津冀专任教师 17.8 万人，占比 10.7%；粤港澳专任教师超过 10 万人，占比约 6%。三大区域专任教师占全国的比例为 33%，与人口规模大致匹配，与经济规模不相匹配。从 1998 年到 2018 年，全国高校专任教师从 40 万人增加到 160 多万人，年均增长率为 7.47%。其中，京津冀专任教师增加了 11 万多人，年均增长率为 5.7%；长三角专任教师增加了近 21 万人，年均增长率为 7.2%；粤港澳专任教师增加了 8 万多人，年均增长率近 9%。京津冀和长三角专任教师增长率均低于全国平均水平，但粤港澳专任教师增长率远高于全国平均水平，呈现出明显的集聚现象。

高等教育发展离不开经济支撑，区域高等教育聚集的重要驱动力是人才集聚与经济快速发展。21 世纪以来，三大区域高等教育经费支出增长较快，与其经济发展水平直接相关。2017 年，长三角地区高等教育经费支出 2184 亿元，占全国的 21%；京津冀地区高等教育经费支出 1685 亿元，占全国的 16%；粤港澳地区高等教育经费支出 1019 亿元，占全国的 10%。[②] 应该说，三大区域高等教育经费支出与经济发展水平大致匹配。2017 年，三大区域高等教育经费支出占全国比例

[①] 南方科技大学粤港澳大湾区高等教育大数据研究中心：《粤港澳、京津冀、长三角地区高等教育与经济发展报告》，2020 年，第 20 页。

[②] 南方科技大学粤港澳大湾区高等教育大数据研究中心：《粤港澳、京津冀、长三角地区高等教育与经济发展报告》，2020 年，第 18、20 页。

为47%，其生产总值占比为全国的45%。三大区域高校数量的集聚在很大程度上是人口集聚驱动的。改革开放以来，随着东部地区经济快速发展，全国人口流动呈现出强劲的"梯度流"（由经济不发达地区向发达地区流动）和"向心流"（由边缘乡村向中心城市流动），人口逐步向京津冀、长三角、粤港澳地区集聚，客观上要求增加这些地区的高校数量以满足人们接受高等教育的需求。三大区域的人口占比（33%）与其高校占比（33%）大致匹配，说明两者之间存在内在的相关性。优质高等教育资源的集聚则是经济发展驱动的。随着我国东部地区进入知识经济时代，高质量的经济增长逐步依靠知识和创新，客观上要求以"双一流"建设高校为代表的优质高等教育资源集聚以形成区域知识创新中心。三大区域的生产总值占比（45%）与其"世界一流大学"建设高校占比（48%）大体一致，说明了学术中心和经济中心的共生性。

（二）粤港澳、京津冀、长三角地区高等教育在区域发展中的作用

我国对高等教育在区域发展中的作用的认识是不断深化的。粤港澳、京津冀、长三角经济快速发展，资金和人才开始向这些地区集聚。人才的集聚必然带来其子女升学的需求，从而兴起中学、大学的办学热潮。在独立创办本地大学和吸引外地名牌大学的过程中，人们认识到高等教育有利于吸引人才、留住人才，还能够大幅度提升校区周边房地的价格，从而促进区域发展。继而，人们又认识到高等教育可以提升一个区域的文化素质和文明环境，提升城市文化品位。近年来，随着京津冀、长三角、粤港澳产业由劳动密集型、技能密集型向科技密集型、创新密集型转变，人们进一步发现高等教育将带来知识、人才、科研和服务行业就业等综合资源，将提升整个区域的创新能力。由此可见，我国高等教育与区域协同发展经历了三个阶段：从学校与房地产项目"捆绑"发展的第一阶段，到为了城市经济结构调整与社区文化发展引进大学加入的第二阶段，再到为了发展知识产业共建"二级学院"或"二级研究生院"的第三阶段。[①] 知识产业要求加强高等教育与区域发展之间的有效联合，将教学、研究活动和创新活动在一个统一的模式下聚合起来，从而形成区域知识创新中心。区域知识创新中心包含创新研发系统和人才培养系统两个主要子系统。[②] 可见，高等教育在区域发展中的作用集中体现为培养创新人才和提供知识创新。

---

① 吴志攀：《高等教育与区域发展——以"首都教育"为视角的考察》，《北京大学教育评论》2003年第4期，第68-77页。

② 周光礼、宋小舟：《区域知识创新中心：大学的新模式——武汉未来科技城的案例研究》，《高等工程教育研究》2016年第6期，第16-24页。

1. 高等教育为产业发展和结构优化升级提供了重要的人才供给

这种作用主要体现在两个方面。一是粤港澳、京津冀、长三角地区高校毕业生本地服务贡献处于高位,为区域经济社会发展注入大量高素质人才。三大区域本科毕业生在本地就业的比例都比较高。其中,粤港澳的本科毕业在本地就业的比例高达92%;长三角次之,比例为89%;京津冀作为全国的高等教育中心,承担为全国服务的职能,本科毕业生本地就业比例也达到67%。[①] 不仅如此,三大区域外省流入的本科毕业生数量也是最多的,人才的虹吸效应凸显。

二是区域高等教育很好地支撑了产业需求与发展。大学毕业生的状况是产业需求的"晴雨表",能够清晰地识别出一个区域产业发展的趋势。以粤港澳大湾区为例,该区域已进入后工业化时代,现代服务业发展迅速,对本专科生的需求增长最为强劲,与此相对应,区域本科毕业生就业最多的行业是教育、金融和咨询等现代服务业(29%)和信息产业(11.1%),区域高职毕业生就业较多的也是教育、咨询、金融和医疗等现代服务业。[②] 从行业占比来看,就业于"教育业""信息传输、软件和信息技术服务业""金融业"的本科毕业生比例持续保持在高位。在就业比例排名前10位的行业中,2016—2018届区域内高校本科毕业生就业最多的行业是"教育业"(13.6%),其次是"信息传输、软件和信息技术服务业"(10.9%),其后依次是"金融业"(8.0%)、"各类专业设计与咨询服务业"(7.4%)、"政府及公共管理"(6.9%)、"电子电气设备制造业"(6.3%)、"建筑业"(6.0%)。就业于"建筑业""零售业""教育业""信息传输、软件和信息技术服务业"的高职毕业生持续保持稳定。[③] 在就业比例排名前10位的行业中,2016—2018届区域内高职毕业生就业最多的行业是"建筑业"(8.3%)和"零售业"(8.3%),其次是"教育业"(7.7%),其后依次是"信息传输、软件和信息技术服务业"(7.6%)、"各类专业设计与咨询服务业"(6.4%)、"电子电气设备制造业"(5.8%)、"医疗和社会护理服务业"(5.7%)、"金融业"(5.1%)、"居民及维修服务业"(3.8%)、"文化、体育和娱乐业"(3.4%)。[④] 尽管粤港澳大湾区高等教育与其就业行业对接吻合度整体很高,人才培养基本能够满足产业需

---

① 南方科技大学粤港澳大湾区高等教育大数据研究中心:《粤港澳、京津冀、长三角地区高等教育与经济发展报告》,2020年,第41-42页。

② 南方科技大学粤港澳大湾区高等教育大数据研究中心:《粤港澳、京津冀、长三角地区高等教育与经济发展报告》,2020年,第32页。

③ 南方科技大学粤港澳大湾区高等教育大数据研究中心:《粤港澳、京津冀、长三角地区高等教育与经济发展报告》,2020年,第36页。

④ 南方科技大学粤港澳大湾区高等教育大数据研究中心:《粤港澳、京津冀、长三角地区高等教育与经济发展报告》,2020年,第39页。

求,但是区域内高校毕业生的供给仍较多来自传统专业,来自新兴学科专业的人才较少,未能完全适应产业升级与转型的需要,特别是在电子电气设备制造业、信息产业这类省外高校毕业生输入量较大的产业上。2016—2018 届从外省高校输入毕业生最多的行业是"电子电气设备制造业"(14.8%)和"信息传输、软件和信息技术服务业"(10.3%)。①

2. 高等教育为区域发展提供了知识和创新支撑

随着国家创新驱动发展战略的实施,科学技术对区域经济的促进作用越来越强。通过比较粤港澳、京津冀、长三角地区高校发表科技论文数、专利申请数以及创办的科技型上市企业,可以反映高等教育的科研创新对科技型企业的支撑能力。发表科技论文数是考察各地区高校的科研产出和科研成果的重要指标。2009—2018 年,粤港澳、京津冀、长三角地区高校论文产出维持在一个较为固定的比例,三大区域高校发表科技论文一直占全国总量的半壁江山。2018 年,我国在国外发表第一作者科技论文 46.47 万篇,排名世界第二。其中,长三角地区高校发表科技论文 13 万篇,占三大区域的比例一半左右(52%);京津冀地区高校发表科技论文 7.4 万篇,占比 29%;粤港澳地区高校发表科技论文 4.6 万篇,占比 18%。② 三大区域高校发表的科技论文占全国比例为 53.8%。高校专利申请数一定程度上反映了本校的科技创新水平。2009—2018 年,三大区域高校的专利申请数呈现上升趋势。长三角地区高校常年稳居第一,且数量比京津冀地区的两倍还多;粤港澳地区高校专利申请总量的特点是低位而增速快,2018 年仍然低于 3 万件,仅为同年长三角地区高校的 1/3,而专利申请年平均增长率最高,达到 28%。③ 三大区域高校申请专利数占全国比例为 34.4%。专利转让最能代表创新成果的转化。2018 年全国高校专利所有权转让及许可数为 6265 件,比 2017 年增长了 5.44%,成交额达 18.97 亿元。其中,粤港澳、京津冀、长三角地区高校专利所有权转让及许可总数为 3960 件,占全国比例为 63%,成交额 12.7 亿元,占全国比例为 67%。④ 这充分显示出三大区域高校高质量科研成果,有力地支撑了创新创业和企业转型发展。高校作为第一股东的高新技术上市公司是高校科研创新转化的重要平台,是高等教育支撑区域发展的重要表征。截至 2018 年底,全

---

① 南方科技大学粤港澳大湾区高等教育大数据研究中心:《粤港澳、京津冀、长三角地区高等教育与经济发展报告》,2020 年,第 37 页。

② 南方科技大学粤港澳大湾区高等教育大数据研究中心:《粤港澳、京津冀、长三角地区高等教育与经济发展报告》,2020 年,第 43 页。

③ 南方科技大学粤港澳大湾区高等教育大数据研究中心:《粤港澳、京津冀、长三角地区高等教育与经济发展报告》,2020 年,第 45-46 页。

④ 南方科技大学粤港澳大湾区高等教育大数据研究中心:《粤港澳、京津冀、长三角地区高等教育与经济发展报告》,2020 年,第 48 页。

国共有 40 家具有高校背景的上市公司，其中京津冀地区 10 家（占比 25％）、长三角地区 7 家（17.5％）、粤港澳地区 1 家（占比 2.5％），三地合计占全国比例为 45％。这 18 家企业基本上是 20 世纪 90 年代于中国主板市场上市。以 2019 年 10 月中旬某个交易日为参照，这些高校上市公司的总市值，京津冀地区 1896 亿元，长三角地区 411 亿元，粤港澳地区 90 亿元。①

在高等教育与区域协同发展中，有三个关键行动者：政府、大学、企业。根据这三个主体发挥作用的不同，可以将粤港澳、京津冀、长三角的区域知识创新中心分为三种模式。一是粤港澳的企业主导型。这种模式强调以企业为主体的技术创新，创新资源配置集中在创新活动的下游，通过产教融合以提升企业的自主研发能力。二是京津冀的科研主导型。这种模式强调发挥大学在基础创新中的优势，创新的资源配置集中在创新活动的上游，旨在提高区域知识创新能力，利用知识创新的"溢出效应"发挥大学的辐射功能，以知识创新带动技术创新。三是长三角的政府主导型。这种模式强调以制度创新带动技术创新，创新资源配置集中在创新活动的中游，旨在提高政府的制度能力，通过"自上而下"的制度创新建立国家创新体系和区域创新体系。②

（三）建立高质量的区域高等教育体系助力雄安新区建设

鉴于区域创新能力发展的内生型、区域学术中心与经济中心的共生性，以及粤港澳、京津冀、长三角地区高等教育集聚对区域经济发展产生的重要作用，作为京津冀地区协同发展的关键一环，雄安新区高质量教育体系的建设将为新区发展提供重要的人才、科技创新等内生动力支持。

1. 明确雄安新区高等教育的定位

雄安新区最主要的战略定位有两个：一是打造北京非首都功能疏解集中承载地；二是建设全国创新驱动发展引领区。作为京津冀协同发展的主阵地和京津冀世界级城市群的新兴增长极，雄安新区发展要突出发展高端高新产业，积极吸纳和集聚创新要素资源，培育新动能。

根据雄安新区的战略定位，应该将高等教育作为区域发展的重要组成部分。雄安新区高等教育的定位既不是与房地产项目"捆绑"以提升土地溢价的 1.0 版本，也不是优化城市结构及提升城市文化品位的 2.0 版本，而是培育区域知识创

---

① 南方科技大学粤港澳大湾区高等教育大数据研究中心：《粤港澳、京津冀、长三角地区高等教育与经济发展报告》，2020 年，第 56 页。
② 周光礼、宋小舟：《区域知识创新中心：大学的新模式——武汉未来科技城的案例研究》，《高等工程教育研究》2016 年第 6 期，第 16-24 页。

新中心、发展知识产业的 3.0 版本。雄安新区高等教育与区域协同发展的模式不同于深圳和浦东。深圳是市场导向的模式，这种模式以企业为主体、市场为导向推进科技创新，以科技为源头、产业为终端推进产业创新，以人才为抓手吸纳集聚高端创新要素资源，以移民文化为依托培育开放包容的创新环境，以金融创新为支撑助推科技创新。浦东是政府指导的模式，这种模式以建设高水平对外开放平台为引擎，强调以制度创新带动技术创新，围绕行政体制改革、贸易便利化、投资便利化、金融创新、人才流动等方面建立区域创新体系。雄安新区必须整合市场导向模式和政府指导模式，建立"有为政府、有效市场"的新模式。这种模式的建构分两步进行，第一步为疏解北京非首都功能，用行政手段将北京地区的部分部属院校和科研院所整体迁往雄安。高校和科研院所迁移是人口疏解最有效的手段，10～20 所部属高校和科研院所的迁移，将直接疏解 100 万～200 万人口，并直接改变雄安新区的人口构成。第二步为实施创新驱动发展战略，用市场的手段整合雄安新区的创新资源，提高区域知识创新能力，利用知识创新的"溢出效应"发挥大学和科研院所的辐射功能，以知识创新孵化技术创新、产业创新。

2. 建设高质量的区域高等教育体系

雄安新区要实现疏解北京非首都功能和实施创新驱动发展两大战略定位，必须在技术创新、产业发展、人才集聚、公共服务等方面协同推进，在此过程中，高质量的区域高等教育体系建设将是重中之重。高质量的区域高等教育体系具有培养拔尖创新人才、孵化科技创新、引领新兴产业、传承创新优秀文化等多重功能。作为创新驱动发展引领区，雄安新区急需建设一个高质量的区域高等教育体系。

（1）培养和集聚创新创业人才。

创新创业人才是建设创新驱动发展引领区的核心要素，创新创业人才不能全部依靠区外引进，需要雄安新区内部自我培养。事实上，建设区域知识创新中心需要建设一个拔尖创新人才培养系统，这离不开高质量的区域高等教育体系。

（2）打造高端高新科技型产业体系。

创新驱动发展引领区不是传统工业和房地产业主导的产业集聚区，而是高端科技创新产业集聚区。雄安新区不是要复制劳动密集型和技能密集型的产业体系，而是要建构科技密集型和创新密集型的产业体系。这样的产业体系需要建设一个区域科研创新系统，这也离不开高质量的区域高等教育体系。

（3）打造京津冀地区新增长极。

制约京津冀协同发展的突出短板是河北经济社会发展水平相对滞后，雄安新区的建设有助于形成新的经济增长极，补齐京津冀协同发展的短板。在雄安建设高质量的区域高等教育体系，有助于加快北京优质的高等教育资源向河北疏解，并在新区实现有效的配置和利用，形成聚变和裂变效应，促进区域新增长极的形成，并不断强化新增长极对河北的辐射和带动功能，为京津冀世界级城市群建设提供强劲的发展动力。

雄安新区建设高质量的区域高等教育体系的基本思路包括定位和实现定位的措施。雄安新区高等教育体系发展定位是新区总体定位的集中体现。根据雄安新区总体定位要求，新区高等教育体系发展的基本定位应该是优质高等教育资源的集聚地、全国高等教育创新发展的示范区、全球主要的科学中心和科技创新高地。雄安新区高等教育体系将以显著的示范效应、极化效应和带动效应，为区域发展提供人才和创新支撑。雄安新区高等教育发展在新区总体建设中应处于优先和基础地位。基本定位确定之后，应该以其为引领，构建区域高等教育体系。具体地说，要有序构建包括研究型大学、应用型大学、社区学院三大高等教育体系，积极推进科教融合、产教融合、学科融合，建设以开放性、创新性和国际化为主要特色的区域高等教育体系。其中，研究型大学体系主要由北京疏解而来的10~20所部属高校和科研院所构成，通过科教融合，为雄安新区培养高端人才、提供技术研发、孵化新产业；应用型大学体系由疏解到雄安的央企总部和国内外高等教育机构、新区政府共建的专业学院构成，通过产教融合，为雄安新区培养创新创业人才；社区学院体系由京津冀优质高职院校与新区龙头企业共建的产业学院构成，通过产教融合，为雄安新区高水平产业体系培养高端技能型人才。

第四章 高等教育与区域协同发展的国际经验

在全球化和知识经济发展的时代背景下,区域创新发展这一重要议题逐渐进入研究者和政策制定者的视野。例如,20世纪末,德国为提高生物技术的商业化水平,由政府资助在慕尼黑和海德堡地区建立了区域性的生物技术集群;自1998年起,英国政府便着眼建立知识经济的产业政策,通过促进区域发展和集群建设推动创新;欧盟也实施了区域技术计划和区域创新战略以提升区域竞争力。在区域创新发展的时代背景下,大学作为知识型组织,不仅要开展教学和科研活动,更被期望在其所在区域的经济、社会和文化环境发展中发挥更积极的作用。2020年7月召开的全国研究生教育会议上,习近平总书记强调:"研究生教育在培养创新人才、提高创新能力、服务经济社会发展、推进国家治理体系和治理能力现代化方面具有重要作用。"① 从国内外大学与区域发展趋势中可以看出,现代大学越来越被赋予了区域发展使命,区域化发展成为我国乃至国际高等教育发展的重要命题。

有关大学服务区域经济社会发展的研究主题相当广泛,已有研究主题集中在专利生产和科研成果商业化、区域生产力和竞争力提升、创造产出以及产业后向关联等方面。大学的角色通常被理解为区域需求的响应者和区域创新知识的提供者,即在区域创新中发挥直接作用。如学者王钱永等人提出大学在区域创新体系中的角色作用体现为:知识创新主体、技术创新和转移的引领者以及人力资本的提供者。② 学者毛才盛提出大学对区域创新系统的支持力主要来源于高校毕业生人数、高校科技活动人员总投入人数、高校科技活动经费总投入额、高校课题数

---

① 《适应党和国家事业发展需要 培养造就大批德才兼备的高层次人才》[2022-08-11]. http://www.moe.gov.cn/jyb_xwfb/s6052/moe_838/202007/t20200729_475754.html.

② 王钱永、任丽清:《"双一流"建设视角下地方高校区域创新能力建设》,《中国高教研究》2016年第10期,第38-42页。

和高校论文数等。① 但总体来看,针对大学的区域影响研究往往侧重于关键的经济绩效指标,如专利转化数量、商业化成果以及人才培养贡献率等,② 这种思路恰好反映了探究创新过程的简单线性思维,在这种思维方式下,创新是从研究、开发再到生产和商业化的过程,系统中没有反馈循环。研究、专利、商业化只是整个创新过程中的若干要素,当前关于大学对区域影响的讨论,很多都未能充分考虑创新过程的复杂性以及大学对区域影响的多样性。③ 本章以美国为代表的北美地区,英国为代表的西欧地区和日本、韩国为代表的东亚地区为案例,探讨大学组织在区域创新发展中的地位和作用,强调创新的非线性和变革性特征,以期为我国大学引领区域创新发展提供启示。

一、美国高等教育与区域协同发展的案例研究

(一) 硅谷与斯坦福大学

硅谷位于美国加利福尼亚州北部、旧金山湾区南部,是高新技术企业云集的美国加州圣塔克拉拉谷的别称。硅谷周边聚集了一批具有雄厚科研实力的美国一流大学,这些大学与硅谷在业务上密切联系。其中包括斯坦福大学、西北理工大学、圣塔克拉拉大学、旧金山大学、金门大学等著名私立大学和加州大学伯克利分校、加州大学旧金山分校、加州大学戴维斯分校、加州大学圣克鲁兹分校、圣何塞州立大学、旧金山州立大学、加州州立大学蒙特利湾分校、加州州立大学东湾校区等著名公立大学。

1. 硅谷的起源与发展

Etzkowiz 和 Klofsten 认为,硅谷的发展经历了起源、聚合、扩张、全胜、复兴等五个关键阶段。这五个阶段进一步被归纳为区域增长和复兴的四阶段模型:起步、执行、巩固与调整、自我维持增长。起步阶段主要是为区域发展的模式设定新的思想理念;执行阶段是在区域内开展新的活动并开发新的基础设置;巩固与调整阶段是进一步整合执行阶段中活动与基础设施的效益;自我维持增长阶段是通过更新认知和理念,更新系统并带来新的增长。

---

① 毛才盛:《高校对区域创新系统支持力研究》,《中国高教研究》2012 年第 6 期,第 74-77 页。

② 姚小玲、陈萌:《美国高校区域创新能力研究》,《北京航空航天大学学报(社会科学版)》2010 年第 3 期,第 105-108、112 页。

③ Susan C,Michael K,Jonathan M. "Innovation,Networks and Knowledge Exchange",*Cambridge Journal of Regions,Economy and Society*,2008,No.1,pp. 165-173.

（1）起源阶段。

关于硅谷地区经济发展的起源主要存在三种可能的解释：一是由淘金热激发的个人冒险主义文化；二是发达的公民社会所形成的密集的社会资本网络；三是个人的启示与贡献。本研究认为，前两种解释存在不合理之处。第一，世界其他地区的经验证明淘金热不一定会激发出个人主义冒险文化，如19世纪50年代澳大利亚、阿拉斯加等地的淘金热并没有衍生出创新区域。第二，发达的公民社会聚集而形成的社会资本网络虽然曾成功用于解释意大利产业集群的现象，但硅谷的社会资本聚集的根源并不来自密集的公民社会，而是建立在追求创新合作的基础上的。硅谷的经验是一群有着创新精神的人走到一起从事合作项目，在此过程中创新精神激发着他们不断地建立社会网络联系。

因此，本书认为，硅谷的起源有两个主要原因。第一，起源于以创新合作为基础的社会资本网络的建立。在硅谷创立初期，有一群以创新为目的的创业者来到此地，他们的创新与合作不完全是由金钱而受到激励，更多是实现将自己的技术应用于实践的伟大理想，因此这类志同道合的人逐渐形成了技术实践人员共同体，以创新合作为基础的社会资本网络逐步建立。在硅谷初期就有一批这样的实践者，如Eitel、Varian兄弟、Hewlett等。第二，硅谷的起源离不开区域内关键行动者的推动与启发。1891年，斯坦福大学创立。斯坦福大学副校长弗雷德里克·特曼师从学术企业家万尼瓦尔·布什，致力于建立一所优秀的工学院，并围绕大学建立实力雄厚的企业集群。因此，他率先提出先培育产学关系。此外，他还提出将斯坦福大学的部分土地租给高科技公司，由此成立了斯坦福科技园。这位副校长的种种努力成了硅谷创新之地形成的助推力。[1]

这一时期，硅谷电气工程和无线电工程的发展令人瞩目。初创时期的硅谷面临一个迫切需求：把东海岸的高压电运送至西海岸。当时由斯坦福大学电机系教授哈里斯·莱恩带领的研究团队集中解决这一难题，他们与湾区的电力公司联合攻关，开创了产学研的合作模式，在这一模式下培养了第一代电气工程师。如果说电气工程在硅谷的发展是必然，那么无线电工程在硅谷的腾飞则显现出偶然因素。19世纪90年代，欧洲人就已发明了无线电技术，然而无线电通信系统并未在当时建立起来。1910年，无线电技术的先驱者德福雷斯特来到旧金山，创办了德福雷斯特无线电电话公司。1909年，斯坦福大学校友西里尔·埃尔威尔在硅谷建立了联邦电报公司，这个公司在创立之初就是由斯坦福大学校长乔丹资助的，并雇用了斯坦福大学的学生。该公司在发展过程中不断收购关键技术的专利权，直至1912年赢得了美国海军的合同，成为美国当时无线电技术的最大用户。随

---

[1] 阿伦·拉奥、皮埃罗·斯加鲁菲：《硅谷百年史：伟大的科技创新与创业历程（1900—2013）》，闫景立、侯爱华译，人民邮电出版社2014年版，第46-77页。

着旧金山湾区航运业的发展，硅谷地区集结了一大批无线电的研发者和爱好者，这些力量极大地推动了硅谷地区无线电技术的发展。在第一次世界大战中，硅谷地区的无线电公司为美国的海陆空军提供战略性技术。一战后，无线电技术已成为战略性的国防技术，政府开始意识到不能让它垄断在西海岸的非官方机构或个人手中，于是强令在东海岸成立的通用电气公司买下无线电的关键技术专利和业务，在政府的不断资助下，美国无线电公司诞生了，且很快成为美国电子消费产品的巨头。因此，在硅谷地区的联邦电报公司注定走向消亡。

（2）聚合阶段。

斯坦福大学把鼓励发展衍生公司作为学校战略发展的重要部分，致力于整合创业要素以实现创业的目的。这一时期在硅谷的高科技产业史上发生了一个关键性事件，享有"硅谷之父"美誉的特曼来到斯坦福大学，他就职于由哈里斯·瑞恩创办的具有开创性意义的无线电通信实验室。20世纪30年代，特曼制定了三个关键学术发展战略：一是紧密联系科学和工程部门；二是紧密连接大学学术部门和当地企业；三是侧重为兼具理论和实践潜力的关键领域提供充足的资源。斯坦福大学在硅谷创新区域初期阶段处于中间场所地位，预示学术的前沿和重点领域，研究报告经常在以研究为基础的公司之间传阅。1946年，斯坦福研究院成立，目的是加强学校在电子产业领域的研究实力，协助西部电子产业发展，以应对当时东部地区电子产业领域占统治地位的挑战，同时吸引政府的投资与合作。在这一阶段，斯坦福大学形成了科技园。值得注意的是，并非科技园的设立推动了企业的诞生，而是学校积极鼓励成立以大学研究为基础的公司。斯坦福大学的创业文化氛围也体现在学校鼓励教员和学院创办自己的公司，这是与亚欧大陆模式高校的重要不同之处。

这一时期，一个围绕斯坦福大学为中心的产业群已经形成，虽然联邦电报公司已在政府的强制干预下移至东海岸，但其所衍生的公司和其他无线电公司仍在西海岸，成了硅谷的初创公司。1931年，在加州大学伯克利分校的勒孔特大楼中，物理学家欧内斯特·劳伦斯成功研制出了第一个粒子加速器，成立了劳伦斯伯克利实验室，催生了一个新产业在硅谷的落户。

硅谷中的企业也逐渐形成了独特的企业文化，高科技公司需要整合并吸收学术文化，成为一个学术、创业的混合文化实体。成功的创新创业事业背后，往往都离不开社会、知识、金融资本的聚集。例如，谷歌公司就源于美国国防高级研究项目局与斯坦福大学计算机系合作的数据挖掘项目，其中离不开政府和大学科研的力量，还有大学技术许可办公室（Office of Technology Licensing，OTL）、天使投资风险资本的推助力。在硅谷发展初期，政府起到了重要作用，政府采购吸引了公司的研发部门、生产设施落地硅谷地区，促进了新兴半导体产业、航空航天研究方面的发展。

(3) 扩张阶段。

20世纪30年代以后,高科技新公司经历了在硅谷地区的创建与衍生,形成了众多的高增长型企业,如苹果、惠普、英特尔、谷歌、雅虎等大型企业均在这一时期形成。这个阶段也形成了独特的硅谷高科技初创企业文化,具体表现在三个方面。其一,从一群互动的初创企业,发展出若干个成功的大企业,并从原有的集群中剥离出来成为国际化的企业,经历一段时间发展后再返回最初的集群和学术基地中,更新并吸取新的知识,优化已有的产品线。其二,扩张阶段的硅谷形成了一个所谓的"成人监督"制度,在经常性举办的会议和活动中,经验丰富的技术企业家会与初创企业配对。其三,学术研究团体和现有企业中不断加入已有人员的人际网络,为现有的研究团体与企业注入新鲜血液,并有可能形成新的实体。

硅谷创新区域的扩张带来一个必然的结果,即从横向互动的体制分化为纵向分层的体制。成熟的企业中,早期部门间的隔离和非正式的交流讨论会大大减少,取而代之的是一种更高效、更有活力的交流合作形式。如"黑客马拉松"就是一项开发者的狂欢活动,活动中技术高手聚集在一起,集中几十个小时开发出一款新软件,完成作品后当场交易。

(4) 全盛阶段。

全盛时期的硅谷形成了一系列的创新集群,这些创新集群具有多样化的性质,处于不同的发展阶段且归属于不同的技术领域。但20世纪90年代美国出现的经济衰退对硅谷造成了严重的影响,半导体产业在硅谷地区出现衰退的迹象。于是硅谷地区建立了硅谷联合投资这一区域性组织,举行了一系列会议,提出了各种振兴硅谷的想法。在这些努力下,硅谷选定将网络技术作为硅谷创新区域未来发展的重点。并且,此时硅谷需要克服个人主义的创业意识形态,更进一步地寻求集体创新行动。然而硅谷的困境是区域凝集的向心力不足,缺乏一个自上而下的指导力量,联邦政府除了个别创新项目外,对硅谷区域创新发展的帮助有限。

(5) 复兴阶段。

硅谷创新生态系统的形成与发展具有自我维持和自我组织的特性,它的发展离不开三大内生性的动力:一是硅谷地区高校生产的高质量人力资本;二是政府和大企业支持的科学研究活动;三是公众和私人慈善事业的支持。这三大支柱为硅谷创新创业生态系统提供发展的动力支持。

在硅谷的复兴阶段,政府在区域创新发展中具有越来越重要的作用,由政府资助的风险投资产业对于创新区域的发展具有重要的支撑作用,政府宏观规划的制定和对风险资本的调控,有利于促进创新区域向新的技术范式转变。但硅谷目前来看对打造本地人力资源的基础重视不足,越来越依赖来自其他国家的技术人才,而不是专注于促进当地的人才发展,这种对外部人力资源和技术创新的依赖已经成为硅谷地区的阿喀琉斯之踵。

从上述硅谷地区发展的五阶段可以看出,政府对于硅谷区域的发展起到了重要的作用,在硅谷的发展中发挥着战略指挥的作用。这与《硅谷百年史:伟大的科技创新与创业历程(1900—2013)》一书的结论不谋而合。实际上,美国政府是硅谷地区最大的风险投资者,美国政府致力于投资高风险、长周期的项目。硅谷地区的无线电产业和电子工程产业的发展动力来自两次世界大战,资助来源于政府和军队,美国宇航局就是第一批集成电路的主要用户。反观,虽然民间资本在硅谷的风险投资中占据大幅比例,但风险投资家和私人投资者更倾向于投资周期短、见效快的项目,而关键技术的突破仍需要研究者长期的钻研和资金的不断投入,因此政府的投资成了硅谷地区得以发展的关键因素。

2. 斯坦福大学的区域参与

斯坦福大学成立于19世纪末,在创立之初就承担着经济发展的使命,致力于促进硅谷地区走以知识为基础的经济发展之路,为硅谷电子工业的发展提供了强大的支持。在服务经济社会发展的理念下,斯坦福大学和它的衍生企业形成了一种互动共生关系,这也成为斯坦福大学独特的学术发展模式,大学的内外部边界渗透性强,使其更加开放且易与企业合作。

(1)办学理念。

斯坦福大学拥有高度开放的办学理念,办学宗旨的核心是学有所用,积极促进大学与工业界的对接。出于历史和区位的原因,斯坦福大学从政府处获得的资金比东部大学要少,于是不得不积极与工业界合作而获得自身发展资金。

(2)政策支持。

斯坦福大学积极鼓励教师、研究人员和学生参与创业,并为创业提供制度保障。允许教师和研究人员去企业兼职,当教员对企业的成功有决定影响时,他们甚至可以完全脱离岗位1~2年且保留大学职位,当然学校也希望在企业稳定后教员能返校,同时继续保留他们在企业技术咨询委员会的职位。另外,学校也为斯坦福地区的技术人员提供了丰富的学习资源,硅谷地区的工程师有机会去斯坦福大学进修,利用业余时间在斯坦福大学获得硕士和博士学位。不仅如此,斯坦福大学对教师、研究人员和学生的知识产权保护政策也较为完善。

(3)创业课程体系。

斯坦福大学拥有完善的创业课程体系,为大学和工业界的对接打下了坚实基础。创业课程体系建设遵循三个原则:文理结合原则、科教融合原则、文化与职业教育结合原则。斯坦福商学院于1967年开设创业课程,在随后的发展中创业课程不断扩充、完善,包括了企业从初创走向成熟各个阶段的课程容量。斯坦大学的创业课程是面向全校的，某个学院开发的创业课程会对全校师生开放，有些学院会共同研发创业课程，充分体现了跨学科的特色且符合创新创业的内核需求。创业课程的授课方式也灵活多样，例如以学生为中心的案例教学、体验式教学，主讲教师与来自企业的客座嘉宾联合授课等。

（4）创业相关的组织与项目和网络平台的整合。

创业主体包括个体主体与组织主体，其中组织主体又包括学校官方的创业组织、非官方组织、学生组织。1996年，斯坦福商学院成立创业研究中心，面向工学院、医学院开设创业课程。学生组织中也创立了众多创业社团。

斯坦福大学比较著名的创业项目有"工程通向创新"国家中心、斯坦福科技创业项目、梅菲尔德研究员项目、创业角等。2007年10月，上述创业资源和组织都被整合为斯坦福大学创业网络，这一项目的启动旨在搭建斯坦福大学创业服务的大平台，不仅为斯坦福大学的师生提供创业服务，还为斯坦福大学所在社区乃至硅谷范围内相关的创业人员和组织提供支持，因此这一项目本质上是以网络的方式整合了斯坦福大学和硅谷地区的创新创业资源。[①] 2011年成立的斯坦福天使和企业家团体，作为斯坦福大学官方的校友联盟组织，它为斯坦福在校学生、毕业校友、投资者和企业家之间搭建了一座交流的桥梁。

（5）技术转让组织。

1970年，斯坦福大学成立了技术许可办公室，该部门主要服务于斯坦福大学的知识产权管理，致力于将大学科研成果申请专利并转让给工业界，提升大学科研成果的社会经济价值。斯坦福大学的技术许可办公室的成立时间比美国为鼓励技术市场化而颁布的《拜杜法案》早10年。可以看出，斯坦福大学无疑是美国大学技术转化中的先行者。

（二）麻省理工学院

1. 128公路的发展历程

美国128公路位于美国东北部的马萨诸塞州，是一条贯穿波士顿地区的半圆形公路。这条马萨诸塞州的州际公路于20世纪20年代开始修建，由马萨诸塞州交通部负责规划和修建，初建的目的是完善城市公园的道路系统，但在建成后却意外发展成了高技术的创新区。128高新技术区的发展经历了三个阶段：以军用技术为主导的时期、以小型计算机为主导的时期、以生物技术为主导的多元化产业发展时期。

[①] 袁潮清：《"大学嵌入式"创业生态系统构建》，《高教探索》2017年第2期，第119-123页。

第四章 高等教育与区域协同发展的国际经验

（1）发展期：以军用技术为主导。

在128公路出现前，马萨诸塞州就已存在高新技术部门。一战后，128公路区得以成功转型并发展军用技术产业的原因离不开麻省理工学院（MIT）的支持。一方面，MIT成立之初的宗旨就是培养优秀的技能型人才并支持技术的创新研发。学院一直保持与企业的紧密联系，为企业提供科研、技术和人才支持，企业反过来为学院提供资金支持。在此期间，MIT实施了一系列的计划以加强与当地企业的联系，如实施技术计划、建立工业合作与研究部（Division of Industrial Cooperation and Research）以谋求企业的研究合同。① 另一方面，MIT还鼓励师生积极参与以科研为基础的企业创建活动。1922年，MIT电子工程系副教授万尼瓦尔·布什和其他几位校友在此地成立了美国器械公司，主要生产新型真空管等电子元件。经过不断的探索和创新，1925年，公司研发出了第一件用于无线电接收器供电的创新产品"氦整流器"，并更名为雷声制造公司。到了20世纪30年代，雷声制造公司成为128公路区最早的著名企业之一，专攻无线电类技术与产品的研发，直接带动了当地高技术产业的发展，还衍生出一系列高新技术公司。

政府在128公路区的早期发展中起到了资金提供者和推动者的作用。1941年，美国成立科学研究与发展办公室，其性质是一个致力于科研的联邦机构。它并非通过政府实验室，而是通过资助大学来进行军事基础研究。科学研究与发展委员会和MIT联合成立了美国第一个大规模跨学科的多功能研发机构——辐射实验室（Rad Lab），该实验室重点研发战时的雷达和导航技术，吸引了来自美国各地的物理学家和研究人员。此外，政府还与当地的知名企业签订一系列的军事订单，如与雷声制造公司签订军事订单以生产用于雷达设备的产品。雷声制造公司也因与政府签订的军事订单而在短时间内迅速发展，积累了大量的战时军事生产经验。此外，128公路区的初期发展还得益于二战后美苏冷战的历史背景，大量支持军备竞赛的政府订单纷纷投入波士顿地区，许多高新技术公司在这一机遇下得以发展壮大。但在此时期，128公路区的发展存在着过分依赖美国政府国防政策的倾向。具体表现为20世纪60年代，政府采购占据了当地企业一半左右的营业额，MIT以及当地主要的研究实验室具有军工联合体的性质。

（2）奇迹出现与衰退期：以小型计算机为主导。

20世纪70年代，由于越战结束、美苏关系缓和，128公路区企业的军事订单数量大幅减少，国防相关岗位数量也急剧下降，失业率激增，128公路区面临经济衰退的危机，这一危机也弱化了当地生产商对国防市场和军事订单的依赖程度。面临这一危机，128公路高新技术区并未因此走向衰落，而是成功转型并迎

---

① 陈静怡：《20世纪美国波士顿高技术城市转型研究——以128公路区为中心》，云南师范大学2020年硕士学位论文，第33页。

来了它的黄金时期。这也得益于128公路区内MIT的人力和智力支持,以及政府的经费资助。

1957年,来自MIT的研究员肯尼斯·奥尔森及其合作伙伴创办了美国数据设备公司（DEC）。肯尼斯曾在林肯实验室参与过第一批晶体管计算机的研发工作,当时林肯实验室拥有该研究领域的核心技术,虽然当地已存在很多制造商,但没有一家拥有这方面的关键与核心技术。肯尼斯成立的DEC公司因拥有计算机核心记忆方面的核心技术而在市场上占有得天独厚的优势地位。到20世纪70年代,DEC公司在美国计算机产业领域已占有重要地位,它与雷声制造公司一样成为128公路区的知名企业,衍生出了许多相关产业的公司。到1972年,128公路区已经成为在计算机行业增长最快的高新技术区。在小型计算机产业的强大拉力下,当地的高技术产业再度繁荣。1975—1985年十年间,马萨诸塞州也由此进入高速发展时期,被称为"马萨诸塞奇迹"（Massachusetts Miracle）。

马萨诸塞奇迹持续到20世纪80年代末期戛然而止,128公路区失业率激增,许多优势技术领域逐渐被硅谷取代。危机出现一方面与硅谷在个人计算机和微型计算机市场中的崛起有关,另一方面则是因为128公路区的企业过分依赖联邦政府的订单。对政府订单的过度依赖,导致该地区的企业和经济的发展处于被动地位。128公路区高新技术产业的形成建立在与政府保持密切联系的基础上,依赖过深、缺乏自我生存机制和造血功能,难以适应市场需求的变化,尤其体现为军事产业和小型计算机产业由盛转衰。

（3）复兴期：以生物技术为主导。

医疗业和金融业一直是波士顿地区的传统产业,具有深厚的历史积淀。20世纪80年代,128公路区的生物科技产业开始活跃起来,其中以渤健和健赞为主要代表。1978年,三位风险资本家和一群顶级生物学家在瑞士日内瓦成立了一家生物技术公司——渤健,1982年,该公司决定将总部设立在马萨诸塞州的剑桥。渤健致力于生物技术领域的科技突破,研发创新性治疗药物和产品,获得了多项专利并在商业市场上成绩斐然。健赞公司由一位塔夫茨医学院技术员创立,该公司的第一个办公室位于塔夫茨医学院旁的一个旧仓库,经过20余年的发展,健赞公司通过收购、合并和开发已成为全球性的顶尖生物科技企业。除此之外,经历了前两次产业危机后,128公路区力求改变对特定产业部门过分依赖的现状,在20世纪80年代后期朝着多元产业的方向发展,其中包括生物科技产业、医疗业、教育业和旅游业等。

值得一提的是,生物科技产业在128公路区的发展发生在"马萨诸塞奇迹"之后,建立于马萨诸塞地区高技术产业的危机之时。波士顿地区的经济发展模式是以知识为基础的经济发展模式,强有力的知识基础使该地区的发展具有较强的自我更新能力,因此即使在128公路区微型计算机产业集群衰落后,仍能再次以生物技术带动区域的振兴,通过大型生物技术企业吸引大型制药公司在波士顿地区落户。

2. 麻省理工学院的区域参与

(1) 初生期。

1862年《莫里尔法案》(即《赠地法案》) 颁布,允许政府以赠予土地的方式资助大学办学,旨在促进高校培养专门化的人才为所在地方经济发展服务。MIT 就是当时成立的赠地学院,其建立之初的目的是为本地制造业提供支撑服务,致力于将高校的科学研究注入当地纺织、皮革和金属制品等产业。由此可见,MIT 在创立之初就强调理论与实践相结合,在出生时就带有服务社会和创业的基因。

(2) 发展期。

20世纪20年代 MIT 创业生态系统的发展,一方面是依靠关键行动者的关键行为,另一方面是抓住了历史的机遇。当时的副校长布什,通过将学术研究、企业咨询与商业化结合,成功创办了新公司,开创了 MIT 教授科研成果商业化的先河。20世纪30年代,MIT 财务主任福特提出,在 MIT 和哈佛大学之间建立起源于大学研究、以技术为基础的研究带,这就是128公路区的雏形。时任校长康普顿确立了以科学为基础的地区经济发展模式,从而实现了风险资本与学术研究团体的连接,这一连接为潜在的学术企业家们提供了坚实的创业基础。[①] 这一时期,MIT 还明确了教授可以参与企业咨询或创业的五分之一原则,这一原则使 MIT 的经济角色合法化。

二战期间,国家对军事相关技术和订单的需求剧增,使 MIT 获得大量战时科研合同与军工研发任务。由此,MIT 建立了顶尖的雷达实验室、军工实验室等。特殊的历史机遇使 MIT 的技术积累进一步加强,推动了 MIT 的科技创新和科研的经济潜力。发展期内还有另外两个标志性的事件:一是校友会于1875年正式成立,其执行委员会也于1897年成立,但校友会在初期创新创业中的作用并不显著;二是1945年,MIT 专利、版权许可办公室正式成立。

(3) 成熟期。

二战后至20世纪末,政府意识到科学与技术对一国综合实力的重要性,于是对研究的资助进一步增加,政府对 MIT 的科研资助占到大学科研资助的75%。冷战期间,军备竞赛对军事技术的需求激增,促使 MIT 成为尖端军事技术研究中心,与政府在国防、能源领域进行合作,产生了一系列技术创新的企业。

---

① 熊英、张俊杰:《大学创业生态系统的构成与演化研究——基于麻省理工学院的案例》,《中国地质大学学报 (社会科学版)》2018年第6期,第143-153页。

此外，这一时期在创业方面取得了一个标志性成果。1957年，MIT校友奥尔森从风投公司获得资金，研制出世界上第一部小型计算机，成为科技成果成功商业化的典范。随之而来的1974年，MIT技术许可办公室成立，致力于促进MIT科研成果的社会转化率。这一时期，一系列创业课程、创业论坛、创业俱乐部、基金项目和信托中心继成立，创业活动的兴盛推动了MIT相关平台组织和制度的完善。至20世纪70年代，MIT的组织体系已趋于完备，囊括了创业活动的整个流程。

这一时期，政府的制度与政策设计，也成为MIT创业生态系统发展的强大助推力。1980年，美国颁布了《拜杜法案》，一是明确了大学可从知识产权许可中获利；二是重新定位大学、企业和政府三者的关系，且突出了大学在国家创新系统中重要性。这一顶层设计直接刺激了美国大学专利数量的剧增，MIT成为其中的一员主力。20世纪80年代，MIT在马萨诸塞州衍生了至少400家公司，128公路区高科技产业集群逐渐形成。

（4）全盛时期。

至2000年，MIT已经成为创业型大学的杰出案例。Dunn率先提出MIT创业生态系统的概念，MIT作为创业型大学的典范，引起了国际社会的广泛关注。就此，MIT创业生态系统已成熟且活跃，具体体现在以下几个方面。一是创业课程建设的力度不断加大，建立了"创新创业系列开放在线课程"，通过网络吸引了大量的学习者。二是创新创业的支持机制进一步完善。例如，这一时期梅尔逊-MIT计划产生了巨大影响力，学生创业组织也走向了成熟和规范。[①] 同时，MIT校友会的规模日渐庞大，遍布美国本土及世界40多个国家，每年均有众多校友通过各种形式为母校捐赠。仅2010年，MIT收到近4万名校友的捐赠，共4260万美元。以上的种种努力，使得MIT校园内弥漫着创业的气息，形成了浓厚的创业氛围，鼓舞着校内外的创业行动者们开展创业活动。

从MIT创业生态系统的发展历程来看，MIT创业生态系统源于当地经济发展与社会需要，具有显著的需求导向。而在之后的演化历程上，则表现出了创业生态系统中物质属性、社会属性和文化属性相互作用、相互影响的结果。值得注意的是，MIT创业生态系统的成功绝不仅仅源于校园内部的努力，更离不开MIT所在地区的外部驱动和干预。在此过程中，区域和高校创业生态系统中的各个要素、平台网络、系统结构都随时间而不断发展与演化（见表4-1）。

[①] 卢胜、施冠群、刘林青：《创业型大学及创业生态系统初探》，《当代经济》2009年第3期，第118-120页。

表 4-1　MIT 创业生态系统中项目组织和中心

	组织名称	职责
创业支持办公室	MIT 创业中心 （MIT E-Center）	为创业者提供创业设计，为基于技术创新的新企业提供所需的信息，包括内容、背景和联系人。 通过支持研究、教学以及与 MIT 众多企业家活动的协作，增进对新企业发展的理解，教授技能以培养企业家精神并培育新的商业理念
	MIT 企业论坛 （The Enterprise Forum）	为各种规模的技术型公司提供建议、支持和教育服务
	MIT 技术许可办公室 （MIT OTL）	管理 MIT、林肯实验室、Whitehead 研究院开发出的各类知识产权，以及知识产权许可事宜和技术商业化
	技术资本网 （The Capital Network）	为早期创业者提供资金、网络关系和教育；将企业家与个人"天使"投资者配对
	勒姆尔森项目 （Lemelson-MIT Program）	鼓励发明，为发明者提供高额的单笔现金奖励。 向 MIT 即将毕业的高年级或 MIT 研究生颁发 30000 美元，以表彰其在 MIT 期间的杰出发明和创造力。该项目还向博士研究生提供为期一年的研究金，以研究与发明、创新和/或企业家精神有关的主题
	MIT 图书馆	MIT 图书馆是一流的信息来源，可用于从技术研究到业务计划准备的所有方面。 商业图书馆内为读者提供企业家指南
学生运营的创业组织	MIT 斯隆新创企业协会（NVA）	由学生经营，负责接待企业家讲演者，帮助举办 MIT $50K 商业计划竞赛，并总体上支持在斯隆商学院开展新的创业活动
	MIT 斯隆创业 MBA（VMBA）	由学生经营的风险投资（VC）俱乐部，旨在提高人们对风险投资行业的认识，接待风险投资演讲者，并帮助为 MIT $50K 商业计划竞赛开发新的风险团队

续表

	组织名称	职责
学生运营的创业组织	MIT 企业家俱乐部	由企业家支持的俱乐部，帮助运行、参与 MIT $50K 商业计划竞赛
	秋季学期 MIT $1K 热身商业创意大赛、春季学期 MIT $50K 商业计划竞赛	学生是商业计划竞赛组织者；通过各种现金奖励和表彰奖励吸引、鼓励学生充实自己的经营理念，经费由个人和企业赞助商提供
其他	Deshpande 技术创新中心	帮助创业者联系市场，将技术概念应用于商业化
	MIT 创业辅导服务中心	为创业者提供创业教育
	公司关系办公室（产业联系项目）	推动产学合作，促进 MIT 和创新驱动公司之间的知识和资源交流
	剑桥-MIT 联合研究所	由英国政府和私人企业资助，建立新型的学术企业
	斯隆学院数字事业中心	提供基于互联网的商务活动领导，建立新的商业机会
	斯隆学院和工学院共同组建的产品开发创新中心	搭建学术想法与产业经验之间的桥梁
	生物医药创新中心	发现、开发、制造和分销低成本、高效率的诊疗方法和器械
	本地创新系统项目	国际研究合作的项目

（三）加州大学集群与区域发展

加州地区大学的大规模创办起源于 19 世纪下半叶的赠地学院运动，在这样的背景下，加州地区的大学一开始便具有为社会服务的使命，并与区域环境不断产生着交互作用。从大学集群的演变及与区域的互动机理层次来讲，主要分为四个阶段，每个阶段对应着集群与区域互动中的问题解决。第一阶段是大学在区域中聚集并拓展，涉及大学集群缘何聚集并不断拓展大学群落，以及拓展后形成的集群效应如何使区域受益。第二阶段是大学集群的结构化，即大学集群所在区域的高等教育布局问题，涉及大学集群中不同类型、结构、层次间构成主体的排兵布阵。第三阶段是大学集群治理结构的设计，即聚集后的大学之间如何形成基于良性竞争与合作的生态环境和制度文化。第四阶段是大学集群与区域其他要素的互动,即大学集群与所处区域形成成熟的创新网络,在与区域和谐互动中实现大学与区域的双赢。

1. 大学在区域中的聚集和拓展

大学集群具有区域聚集性,大学集群与环境和谐互动的前提是多种大学个体在地域中的聚集。从加州的大学发展历程来说,大学集群与环境互动的第一步就是由区域聚集带来的。从加州大学集群的区域聚集情况和地域结构分布来说,总体分为以旧金山湾区为中心的北加州大学聚集区和以洛杉矶为起点延续至圣地亚哥的南加州大学聚集区——前者指旧金山湾区大学集群,后者则是以洛杉矶为中心的大学集群。本阶段主要解答的问题有二:第一,大学缘何聚集,即大学集群动力机制;第二,大学聚集带来的规模效应问题,即大学集群对区域发展的整体贡献。

加州大学聚集并形成大学集群的动力主要来自区域中的标杆高校的携领性效应与区域产业发展的互动作用,大学后期的聚集和拓展受产业发展等社会性要素的影响。另外,大学聚集也受行政作用,即区域政府的规划布局、区域自然要素、人口等社会性要素等影响。

(1) 大学聚集于标杆大学的引领示范。

从组织观点来讲,名校带来的领先文化能引起周围组织的竞相模仿,容易被后来者认同且影响后来者的行动。加州地区的大学集群是以加州大学系统的10所高水平研究型大学及斯坦福大学等高水平私立大学为核心聚集形成的。从旧金山湾区大学集群而言,其位于西海岸的加州中北部,按地理区域分为三大区:旧金山区、东湾区和南湾区,主要城市包括旧金山半岛的旧金山、东部的奥克兰和南部的圣何塞等,世界著名的高科技研发基地硅谷即位于湾区南部。旧金山湾区每个区域中都坐落着世界一流大学集群:旧金山区以加州大学旧金山分校为引领,聚集了加州大学戴维斯分校、旧金山州立大学、加州艺术学院、旧金山音乐学院、旧金山大学、旧金山艺术学院、圣塔克拉拉大学、金门大学旧金山分校等世界水平的高校;东湾区以加州大学伯克利分校为发展核心;南湾区坐落着斯坦福大学及与其融为一体的硅谷,以及毗邻的加州大学圣克鲁兹分校、圣何塞州立大学等。而在洛杉矶大学集群部分,大学的聚集主要是以5所加州大学分校为中心的,如加州大学洛杉矶分校、加州大学圣巴巴拉分校、加州大学欧文分校、加州大学圣地亚哥分校、加州大学河滨分校等。像加州这种每个区域都坐落着以不同大学为核心的大学集群的发展和布局模式被称为"多中心互补组团式"。

(2) 大学聚集与区域经济产业状况的互动交织在一起,区域聚集源于统一的区域价值观及对区域未来发展方向的认同。

区域经济与大学集群网络不断互动,并使大学集群在区域中不断延展。Lécuyer 在《Public Universities and Regional Growth: Insights from the University of

California》一书中分析了加州地区以加州大学伯克利分校（UCB）、加州大学洛杉矶分校（UCLA）和加州大学圣巴巴拉分校（UCSB）为中心的三个大学集群的案例，提出了大学集群助力加州地区成为全球领先的科技产业中心的观点。例如，加州大学伯克利分校在通信应用集成电路以及设计电路的软件和算法方面处于美国领先地位，加州大学洛杉矶分校在宽带通信领域处于美国领先地位，加州大学圣巴巴拉分校在复合半导体领域处于美国领先地位。旧金山湾区之所以形成世界一流的金融、信息、电子产业等高科技创新高地，也离不开区域中的世界一流大学集群的支撑。旧金山南湾区的斯坦福大学、圣何塞州立大学正是以金融、电子、信息产业为所长，涵盖了苹果、谷歌、雅虎、惠普、英特尔等电子和信息技术产业。此外，还可以从美国大学集群的发展转移方向来获得验证。美国大学集群最初源于东北部13个殖民地的9所私立学院，发展的第二阶段是经过19世纪的发展，东北部的13个殖民地所在区以及五大湖区域成为美国的金融、贸易和能源经济区，随之美国大学集群拓展为东北大西洋沿岸集群和五大湖区域集群。而到了第三个阶段，即二战后，随着美国以电子、信息、航天、生物工程等为代表的新兴工业向西部和南部寻找发展基地，新的大学集群相应地也在西部和南部的西太平洋沿岸和南部墨西哥湾拓展，形成加州大学集群、得克萨斯大学集群等。并且，美国大学集群的发展方向与区域经济发展方向是一致的。例如，美国东北部的大学集群侧重于能源、冶金及基础研究，而西部和南部的大学集群更集中在新兴产业、高科技产业，与本区域的生物工程、电子信息、航天、通信等区域产业的发展方向是一致的。另外，大学聚集也受行政作用，即区域政府的规划布局影响。从加州大学系统的布局来看，加州政府系统性地将代表本州最高层次的大学根据区域的人口、经济发展状况、自然环境等因素相对均匀地布局在南北狭长的加州地区。

从大学集群对区域的影响效果来说，区域聚集的过程中也产生了与环境的互动。一方面，形成大学集群与区域的互动循环体系。对于区域中的个体大学来说，大学间的合作带来的共享设施和资源使个体大学从中受益；更紧密的区域性大学合作和区域声望的提高使得大学更容易从企业中获得资金援助；聚集带来的规模效应更容易吸引国际留学生，人才的聚集带来大学发展的资金并带动当地的人才储备；人才会进一步刺激当地的科学领域和其他领域的创新，最终提高区域的国际吸引力。另一方面，大学集群给区域甚至国家带来一系列收益的集群效应，例如获得和培养高素质劳动力、学术和应用研究的成果、吸收研发资金的能力、文化环境等。加州大学伯克利分校高等教育研究中心高级研究员Douglass从区域性整体收益和集群中大学个体收益视角出发，以经济性收益及社会性收益为分析点，列举了大学集群的区域效应（见表4-2）。

表 4-2　大学集群带来的收益

收益类型	区域性整体收益	集群中大学个体收益
经济性收益	• 为立足区域高科技产业带来劳动力、资金和知识 • 全球性网络（国际商业贸易和对外交流关系） • 增加创新潜力 • 增加税收收入 • 创造经济收益 • 提高生产率 • 增加消费 • 增加劳动力的可支配性 • 降低对当地政府资源的依赖性	• 更高的工资 • 就业 • 更高的资金储备 • 改善工作条件 • 个人或职业的流动性
社会性收益	• 社会凝聚力和社会多样性增加 • 提高慈善捐赠和社区服务 • 提高城市生活质量 • 提高社区适应和应用科技资源能力 • 带来艺术多样性 • 社会性包容的提高带来犯罪率下降	• 全球意识和文化多样性意识 • 提高学生及员工生活质量 • 发展更多爱好和休闲活动

例如，加州地区大学集群通过知识转移功能带来区域的整体效应。据统计，2016—2017 年，加州大学共支出约 45 亿美元的科研经费，这些经费中，大约有 21 亿美元资助了居住在加州各地约 2.75 万名科研工作者及相关从业人员，并为加州的税收做出了贡献。此外，加州大学作为世界顶尖的研究型大学，其科研贡献令人瞩目。加州大学每年都会发布针对 10 所分校的问责报告，指向加州大学对区域经济发展的影响以及大学与私营部门的关系强度，评估大学的社会影响绩效并为进一步提升提供参考依据。《2020 加州大学问责报告》对 10 所分校进行了第十三次年度全面评估。加州大学系统目前共 10 所分校，拥有 5 个医学中心、3 个国家能源实验室、800 多个研究中心以及大量专业研究设施。从科研指标来看，自 1976 年以来，已有 1000 多家初创公司以加州大学的专利为基础成立，85% 的公司都成立于加州。此外，加州大学集群逐渐形成规模效应，密集知名大学的发展不断吸引国际留学生的加入，不仅直接带动了区域经济产值，而且优秀留学生的加入以间接方式对当地劳动力市场产生积极影响。美国国际教育工作者协会（The National Association of Foreign Student Affairs，NAFSA）每年都以各州为单位，对来美留学的国际学生对美国的经济贡献进行分析。NAFSA 的最

新结果显示：2022—2023学年，在美国高校学习的近100万国际学生带来了401亿美元的经济收益，并创造了超过36.8万个工作岗位。每3名国际学生在高等教育、住宿、餐饮、零售、交通、电信和医疗保险等领域的支出，就会给美国创造1个就业机会。从各州的分布情况看，2022—2023学年美国国际学生的主要目的地是加州、纽约州、得克萨斯州、马萨诸塞州、伊利诺伊州、宾夕法尼亚州，仅该6个州就占据了美国国际留学生50.1%的比例。特别是加州地区，13.8万国际留学生产生了60亿美元的经济效益。

2. 大学集群的结构及功能安排

各级各类大学在区域中的聚集形成大学集群的地域雏形，然而大学集群要与区域进行和谐互动必然涉及基于整个区域大学间的分工合作和排兵布阵，即大学集群与区域和谐互动的结构机制。因为大学的自然聚集会带来无序博弈和竞争问题——大学集群具有合作与独立的双重属性，不同类型和等级的大学需要分工以避免区域中的无序竞争，最大化大学集群的区域合作效应。为构建加州大学集群与区域的和谐互动关系，加州政府致力于集群结构布局的设计，体现在两个步骤和层次。第一，分工合作，排兵布阵，划分职能和层次，理顺大学集群成员间的竞争关系。第二，构建合作关系，打破大学集群成员间的组织边界，使加州大学系统的大学成员间具备交叉性和流动性。

（1）分工合作，排兵布阵，划分职能和层次，理顺大学集群成员间的竞争关系。

20世纪60年代，一方面由于美国的婴儿潮，入学人数激增，对高等教育机构的入学机会造成巨大压力。另一方面来自财政压力，教育拨款经费降低，各高校处于无序竞争中。为此，加州发布《高等教育总体规划》（*California Master Plan for Higher Education*），对加州大学集群成员间的系统进行结构调整和布局优化，这也成为各州高等教育结构协调发展的重要参照。规划将加州的大学划分为加州大学系统（University of California，UC）、加州州立大学系统（California State of University，CSU）和加州社区学院（The California Community Colleges，CCC）三大公立高校系统。加州大学系统共10所分校，被指定为国家的主要学术研究机构，提供本科、研究生和专业教育，代表了加州公立大学的最高层次。加州州立大学系统拥有23所大学，以本科教学和研究生教学为主，服务区域社会，属于教学型大学。加州州立大学除了可独立授予四种特定学科（教育学、听力学、物理治疗和护理实践）的博士学位外，需与加州大学联合进行博士学位授予。加州社区学院共119所，构成了加州大学系统的底座，它是两年制的学院，提供学术课程和职业课程。其中学术课程主要为学生提供大学预科课程和转学课程（即将来学生转入加州州立大学、加州大学的衔接课程），职业课程

第四章
高等教育与区域协同发展的国际经验

则为学生提供专业训练,例如为社区居民提供各类职业进修课程。除此之外,社区学院还为以英语为第二语言的居民提供英语课程、成人教学、社区服务课程和劳动力培训服务。综合来看,加州大学系统注重前瞻性和科研属性;加州州立大学系统确保了人才培养,提高教育质量;社区学院保证教育的普遍性,促进公平和效率。此外,以招生对象的差异化避免无序竞争并明晰分层性。其中,加州大学系统招收 SAT 考试中 12.5% 的高中毕业生;加州州立大学系统招收 SAT 考试中 33.33% 的高中毕业生;加州社区学院系统致力于教育的普遍参与性,向所有的高中毕业生开放。

(2)构建合作关系,打破大学集群成员间的组织边界,使加州大学系统的大学成员间具备交叉性和流动性。

这主要体现在加州大学系统的交叉性通道设置,即社区学院的"转学教育"——社区学院为学生提供相当于大学一、二年级的预科课程,让学生在满足一定条件后(如修满规定的学时或学分、成绩符合要求或获得副学士学位),转入州立大学或学院的高年级深造,既保证了合作性,又保证了教育的公平性和流动性,增加了大学发展活力。① 20 世纪 90 年代,加州高等教育规划提出新生入学比例 6∶4 的目标——加州大学和加州州立大学系统中的合格新生占大学总入学率的 60%,合格的社区学院转学生占 40%,旨在增加社区学院合格转学学生人数而又不影响合格新生的申请。为落实规划的要求,促使转学通道的畅通和机制的适用性,加州政府及立法分析办公室不断探索并改进转学教育方式。例如,2006年,加州大学集群利用"通用课程编码系统"来避免学生在转学后重复学习课程的问题,并促进不同级别高等教育机构间的衔接和整合。课程编码主要是社区学院与大学在专业对专业的基础上自愿协商达成一致的专业课程协议,通过编码系统很容易判断在一所大学开设的某一门课程是否与其他大学开设的某一门课程相同或对等,从而判断在一所社区学院所修课程是否也在某一所大学开设,所修学分是否被认可。② 然而据加州公共政策研究所分析,课程编码系统不够完善,表现为课程编码系统来自社区学院与某所州立大学的具体对接协议,而非社区学院与整个加州州立大学系统的课程衔接协议,导致学生选修课程的迷茫及较低的转学率。为此,2010 年,加州颁布了 SB1440 号法案,要求社区学院开发 60 种"转学副学士"(associate degrees for transfer)学位,课程包括通识课程及至少涉及 18 个学科领域的专业课程。并且,加州州立大学系统和社区学院的学术委员会共

---

① 孙曼丽:《构建高等职业教育和高等普通教育间的桥梁——美国社区学院"转学教育"复兴再探》,《外国教育研究》2011 年第 7 期,第 11—16 页。

② 於荣、赵舒曼:《美国社区学院与大学的转学衔接:问题、措施和启示》,《教育与教学研究》2019 年第 6 期,第 79—88 页。

同设置了一套转化模式课程（transfer model curriculum），明晰了 18 种学科领域的专业课程，例如选择科学、技术、工程和数学（STEM）学科的学生完成课程后将被授予科学转移（AS-T）副学士学位。同时规定，20 多所加州大学系统中的一所必须录取获得了副学士学位的社区学院毕业生，且该学位学生拥有专业优先选择权，使该生所选专业与其在社区学院的专业相近。至此，加州大学集群间加强了实质性合作的密度和广度，拓展了大学集群成员间的社会关联。

3. 大学集群的区域治理体系构建

由于大学集群具有合作和独立的双重属性，以及区域聚集性的特征，因而需要建立符合集群发展特征的协调管理机制。同时，大学的规模聚集带来区域管理的复杂性问题，单一大学与区域大学集群在管理范围、管理目标、管理关系、负责对象方面均有不同（见表 4-3）。

表 4-3　单一领导和区域管理的不同

内容	单一领导	区域管理
管理范围	单一的组织或单一辖区	跨地理辖区或跨组织机构
管理目标	明确的目标和具体问题	区域发展的相对模糊的综合远景
管理关系	领导者利用其相对单一的关系网络	需要考虑区域中的多元性互动网络
负责对象	对某项提案、问题或战略负责	对区域的发展负责

理顺加州大学集群的内部结构后，面临着加州大学集群区域治理体系的构建。加州《高等教育总体规划》为三类大学分别建立了治理结构，加州各层级高校都有自己独立的董事会负责日常事务，分别是加州大学董事会、加州州立大学理事会和学区管理董事会。除此之外，为理顺高等教育系统内部成员之间的关系，促进加州公立高等教育系统的协调性和衔接性，加州政府在 20 世纪 60 年代设立高等教育协调委员会。该委员会是一个独立的州级中介机构，委员会成员来自公立和私立的高等教育机构，由州参议院和州长办公室任命，职责是负责加州公立和私立高等教育系统的规划与协调问题，例如定期更新总体规划的条款内容、协调社区学院的学生进入加州大学和加州州立大学的各项事宜，协调各高等教育机构间的课程衔接问题等。然而此时加州公立高等教育的管理是分散的，因为宪法赋予了大学发展的独立性，宪法禁止协调机构要求公立大学采取某些具体的协调性规定，所以高等教育协调委员会本质上主要是咨询性机构，并不发挥实质性协调功能。

由于担心大学的各级董事会无法照应各级大学集群的协调性问题，导致规划无法落实，加州于 1974 年用加州高等教育委员会（California Postsecondary Education Commission，CPEC）取代了原委员会。CPEC 保留了原委员会的咨询角色，也被加州政府赋予加州大学集群的协调者角色，职责是对加州高等教育系统的发展目标和导向进行监督，并通过高等教育发展的数据来判断加州大学集群的发展情况。具体职责主要包括四项。一是信息追踪监测。CPEC 有责任根据每年各大学系统提供的数据进行大学发展的整体监测，包括财政投入及衡量各大学是否遵循了加州《高等教育总体规划》的规定。二是预算财务管理。CPEC 在州长及立法机关的监督下参与大学的预算程序。三是区域范围的合作规划。加州法律规定 CPEC 有责任推进加州大学集群的拓展，例如新校园的建立、新设施和建筑的安排、协助大学进行资金和财政援助的申请等，致力于区域范围的大学合作和规划。四是拓宽各大学系统的交流合作渠道。CPEC 致力于社区学院转到四年制大学的可操作性，举办各种论坛讨论新的合作渠道，例如规范衔接课程、转学资格要求等。

2011 年，加州通过细化管理机构设置来增强 CPEC 的协调性。一是立法机关赋予了 CPEC 对州财政方面的权力。州预算和财政拨款是制衡大学发展方向的重要手段，协调机构能否发挥效力与其在财政方面的话语权密切相关，州政府要求建立听证会制度为 CPEC 参与财政拨款意见提供支持。二是改进 CPEC 信息获取的渠道和信息完整性。信息追踪监测本身就是 CPEC 的职责之一，全州范围的高等教育数据库的统合将有助于衡量加州整体的教育发展程度，因此规定各级大学董事会必须确保按时提供目标和发展程度的信息给 CPEC。三是关于机构成员的组成问题，集中讨论的是 CPEC 是否需要包括 UC、CSU 和 CCC 的代表。州政府认为应该更多吸纳代表整个大学机构的公共成员，才能产生对区域整体性观点而非对某类大学的观点。而涉及具体大学系统的问题，如有必要，州政府建议可与咨询小组，例如现有的加州教育圆桌会议（California Education Roundtable）合作来考虑。

从对加州大学集群的治理机制走向来看，主要体现两点趋势。一是区域整体协调性。加州政府越来越意识到对区域性大学集群的整体协调性问题，不断重视区域的整体配合、区域目标的厘定性。二是协调的实践性和及时追踪性。加州政府细化管理机构的职责，采用更科学的数据测定、更密切的追踪评估、更具体的合作框架、更细化的合作机制渠道来搭建协调管理机制。1988 年，经济合作与发展组织指出，加州成功地鼓励了其学院和大学之间的"建设性竞争与合作"。

4. 大学集群联合区域要素构建区域创新网络

大学集群在与区域的互动过程中，最先源于大学成员们在区域中的自然聚集，紧接着是进行集群整体的结构调整和功能安排。最终，大学集群与区域中各个行动要素形成了集群网络结构，产生了与区域环境中各种成员的深层互动，即大学集群与区域要素联动融合形成区域创新网络，意味着大学集群在区域互动中的成熟和完善。Colapinto 从硅谷的案例出发，认为区域创新网络包含教育机构、风投公司、律师、猎头、工程师、行业协会等，大学集群、金融机构和政府组织在地区中彼此相互联系，创造了一个独特的制度环境，这已成为区域经济成功的一个重要特征。因此，本部分的分析主要从三个角度出发，分析区域创新网络的组成及结构运作机制，探讨大学集群需要联动哪些区域要素以及如何联动区域要素，方可形成区域创新网络结构。

(1) 大学集群在区域创新网络中的角色和作用机制。

大学集群扮演知识产出和技术转让的角色，通过创办技术转让机构、对区域中的公司进行商业援助等方式链接企业、投资机构、大学成员等创新相关者，推动构建区域创新网络。首先，大学集群或大学个体采用建立技术转让机构、创业性支持程序等方式，通过专利、衍生公司等将知识转移到社会。加州大学集群针对共同合作参与的科研项目建立了加州大学创新创业办公室，下设知识转移办公室，致力于加州大学集群的技术转移服务，并提供信息系统、财务管理、专利申请和知识产权管理服务。这种合作体现了大学集群间成员的联动。其次，大学自身也建立相关机构。例如，斯坦福大学 1970 年成立技术许可办公室，该部门主要服务于斯坦福大学的知识产权管理，致力于把大学科研成果申请专利并转让给工业界，提升大学科研成果的社会经济价值。加州大学洛杉矶分校建立知识产权与产业资助研究办公室，汇集了具有丰富产业研究和技术实践经验的专业人士，对本校师生的科研成果进行商业化评估、研发市场化、链接产业与研究团队的合作、知识产权收益分配等方面的服务，推动技术的市场化。除了建立中介机构，加州大学集群成员们还设立创新创业组织和程序，将大学的创业者、天使投资人、风投企业、校友等利益相关者联系在一起，推进创新活动的发生。例如加州大学洛杉矶分校创设安德森创业孵化器、SoCal 创新联盟、加州纳米研究所等，为校园中的创业者提供创业支持和教育指导。

以安德森创业孵化器为例，其旨在利用加州大学洛杉矶分校的资源为有发展潜力的初创企业提供 3 个月或 6 个月的创业支持。前 3 个月叫作创业激活计划，申请人需要提交申请，包括创业团队所有成员的简历、最长 2 分钟的创业项目介绍和演示视频，并需要提交一份报告介绍和描述公司的发展情况、发展问题及相应的解决方案，以及预估公司未来发展潜力及市场规模。该创业项目通过申请后，申请人可以参加孵化器的研讨会，重点针对公司的客户开发、品牌营销、财务建模和产品开发 4 个模块进行针对性帮助。持续 6 个月的创业支持项目被称为创业加速计划，该计划面向那些公司即将启动或运营，且其用户或资金吸引力已有部分积累的创始人。该计划每年举行一次，由加州大学洛杉矶分校的校友提供一对一指导，每周举行一次工作坊，侧重指导创业者在资金上的问题。孵化器给创业者的帮扶包括：每两周举行一次一对一辅导会议，分析公司需求并指导制定解决方案；每周举行一次工作坊，内容包括公司文化建设、客户拓展、媒体支持、财务建模、业务拓展计划、法律和会计事务方面的服务，与行业专家、成功创业者、校友进行社交活动，创业者有机会参与天使投资人、风险资本家、私人投资者和媒体参加的展示活动等。大学通过直接创立公司与区域进行互动。比如著名的惠普、谷歌、雅虎等高科技企业就是由斯坦福大学师生创办的。据粗略估计，在过去的50年中，硅谷之中由斯坦福大学师生创办的公司达1200多家，目前50%以上的硅谷产品来自斯坦福校友开办的公司。

（2）区域创新网络的社会性要素，包括风险投资公司、天使投资等社会支持组织以及大学与企业界的联动。

美国是风险资本量最大的国家，商业投资和风险投资已成为美国研发资金的重要来源，它对于资助新的高科技企业或高增长潜力公司的重要性是公认的。据统计，加州是风险资本和风险交易最集中的地区。2014年，美国所有风险投资中约56%产生于加州，主要集中在旧金山湾区、洛杉矶和圣地亚哥这三个大学集群发展最先进的区域。2020年，风险投资的地理位置仍然集中在加利福尼亚州，另外两名是纽约州和马萨诸塞州，三个州风险投资额占美国风险投资总额的73.1%。天使投资人和风险基金在内的一系列资本提供者有助于分散初创公司的风险，为企业的生存和发展做出贡献。除了风投外，加州的大学有深厚的校企合作机制。Breschi和Malerba认为，判断区域中是否形成具有创新能力的高技术集群的要素之一是区域中的企业在多大程度上嵌入了区域知识共享网络机制。加州大学系统的校企合作历史悠久，校企合作的方式非常丰富，例如：企业通过合同或拨款直接资助大学；校企交流项目和学生的企业实习；企业委托大学对职员进行针对性的培训和继续教育；企业有偿使用大学的设施等。

（3）区域创新网络中的政府要素主要体现在文化、制度、资金层面。

首先，在文化环境营造方面，美国向来支持冒险和创新的社会文化，美国大学具有服务区域发展的文化传统以及重视社会参与的大学文化。1862年，联邦政府颁布《赠地法案》，将联邦控制的土地（主要在美国西部）分配给各州，划拨给地区以建立大学，目的是扩大入学机会，并让大学服务于区域建设。1868年，加州大学伯克利分校正是直接基于《赠地法案》建成的。因此衡量和评估大学发展的很大一部分便是基于大学是否能支持当地的经济发展，将自身使命与公共服务价值观相融，大学的研究也通常集中于重大国家问题。

其次，美国政府出台相关政策为区域创新网络的构建提供制度保障。例如，美国1981年实施了研究与开发税收抵免政策，使公司可以从其所得税中扣除一定的数额作为研究费用，从而促进行业与大学之间更广泛的合作。在知识产权法方面，1980年，美国颁布《拜杜法案》，改变了知识产权的归属权，大学使用政府研发资金做出的科研成果可以归属于大学所有，大学可从这些知识产权许可中获利，大学的教师和研究人员可以拥有发明专利且拥有许可证。这一顶层设计直接刺激了美国大学专利数量的剧增，也使得各州政府更积极地争取不断增长的联邦政府资金以通过区域性大学发展其高新技术产业。政府鼓励区域创新的政策还体现在土地优惠上。例如，加州政府为了促进加州大学圣地亚哥分校的创新创业项目，在研发经费和土地政策方面给予大力支持：政府以免费地皮使用权的优惠吸引通用原子技术公司在大学附近建立科研单位；1960 年，圣地亚哥市以 1 美元的土地出租价格吸引乔纳斯·萨克在学校附近成立了萨克生物研究所。

最后，政府在区域创新网络中的重要作用体现在研发的资金支持方面。研发投资是衡量一个国家创新能力的重要指标，也在一定程度上反映未来生产力增长的潜力。一是联邦政府和州政府大量进行研发经费投入，且州政府的投资比例占据主导地位。据美国国家科学与工程统计中心的相关数据统计，2019 年美国研发投资共 24.3 亿美元，其中联邦政府投资金额 5.6 亿美元，州政府及其他非联邦机构的投资为 18.7 亿美元，州政府投资占总投资金额的 77％。二是从研发资助的对象来说，政府研发支出包括两种：一种是内部研发支出，包括支持政府机构及市、县、区或其他地方政府等；另一种是外部研发支出，支持非政府机构的科研项目，主要包括高等教育机构、公司或个体科研人员以及其他非政府组织。据统计，2019 年，美国政府用于投资高等教育机构的研发经费比例为 42％，公司或个体科研人员接受研发支出的比例为 28％，内部研发投资仅占 18％。可见，美国政府尤为重视外部研发投资，反映出对高等教育及高科技产业研发的扶持偏向。三是从具体外部研发投资的模式来看，各州呈现不同的态势。2019 年研发经费排名前六的是加利福尼亚州、纽约州、得克萨斯州、佛罗里达州、俄亥俄州和宾夕法尼亚州，这几个州的研发经费投资共占州政府所有研发经费的 64％。而具体到州政府的外部研发投资，排名前六的是加利福尼亚州（4.54 亿美元）、得克萨斯州（2.29 亿美元）、纽约州（1.72 亿美元）、佛罗里达州（1.2 亿美元）、俄亥俄州（7900 万美元）、宾夕法尼亚州（7600 万美元）（见图 4-1）。可见，一方面，除纽约州外，剩余 5 个州对非政府机构的研发投资占比均高于内部研发投资，反映出州政府对研究型大学以及高科技产业研发的扶持偏向。另一方面，各州分配方式呈现不同态势。例如，得克萨斯州将其外部研发投资的 86％用于高等教育机构（1.97 亿美元），而公司和个人则占 14％（3200 万美元）。加州政府则基本同程度地扶持高等教育机构、商业机构、私人机构以及其他非政府机构的研发，外部研发投资比重相对均衡。同时，值得提及的是，不管是政府资金还是私人投资，研发资金高度集中于大约 50 所具有高竞争力和高质量的大学，以发挥大学对促进区域创新体系的作用。至此，大学集群、社会性组织在政府的支持政策下凝聚在一起，最终在加州区域内形成了完善的区域创新系统。

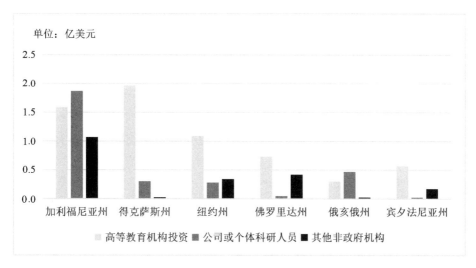

图 4-1 2019 年美国外部研发投资前六名州的研发经费投资情况

二、英国高等教育与区域协同发展的案例研究

（一）英国东北部高等教育与区域发展

英国的东北区域是英国高等教育区域合作历史最悠久的地区，该区域的东北大学联盟（Unis 4 NE）与英格兰东北地区发展署（ONE）建立了密切的联系。英格兰东北地区发展署是通过其卓越中心、北星和科学与工业理事会，将知识前沿大学与区域机构合作伙伴联系起来的重要催化剂。东北大学联盟通过知识屋（Knowledge House）、区域教学公司计划（后重新命名为知识转移伙伴关系）、知识产权开发等强有力的举措与大学高级管理人员建立联系，在实施区域 HEIF 计划（高等教育创新基金计划）方面发挥着核心作用。在英国东北区域，大学不仅对区域经济发展做出了显著贡献，更是对区域社会文化产生了更为广泛的影响，促进了区域行动者之间协商与合作机制的形成。

英国东北区域形成的大学引导区域创新发展的新局面主要有以下特征。

1. **国家层面：鼓励性和开放性政策环境**

不同层级的政策交叉影响着大学在区域创新发展中发挥作用的机制。在国家层面，英国于 1998 年颁布《我们竞争的未来：建设知识驱动型经济》，尤其强调科学技术在日益激烈的国际竞争中的重要性。2000 年颁布的《卓越与机遇——21 世纪的科学与创新政策》及 2001 年发布的《科学和创新白皮书》，均提出高等院校是创新和变革的强大推动力，在经济发展中扮演重要角色。为了形成一个更有效的区域治理结构,1999 年,英国在区域一级设立了新的地方机构——区域发展署(Regional Development Agency,RDA),其宗旨是振兴区域发展并建立区域基础设施。在区域发展署的支持下,英国各区域相继成立了区域性的大学联盟,为区域科技创新提供包括大学创业教育、技术转移和商业化咨询等系列服务。

在《迪尔英报告》中,英国大学对区域发展的贡献得到了英格兰高等教育调查委员会的认可。[①] 1999 年,英格兰高等教育基金委员会在现有针对大学教学和科研的资金上,启动了新的第三类资金,以鼓励大学加强与其所在区域商业界和工业界的互动,从而促进区域经济增长和竞争力提升。2003 年,《高等教育的未来》白皮书指出,高等教育机构参与区域经济社会发展至关重要,并鼓励各个区域的大学、RDA 以及区域创新机构之间建立更牢固的伙伴关系。以上政策导向反映了英国政府致力于构建以大学为核心的新型区域伙伴关系,在政策层面上越来越鼓励高等教育与区域发展的结合。资金使用效率是英国政府关注的重点,包括大学内部资源的使用效率,以及提高大学对地方、区域和国家经济福祉贡献的效率,这进一步打破了各个政府部门间的政策壁垒,以充分发挥高等教育对区域创新发展的促进作用。

2. 区域当局:将大学视作重要创新主体

1998 年,英国新政府在选举后不久便颁布了《区域发展机构法》。自此,区域发展机构作为一个不隶属于任何部门的独立公共机构被列入了国家议程,在英国国家范围内共建立了 9 家 RDA,分别是东北发展署、西北发展署、约克郡发展署、西米德兰兹发展署、东米德兰兹发展署、英格兰东部地区发展署、英格兰西南地区发展署、英格兰东南部地区发展署以及伦敦发展署。RDA 管理机构一般由 12~15 人构成,董事会包括来自商界、培训机构、商会和志愿者协会的成员,其中必须含 4 位当地管理者代表。法律上 RDA 的主要任务有以下规定:其一,确保区域经济发展和转型;其二,支持企业提高效益、投资和竞争力,促进就业并降低失业率;其三,开发就业岗位,提高劳动者的职业技能;其四,为英国可持续发展做出贡献。[②] 总的来说,成立 RDA 主要是为了提高英国区域的竞争力,以协调区域间发展不平衡的现状。RDA 成立后在英国区域发展中发挥了火车头的作用,围绕区域行动者的共同利益和意图,组织并协调区域内的各个组织和行动

---

① Kitagawa Fumi. "Universities and Regional Advantage: Higher Education and Innovation Policies in English Regions", *European Planning Studies*, 2004, No. 6, pp. 835-852.

② Eren F. "Regional Development Agency Experiences in UK", *European Journal of Economic and Social Systems*, 2016, No. 9, pp. 1411-1435.

者,在区域内形成一种协同效应并促进区域经济的发展。RDA 在协调区域行动者关系的基础上,与区域行动者密切互动,致力于构建一个区域性的信任网络。值得注意的是,在 9 家 RDA 制定的区域经济战略中,均强调高等教育对于区域发展的重要作用。

英国东北区域于 1998 年成立了新的区域发展机构——英格兰东北地区发展署(One North East,ONE),成立后对英国东北区域早期体制结构和工业发展遗留下来的潜在资产进行了评估,随即认识到基于成本因素吸引移动投资的传统区域发展政策已经失灵,于是采用了一项新的区域经济战略,其重点是建设知识型经济,并将大学提升到区域经济发展的核心地位。一直以来,英国东北区域有着吸引外来投资以解决经济问题的悠久传统,但鉴于近年来外来投资减少、企业外迁到其他成本更低的国家增多,这种发展模式举步维艰。考虑到该区域内缺乏公共研究机构,私营部门的研发水平较低,于是区域当局将目光转向区域内的大学。ONE 认识到相较于外来投资,区域内的大学作为区域关键的知识资产可以发挥更稳定的作用,更有助于开发促进区域发展的内生增长力。因此,在 ONE 的第一份和第二份区域经济战略中均把大学置于东北区域经济发展的核心,把大学作为以知识为基础推动区域经济发展的重要支撑。于是,ONE 在投资区域产业发展之时,将大学已有的研究基础视为重要的参考依据。例如,处于东北区域的纽卡斯尔大学在医学科学领域具有强大的研究优势,但该区域缺乏工业基地,ONE 决定在纽卡斯尔市内部的大学和教学医院周边开展医学科学领域的投资,以期通过创办衍生公司和吸引投资建立新的工业基地。

3. 中介组织:促进区域供需机制相匹配

尽管 ONE 十分重视大学在区域发展中的战略地位,但也认识到要使大学真正融入区域经济发展仍然存在诸多挑战。2001 年,Arthur 出具的一份重要报告对东北区域研究基地的潜力进行了详细分析,他指出,大学和区域企业的优势并不是特别匹配,这限制了区域内的合作范围。区域发展中还存在以下不利因素:总部设在东北的大型研究密集型公司仍十分缺乏;中介机构和技术转让组织很多,有效的却不多;有许多合作倡议,但其中大多数尚未产生太大的影响;对产业需求重视不够,大学和中介机构存在文化和能力障碍,交流和技术转让机制薄弱,对科研人员深入参与商业联系和商业化的激励不足。根据这一描述,英国东北区域呈现的区域特征符合区域创新悖论的特征:强大的学术研究基础(供应方)与区域工业需求(需求方)不匹配,且行业的吸收能力有限,供需联系机制薄弱。

为了弥合大学科研与产业之间的差距,ONE 制定了一项成功战略,该战略构成了英国东北区域当前区域创新政策的基础。随后,东北区域建立了 5 个科技与创新中心（Technology Innovation Center，TIC），分别为生命科学卓越中心、技术创新中心、新能源和可再生能源中心、纳米技术、微型和光子系统卓越中心以及数字卓越中心。这五大卓越中心均围绕大学中有研究实力的领域而建立，同时还设立了专门的投资基金，其中技术创新中心（CPI）及新能源和可再生能源中心（New and Renewable Energy Center，NAREC）都是由 ONE 建立的，其性质是非营利私营公司，宗旨是通过支持具有高附加值和增长潜力的战略部门以改变区域的产业结构，通过技术主导的创新实现区域经济增长，公司董事会成员包括大学成员及私营部门有研究和管理经验的首席执行官。[①] CPI 和 NAREC 接受大量来自 ONE 和政府的资金，资金规模远超大学的技术转化办公室（Technology Transfer Office，TTO）。因此，相较于 TTO，TIC 拥有更充足的使用资金、更专业的设备和更高水平的专家，是东北区域创新发展的重要支柱。CPI 最初的任务是作为大学的科研转化基地，通过建立技术平台，协助大学将研究成果投入市场，以便让行业和学术界的技能、知识和专业知识能够在合作项目中汇聚。就该区域中的大学而言，纽卡斯尔大学在化学工程方面特别强，但在化学方面却并不突出。为了增强纽卡斯尔大学的化学优势，CPI 利用 ONE 资金，让该大学任命一名高级学者进入其化学工程和先进材料学院，以开发围绕工业生物技术和催化技术的技能。同时，ONE 还对科学基地进行了上游投资，为纽卡斯尔大学的电气、电子和计算机工程等学院的设施提供资金，使其能够支持 CPI 在塑料电子行业的工作。

在英国东北区域创新体系中，除了由政府牵头成立的 5 个科技与创新中心等中介组织外，还存在着由大学主导建立的知识中介体系。经济合作与发展组织的一项跨国研究表明，小型企业在世界许多区域的经济发展中占据主导地位，这表明区域经济的增长途径不仅只有类似硅谷地区依靠新知识密集型产业聚集的案例，改造区域目前的工业实力和技术能力并对现有产业进行升级，对于英国东北区域这样的非大都市地区来说，是比较适宜的区域发展策略。在这一逻辑的指引下，1995 年，英国东北区域的五所大学（杜伦大学、纽卡斯尔大学、诺森比亚大学、桑德兰大学和蒂赛德大学）牵头建立了知识屋。作为东北区域中小型企业和大学之间重要的知识中介体系，知识屋在发展中取得了显著成绩，成为东北区域中小型企业进入大学知识库的重要连接点。知识屋不仅帮助企业获得大学的专业知识、技能和资源，还通过合作、咨询、培训和研究等为中小型企业所面临的问题提供专业的解决方案。同时，通过与其他区域内非大学的商业资助机构，如商

---

① Goddard J，Robertson D，Vallance P. "Universities，Technology and Innovation Centres and Regional Development：The Case of the North-East of England"，*Cambridge Journal of Economics*，2012，No. 3，pp. 609-627.

业联系处、区域发展署等签订正式协议和联合任命，在东北区域整合和巩固商业资助服务方面发挥了重要作用。

4. 深厚的大学合作传统：东北大学联盟

英国东北区域由于重工业的衰退导致其在全球知识经济发展中处于相对不利的地位，区域当局将目光转向区域中的大学，将其视为实现东北区域创新发展的重要资产。事实上，东北区域是英国高等教育较早开展区域性合作的区域，该区域内的大学自下而上建立了一个强大的地区性高等教育管理协会——东北大学联盟（Association of Universities in the North East，Unis 4 NE）。Unis 4 NE 的前身是成立于 1983 年的北方工业高等教育支持组织，是英国历史最悠久的高等教育合作机构，Unis 4 NE 继承了北方工业高等教育支持组织多年来积累的合作基础。Unis 4 NE 的董事会由东北区域大学的副校长组成，在该区域中享有很高的地位，被区域利益相关者视为一个关键的区域机构，其资金预算远超英国其他八个地区的高等教育协会。它由体育委员会、文化委员会、知识之家、健康委员会、音乐委员会、欧洲委员会、研究和知识委员会以及学术发展委员会等八个委员会构成，在促进区域高等教育内部合作以及高等教育与区域利益相关者的合作方面发挥着重要作用。可以看出，东北区域的大学尽管存在相互竞争的压力，但大学以其高质量的合作和领导能力形成了一股强大合力，确立了高等教育在区域发展中的独特地位，通过合作为大学自身发展赢得了更多的资源和设施，形成了一定的区域影响力。

面对近年来英国经济下滑的趋势，Unis 4 NE 于 2009 年出具了一份报告说明其应对英国经济衰退所做出的努力。[①] 其一，纽卡斯尔大学学生实习计划共同推出了 17 项新计划和 7 个附加方案。其二，增加对现有活动的需求量。在经济衰退的情况下，寻求合作伙伴的需求也在下降，而大学在刺激这方面的合作需求中发挥着重要作用。如纽卡斯尔大学实施的旨在帮助东北区域经济复苏的商业代金券计划，该计划中纽卡斯尔大学向当地中小型企业和组织提供代金券以兑换大学的各种服务活动，包括咨询和商业服务、商业研究、认证和非认证培训课程、分析和测试服务、产品设计与研发、电子和电气开发服务、生命科学和环境服务以及商业和管理服务等。其三，大学针对企业和制造业对毕业生需求下降的问题采取了积极措施，如桑德兰大学实习计划和杜伦大学的研究生奖学金计划，以及杜伦大学就业服务中心发布的《经济衰退中的毕业生就业指南》。其四，构建更加成熟的网络与伙伴关系。该地区已有许多倡议旨在构建高等教育、公共和私营部门

---

① HERA Barometer Report. *HEFCE National Report to DBIS and Other Stakeholders on Higher Education's Response to the Economic Downturn*，2009，pp. 38-45.

之间的伙伴关系，这种密切的伙伴关系在经济衰退的形势下发挥着特别的作用。如由纽卡斯尔大学、纽卡斯尔市议会和东北区域发展协会共同打造的纽卡斯尔科学城项目，通过对开创性的战略学科活动和关键科学设施进行投资以推动区域创新发展。

（二）剑桥科学园与剑桥大学

受美国的启发，英国选择大学为突破口，努力激发大学的科技创业活动，高水平大学普遍参与建立技术创新与企业孵化机构，并大多以科学园的形式存在。具有几百年学术传统的剑桥大学是英国科学园的先行者。经过几十年的发展，剑桥科学园已经成为剑桥高技术集聚区域成功的重要标志，并走出了一条有别于硅谷的道路。

1. 剑桥科学园的起源与发展

剑桥科学园位于英国东南部的剑桥郡，依托剑桥大学致力于高技术发展。剑桥科学园区的经济发展创造了"剑桥现象"，使得剑桥从一个拥有世界级大学的集镇转变为世界领先的技术热点之一。据统计，2017年剑桥科学园内科技公司的年集体营业额为24亿英镑，产生了168项科技业务，创造了15503个工作岗位，剑桥科技员工每年为国民经济贡献了15.4亿英镑的营业额。[①] 目前，园区内共有170家高科技企业。然而，"剑桥现象"不是一个短促的历史过程，这种以高科技为核心的创新的经济增长方式，保持了剑桥地区长期的发展活动，使它赢得了"硅沼"（Silicon Fen）的名声，成为整个英格兰东部地区的发展中心。其发展经历了如下几个阶段。[②]

（1）起步阶段。

20世纪50年代以前，地方政府为避免城市工业扩张给大学城带来负面影响，对剑桥附近的工业发展一直实行严格的规划控制。1969年莫特报告《大学和以科学为基础的产业关系》中提出放松对剑桥以研究和开发为基础的企业的规划，并在城市中建立科学园。60年代后期，随着十多家企业从剑桥大学实验室衍生出来，在剑桥出现了以技术为基础的公司形成的第一次浪潮。在斯坦福大学的示范效应下，地方政府放松了对高技术企业的规划限制。

---

① Tech Nation. Tech Nation 2018 Report [2023-08-22]. https：//technation.io/insights/report-2018/cambridge/.

② The Cambridge Science Park. Histoty [2023-08-22]. https：//www.cambridgesciencepark.co.uk/about-park/past/.

(2) 成长阶段。

1970年,剑桥大学三一学院建立了科学园。三一学院财务总管主张,进驻科学园的企业只需支付比商业上低得多的房租,这在几年之后被证明是成功的。70年代,技术和科学发展导致的新市场开放,也为剑桥的企业家提供了新的机会。在剑桥,微处理机降低了进入计算机产业的成本,促进了资本密集型产品的研发生产,并使许多企业进入这一领域从事硬件生产。随后,软件企业也迅速增长,出现了与传统职业结构不同的企业家职业选择。头五年中,剑桥科学园增长缓慢。科学园的概念是一个陌生的概念,加入园区的公司主要是被接近大学科学研究的愿望所吸引。跨国公司的英国子公司(如瑞典 LKB Biochrom 和美国 Coherent)开始在科学园驻扎。到70年代末,园区公司数量缓慢增长到25家。

(3) 快速发展阶段。

一个由技术和人员组成的迷你集群在剑桥科学园中发展起来,再加上剑桥作为研究中心的吸引力,开始吸引更多的公司。剑桥科学园随之经历了一段强劲增长时期:三一中心于1984年开业,为越来越多的在科学园工作的人提供会议场所、餐饮设施和会议室;建造了更多的公寓和剑桥创新中心,以扩大可用的住宿范围;1986年开设了一个壁球场。80年代,几家风险投资公司在科学园开设办事处,包括英国领先的风险投资公司3i的区域办事处。80年代中后期,大学学者们开始将公司带到剑桥科学园。由于1984年英国政府改变了过去通过国家设立的公司——英国技术集团(BTG)来推动知识产权转化的做法,打破了该公司对大学科技成果的垄断经营,剑桥科学园开始容纳剑桥顾问公司等现有租户公司的分拆公司,并见证了由科学园公司组成的第一个合资企业——Qudos,该合资企业由大学的微电子实验室、Prelude Technology Investments 和 Cambridge Consultants 共同创立。90年代,剑桥高科技和科学园的场景发生了许多变化。剑桥地区的高科技公司集群增长到约1200家公司,雇用了约35000人,对空间的需求增加。剑桥其他地方也纷纷建立初创企业的孵化器,英国和当地建立的风险基金的风险资本供应急剧增加。互联网和电信相关公司、生命科学部门快速增长,并成为科学园的主导技术部门。到1999年12月,科学园有64家公司,雇用了约4000人。

(4) 平稳增长阶段。

21世纪以来,剑桥科学园迎来了更多的发展机会。三一学院和另一所剑桥学院的合资企业——三一大厅完成了科学园剩余22.5英亩的开发用地。2005年,剑桥科学园创新中心开业。该中心采用典型的灵活实用的租赁安排方法,使早期公司能够根据其特殊情况成长和发展。此外,科学园还建成了其他开发项目,包括 One Zero One,成为荷兰电子巨头飞利浦和知名软件解决方案公司 Citrix 的所在地。2010年,剑桥科学园拥有100多家公司,超过5000名员工,占地152英亩。2018年,启迪控股在英国剑桥科学园投资建设启迪科技园海外园区,将启迪在科技服务领域的领先优势与剑桥在生命科技领域的人才和产业集群效应有机地结合起来,孵化培育大批初创型生物科技企业。

2. 剑桥大学的区域参与

伦敦经济(London Economics)是欧洲领先的专业经济学和政策咨询公司之一,其对剑桥大学的经济影响评估结果显示,2020—2021年,剑桥大学对英国经济的总影响是298亿英镑,大学在英国各地支持了超过8.6万个工作岗位,包括英格兰东部的52000个工作岗位,并贡献了超过130亿英镑的总增加值。剑桥大学每花费1英镑,就会产生11.70英镑的经济影响;每获得100万英镑的公共资助研究收入,就会在整个英国产生1265万英镑的经济影响。① 可见,剑桥大学对英国东部地区乃至整个英国产生的广泛影响。本部分以剑桥大学2020—2021年的数据为依据,尝试从大学的科研活动、教学活动、教育国际化、教育财政支出四个层面,② 探究剑桥大学对英国区域发展,特别是经济社会创新发展的影响。

(1)大学科研活动的区域参与。

2020—2021年,剑桥大学的科研活动产生了231.19亿英镑的总经济影响。其中,50亿英镑来自剑桥大学科研对英国经济产生的溢出效应,181.19亿英镑来自剑桥大学开展的一系列知识交流活动,这些活动由大学内具有创业动力和创新精神的个人和公司推动发展。

以剑桥生物医学园区为例。剑桥生物医学园区位于英国和欧洲领先的生命科学集群的中心,它成立于1962年,现已发展成为医学研究、教育和病人护理领域的全球领导者。由科学家、临床医生、国家医疗服务体系工作人员和企业组成的充满活力的社区正在共同努力,改变当地、英国乃至全世界患者的生活。剑桥大学临床医学院在园区设有10多个系,还有世界一流的研究所,如英国癌症研究中心剑桥研究所、惠康-英国医学研究中心代谢科学研究所和米尔纳治疗研究所,这些研究所致力于缩小学术界与产业界之间的差距。这些机构与英国医学研究中心分子生物学实验室、剑桥大学附属医院和皇家帕普沃斯医院毗邻。剑桥生物医学园区的成功催生了"剑桥现象",推动了创业生态系统的产生,见证了生物科学、医学和技术领域具有全球影响力的公司和创新的诞生。它帮助说服制药巨头阿斯利康在校园内建立了最先进的全球研发机构;葛兰素史克在园

---

① University of Cambridge. Economic Impact [2023-08-22]. https://www.cam.ac.uk/stories/cambridge-economic-impact.

② University of Cambridge. The Economic Impact of the University of Cambridge [2023-08-22]. https://www.cam.ac.uk/system/files/le_-_economic_and_social_impact_of_university_of_cambridge_-_final_report.pdf.

区的临床试验单位已运营了 10 多年，生物技术公司（剑桥分拆公司）于 2019 年迁入校园。

除剑桥生物医学园区外，剑桥大学及其学院在提高大学及周边环境的创新潜力方面还发挥了非常积极的领导作用。除剑桥科学园外，目前大剑桥地区拥有 30 多个科技园，以支持创业环境的发展，并通过建立剑桥企业种子基金的方式来挖掘早期公司的潜力，通过建立剑桥创新资本进行后续投资。

研究成果转化也是剑桥大学科研参与区域发展的一大途径。剑桥大学成立了商业化部门 Cambridge Enterprise，用于与学术界合作，保护、开发基于大学研究的创新成果、专利技术并将其推向市场。该部门与本地和全球组织联络，在商业化和社会企业方面提供专家建议和支持，包括学术咨询服务，创意保护、开发和许可，新公司和社会企业创建以及种子基金方面的帮助。

(2) 大学教学活动的区域参与。

剑桥大学 2020—2021 届学生的教学和学习产生的总经济影响为 6.93 亿英镑，其中 82% 由本科生产生，18% 由研究生产生。剑桥大学通过教学和学习活动对学生和社区产生了广泛的影响。首先，在人才培养层面，2020—2021 届学生共 6150 人，其中 98% 的学生按照预期完成了学位。剑桥大学由多个学院组成，大部分教学活动在学院内进行，并为每名本科生指派一名研究生主任和导师，负责学习方面的咨询和指导工作。在教学服务方面，剑桥大学每年约有 300 名新教师在教育学院接受培训，通过教育学院与剑桥大学 PGCE 长期合作，参与英国东部地区和其他地区多达 300 所公立学校的教学工作。例如，剑桥大学数学系和教育学院合作，设计免费在线课程资源，为英国 3～19 岁的学生提供广泛的数学教育，侧重于培养其解决问题的能力、数学推理能力等。英国继续教育学院在近 150 年来一直为来自各种背景的英国成年人提供易于使用且灵活的高等教育课程。截至 2023 年，学院拥有 300 多名导师，为 7000 多名课程注册者提供教学和支持，其中涉及 10 多个学术领域和 250 多门不同的课程。

(3) 大学国际化的区域参与。

剑桥大学位居世界顶尖大学之列，是深受国际学生欢迎的留学目的地。留学生规模的增加推动了剑桥大学国际化发展，同时也为剑桥大学、英格兰东部地区乃至整个英国带来了深刻的影响。海外学生产生的学费收入和非学费收入（住宿费用、生活费用、课程费用、旅行费用等），对英国经济发展产生了直接影响和溢出效应。据统计，2020—2021 届剑桥大学国际学生相关的学费收入和非学费收入对英国产生了 7.16 亿英镑的经济影响。其中，63% 的收入来源于英格兰东部地区，37% 的收入来源于英国其他地区。从行业来看，剑桥大学的国际学生对政府、卫生和教育部门产生了较大影响（收入占比 30%），运输、酒店和餐饮部门收入占比 18%，生产部门和房地产部门占比分别为 14% 和 13%。整个英国经济的总增加值影响估计为 4.26 亿英镑，其中英格兰东部产生了 2.86 亿英镑。在就业方面，为英格兰东部地区提供了 4640 个就业岗位，为整个英国提供了 6635 个全职工作岗位。

（4）大学财政支出的区域参与。

除了通过科研、教学和招收国际学生增加学校收入，对英国经济产生广泛影响外，剑桥大学还通过购买商品、服务和劳动力的方式，深入参与区域发展。2020—2021 年剑桥大学及其学院共支出 46.86 亿英镑。其中，63% 的支出发生在英格兰东部地区，37% 的支出发生在其他地区。就支持的就业岗位数量而言，剑桥大学的支出支持了英国 24185 个全职工作岗位，其中 17730 个岗位位于英格兰东部，充分体现了剑桥大学广泛参与区域发展，并对区域产生了深刻的影响。

三、东亚及其他地区高等教育与区域协同发展的案例研究

（一）日本筑波科学城与筑波大学

日本筑波科学城选址于东京东北约 50 公里处，坐落在筑波山麓，周边自然环境优美。筑波科学城从筑波研究学园起步，并分别在 1987 年、1988 年和 2002 年与周边区域进行区划整理，随后范围逐步扩大。筑波科学城规划区面积约 27 平方公里，外围开发区域面积约 257 平方公里，中心区面积约 80 公顷。其主要目标就是通过开发建设高新技术产业区，使之成为国内领先的研究和高等教育中心，推动日本科学技术的发展，实现"技术立国"，同时起到缓解东京都人口压力大、过于拥堵等"大城市病"的作用。

日本由于国土狭小、人口众多、资源贫乏，因此非常重视高技术产业的发展。20 世纪 60 年代，日本意识到了技术竞争的趋势，从战后"贸易立国"逐步转向"技术立国"，从强调应用研究逐步转向技术创新，并且采取了一系列的政策措施。最早是日本前首相田中角荣在他所著的《日本列岛改造论·大学篇》中提出：大学密集在大城市，过分集中，应该实行"地方分散"的方针，宜选择山麓湖畔、阳光充足、绿树成荫、山清水秀的开阔之处建设"大学科学城"。[①] 1963 年 9 月，他正式向内阁会议提出报告，经过调查研究，酝酿准备，终于在 1970 年通过了《筑波研究学园都市建设法》。

在筑波科学城建立的目的上，主要分为两个，一是建立高水平的教育与研究

---

① 杨天平、陈小东：《西方国家大学城的发展模式》，《学术研究》2003 年第 10 期，第 116-118 页。

基地，二是减轻东京过度拥挤的环境。其工程主体框架是建设两个部分，一是研究学院地区，二是周边地区。在人口规划上，原计划为22万人，1998年制订计划拟定未来的2030年达到35万人。在规划理念上尽量使科学城与周围的各种活动建立有机的联系，通过保护自然环境和历史遗产，让科学城的建设能使居民保持健康、文明的生活。在未来前景上，筑波科学城主要有三个发展目标，一是使筑波成为全日本科学研究的中心，二是使筑波成为一个功能齐全、自成体系的中心城市，三是使筑波成为一个与周边自然和乡村环境共存的生态模范城市。作为由政府主导兴建发展起来的全球产业新城的典型案例，筑波科学城被誉为"现代科技乌托邦"，筑波科学城的发展模式对雄安新区的建设有着重要的参考与借鉴价值。

1. 筑波科学城的发展阶段

筑波科学城自建立之始到现在，共经历过了三次调整，科学城的面积逐步扩大。目前筑波科学城规划区面积约280平方公里，在科学城内，设有多所国立科研机构、民间科研机构、企业及筑波大学等。从筑波科学城发展的整体历程来看，主要可以分为四个阶段。

（1）缘起期：20世纪60年代至70年代。

1950年左右，随着日本战后经济复苏，首都东京因人口数量激增，逐渐出现了"大城市病"现象。为了疏解东京人口压力，同时转移部分首都职能，日本建立了一批专业化的科技卫星城市。除了缓解人口压力外，其中的筑波还有另一项重要的职能，就是实现技术创新的使命，试图通过改善科研环境、共同利用设备设施，顺利开展科研合作，搞活人才交流来有效地推进科学研究。为此，就必须把国立实验研究机构集中迁移到远离大城市的地区。1963年9月，田中角荣正式向内阁会议提出报告，随即日本政府确定了筑波的选址。

（2）起步期：20世纪70年代至20世纪末。

1970年，日本政府通过了《筑波研究学园都市建设法》，自此，筑波科学城步入了稳定的发展阶段，各项建设措施得以在法律的保障下逐渐落实。在这一时期，40多所政府研究机构基本完成了入驻筑波的工作，同时也吸引了部分民间科研与企业机构，产出了一批高质量的研究成果。[①]

（3）"集群化"时期：2000年至2010年。

21世纪初，日本开始实行"产业集群计划"与"知识集群计划"，分别由经济产业省和文部科学省负责实施。在这两个政策的支持下，筑波形成了知识集群

---

① 王海芸：《日本筑波科学城发展的启示研究》，《科技中国》2019年第3期，第20-27页。

与产业集群。在集群中,知识和技术的交流与合作更加紧密,知识生产与技术创新也更加高质高效。因而,在集群内部,企业与研究所都获得了迅速发展。

(4)"特区化"时期:2011年至今。

在这一时期,包括筑波在内的7个地区被指定为"国际战略综合特区"。特区的建设目标是在国家和政府的管理与财政支持之下,依托科技,发展工业,实现创新。筑波特区由筑波大学和筑波市联合申请共建,其发展主要依托筑波科学城这个日本国内最大的国际性研发基地,努力实现国民的绿色生活与健康长寿的生活目标,以及推动世界前沿技术创新、构建产学研合作的新平台与新模式的科研目标。筑波特区的设立,标志着筑波科学城的发展进入了新的阶段。

2. 政府主导:筑波科学城的政策立法保障

在筑波科学城的整个发展阶段中,政府一直发挥着较强的宏观调控"指挥棒"的作用。日本政府通过建立健全的立法保障制度、专门颁布针对科学城的优惠政策等措施,扶持并促进筑波科学城的发展。1970年,在筑波科学城成立之初,日本政府颁布了《筑波研究学园都市建设法》,鼓励私企与科研机构进入筑波科学城,并对"学园地区"及"周围开发地区"的建设给出具体建设方案,对实际问题给予详细的解决方案。从20世纪70年代到80年代,日本政府又相继颁布了《筑波研究学园城市建设计划大纲》《高技术工业聚集地区开发促进法》《研究交流促进法》等。其中,《研究交流促进法》首次允许私企使用国家科研院所的设施。这些法案吸引了大量私企入驻科学城,因而促进了企业与国家科研院所之间的人才培养与技术交流。企业与科研院所间的人才交流与技术贡献,加速了筑波科学城的科技创新与发展。为了解决由于政府主导所造成的缺乏灵活性、开放性与市场化程度低等问题,日本政府1995年制定了《科学技术基本法》,1996年又颁布了《科学技术基本规划》。通过将筑波科学城重新定位为日本信息、研究与交流的中心,减少国有研究机构的制度惰性,加快科学城与高新技术产业、城市发展以及居民生活需要的联系[1],以此提升筑波科学城的科技产能与创新效率。除此之外,日本政府还通过立法等手段,采取多种优惠政策和措施,对房地产租赁、设备折旧、税收、信贷、外资引进等多方面优惠,有力保障和促进了科学城的发展。[2]

---

[1] 刘飞:《中国高新技术产业园区产业服务体系发展研究》,武汉大学2012年博士学位论文,第32页。

[2] 《园区中国 | 日本筑波科学城的得与失》[2022-01-26]. https://mp.weixin.qq.com/s/OnOiqrJg_bs96viX26qv5A.

3. 高校创新：筑波大学的开放人才培养体系

在日本筑波科学城的发展过程中，筑波大学对科学城人才培养与输送的贡献功不可没，这与筑波大学的开放式办学体系有着较为密切的联系。筑波大学的前身可以追溯到1872年成立的东京师范学校，其战后改名为日本教育大学。1962年，日本在科学技术会议中提出，要想提升国家创新能力，必须采取措施，聚集创新要素，并直接效仿硅谷的做法对创新要素进行聚集。1973年9月，《筑波大学法案》通过，10月，筑波大学宣告成立。

筑波大学以建成"开放大学"为目标，试图建成一所不受传统观念约束、有着更加灵活的新结构的教学和科研组织。在人才培养方面，筑波大学希望能够与国内外的教育研究机构和学术团体，在基础科学和应用科学领域建立紧密联系且可以自由交流，从而培养具有创造力和丰富人文素养的学生。

筑波大学所持有的这种开放性的办学理念，实则源于其对日本传统大学模式的改善和发展。校方认为，以前日本的大学倾向于在自己狭窄的专业领域中与世隔绝，造成教育和研究走向两极化并与现实社会逐渐疏远。[①] 为此，筑波大学一直坚持开放性的战略，并不断促进学校在各个层面的改革。同时，以高度国际化为办学特征，保持办学的丰富性、多样性和灵活性，以此来应对当代不断变化发展的社会环境。在筑波大学现行的第三个中期建设与发展目标中，学校从五个方面对学校的人才培养提出了具体要求，并力图通过人才培养模式的创新为学校的开放性办学打下坚实的基础和提供有力的保障。[②]

第一，加强学生跨学科知识体系的培养，促进学校建立紧跟国际科技前沿的研究系统。学校将在重视学生道德塑造的前提下，在自然科学与人文社科等学科领域，探索挖掘精深的专业知识。同时，也在学科交叉与合作过程中，不断开拓学科领域，使筑波大学成为世界领先水平的知识创造中心。

第二，加强生源多元化与开放性，注重培养学生的完整人格与创新精神。筑波大学接受来自世界各地的留学生，建立一个由各领域前沿研究成果支持的教育体系，培养具有和谐、完整的人格与创新精神，且能够胜任全球化工作的学生。

第三，不断加强筑波大学的国际影响力。作为一所综合性大学，筑波大学能够为学生提供丰富的国际交流机会。学校将维持和营造自身良好的国际声誉，并在此基础上加强与世界各地高校之间的交流合作。

---

① 筑波大学. 大学案内：建学の理念［2022-01-26］. https：//www.tsukuba.ac.jp/about/outline-concept/.

② University of Tsukuba. Integrated Report 2019［2021-02-18］. http：//www.tsukuba.ac.jp/en/application/files/6315/8443/1162/Integrated_Report_2019.pdf.

第四，加强筑波大学在筑波科学城的核心地位与中心作用，促进产学研的深度融合。筑波作为科技集中的创新中心，学校在其中发挥核心作用，可以加强教育和研究机构以及行业间的合作。在产学研合作之外，学校也同样重视人才培养质量与教育科研水平的提高，努力增强日本在全球工业中的竞争实力。

第五，优化资源配置体系，提高信息治理能力，重新整合与合理分配学校内部资源。同时，加强师资队伍的多样化技能培养，继续履行好大学的社会服务职能。

以上措施表明，筑波大学力图将学生培养成国际化、跨学科以及具有科研创新精神的应用型人才。而这一人才培养理念，为区域创新带来了大量的知识创新与技术支持。为了保障人才培养目标的落实，实现筑波大学与筑波科学城之间的联动创新，筑波大学在院系与科研组织设置上进行了部分调整，具体表现为学院改组和产学研中心的建立。

筑波大学的学院改组源于对现有学位制度的改革，通过构建全新的"学群"框架体系来优化人才培养的各个环节。学院改组后，学校由原有的8个研究科、85个专攻，转化为3个学术院、6个研究群、6个专攻。例如，原有的人文社会科学研究科和商业科学研究科，合并组成为现在的人文社会商业科学学术院；原有的数理物质科学研究科、生命环境科学研究科、系统情报工学研究科，组成为现在的理工情报生命学术院。学群制度的诞生，使得各个相邻学科之间的交流更加紧密，有利于各个学科之间的交融与合作，打破了原有学科之间的界限，以更灵活的课程制度，促进了学生创新性思维的发展。这一项改革举措，旨在顺应多学科交叉背景下的科研需求，培养具有多学科知识与技能的学生，使其为国家与区域的科技创新做出更多贡献。

在产学研方面，筑波大学在国际产学研合作总部的支持下，引入了一个全新的基于外部资助的研发中心系统。通过这一系统，大学可以与企业更加密切地合作，并且能够将合作成果转化落地，参与新设备研发、培育功能性植物和研发新药物等，实现为社会服务的目标。此外，筑波大学通过联合投资发展研究组织、与科学园区共享校园研究设施等措施，与筑波科学城的其他大学、政府机构、研发公司、企业研究实验室和研究机构共同合作，构建一个突破政府机构和企业组织之间障碍的创新研究平台，实现人力资源整合，集中资源进一步开发筑波纳米技术创新竞技场系统。同时，筑波大学成立发展研究中心，该中心作为学校跨学科研究和生产应用的场所，积极与相关产业合作，了解产业需求，实现研究成果的落地转化。现有的研发中心有藻类生物量与能源系统研发中心、MIRAI政策与技术前沿研发中心以及健康服务研发中心等。

（二）以研促产：大德创新特区的研究型产业模式

韩国大德创新特区（Daedeok Innopolis）始建于1973年，是韩国最早也是最大的一个科技园区。大德创新特区距离首尔约167公里，位于素有"韩国硅谷"之称的大田广域市东部，被称为"韩国科技的摇篮"和"新技术的孵化器"。在大德创新特区内，聚集了韩国国内超过10%的理工科博士级研究人员、23%的科研设施，国家每年35%的研发预算被投入到大德。目前，大德已经形成信息技术（IT）、生物技术（BT）、纳米技术（NT）和辐射技术（RT）等产业集群带，代表了韩国科技创新的最高水平。大德创新特区逐步成为一种高科技产业集群，其知识产权应用产品的生产水平在很大程度上依赖于强大的研发投入。[①] 因此，大德创新特区内的企业与当地的研究机构及大学都保持着十分密切的合作关系，共同在国家和区域发展政策的指导下，实现以技术为基础的经济增长和区域创新的发展目标。

大德创新特区的发展主要可以分为以下三个阶段。

（1）第一阶段：单一的科学城时期（1973年至1982年）。

韩国大德创新特区与日本筑波科学城的建立有相似之处，它们都是国家政策由"贸易立国"向"科技立国"转型中的重要组成部分。1973年，《第二个研究园区建设草案》获得批准。次年，《建设研究及大学城的国家总体规划》正式实施，大德科学城（初期叫作大德科技谷）开始建设。建设之初，大德科学城的定位是国家级的"科学与教育中心"。在这一时期，大德科学城主要从事教育基础设施的建设、基础科学的研究等教育科研活动，与地方产业的联系较弱。

（2）第二阶段：科技谷的形成时期（1983年至2004年）。

1983年，大德科学城在行政区划上隶属于大田广域市。随着隶属关系的变化，大德科学城的定位，也由原先的"国家科学与教育中心"向"大田市城市次中心"转变。原本独立的科学城与地方的关系变得紧密，科学城的发展也与地方经济的发展休戚相关。因此，为了促进地方经济的繁荣发展，地方政府颁布了一系列的政策措施，扶持科学城的科学研究，加速科研创新成果的落地转化。民间研究机构与企业的加入，使大德科技谷的开发模式由强政府主导向产学研融合转型。在促进科研创新的同时，也带动了地方经济的快速发展。

（3）第三阶段：创新集群发展时期（2005年至今）。

韩国政府在2005年颁布了《大德创新城特区建设特别法》，并正式将园区更名为大德创新特区，园区面积扩大至70平方公里。在大德创新特区时期，政府引进了专业的运营团队来经营特区，特区与地方经济的联系更加紧密。为了产出更有商业价值的创新成果，特区大力支持技术创新。

---

① Oh D S, Yeom I. "Daedeok Innopolis in Korea: From Science Park to Innovation Cluster", *World Technopolis Review*, 2012, No. 2, pp. 141-154.

在韩国大德创新特区的发展过程中，地方经济及企业在区域创新中的作用与贡献尤为突出。在科技谷时期，大德科技谷鼓励公共研发成果充分实现在地市场化，同时鼓励科研人员走向市场。1998年，韩国政府开始对公立研发机构进行改组，以提前退职、鼓励创业、强制下岗等方式，让研发机构全体成员减员30%～40%，为创业企业的发展提供了大量富余人才，鼓励科研人员进行创新创业活动，实现了产学研在科技创新区域中的高度融合。[①]

在创新集群时期，大德创新特区催生了"研究型公司"这一独特的商业模式。研究型公司是指在特区内创办企业，并将其20%以上的资本用于公共研发机构的产业化公司。这一制度于2005年在《大德创新城特区建设特别法》中首次提出，发展至今已经为特区培养出一大批研究型公司。这一制度丰富了之前产学研的合作模式，研发机构与企业之间能够形成以创新为导向的合作系统，这使得新技术能够获得更快地认证、落地与生产，使其形成了科技研发、产品转化、市场运营一体化的长效机制。

同时，政府对于大德创新特区给予大力扶持，如韩国政府承诺，为经认定的创业型企业提供30万～50万美元的创业资金支持，为技术含量高的创业型企业提供300万～500万美元的资金支持。同时，韩国政府根据《外商直接投资促进法》，建立了完善的外商直接投资支持系统等。[②] 种种对于区域创新系统中企业的扶持政策，一方面促进了科研成果加快落实生产，另一方面也反过来激励科研机构在新兴科技领域进行更多探索，形成了产业与科研之间相互促进的良性循环。

（三）经合组织基于14个区域的比较研究

1. 研究概况

2004—2007年，经济合作与发展组织（OECD）进行了一项大规模的比较研究，旨在分析高等教育的区域影响，即OECD区域内的高等教育机构及其区域参与的相关问题。研究对象涉及OECD 12个国家的14个区域（见表4-4）。此项研究通过调查大学对区域创新过程的主动贡献、科学家参与工业合作项目的程度以及大学对社会资本发展的更广泛参与，研究高等教育机构在其所在区域的嵌入性。这项研究不仅是为了更好地了解高等教育区域参与的问题和趋势，还旨在促进高等教育机构与其区域伙伴之间的合作，试图建立一个区域学习和能力建设进

---

① 大德创新特区（Daedeok Innopolis）——从科技园区到创新集群（中篇）[2021-02-18]. https://mp.weixin.qq.com/s/n6a11AIX-kufLETAAFmDow.

② 滕堂伟：《韩国大德：政府如何支持科技园区创新》，《东方早报》2014年12月9日。

程。因此，该研究的根本目的是通过经合组织项目启动区域学习进程，加强高等教育机构与其所在区域之间的伙伴关系。

表 4-4　OECD 项目研究对象情况

地区	人口/百万人	区域地位	关键挑战	伙伴关系
加拿大大西洋地区（加拿大）	2.3	3个大西洋沿岸省份；没有立法依据的薄弱区域实体	人才外流；区域内差距大	大西洋加拿大机会局；大西洋创新基金；大学和社区学院协调机构
釜山大都市区（韩国）	3.75	韩国第二经济中心，但逐渐衰落；地方政府作用薄弱	首尔大都市的拉动效应；增长停滞；人口老龄化	区域创新委员会；高等教育机构合作的薄弱传统；新的区域创新大学（NURI）计划
加那利群岛自治区（西班牙）	2.0	西班牙自治区，包括2个省和7个岛屿；是欧盟的一个边缘地区	以旅游业为基础的脆弱经济；对外部需求的依赖；环境恶化；以中小企业为基础的经济；区域内差距大	ACECAU，一个高等教育和研究的协调者；两所大学之间以及岛屿和两个省之间的竞争
日德兰菲英岛（丹麦）	3.2	由8个县和173个市组成；政府机构中没有官员	哥本哈根大都市的拉动效应；全球竞争；增长中的城市和落后的农村地区之间的区域差异	日德兰-富南企业发展合作；区域增长论坛；强大的网络传统
杰瓦斯凯拉地区（芬兰）	0.16	芬兰8个分区中的一个，正在迅速发展中	中部增长而外围地区下降的区域内差距；社会排斥和失业；以中小企业为基础的经济生产力低下	复杂的区域系统；大学和理工大学早期的合作；基于高等教育的区域增长

续表

地区	人口/百万人	区域地位	关键挑战	伙伴关系
英格兰东北部（英国）	2.5	英国9个地区中最小和最外围的地区；没有选举产生的机构，分散治理；具有排他性的地区特性	区域内差异；大多数社会经济和创新指标滞后；人口老龄化；中小企业经济的技能和吸收能力低	地区发展机构；长期成立的高等教育区域协会，将5个高等教育机构联系起来进行合作
巴拉那州北部地区（巴西）	1.8	巴拉那州的一部分，在治理结构中没有官方地位；生活水平最高，但失去了相对地位	与高等教育机构接触的不平等；两个城市之间的竞争；象牙塔大学	高等教育机构之间以及高等教育机构与工商界之间缺乏合作；不断发展的马林加-隆德里纳轴心；科塔区域合伙企业
新莱昂州（墨西哥）	4.2	墨西哥第三大经济体，战略地位毗邻美国	经济和教育之间的联系有限；社会差距和公平问题	国家高等教育规划委员会；墨西哥东北部和得克萨斯州融合；蒙特雷国际社区
奥勒桑德地区（丹麦/瑞典）	3.5	丹麦和瑞典之间的边界地区	发展不平衡	基于厄勒海峡合同的跨境合作关系；厄勒海峡地区的大学与14所成员大学；厄勒海峡科学区
阳光弗雷泽海岸（澳大利亚）	0.4	迅速发展的沿海地区；组织松散，没有单一的治理结构	人口迅速老龄化；经济多样化有限	不断发展的合作；高等教育的蓬勃发展

续表

地区	人口/百万人	区域地位	关键挑战	伙伴关系
特伦德拉格（挪威）	0.4	由挪威中部的2个县组成；生活水平高，地区认同感弱	缺乏战略眼光；吸收能力低；特隆赫姆和北部农村地区之间的区域差距	特隆德拉格议会和2个县的代表
特温特（荷兰）	0.62	荷兰东部奥维耶尔省东部；强烈的地区认同感，但在国家治理结构中没有官方地位	区域增长能力弱；大部分社会经济指标落后；区域内重点城市之间关系紧张	企业、高等教育和地方政府之间的创新平台
瓦伦西亚地区（西班牙）	4.5	西班牙三省自治区	低研发支出；地区间差异；低吸收能力和创新强度	负责高等教育、科学和商业发展的地方政府机构；高等教育学院与企业之间的有限合作
韦姆兰省（瑞典）	0.27	瑞典中部与挪威接壤的一个县；地方和地区政府的变化	中部和农村地区增长下降的区域内差距；失业增长；人口外迁	大学、工商界和政府的区域增长方案

OECD 主要采用以下研究方式和步骤来调查各国高等教育与区域发展之间的关系：① OECD 工作组制定的区域自我评价共同框架；② 区域根据 OECD 准则编写的自我评价报告；③ 国际同行审查小组进行的实地考察；④ 同行审议报告和该区域的答复；⑤ 根据区域案例研究和其他相关 OECD 审查进行分析和综合。

OECD 制定的区域自我评估模板，不仅关系到高校科研对区域创新的贡献，而且涉及高校的教与学在区域人力资本发展中的作用，以及对社会、文化和环境发展的贡献，还包括了高等院校在区域能力建设中和在竞争日益激烈的全球经济中的作用。自我评估模板旨在评估高等教育机构在区域发展中的多种作用和任务，要求高等教育机构与其区域合作伙伴一起，结合国家高等教育和区域政策，对它们在各自区域发展做出的贡献的成效进行严格评估。这种评估模式和内容反映了这项研究的基本理论基础：要使高等教育对学生学习、对企业和社会知识开发的贡献最大化，就必须将大学科研和教学的职能相结合。

2. 研究结果

研究结果显示，在绝大多数案例中，高等教育机构与其所在地的区域联系呈现出日益增加的趋势。但与此同时，高等教育机构的区域参与仍有更多的可能性有待探索。事实上，这14个区域处于能力建设的不同阶段。对于一些区域来说，OECD此项研究是该区域第一次有机会召集高等教育机构及其利益攸关方讨论该区域的发展问题，但有些区域已经在不同程度上建立了高等教育参与区域发展的运作机制。其中，报告中呈现了若干成功的典型案例，例如：在芬兰的杰瓦斯凯拉区域，大学对区域发展具有相当大的影响；位于墨西哥新莱昂州的蒙特雷理工学院通过其创立的700个社区学习中心为地区发展做出了极大的贡献；瑞典的卡尔斯塔德大学为其所在地区提供专业服务；伦敦地区的高等教育联盟、位于丹麦和瑞典交界处的厄勒海峡地区的大学以及澳大利亚的阳光海岸大学也都有优异的表现。

OECD的研究结果表明，高等教育机构从三个层面支持区域创新型增长：第一，通过研究开发知识，包括技术转让和知识创造；第二，通过人力资本开发实现知识转移，使教育和学习过程本地化；第三，营造创新所需的环境，即创新的文化和社区环境，增强区域的社会凝聚力和可持续发展。

（1）通过研究开发知识。

研究发现，大多数OECD国家在帮助不发达地区发展方面都经历了一个政策转变，即从向贫困地区提供国家援助，转向通过开发技能、企业家精神和创新以支持地方发展。在以知识为基础的经济体中，创新越来越被视为生产力和经济增长的关键催化剂。因此，OECD国家对科学基础的投资逐渐增多，且这项投资很大部分都流入了高等教育机构，高等教育机构不仅有望为知识创造做出贡献，而且还将有助于知识的开发。

OECD界定了四种区域创新型增长的途径，每种途径都涉及高等教育机构的不同角色，分别是本土创造新产业、外源性创造新产业、现有产业向新产业的多样化、现有成熟产业的升级。新产业的本土创造涉及一个在区域经济中没有技术先例的新产业的发展。这种方法在研究密集型大学和区域发展机构中都很流行，通常还需要新的风险资本和对研究成果商业化的大量投资。对14个区域的研究表明，与研究密集型大学的大多数区域工业联系都发生在高新技术部门，这种类型的区域往往专注于纳米技术、生物技术和信息通信技术等领域。产业的外生创造是指发展一个以外来投资为基础的新产业,从其他地方进口到该区域。这种模式关系到区域的劳动力成本问题。在这 14 个区域中,英格兰东北部和挪威特伦德拉格是这一做法的典型案例。现有产业的多元化是指将衰退产业的核心技术重新配置,为新兴产业的出现提供基础的过程。在缺乏知识型产业的区域,实施这一途径的主要障碍之一是实现产业多元化的基础十分有限。升级现有的成熟产业需要引进新的生产技术并提高产品质量和服务。OECD 发现西班牙瓦伦西亚地区就充分利用了该区域的现有优势和竞争性资产,在当地高等教育机构与中小型企业之间建立密切联系。该区域的 Jaume 大学陶瓷研究所成功帮助该区域传统的瓷砖行业转型并成为全球领先企业。

总体来看,此项研究的 14 个区域都拥有工业和经济基础,大多以中小型企业为主要雇主。小企业在许多区域的经济中占主导地位,这表明经济增长不仅取决于促进新的知识密集型部门的增长,还取决于制造业和服务业的行业实力以及技能能力的不断升级和加强。对于许多非大都市地区来说,渐进式的变化战略是一条合适的发展路径。典型的案例是英格兰东北部区域的发展战略,该区域建立了知识屋——作为中小型企业进入大学知识库的切入点,帮助老牌企业获得大学的技能、专业知识及专业资源,为客户公司提供咨询和支助,这是一条不同于研究密集型大学和技术型企业结合的发展之路。

(2) 通过人力资本开发实现知识转移。

大多数国家的目标是通过支持高技术研究、技术转让和与企业有关的竞争力来支持其区域创新系统,然而人力资本开发、学习过程本地化和提升区域技能基础往往没有受到太多的关注。OECD 调查认为,在区域内最有效的知识转移机制应嵌入高校学生及毕业生发展中,随着学生毕业后在本区域的就业,高校的知识能被转移和吸收到区域知识经济中,这也是高等教育机构发挥区域作用的关键因素。高等教育机构可以通过多种方式支持人力资本发展,包括扩大受高等教育的机会、根据劳动力市场需求调整人才培养方案、在课程中融入企业和雇主所需的技能培训。只有当大学将人才培养方案和学习研究活动融入区域发展中,才能更好地发挥高校的区域影响。OECD 调查认为,以问题为基础的学习方式(problem-based learning)是将高校人才与区域经济发展联系起来并提高毕业生在当地的保留率最好的方式,如丹麦的奥尔堡大学就是一个典型的案例。

奥尔堡大学位于丹麦日德兰半岛北部,该大学于 1974 年成立之初就体现出浓厚的区域参与倾向,并建立了教学和学术中心来促进其区域使命的发挥。其研究和教育活动最突出的特点是坚持问题导向,以跨学科整合的小组合作为主要模式,并与区域内其他的创新知识使用机构保持密切的联系。在奥尔堡大学,研究项目是围绕跨学科项目工作分组组织的。高达 50% 的学习工作是以问题为导向的项目工作;学生们以团队的方式解决领域问题,而这些领域通常是与公司、组织和公共机构合作确定的。项目组织基于问题的学习产生了与社会和私营部门的高度合作。任何时候都有 2000~3000 个正在进行的项目，以确保与社会和私营部门的高度合作。奥尔堡模式为学生提供了可转移的技能和真实的工作经验；企业从更清楚地了解大学代表什么以及学生如何从适应未来职业的要求中获益；大学获得反馈，并获得指导性案例和研究与教学的想法。20 世纪 70 年代以来，日德兰半岛北部经历了深刻的经济结构变化，曾经占主导地位的造船业已基本消失，当地的目标变成创造具有经济发展潜力的新的增长点。大学在调整过程中发挥了作用，创造了新的知识型产业，吸引外来投资者进入科技园，也使当地居民具备了实现这一转变的技能和能力。

（3）营造创新所需的文化和社区环境。

上述两点高校对于区域发展的贡献仅停留在经济层面，如果仅从经济角度来考虑高校的区域贡献，则对应的是创新的狭隘概念——侧重以技术为基础的创新发展，有学者指出这将导致教育和研究的工具主义。然而，在 OECD 的这项研究中，考虑到了创新更广泛的概念，包括社区发展和福利、社会凝聚力和文化创新活力。社会、文化和创新环境的发展是一个区域的内在效益，内在效益能稳定地支撑区域经济增长和可持续发展。

在 OECD 的这项研究中，高等教育能为区域的卫生和医疗带来福利，为区域群体提供具有福利性质的基础设施。如芬兰的杰瓦斯凯拉地区长期以来存在高失业率问题，其区域内的应用科学大学开展了一项 WIRE Programme 计划，通过学生培训中心为长期失业者提供支持，鼓励他们获得新技能并重新就业。这些做法取得了成功，促进了该区域的繁荣。芬兰国家福利和卫生研究发展中心已将该项目视为典型案例，积极在芬兰中部各城市的服务系统中推广。另一个超越经济角度的高校区域参与的案例是英格兰东北部，该区域的高等教育机构从体育和文化方面为其所在区域的文化和社区生活质量做出贡献。该区域的高等教育区域协会在与艺术、文化和文化产业相关的项目中发挥着重要的中介作用。该区域的纽卡斯尔大学引领地方机构合作，在纽卡斯尔市中心建立文化区，把城市和大学交汇的空间转变为社会和文化活动的区域。

四、研究结论与启示

（一）高等教育与区域协同发展的国际特征

1. 高等教育是知识经济时代区域创新发展的关键因素

随着全球进入知识经济时代，区域发展越来越依靠知识与创新。从内生发展理论上看，高等教育的集聚带来创新要素的集聚，内生于空间的创新是经济发展的驱动力,是地方经济成败的决定性因素。创新活动空间分布的非均衡被认为是区域发展不平衡的基本原因。在劳动力和资本的流动速度都明显加快的情形下,最不易流动的要素就是知识与文化、技能、创新能力及其关系网络等无形因素,地方系统的竞争力就取决于这些因素,而这些因素内生于区域高等教育发展之中。从实践来看,美国硅谷、128公路区、加州大学集群,英国的东北大学联盟、以剑桥大学为核心的剑桥科学园,日本以筑波大学为核心的筑波科学城,韩国大德创新特区的成功经验就是将区域高等教育作为区域发展的重要组成部分,即以大学产生的创新知识、创新型人才和高科技技术为依托,将大学的集聚、知识的集聚、人才和技术的集聚融入区域社会发展,使高等教育与区域发展产生共生效应。

2. 大学-产业-政府-社会四螺旋结构是区域创新发展的动力机制

在知识经济的大背景下,区域创新的实质是知识生产与应用转化模式的创新。在传统的知识生产模式Ⅰ中,知识生产局限在大学"象牙塔"的科学研究中,表现为教会或市政当局把控下的单/双螺旋结构。在知识生产模式Ⅱ中,英国学者迈克尔·吉本斯等人则提出了大学-产业-政府的知识生产动力模型。随着新的知识生产方式的到来,创新系统迎来了新的转变。在第四次工业革命的浪潮中,信息时代与物理时代相互结合、相互影响,碎片化知识的增多使得知识生产不仅仅局限于单一的场域,知识生产的主体也更加多元。在知识迭代的过程中,如何保证科学伦理与整个创新系统的可持续发展,成为一个重要的问题。因此,美国学者卡拉雅尼斯等在前人研究的基础上,提出了知识生产模式Ⅲ,引入"社会"这一新的主体,并将其加入新的创新系统之中,从而形成大学-产业-政府-社会的四螺旋结构,以此突破各螺旋目标的局限性,并从文化角度给予知识和经济以可持续性的发展导向。

在这种创新模式中,政府作为指导者、参与者和服务者,发挥宏观调控的作用;大学作为知识生产的主要力量,承担着教学、科研和社会服务的三重使命;产业作为科研成果落地转化和推广基地,同时也是技术创新和产学研深度融合的主要平台;社会作为新的主体,在既有的三个主体下寻找多极的平衡,重在促进和保障创新目标的实现和创新活动的开展。结合本章中美国、英国、日本、韩国的案例同样可以发现,大学-产业-政府-社会的知识生产四螺旋结构构成了上述区域发展的动力机制。案例中,区域创新系统的生成可以分为英美地区的市场主导型和东亚地区的政府主导型。美国和英国遵循市场逻辑,以大学集群为核心,由大学特别是研究型大学提供高深知识、产生科研成果,通过组织创新、专利技术、科研成果转化、创办新创公司等方式与产业建立联系,实现大学和产业的互动,发展出了硅谷、128公路高科技创新区和剑桥科学园。日本、韩国遵循政府逻辑，由政府主导科学城或科学园的建设、管理和运营，通过行政的方式推动大学的集聚与大学科研成果转化，加强大学与产业和社会的联系，最终形成了筑波科学城、大德创新特区。两种模式主导下的区域创新系统在建立过程中均离不开来自政府等部门的政策支持，大学、产业和政府、社会之间的合作关系逐步加强，但政策不再是来自政府的单方指令，而是四者交互的结果。

3. 高水平研究型大学集群是区域创新发展的主导力量

随着大学职能的不断拓展，大学成为社会发展的"轴心"，其对社会发展创新的作用被人们所认可。知识资源、人力资源和技术资源成为区域发展的关键因素，研究型大学成为高技术产业集群产生和发展的重要生产要素，主要通过知识生产和创造、人才培养和技术创新等方式发挥主导作用。相比于单个大学对所在区域的推动作用，大学集群对所在区域发展的战略性作用更具系统性、整体性和针对性。建设大学集群成为国际高等教育界中的普遍现象，成为推动区域创新发展的模式选择。在本研究中，美国128公路区由MIT衍生出来，128公路区是高校、科研机构和医院的集中地，拥有哈佛大学、MIT等世界一流大学，还有东北大学、百森商学院、波士顿大学、布兰迪斯大学、马萨诸塞大学和塔夫茨大学等。"硅谷"由斯坦福大学孵化，"硅谷"所在地区拥有斯坦福大学、加州理工学院和以加州大学伯克利分校为代表的加州大学集群，以及圣何塞州立大学、圣塔克拉拉大学、福特希尔学院、米逊社区大学等。研究型大学集群通过创生期、成长期、成熟期等生命周期，不断向外拓展，利用自身的知识资源优势、人才资源优势和科研优势，与政府、企业、产业进行互动，搭建区域创新网络，服务区域创新发展。大学如何更好地发挥区域促进作用、推动所在区域甚至整个国家的创新体系建设，已经成为各国政府关注的问题。对于我国来讲，要提高区域的创新能力、协调好大学与城市间的互动效应，也需借鉴国际社会在这方面的发展经验，将高水平研究型大学集群的建设作为区域创新发展的主导力量。

（二）研究启示

1. 完善大学引导区域创新发展的制度保障

积极的国家政策导向对激励大学开展区域创新活动具有重要的促进作用，同时能够帮助塑造良好的区域创新环境，为异质性创新主体在独特的区域创新体系中开展知识交流和互换奠定优厚的政策基础，有利于激发大学在区域创新发展中的巨大潜力。以英国为例，在实现大学引导区域创新发展的过程中，英国政府发挥了制度设计和创新能力培养的作用。英国政府先后出台了《我们竞争的未来：建设知识经济白皮书》《企业、技能与创新》《高等教育的未来》等政策文件，体现出英国国家层面鼓励构建英国大学与区域伙伴关系的明显政策倾向。而以政府主导型模式为特征的东亚国家区域创新系统则更为明显地展现出了政府在区域创新发展过程中的主导作用。以日本筑波科学城为例，其建设涵盖了从国家级行政管理机构到地方公共团体以及其他地方有关部门等多个级别的执行单位，并在各方的协调下共同参与运营科学城的建设。日本政府建立了多方主体参与的建设运营管理体系。为了重点关注与扶持科学城的建设，科学城建设促进本部设在首相办公室；科学城的促进指挥部则属于国土部领导，全权负责科学城的建设和管理工作，其中的成员来自国土部、环境部和科技部等多个政府部门。同时，日本筑波科学城还出台了很多专门针对本区域发展的规定性文件，以不断完善的法律体系保障科学城的发展。我国雄安新区作为国家级新区，其管理运营模式同样需要政府部门的多方协调与管理。雄安新区在立法保障体系构建与行政执行机构的安排与规划方面可以从中学习。

2. 吸引多元创新主体参与，为区域发展注入活力

随着知识生产方式与其动力机制的变革，大学-产业-政府-社会的知识生产四螺旋结构是当前时代保障知识生产和经济可持续发展的重要模式。区域创新系统的建设离不开区域内多主体之间的良好互动与合作。在本章前述案例中，区域发展离不开不同主体相应作用和功能的发挥。政府通过出台相关政策和法规，发挥政策指引和宏观调控的作用，如日本政府在筑波科学城建设过程中的立法保障与规划制定；大学特别是大学集群，是知识生产的主要力量，通过教学、科研和社会服务推动社会的发展，如美国MIT、斯坦福大学、加州大学集群等高水平研究型大学通过人才培养、科学研究、科技成果转化，为当地区域发展贡献人才资源和智力资源；产业是科研成果落地转化和技术创新的主要基地，如硅谷、128公路区、剑桥科学园等高新技术园区中产业和企业的落地，为高校科研成果的转化和应用提供了重要平台；社会重在促进和保障创新目标的实现和创新活动的开展，如民间资本的加入使得大德创新特区的创新生态系统得以更新与发展。我国在建设雄安新区的过程中，也要注重政府、产业、大学、社会四重主体的共同作用与合作关联。以政府来保障区域的科创规划、基础设施与社会公平、政策调控等；以高校和科研院所作为知识生产、消费与转化的智力支撑；以产业作为激发区域创新与持续发展的活力核心，促进实现科学理论研究向实际成果转化；以社会来平衡优化以往产学研相结合的三螺旋结构中可能出现的组织惰性，维持区域长期良性的持续发展。

3. 以大学集群引领高等教育与区域协调发展

大学集群是增强创新能力和提高区域经济竞争力的有效途径。大学集群通过

聚集效应提高科技研究开发能力,通过辐射效应发展高新技术产业,通过带动效应促进区域经济发展。当前,大学集群的引领作用已成为区域经济发展的重要动力。前述案例证明,大学集群是以某一特定地域空间为载体,以区域内一所或若干所高校为核心,以企业研发力量、科研院所为重要力量,以商业和金融等为支撑,区域内高校、企业、产业等主体和谐发展,并具有一定辐射范围和功能的高等教育区域空间布局。如美国以哈佛大学、MIT 等世界一流大学,还有东北大学、百森商学院、波士顿大学、布兰迪斯大学、马萨诸塞大学和塔夫茨大学等集聚,推动了该区域计算机、医疗设备和软件、生物技术等的快速发展,推动了128 公路区的形成,为区域产业发展、经济增长做出了重要贡献;英国东部区域以剑桥大学为核心,建立了剑桥科学园,园区内聚集了 170 余家企业,促进了尖端的航空航天技术、高技术工程、电信、信息通信技术、生物工程技术和制药公司的发展,为英国东部地区创造出了区域化的核心经济势力。

习近平总书记明确提出,我国未来要打造"世界主要科学中心和创新高地"与"世界重要人才中心和创新高地"。而所谓"高地",本质上意味着规模和质量的整体崛起,基于区域内大学集群在人才培养、科学研究等方面的规模溢出效应,打造区域性的大学集群是我国将来建设人才高地、科学高地、创新高地的重要依托。当前,国家建设雄安新区的规划已上升为国家战略,这是习近平总书记站在历史的新起点,在"京津冀协同发展"这一战略规划中,以高瞻远瞩的战略眼光提出的部署和任务要求。京津冀地区,特别是北京市高校云集,大学集群的规模与质量均位于全国前列,这是雄安新区区别于其他国家级新区的优势所在,也是探究大学集群与区域如何互动方可发挥最大化区域创新效应的机遇所在。

第五章 京津冀地区高等教育人力资本对经济社会发展贡献测度

研究区域高等教育人力资本供给状况时，需要考虑两个重要的连接点，即区域高校培养的人力资本和区域的社会人力资本。[①] 它们同属人力资本范畴，是区域不同形态和时期的人力资本。随着经济的区域化发展，高等教育区域化成为我国整体发展高等教育的一个有效的战略选择，人才培养的针对性是高等教育区域化的显著特点，即高校面向区域经济社会发展需要培养和输送高素质的人才。从根本上讲，高校培养出来的人力资本是区域人力资本积累的源头，高校人才培养是区域长远发展的必然诉求，高校培养的人力资本在时间维度上的演变生成区域社会人力资本的存量和流动状况。在这一演变过程中，区域高校大学生就业是连接两种人力资本的重要转折点。因此，本部分的研究将从高校大学生就业意向这一较为新颖的视角出发，基于"京津冀地区普通高校在校大学生就业意向调查问卷"的结果，从就业地区意向、未来工作预期、专业满意程度三个方面分析京津冀地区高等教育人力资本供给状况。

一、京津冀地区高等教育人力资本供给状况：基于调查问卷的分析

（一）样本来源与基本特征

本部分数据来自对京津冀地区 90 所普通高校全日制在校大学生所做的调查问卷。本次调查以问卷星形式开展，在剔除无效问卷后，共回收有效问卷 2422 份，样本分布特征如表 5-1 所示。

---

① 鲁龙华：《新疆南疆地区高等教育发展对人力资本水平影响的研究》，石河子大学 2013 年硕士学位论文，第 26 页。

表 5-1 调查样本的分布情况

变量名称	变量类别	数量/人	占比/（%）
性别	男	809	33.40
	女	1613	66.60
就读高校类型	本科院校	1528	63.09
	其中："双一流"建设高校	462	19.08
	专科院校	894	36.91
就读高校所在地	北京	1146	47.32
	天津	373	15.40
	河北	903	37.28
在读学历	专科生	897	37.04
	本科生	1177	48.60
	研究生	348	14.37
	其中：硕士研究生	240	9.91
	博士研究生	108	4.46
学科门类	自然科学类	143	5.90
	农业科学类	23	0.95
	医药科学类	52	2.15
	工程与技术科学类	970	40.05
	人文与社会科学类	1234	50.95
	总计	2422	100.00

在本次调查中，男性、女性大学生分别有 809 人、1613 人，占比分别为 33.40%、66.60%。从高校类型看，就读于本科院校、专科院校的调查对象分别为 1528 人、894 人，占比分别为 63.09%、36.91%；其中，462 人就读于"双一流"建设高校，占样本总量的 19.08%。从高校所在地看，就读于北京、天津、河北普通高校的调查对象分别为 1146 人、373 人、903 人，在样本总量中的占比分别为 47.32%、15.40%、37.28%。从在读学历看，专科生、本科生、研究生分别有 897 人、1177 人、348 人，占样本总量的比例分别为 37.04%、48.60%、14.37%；其中，硕士研究生 240 人，占样本总量的 9.91%，博士研究生 108 人，占样本总量的 4.46%。这与京津冀地区普通高校在校大学生的学历分布现状基本符合。

国家标准学科分类与代码（GB/T 13745—2009）依据学科研究对象、研究特征、研究方法、学科派生来源、研究目的等将学科划分五大类，下设62个一级学科、676个二级学科。五大类学科分别为自然科学类、农业科学类、医药科学类、工程与技术科学类、人文与社会科学类。在本次调查中，调查对象最多的学科类别是人文与社会科学类，为1234人，占样本总量的50.95%；其次是工程与技术科学类，为970人，占样本总量的40.05%。

（二）就业地区意向调查分析

统计发现，在全部调查对象中，1665人表示毕业后愿意或很愿意在京津冀地区工作，这表明京津冀地区普通高校培养出来的人力资本近七成可能会进入京津冀地区劳动市场，他们将是促使京津冀地区高等教育人力资本水平得到提升的最大群体（见图5-1）。但是，从客观实际来看，以上表示毕业后愿意或很愿意在京津冀地区工作的大学生中，48.22%的生源地位于京津冀三地，他们在选择就业时往往会考虑留在本区域，这是区域人才聚集的共性特征。同时，通过分析"毕业之后您最理想的工作地区"这一问题的调查结果发现，1080人选择北京，占样本总量的44.59%，选择河北的仅为192人，占样本总量的7.93%。这说明河北对高校毕业生的吸引力远落后于北京，存在人力资本流失问题。

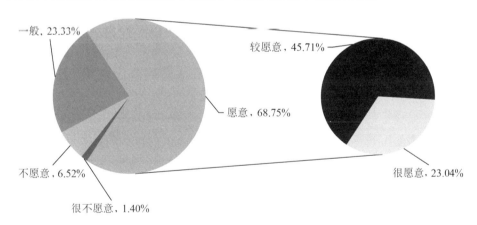

图5-1　"毕业之后，您是否愿意在京津冀地区工作"调查结果

针对"您选择以上工作地区的主要原因"这一问题，占比超过20%的选项依次是发展机会较多（70.52%）、离家较近（54.21%）、经济收入水平高（44.18%）、人才政策较好（37.45%）、行业前景好（24.24%）、生活环境好（23.45%）、生活压力小（21.84%），以上要素是一个国家或区域能否吸引或留住人才的关键因素。本部分分别从性别、就读高校类型、在读学历、生源地四个层次对京津冀地区普通高校在校大学生的就业意向进行类别比较（见图5-2）。频数分布的差异反映毕业生的就业流向,在一定程度上决定京津冀地区人力资本存量未来分布的基本状况。

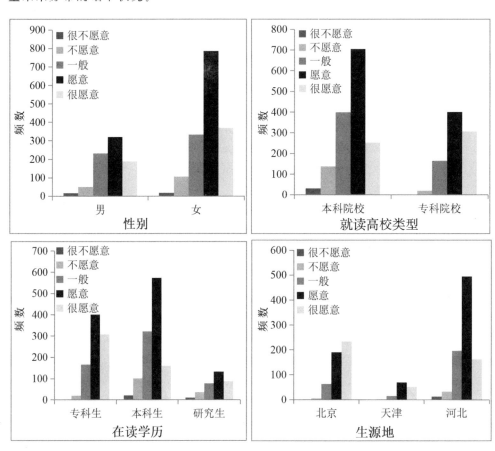

图 5-2 "毕业之后,您是否愿意在京津冀地区工作"不同类别频数比较

由图 5-2 可见,从性别角度看,在 1613 位女大学生调查对象中,愿意或非常愿意毕业后留在京津冀地区工作的有 1155 人,占女大学生总数的 71.61%;而男大学生相应的占比为 63.04%,低于女大学生 8.57 个百分点。从就读高校类型看,专科院校愿意或非常愿意留在京津冀地区工作的大学生占比高于本科院校 16.39 个百分点。从在读学历看,在 897 名专科生调查对象中,709 人表示愿意或非常愿意在京津冀地区工作,占比高达 79.04%;相应地,表示愿意或非常愿意在京津冀地区工作的本科生占调查对象中本科生总数的 62.36%,明显低于专科生占比;研究生占比为 63.79%,低于专科生占比 15.25 个百分点,这从侧面说明京津冀地区高等教育人力资本水平仍存在提升空间。从生源地看,493 名生源地为北京的大学生中有 424 人愿意在京津冀地区工作,占比高达 86.00%;天津、河北占比分别为 87.77%、73.08%。

（三）未来工作预期调查分析

在本次调查中，京津冀地区高校大学生最期待选择的就业单位类型是国有企业，其后依次是事业单位、外资企业、党政机关、民营企业、自主创业等（见图5-3）。其中，共有1118人选择国有企业，410人选择事业单位，二者在样本总量中的占比达到63.09％。随着国有企业精兵简政、事业单位深化体制改革，它们能够提供的就业岗位和机会有限，无法满足日益增加的求职者需要，因此京津冀地区高校大学生需要主动转变就业观念，从自身实际出发，理性选择就业单位。在针对大学生最理想的行业类型的调查中，本研究依据《国民经济行业分类与代码》（GB/T 4754—2017）将行业类型划分为农林牧渔业、采矿业、制造业、建筑业、金融业、科学研究和技术服务业等20个类别。统计显示，最受京津冀地区高校大学生欢迎的是金融业，占比达到29.73％，这与京津冀地区本科及以上教育层次经济学类、专科层次财经商贸大类学生数量规模较大的高等教育科类结构密切相关；其次是教育行业，占比为13.83％；信息传输、软件和信息技术服务业排在第三位，占比为11.44％。同时，京津冀地区高校大学生就业的行业意向分布也反映出京津冀地区内科学研究和技术服务、卫生和社会工作等行业的人才仍存在欠缺。

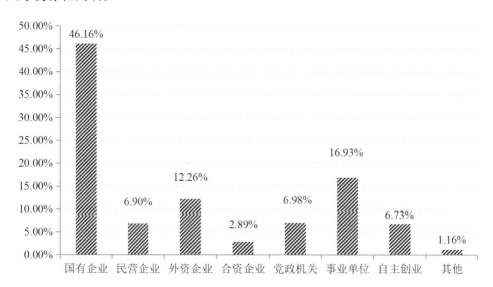

图5-3 "毕业之后您最期待选择的就业单位类型"调查结果

据调查，京津冀地区高校大学生对第一份工作的月薪期望较为合理。其中，1017人选择"5000～10000元"，961人选择"3000～5000元"，二者在样本总量中的占比合计为 81.67%。针对"您认为用人单位最看重大学毕业生的哪些基本能力"这一问题，大部分调查对象选择了"理解与交流能力""解决问题的能力""组织管理能力""综合分析能力""逻辑思维能力""创新能力"（见图 5-4），可见京津冀地区高校大学生普遍意识到了"软能力"在就业竞争中的重要性。针对"您认为影响就业的最主要因素有哪些"这一问题，调查对象普遍认为"学历""学校知名度""专业技能""工作经验""证书、技能认证"等比较重要，然而大部分在校生认为自己欠缺工作或实习经验。统计显示（见图 5-5），42.28% 的调查对象表示自己目前最缺乏的素质是"相关工作或实习经验"；另外，17.01%、14.20%、12.30% 的调查对象分别选择了"专业知识和技能""沟通协调能力""组织管理能力"，高校在这些能力培养方面承担着义不容辞的责任。

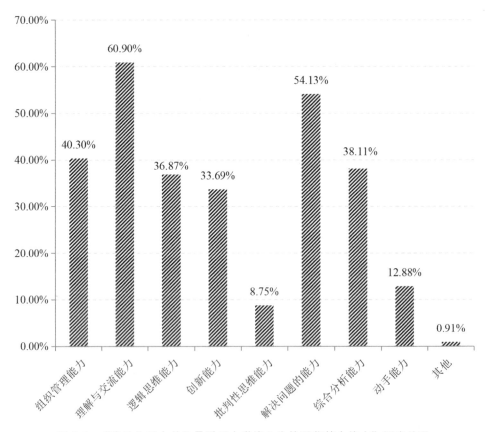

图 5-4 "您认为用人单位最看重大学毕业生的哪些基本能力"调查结果

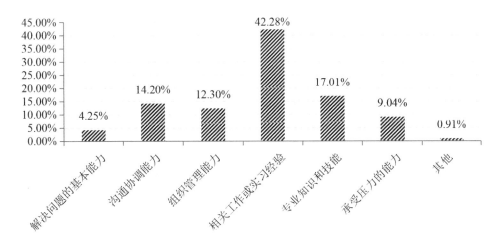

图 5-5 "您认为自己目前最欠缺的素质"调查结果

(四)专业满意程度调查分析

专业与职业同属社会分工的结果,它们既相互区别又紧密联系。"社会分工在教育领域体现为'专业',在社会、经济领域体现为'职业'。"① 社会生产力发展水平和社会分工制约职业和专业的发展。社会生产力水平越高,社会分工越发达,职业种类就越多,专业化程度较高的职业也会越多,而专业化程度较高的职业需要专业人员从事。随着经济社会的迅速发展,京津冀地区高等教育规模稳步扩大,专业结构不断优化,已初步形成专业门类齐全、覆盖面广的人才培养体系。在本次调查中,36.00%的调查对象表示当初选择目前所学专业的最主要原因是个人兴趣爱好,17.34%出于父母意愿或他人推荐,13.75%出于热门专业的考虑。京津冀地区高校大学生对所学专业的满意度整体较低,仅为51.86%(见图 5-6)。其中,在读专科生、本科生、研究生的专业满意程度分别为56.08%、46.47%、59.2%。

具体来说,全部调查对象对所学专业课程教学质量、实践教学质量、师资队伍水平的满意程度分别为61.68%、54.29%、69.61%,他们普遍认为目前所学专业教育教学中存在的突出问题包括"实践环节薄弱""忽视个性培养""培养目标定位不准确""教学方法单一"等,仅有51.56%的学生认为目前所学专业实际的人才培养目标和效果可以适应社会需要和就业需要。同时,针对"您认为您目前所学专业的发展前景如何"这一问题,53.22%的调查对象表示前景一般或不

---

① 张慧青:《基于产业结构演进的高职专业结构调整研究——以山东省为例》,华东师范大学 2017 年博士学位论文,第 32 页。

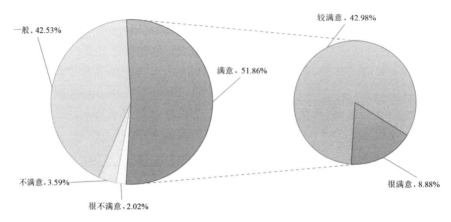

图 5-6 "您对自己目前所学专业的满意程度"调查结果

好;针对"您认为您目前所学专业的毕业生找工作容易吗"这一问题,67.51%选择一般或不容易;针对"您认为京津冀地区对您目前所学专业毕业生的需求情况如何",67.05%的调查对象认为自己所学的专业并非京津冀地区发展急需的专业。这些情况从侧面反映出京津冀地区高校专业设置与产业结构之间存在不协调。

二、京津冀地区经济社会总体发展水平:基于人类发展指数的分析

传统经济社会发展评价多以经济或收入的增长为标准,往往诱使地方政府"以 GDP 论英雄",最终导致经济社会发展的不平衡、不充分。[①] 实际上,经济社会发展是多种力量综合作用的结果,因此用来衡量区域经济社会发展的指标体系应该是综合的。其中,经济增长是经济社会发展的基础,因此国民总收入或国内生产总值是衡量经济社会发展的重要指标之一;社会发展指标主要衡量的是人民生活质量、人口素质等方面,包括出生时的预期寿命、识字率或受教育年限等。联合国开发计划署(UNDP)发布的人类发展指数(HDI)恰恰是对经济增长和社会发展的综合呈现。因此,在本部分,研究者将基于人类发展指数对京津冀地区经济社会发展水平进行描述统计与分析,在此基础上,得出教育对京津冀地区经济社会发展的总体贡献。

---

① 胡鞍钢、石智丹、唐啸:《中国地区 HDI 指数差异持续下降及影响因素(1982—2015)》,《新疆师范大学学报(哲学社会科学版)》2017 年第 4 期,第 47-55 页。

（一）何谓人类发展指数

1990年，UNDP发布了世界上第一份《人类发展报告》，强调人是国家的真正财富，人的发展是一个扩大选择的过程，在众多选择中最关键的是健康长寿的生活、受到良好的教育、获得体面的生活。[①] 这份报告首次运用人类发展指数衡量联合国各成员国经济社会发展水平，强调人及其能力是评估国家发展的最终标准，而不仅仅是经济增长。人类发展指数的提出具有重大意义，它将发展的主题从追求物质富裕转移到提升人类福祉，从追求收入最大化转移到拓展人的可行性能力，从优化增长转移到扩大人的自由，克服了传统GDP指标的单一性，目前已成为应用最广泛的经济社会评价指标。

人类发展指数是以健康长寿、良好教育和较高生活水平为基础的综合指数，由这三个维度指标水平的归一化几何平均值测得。其中，健康维度的测量指标是"出生时的预期寿命"，教育维度的测量指标是"成人识字率"，收入维度的测量指标是"按购买力平价计算的人均国内生产总值"。2010年，UNDP对HDI指标体系做了进一步改进，用"25岁及以上人口平均受教育年限"和"学龄儿童预期受教育年限"取代"成人识字率"测算教育指数，用"按购买力平价计算的人均国民总收入"代替"按购买力平价计算的人均国内生产总值"测算收入指数。[②] HDI的取值范围为[0,1]，数值越接近1，说明发展水平越高。按照UNDP的最新划分标准，HDI在0.550以下为低人类发展水平，0.550~0.699为中等人类发展水平，0.700~0.799为高人类发展水平，0.800及以上为极高人类发展水平。[③]

改革开放以来，中国经济社会发展日新月异，中国人类发展水平获得巨大进步，人民生活水平快速提升，健康状况持续改善，受教育程度显著提高，人类发展指数由1990年的0.502上升为2018年的0.757，增幅达到50.8%，是自UNDP发布《人类发展报告》以来唯一一个从低人类发展水平上升到高人类发展水平的国家，然而与西方发达国家相比仍存在一定差距。同时，我国不同区域或省市的人类发展指数差异显著，如2018年北京的人类发展指数为0.894，上海的人类发展指数为0.867，而西藏的人类发展指数仅为0.585，这说明高质量发展仍然是未来一段时期我国经济社会发展的主题。

---

① United Nations Development Programme. *Human Development Report* 1990：*Concept and Measurement of Human Development*，New York：Oxford University Press，1990，p. 1.

② United Nations Development Programme. *Human Development Index* （HDI）. http：//hdr. undp. org/en/content/human-development-index-hdi.

③ United Nations Development Programme. *Human Development Report* 2016：*Human Development for Everyone*，New York：Oxford University Press，2016，p. 27.

（二）京津冀地区经济社会发展现状

如前文所述，人类发展指数包括健康、教育、收入三个维度，其具体的计算公式为：

$$\text{HDI} = \sqrt[3]{I_{\text{Health}} \cdot I_{\text{Education}} \cdot I_{\text{Incom}}} \tag{5-1}$$

上式中，I_{Health} 表示健康指数，$I_{\text{Education}}$ 表示教育指数，I_{Incom} 表示收入指数。各维度指数均通过对相应指标数据进行标准化处理取得，计算公式为：

$$\text{维度指数} = \frac{\text{实际值} - \text{最小值}}{\text{最大值} - \text{最小值}} \tag{5-2}$$

UNDP 对相应指标数据的最大值和最小值设定如表 5-2 所示。关于健康维度，将预期寿命的最小值设为 20 岁是基于历史证据，即 20 世纪没有一个国家的预期寿命低于 20 岁；将最高预期寿命定为 85 岁，是基于这是过去 30 年许多国家的现实目标的考虑。由于生活条件的改善和医疗水平的提高，在过去几年，一些发达经济体的预期寿命已经接近 85 岁，如中国香港达到 84.7 岁，日本达到 84.5 岁。关于教育维度，社会可以在没有正规教育的情况下生存，这就证明了最低教育年限为 0 年是合理的；在大多数国家，18 岁的最高预期受教育年限相当于获得硕士学位；平均受教育年限最大值为 15 年，这是 2025 年这一指标的预计最大值。关于收入维度，将人均国民总收入的最低值设为 100 美元，其理由是在接近最低水平的经济体中，有相当数量不可测量的非市场生产，官方数据没有记录；人均国民总收入的最高限额定为 75000 美元。2010 年，世界上只有四个国家（文莱、列支敦士登、卡塔尔和新加坡）的人均国民总收入超过 75000 美元。需要指出的是，教育指数由预期受教育年限、平均受教育年限两个教育指标标准化数值的算术平均数取得；由于每个维度指数都是对应维度中能力的代表，所以从收入到能力的转换函数可能是凹形的，也就是说，每增加 1 美元的收入对扩大能力的影响较小，因此对于收入指数的计算，使用实际值、最小值和最大值的自然对数。

表 5-2 联合国开发计划署设定的各维度极值

维度	指标	最小值	最大值
健康	出生时预期寿命（年）	20	85
教育	预期受教育年限（年）	0	18
	平均受教育年限（年）	0	15
收入	人均国民总收入（2011PPP$）	100	75000

根据式（5-1）和式（5-2）分别计算得出京津冀、长三角的人类发展指数和三个维度的指数①，发现：与国家人类发展水平的大幅提升同步，20世纪90年代以来，京津冀、长三角人类发展水平均保持稳步增长态势，实现显著提高。1990—2018年，京津冀、长三角的人类发展指数和健康指数、教育指数、收入指数基本都高于全国平均水平。同时，无论是从人类发展指数看，还是从教育指数、收入指数看，京津冀都整体超过长三角和全国平均水平，健康指数则与长三角不相上下。根据UNDP对人类发展水平的划分标准，可以将1990—2018年京津冀经济社会发展划分为四个阶段：低人类发展水平（1990—1991年）、中人类发展水平（1992—2002年）、高人类发展水平（2003—2012年）、极高人类发展水平（2013—2018年）。2018年，长三角人类发展指数由1990年的0.551上升至0.799，增幅为45.01%，京津冀人类发展指数由1990年的0.583上升至0.834，增幅为56.47%，分别超过长三角、全国平均水平11.46、5.67个百分点，领先进入世界极高发展水平组。

近30年来，京津冀、长三角和全国的健康指数一直在高位保持缓慢增长，教育指数和收入指数则呈现低位快速增长态势。但是，教育指数和收入指数仍低于健康指数，特别是教育指数与健康指数的差距较大，这说明教育仍然是中国人类发展水平的短板。1990年，京津冀、长三角和全国的健康指数分别为0.798、0.801、0.756，已经达到较高水平；到2018年，它们的健康指数分别达到0.916、0.907、0.872，分别增长了14.79%、13.23%、15.34%。1990—2018年，教育指数起点低，但增长快。京津冀、长三角和全国的教育指数分别由1990年的0.478、0.414、0.405提高到2018年的0.757、0.681、0.649，分别增长了58.37%、64.49%、60.25%，增幅远高于健康指数。收入指数的增长更加显著，京津冀、长三角和全国的收入指数分别由1990年的0.398、0.504、0.412提高到2018年的0.838、0.828、0.768，分别增长了110.55%、64.29%、86.41%。

在京津冀内部，1990—2018年北京、天津、河北的人类发展指数以及健康指数、教育指数、收入指数均呈现直线上升态势，但是北京以上4类指数均超过天津、河北以及京津冀平均水平，天津4类指数均与京津冀平均水平不相上下，河北4类指数则均处于最低水平。2018年，北京的人类发展指数由1990年的0.628上升至0.894，增幅为42.36%；相应地，天津、河北的人类发展指数分别从1990年的0.580、0.506上升至0.850、0.737，增幅分别为46.55%、45.65%。

---

① 注：全国以及京津冀、长三角各省市健康、教育、收入三个维度各指标的原始数据来源于联合国开发计划署（http：//hdr.undp.org/en/data）和拉德堡德大学全球数据实验室（https：//globaldatalab.org/shdi/shdi/），京津冀、长三角的指标数据由各自组成省市的算术平均数计算得出。受篇幅限制，原始数据在此不再单独列出。

与京津冀整体情况相似，1990—2018年北京、天津、河北的健康指数均处在较高水平，比较而言，教育指数、收入指数的起点较低。1990年北京、天津、河北的健康指数分别为0.822、0.804、0.769，均高于全国平均水平；到2018年，它们的健康指数分别上升为0.950、0.930、0.868，增幅分别为15.57%、15.67%、12.87%。在此期间，北京、天津、河北的教育指数、收入指数增长均较为显著。其中，教育指数分别从1990年的0.533、0.473、0.424上升为2018年的0.855、0.762、0.633，分别增长了60.41%、61.10%、49.29%，可见河北教育指数的数值与增速均小于北京、天津；收入指数分别从1990年的0.564、0.514、0.397提高到2018年的0.879、0.867、0.730，增幅分别为55.85%、68.68%、83.88%。

此外，1990年以来，京津冀内部人类发展水平差异有所扩大。人类发展指数离散系数由1990年的6.15%上升至2010年的7.75%，2018年进一步上升至8.10%。1990年京津冀人类发展指数最高的北京比最低的河北高0.122，2018年时差值达到0.157。其中，教育指数差异最大。1990年，北京、天津、河北预期受教育年限分别为11.6年、10.3年、9.19年，平均受教育年限分别是6.36年、5.65年、5.06年，教育指数分别为0.533、0.473、0.424；到2018年，北京、天津、河北预期受教育年限分别为18.7年、16.3年、13.5年，平均受教育年限分别是10.7年、9.27年、7.7年，教育指数分别为0.855、0.762、0.633。可见，三地之间的教育差距明显扩大。教育指数的离散系数由1990年的5.46%上升至2018年的11.15%。同时，京津冀内部健康指数最高的北京与最低的河北的差值也从1990年的0.053增加到2018年的0.082，健康指数的离散系数由1990年的2.70%上升至2018年的4.28%。分析期内，京津冀内部收入指数的离散系数较为稳定，保持在7.74%～9.58%之间的较高水平。

（三）教育对京津冀地区经济社会发展的总体贡献

健康、教育、收入任一领域指数的变化均会引起HDI的改变，任一单位领域指数的增量贡献可以由HDI相对于该领域的偏导数得出。以教育领域为例，计算公式为：

$$D[(I_{Health} \cdot I_{Education} \cdot I_{Incom})^{\frac{1}{3}}, I_{Education}] = (I_{Health} \cdot I_{Incom})/(3 \cdot HDI^2) \quad (5-3)$$

对数平均迪氏指数（LMDI）是比较常用的统计分解技术，可以用来分析不同变量影响力的大小与变化。这里将运用LMDI，从健康指数效应、教育指数效应和收入指数效应三个方面对影响人类发展指数的要素进行结构分解与分析，具体方法如下：

为方便采用 LMDI 对人类发展指数进行影响因素的分解，将式（5-1）变形为：

$$M = HDI^3 = HEI \tag{5-4}$$

式中，H 代表健康指数，E 代表教育指数，I 代表收入指数。

将式（5-4）对数化处理后得到：

$$\ln(M) = \ln(H) + \ln(E) + \ln(I) \tag{5-5}$$

令第 r 个国家 $T-j$ 时期到 T 时期人类发展指数立方的变化量为 M^r，则：

$$\begin{aligned}
M^r &= M_T^r - M_{T-j}^r \\
&= [\ln(M_T^r) - \ln(M_{T-j}^r)] \cdot \frac{M_T^r - M_{T-j}^r}{[\ln(M_T^r) - \ln(M_{T-j}^r)]} \\
&= [\ln(H_T^r \cdot E_T^r \cdot I_T^r) - \ln(H_{T-j}^r \cdot E_{T-j}^r \cdot I_{T-j}^r)] \cdot \frac{M_T^r - M_{T-j}^r}{[\ln(M_T^r) - \ln(M_{T-j}^r)]} \\
&= \ln\left(\frac{H_T^r}{H_{T-j}^r}\right) \cdot \frac{M_T^r - M_{T-j}^r}{[\ln(M_T^r) - \ln(M_{T-j}^r)]} + \ln\left(\frac{E_T^r}{E_{T-j}^r}\right) \cdot \\
&\quad \frac{M_T^r - M_{T-j}^r}{[\ln(M_T^r) - \ln(M_{T-j}^r)]} + \ln\left(\frac{I_T^r}{I_{T-j}^r}\right) \cdot \frac{M_T^r - M_{T-j}^r}{[\ln(M_T^r) - \ln(M_{T-j}^r)]} \\
&= H^r + E^r + I^r
\end{aligned} \tag{5-6}$$

式（5-6）中，H^r、E^r、I^r 分别表示一个国家或区域 r 在 $T-j$ 时期到 T 时期健康指数、收入指数和教育指数三个因素变动对人类发展指数变化的影响，它们在 M^r 中所占的比例即为各自对人类发展指数变化的总贡献。

根据式（5-3）至式（5-6），分别计算得出 1990—2018 年京津冀地区、长三角地区、全国的健康指数、教育指数、收入指数逐年对人类发展指数的边际贡献以及 1990—1995 年、1995—2000 年、2000—2005 年、2005—2010 年、2010—2018 年五个时期健康、教育、收入三大领域对人类发展指数的总贡献（见表 5-3 和图 5-7）。统计显示，1990—2018 年，虽然京津冀地区、长三角地区和全国的收入指数、教育指数以较高的速率增长，但它们对人类发展指数的边际贡献却随着时间的推移在下降，尤其是收入指数对人类发展指数的边际贡献下降较为明显；与之不同，健康指数虽然以较低的速率上升，但其对人类发展指数的边际贡献却显著地随时间增加。

表 5-3 京津冀地区、长三角地区与全国人类发展指数各领域指数的边际贡献（1990—2018 年）

年份	健康指数的边际贡献			教育指数的边际贡献			收入指数的边际贡献		
	京津冀	长三角	全国	京津冀	长三角	全国	京津冀	长三角	全国
1990	0.223	0.229	0.221	0.372	0.444	0.412	0.447	0.364	0.405
1991	0.226	0.232	0.224	0.373	0.443	0.413	0.440	0.360	0.401
1992	0.248	0.236	0.228	0.403	0.442	0.413	0.370	0.354	0.393

续表

年份	健康指数的边际贡献			教育指数的边际贡献			收入指数的边际贡献		
	京津冀	长三角	全国	京津冀	长三角	全国	京津冀	长三角	全国
1993	0.252	0.240	0.232	0.403	0.444	0.413	0.364	0.348	0.385
1994	0.254	0.242	0.235	0.407	0.448	0.420	0.358	0.342	0.377
1995	0.257	0.245	0.239	0.401	0.441	0.414	0.359	0.342	0.375
1996	0.260	0.248	0.241	0.399	0.439	0.413	0.357	0.340	0.371
1997	0.263	0.250	0.243	0.399	0.439	0.414	0.353	0.338	0.368
1998	0.265	0.252	0.246	0.399	0.437	0.412	0.350	0.337	0.367
1999	0.268	0.253	0.247	0.398	0.436	0.410	0.348	0.335	0.365
2000	0.270	0.255	0.249	0.397	0.434	0.410	0.345	0.334	0.363
2001	0.272	0.257	0.251	0.397	0.432	0.410	0.343	0.333	0.361
2002	0.275	0.261	0.254	0.394	0.427	0.407	0.341	0.332	0.359
2003	0.278	0.266	0.257	0.392	0.417	0.403	0.340	0.334	0.356
2004	0.281	0.268	0.259	0.388	0.418	0.403	0.339	0.331	0.353
2005	0.286	0.271	0.263	0.380	0.412	0.400	0.341	0.332	0.351
2006	0.288	0.276	0.267	0.379	0.404	0.398	0.340	0.332	0.349
2007	0.291	0.278	0.271	0.378	0.404	0.395	0.336	0.330	0.345
2008	0.293	0.280	0.274	0.376	0.399	0.393	0.336	0.331	0.343
2009	0.295	0.282	0.276	0.374	0.397	0.393	0.337	0.331	0.342
2010	0.296	0.285	0.280	0.372	0.394	0.389	0.337	0.330	0.341
2011	0.296	0.285	0.281	0.374	0.394	0.388	0.335	0.330	0.339
2012	0.298	0.288	0.283	0.371	0.388	0.388	0.335	0.331	0.337
2013	0.299	0.289	0.285	0.368	0.388	0.387	0.336	0.330	0.337
2014	0.299	0.290	0.286	0.370	0.388	0.387	0.334	0.329	0.334
2015	0.301	0.292	0.288	0.367	0.387	0.386	0.335	0.328	0.334
2016	0.303	0.293	0.289	0.365	0.388	0.385	0.335	0.326	0.333
2017	0.303	0.293	0.289	0.367	0.390	0.388	0.333	0.324	0.331
2018	0.304	0.294	0.290	0.368	0.391	0.390	0.332	0.322	0.329

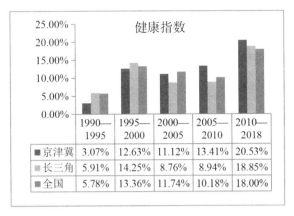
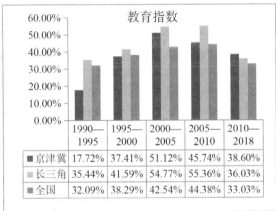
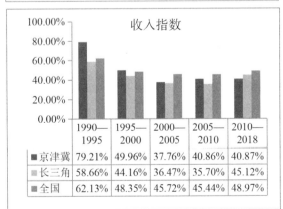

图 5-7 分时期健康、教育和收入指数对京津冀、长三角与全国人类发展指数的总贡献（1990—2018 年）

分阶段看，1990—1995年京津冀、长三角和全国分别有79.21%、58.66%、62.13%的人类发展指数的增长来自收入增长，健康指数的贡献分别为3.07%、5.91%、5.78%，而教育指数的贡献分别为17.72%、35.44%、32.09%。可见，这一时期收入指数的增长对京津冀人类发展指数的贡献最大，教育指数对人类发展指数的贡献小于长三角和全国平均水平。1995—2000年，无论是全国层面，还是京津冀、长三角，收入指数的增长对人类发展指数的贡献仍然位居第一，但是教育指数、健康指数的贡献均有所增长，特别是京津冀教育指数对人类发展指数的贡献提高了19.69个百分点，不过仍低于长三角和全国平均水平。2000—2005年，京津冀、长三角教育指数对人类发展指数的贡献均超过收入指数，分别达到51.12%、54.77%，分别高出全国平均水平8.58、12.23个百分点，教育指数成为该地区人类发展指数增加最重要的驱动因素。2005—2010年，在京津冀、长三角，教育指数仍然是对人类发展指数贡献最大的领域，并且超过全国平均水平。随着生活条件改善、医疗技术进步和医疗保障制度的完善，国人人均预期寿命逐渐提高，2010—2018年京津冀、长三角和全国健康指数对人类发展指数的贡献相比1990—1995年分别提高了17.46、12.94、12.22个百分点；长三角和全国收入指数对人类发展指数的贡献相比1995—2010年是在提升的，京津冀收入指数的贡献基本稳定在40%；与此同时，京津冀、长三角和全国教育指数对人类发展指数的贡献均有下降，分别为38.60%、36.03%、33.03%。

根据式（5-3）至式（5-6），分别计算得出1990—2018年京津冀三地健康指数、教育指数、收入指数逐年对本地人类发展指数的边际贡献以及1990—1995年、1995—2000年、2000—2005年、2005—2010年、2010—2018五个阶段健康、教育、收入三大领域对京津冀三地人类发展指数的总贡献（见表5-4和图5-8）。据统计，与京津冀整体情况相似，研究期内北京、天津、河北健康指数对人类发展指数的边际贡献相对较低，但均呈现逐年上升趋势；教育指数在1990—2018年北京（除2012年、2013年）、天津以及1994—2018年的河北对人类发展指数的贡献均超过健康指数、收入指数，但整体均有所下降；与此同时，北京、天津、河北收入指数对人类发展指数的贡献呈现下降态势。

表5-4　北京、天津、河北人类发展指数各领域指数的边际贡献（1990—2018年）

年份	健康指数的边际贡献			教育指数的边际贡献			收入指数的边际贡献		
	北京	天津	河北	北京	天津	河北	北京	天津	河北
1990	0.254	0.241	0.219	0.392	0.409	0.397	0.370	0.377	0.424
1991	0.258	0.244	0.222	0.392	0.408	0.397	0.368	0.373	0.419
1992	0.262	0.247	0.226	0.391	0.407	0.397	0.362	0.366	0.411

第五章 京津冀地区高等教育人力资本对经济社会发展贡献测度

续表

年份	健康指数的边际贡献			教育指数的边际贡献			收入指数的边际贡献		
	北京	天津	河北	北京	天津	河北	北京	天津	河北
1993	0.265	0.251	0.231	0.391	0.408	0.400	0.356	0.360	0.403
1994	0.267	0.254	0.233	0.394	0.413	0.404	0.354	0.353	0.396
1995	0.269	0.258	0.237	0.387	0.407	0.401	0.354	0.354	0.391
1996	0.271	0.260	0.241	0.383	0.405	0.400	0.355	0.349	0.384
1997	0.274	0.262	0.243	0.384	0.406	0.402	0.351	0.348	0.379
1998	0.277	0.265	0.245	0.384	0.404	0.400	0.347	0.347	0.378
1999	0.281	0.267	0.247	0.384	0.402	0.399	0.344	0.345	0.376
2000	0.283	0.269	0.250	0.383	0.402	0.398	0.342	0.342	0.374
2001	0.285	0.271	0.251	0.381	0.400	0.400	0.340	0.340	0.371
2002	0.289	0.274	0.252	0.378	0.396	0.398	0.338	0.339	0.367
2003	0.291	0.277	0.258	0.378	0.398	0.388	0.338	0.335	0.369
2004	0.293	0.282	0.260	0.375	0.389	0.393	0.338	0.338	0.362
2005	0.299	0.286	0.263	0.361	0.383	0.391	0.344	0.338	0.359
2006	0.301	0.290	0.265	0.356	0.380	0.397	0.345	0.337	0.352
2007	0.305	0.292	0.267	0.356	0.380	0.397	0.341	0.334	0.348
2008	0.303	0.295	0.272	0.356	0.379	0.391	0.342	0.331	0.349
2009	0.305	0.297	0.274	0.352	0.376	0.390	0.344	0.332	0.347
2010	0.306	0.299	0.276	0.350	0.374	0.390	0.345	0.331	0.345
2011	0.305	0.299	0.276	0.351	0.376	0.393	0.346	0.329	0.341
2012	0.308	0.301	0.278	0.346	0.375	0.394	0.347	0.329	0.340
2013	0.310	0.301	0.280	0.344	0.375	0.388	0.348	0.327	0.342
2014	0.309	0.302	0.279	0.347	0.376	0.388	0.345	0.327	0.341
2015	0.311	0.304	0.281	0.345	0.372	0.385	0.344	0.328	0.343
2016	0.313	0.305	0.282	0.346	0.370	0.384	0.343	0.329	0.342
2017	0.313	0.304	0.282	0.348	0.370	0.386	0.341	0.329	0.338
2018	0.313	0.305	0.284	0.348	0.372	0.389	0.339	0.327	0.337

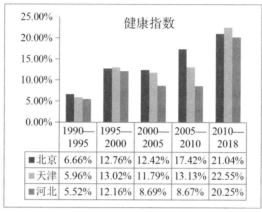

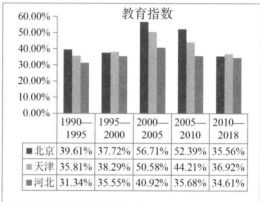

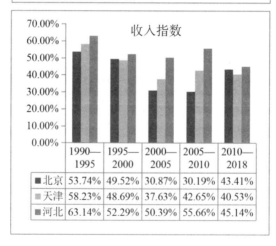

图 5-8 分时期健康、教育和收入指数对北京、天津与河北人类发展指数的总贡献（1990—2018 年）

分阶段看，1990—1995年，收入指数对北京、天津、河北人类发展指数的贡献分别高达53.74%、58.23%、63.14%，健康指数的贡献分别为6.66%、5.96%、5.52%，而教育指数的贡献分别为39.61%、35.81%、31.34%。1995—2000年，收入指数对北京、天津、河北人类发展指数的贡献仍然高于健康指数、教育指数，但健康指数的贡献均有所提高，分别为12.76%、13.02%、12.16%；就教育领域看，北京教育指数对人类发展指数的贡献下降了1.89个百分点，而天津、河北教育指数对人类发展指数的贡献则分别提高了2.48、4.21个百分点。2000—2005年，北京、天津、河北教育指数对人类发展指数的贡献均得到大幅提高，尤其是北京、天津教育指数的贡献超过收入指数，分别提高了18.99、12.29个百分点；而河北教育指数的贡献提高了5.37个百分点，仍低于收入指数贡献9.47个百分点。2005—2010年，在北京、天津，教育指数仍然是对人类发展指数贡献最大的领域，河北教育指数的贡献则小于收入指数。2010—2018年，在北京、天津、河北，健康指数对人类发展指数的贡献分别提高到21.04%、22.55%、20.25%，收入指数对各自人类发展指数的贡献均超过40%；与此同时，北京、天津、河北教育指数对人类发展指数的贡献则分别从2005—2010年的52.39%、44.21%、35.68%下降至35.56%、36.92%、34.61%。

三、京津冀地区高等教育人力资本对经济社会发展的贡献

在现代社会，经济社会发展所需要的专门化人力资本是由教育部门提供的，即使其他大量的"非专业化"的普通人力资本也主要体现在教育尤其是高等教育对人才的培养。可以说，高等教育人力资本是经济社会发展的核心动力，对促进区域经济发展、产业转移升级具有重要作用。前面的研究从整体上计算了教育对京津冀地区经济社会发展的总体贡献。本部分将借助Eviews10.0计量经济软件，通过建立回归模型，着重测度高等教育人力资本对京津冀地区经济社会发展的贡献。

（一）指标选择与数据处理

从已有研究看，大多数学者使用高等教育在校生数或招生数来表征高等教育人力资本。它们的区别在于：前者是存量指标，后者是增量指标。为了更清晰地反映高校大规模扩招以来高等教育人力资本规模变化的程度及其与经济社会发展的关系，这里采用高等教育在校生数作为高等教育人力资本的规模指标，记为HHC。在经济社会发展指标选取上，如前文所述，经济增长虽然不是经济社会发展的全部内容，但它是经济社会发展的基础，而国内生产总值作为国民经济核算体系中一个重要的综合性统计指标，能够反映一个国家或区域的经济实力和市场

规模，国内外学者亦普遍将其视为衡量一国经济发展的核心指标，因此本部分选取国内生产总值作为衡量经济社会发展的指标，记为 GDP。研究时间跨度为 1999—2018 年，相关数据来自《中国统计年鉴》《中国教育统计年鉴》。在获取所有指标数据后，为消除统计数据中的异方差，对两组数据分别进行对数化处理，记作 LNHHC 和 LNGDP（见表 5-5 和表 5-6）。这里分别基于京津冀地区时间序列以及京津冀三地面板数据计量京津冀地区高等教育人力资本对经济社会发展的贡献。

表 5-5　京津冀地区 LNHHC、LNGDP 数据（1999—2018 年）

年份	LNHHC	LNGDP	年份	LNHHC	LNGDP
1999	4.0166	9.0704	2009	5.4388	10.5162
2000	4.2764	9.2010	2010	5.4765	10.6858
2001	4.5282	9.3186	2011	5.5125	10.8604
2002	4.7627	9.4322	2012	5.5439	10.9569
2003	4.9465	9.5824	2013	5.5619	11.0459
2004	5.1005	9.7769	2014	5.5785	11.1046
2005	5.2156	9.9469	2015	5.5912	11.1470
2006	5.2941	10.0878	2016	5.6073	11.2335
2007	5.3449	10.2649	2017	5.6622	11.2970
2008	5.3940	10.4296	2018	5.6956	11.2767

表 5-6　北京、天津、河北 LNHHC、LNGDP 数据（1999—2018 年）

年份	北京		天津		河北	
	LNHHC	LNGDP	LNHHC	LNGDP	LNHHC	LNGDP
1999	3.3250	7.8931	2.2793	7.3139	2.8870	8.4150
2000	3.5080	8.0589	2.5611	7.4395	3.2445	8.5259
2001	3.6961	8.2182	2.8118	7.5596	3.5743	8.6155
2002	3.8641	8.3699	3.0578	7.6736	3.8737	8.7026
2003	4.0153	8.5186	3.2805	7.8548	4.0718	8.8424
2004	4.1247	8.7050	3.4346	8.0427	4.2659	9.0452
2005	4.2361	8.8493	3.5838	8.2702	4.3691	9.2116
2006	4.2779	9.0018	3.6584	8.4035	4.4803	9.3473

续表

年份	北京		天津		河北	
	LNHHC	LNGDP	LNHHC	LNGDP	LNHHC	LNGDP
2007	4.3047	9.1949	3.6931	8.5665	4.5571	9.5184
2008	4.3248	9.3161	3.7381	8.8127	4.6301	9.6811
2009	4.3426	9.4053	3.7926	8.9256	4.6902	9.7547
2010	4.3611	9.5549	3.8506	9.1296	4.7331	9.9230
2011	4.3804	9.6960	3.9036	9.3332	4.7735	10.1071
2012	4.4196	9.7914	3.9543	9.4645	4.7913	10.1877
2013	4.4434	9.8935	3.9899	9.5779	4.7975	10.2557
2014	4.4850	9.9679	4.0203	9.6631	4.7897	10.2895
2015	4.4948	10.0439	4.0358	9.7134	4.8034	10.3025
2016	4.4977	10.1530	4.0401	9.7917	4.8345	10.3757
2017	4.5749	10.2405	4.0719	9.8282	4.8836	10.4346
2018	4.5831	10.4075	4.0945	9.5002	4.9397	10.4748

（二）模型说明

1. 单位根检验

对时间序列进行分析的前提是保证序列的平稳性，而非平稳的时间序列参与回归建模分析，往往会导致"伪回归"问题。因此，一般情况下，在进行分析之前，需要对原变量序列进行单位根检验，判断序列是否平稳。本研究采用的平稳性检验方法是 ADF 检验，该检验方法的回归模型为：

$$\Delta Y_t = \alpha_1 + \alpha_2 \cdot t + \rho \cdot Y_{t-1} + \beta_i \cdot \sum_{i=1}^{m} \Delta Y_{t-i} + \mu_t \qquad (5-7)$$

式中，α_1、α_2、ρ、β_i 为参数，m 表示最优滞后数，μ_t 表示误差项，t 表示线性的时间趋势。

该检验方程既包含常数项也包含线性的时间趋势，根据实际情况，可以将检验方程变化为两种形式：

方程一，不包含常数项也不包含线性时间趋势：

$$\Delta Y_t = \rho \cdot Y_{t-1} + \beta_i \cdot \sum_{i=1}^{m} \Delta Y_{t-i} + \mu_t \qquad (5-8)$$

方程二，包含常数项但不包含线性时间趋势：

$$\Delta Y_t = \alpha + \rho \cdot Y_{t-1} + \beta_i \cdot \sum_{i=1}^{m} \Delta Y_{t-i} + \mu_t \quad (5\text{-}9)$$

ADF 检验的检验假设是序列至少存在一个单位根。通过检验 ρ 的估计值 $\hat{\rho}$ 在 1%、5% 和 10% 显著水平下是否拒绝原假设，进而判断一个高阶自相关序列过程是否存在单位根。

面板数据单位根检验分为两种情况：相同单位根过程下的检验、不同单位根过程下的检验。前者运用的检验方法主要有 LLC 检验（Levin，Lin，Chu 检验）、Breitung 检验和 Hadri 检验，后者运用的检验方法主要有 IPS 检验（Im，Pesaran，Shin 检验）、Fisher-ADF 检验和 Fisher-PP 检验。

2. 协整检验

协整检验是计量经济学中应用最广泛的方法之一，由美国经济学家罗伯特·恩格尔和英国经济学家克莱夫·格兰杰于 20 世纪 80 年代提出。

常用的协整检验方法有两种：一是 Engle-Granger 检验，二是 Johansen 系统协整检验。其中，前者对两个变量进行检验，后者对多个变量进行检验。本研究研究京津冀地区 HHC 与 GDP 两个变量之间的协整关系，如果 LNHHC 和 LNGDP 为非平稳序列，可采用 Engle-Granger 检验法进行检验，这一检验法是对回归方程的残差进行单位根检验。残差的计算公式为：

$$\begin{cases} Y_t = \beta X_t + \mu_t \\ \hat{\mu}_t = Y_t - \hat{\beta} X_t \end{cases} \quad (5\text{-}10)$$

进行 Engle-Granger 检验的回归方程为：

$$\Delta \hat{\mu}_t = (\rho - 1)\hat{\mu}_{t-1} + \varepsilon_t \quad (5\text{-}11)$$

$$\tau = (\hat{\rho} - 1)/\hat{\sigma}_{\hat{\rho}} \quad (5\text{-}12)$$

若 $\tau >$ 临界值，则 $\rho = 1$；若 $\tau <$ 临界值，则 $\rho < 1$。检验的原假设是 $H_0: \rho = 1$，$\hat{\mu}_t$ 非平稳，即变量 Y_t 和 X_t 之间没有协整关系；备择假设为 $H_1: \rho < 1$，$\hat{\mu}_t$ 平稳，即变量 Y_t 和 X_t 之间存在协整关系。

面板数据的协整检验方法有 Kao 检验、Pedroni 检验和 Fisher 面板协整检验。其中，Kao 检验、Pedroni 检验建立在 Engle-Granger 检验基础上，Fisher 面板协整检验建立在 Johansen 协整检验基础上。此处重点介绍 Pedroni 检验方法，其以回归残差为基础构造出统计量进行面板协整检验。考虑如下回归模型：

$$\begin{cases} Y_{it} = \alpha_i + \delta_i t + X_{it}' \beta_i + \mu_{it} \\ Y_{it} = Y_{it-1} + e_{it} \\ X_{it} = X_{it-1} + \varepsilon_{it} \end{cases} \quad (5\text{-}13)$$

式中，$\beta_i = (\beta_{1i}, \beta_{2i}, \cdots, \beta_{ki})'$，$X_{it} = (X_{1,it}, X_{2,it}, \cdots, X_{k,it})'$，$t=1, 2, \cdots, T$，$i=1, 2, \cdots, N$，$k$ 为模型中解释变量个数，参数 α_i、δ_i 代表每个截面的个体和趋势效应。

Pedroni 检验通常的做法是通过回归模型获得残差序列，进而利用辅助回归检验残差序列是否为平稳序列，辅助回归形式如下：

$$\hat{\mu}_{it} = \rho_i \hat{\mu}_{it-1} + \sum_{j=1}^{p_i} \varphi_{ij} \Delta \hat{\mu}_{it-1} + v_{it}, \quad i = 1, 2, \cdots, N \tag{5-14}$$

其中，ρ_i 表示对应于第 i 个截面个体的残差自回归系数，Pedroni 检验在对残差进行平稳性检验时，使用的具体假设和备择假设分为两种情形：

(1) $H_0: \rho_i = 1$，$H_1: (\rho_i = \rho) < 1$；
(2) $H_0: \rho_i = 1$，$H_1: \rho_i < 1$。

第一种情形为维度内检验，主要检验同质面板数据协整关系，其构建了 Panel v-Stat、Panel ρ-Stat、Panel ADF-Stat 和 Panel PP-Stat 这 4 个面板统计量对原假设进行检验；第二种情形为维度间检验，主要检验异质面板数据协整关系，其构建了 Group-ρ-Stat、Group ADF-Stat 和 Group PP-Stat 这 3 组统计量对原假设进行检验。

3. 格兰杰因果关系检验

因果关系检验由格兰杰于 1969 年首次提出，它实际上是利用 VAR 模型进行一组系数显著性检验，其基本思想是通过对一个变量是否有助于预测另一个变量来判断二者间是否存在因果关系，即如果存在这种引起与被引起的关系则称其存在因果关系。具体来说，对两组时间序列[①]变量 X 与 Y 之间是否存在因果关系进行探索时，若变量 X 有助于预测变量 Y，即在对 Y 进行自回归时，加入 X 的过去值可以使得回归效果显著加强，则称 X 是 Y 的格兰杰原因，反之则称 X 不是 Y 的格兰杰原因。在具体操作过程中，首先需要根据格兰杰因果关系检验估计回归模型：

$$Y_t = \sum_{i=1}^{k} \alpha_i Y_{t-i} + \sum_{i=1}^{k} \beta_i X_{t-i} + \mu_{1i} \tag{5-15}$$

$$X_t = \sum_{i=1}^{k} \rho_i X_{t-i} + \sum_{i=1}^{k} \sigma_i Y_{t-i} + \mu_{2i} \tag{5-16}$$

其中，假定随机干扰项 μ_{1i} 和 μ_{2i} 互不相关，且 Y 和 X 与自身的过去值及对象的过去值存在相关性。如果 X 对 Y 存在单向影响，则 ρ 整体不为零，α 整体为零；

---

① 目前，Eviews10.0 尚不能对面板数据进行格兰杰因果关系检验，因此此处介绍的格兰杰因果关系检验仅用于京津冀地区时间序列分析。

反之亦然。如 X 与 Y 之间存在双向影响，则 ρ 和 α 整体不为零；如果两者之间不存在影响，则 ρ 和 α 整体为零。格兰杰因果检验的判断由 F 统计量表示，公式如下：

$$F = \frac{(\text{RSS}_0 - \text{RSS}_1)/p}{\text{RSS}_1/(T-2p-1)} \tag{5-17}$$

式中，RSS_0 和 RSS_1 分别表示有限制回归残差平方和、无限制回归残差平方和，遵循 p 和 $(T-2p-1)$ 自由度的 F 分布，其临界值通过查表即可获得。如果 F 值大于 $F(p, T-2p-1)$ 分布的 5% 的临界值，则拒绝零假设，认为 Y 是 X 的格兰杰原因；反之，如果 F 值小于 $F(p, T-2p-1)$ 分布的 5% 的临界值，则接受零假设，认为 Y 不是 X 的格兰杰原因。格兰杰指出，如果一对时间序列是协整的，那么至少存在一个方向上的格兰杰原因，在任何非协整情况下，任何原因推断都将是无效的。

4. 回归分析建模

回归分析是计量经济分析中使用最多的方法，可以用来分析两个及两个以上的变量之间的因果关系。根据模型对于参数是否为线性可以将模型分为线性模型和非线性模型。显然，关于京津冀地区 HHC 与 GDP 两个变量之间关系的研究可以采用一元线性回归模型。一元线性回归模型的形式如下：

$$Y_t = \beta_0 + \beta_1 X_t + \mu_t, \quad t = 1, 2, \cdots, T \tag{5-18}$$

式中，β_0 和 β_1 都是模型中的未知参数，分别称为回归常数和回归系数；T 为样本个数；X 为解释变量或自变量；Y 为被解释变量或因变量；μ 是误差项，它体现了 Y 的变量中没有被 X 所解释的部分。这种形式一般称为 Y 对 X 的总体线性回归模型。

古典线性回归模型有这样一些基本假定，包括如下几点。

(1) 随机误差项 μ 具有 0 均值和同方差，即：$E(\mu_t) = 0$，$\text{Var}(\mu_t) = \sigma^2$。

对于每个样本点，随机误差项的方差都相同。因此，因变量 Y 对每个样本点上给定的 X 的条件分布具有相同的方差。如果这个假设条件不成立，称为异方差。

(2) 随机误差项之间不相关，即：$\text{cov}(\mu_i, \mu_j) = 0$，$i \neq j$。

任何两个不同样本点上的随机干扰项都不相关。如果这个假定条件不成立，称为自相关。

(3) 随机误差项服从均值为 0、同方差的正态分布，即：$\mu_t \sim N(0, \sigma^2)$。

(4) 假定解释变量 X 是非随机的，这个假定说明 Y_t 的概率分布具有均值，则有总体回归函数：$E(Y_t | X_t) = E(\beta_0 + \beta_1 X_t + \mu_t) = \beta_0 + \beta_1 X_t$。

对于面板数据模型而言,其简化形式可表达为:

$$Y_{it} = \alpha_{it} + X'_{it}\beta_{it} + \mu_{it}, \quad i=1,2,\cdots N, \quad t=1,2,\cdots,T \tag{5-19}$$

式中,考虑 k 个解释变量在 N 个截面成员、T 个时间点上的变动关系。其中,N 表示截面成员个数,T 表示每个截面成员观测时期的总数,α_{it} 为模型常数项,β_{it} 表示对应解释变量向量 X_{it} 的 $k\times 1$ 维系数向量。μ_{it} 作为随机误差项,相对独立,满足 0 均值、同方差等假设。实际上,含有 N 个截面成员的模型与含有 T 个时间点的模型在估计方法上类似,因为本研究主要讨论含有 N 个截面成员的面板模型的估计方法,其简化形式如下:

$$Y_i = \alpha_i e + X_i \beta_i + \mu_i, \quad e=(1,1,\cdots,1)', \quad i=1,2,\cdots,N \tag{5-20}$$

式中,常数项 α_i 和 $k\times 1$ 维系数向量 β_i 的取值受不同个体的影响。根据截距向量 α 和系数向量 β 中各分量的不同限制要求,可以将面板数据模型划分为三种情形,即混合模型、变截距模型、变系数模型。

在对面板数据模型进行估计之前,首先要判定假设模型的类型。经常使用的检验是协方差分析检验,主要检验如下两个假设。

$$H_1: \beta_1 = \beta_2 = \cdots = \beta_N$$

$$H_2: \alpha_1 = \alpha_2 = \cdots = \alpha_N, \text{且} \beta_1 = \beta_2 = \cdots = \beta_N$$

如果不拒绝假设 H_2,则认为样本数据模型为不变系数模型,无须进一步检验。如果拒绝假设 H_2,则需检验假设 H_1;如果接受假设 H_1,则认为样本数据模型为变截距模型,反之如果拒绝 H_1,则认为样本数据模型为变系数模型。

构建如下检验统计量:

$$F_2 = \frac{(S_3 - S_1)/[(N-1)(k+1)]}{S_1/(NT - N(k+1))} \sim F[(N-1)(k+1), N(T-k-1)] \tag{5-21}$$

$$F_1 = \frac{(S_2 - S_1)/[(N-1)k]}{S_1/(NT - N(k+1))} \sim F[(N-1)k, N(T-k-1)] \tag{5-22}$$

式中,S_1、S_2、S_3 分别为变系数模型、变截距模型和混合模型的残差和,N 为区域数,T 为年数,k 为解释变量数。与给定置信度下的相应临界值比较,如果 F_2 的值小,则拒绝原假设 H_2,继续检验假设 H_1。反之,则认为样本数据符合不变系数模型。同样地,如果统计量 F_1 的值小,则拒绝原假设 H_1,用变系数模型拟合样本;反之,则认为样本数据符合变截距模型。此外,在选定面板数据类型后,需要进一步通过 Hausman 检验判断其为固定效应模型还是随机效应模型。Hausman 检验的原假设为:随机影响效应模型中个体影响与解释变量不相关,统计量形式为:

$$W = [b - \hat{\beta}]' \hat{\sum}^{-1} [b - \hat{\beta}] \tag{5-23}$$

式中，b、$\hat{\beta}$ 分别为固定效应模型、随机效应模型中回归系数的估计结果；$\hat{\sum}^{-1}$ 为两类模型中回归系数估计结果之差的方差。

（三）实证分析

1. 京津冀地区时间序列分析

（1）单位根检验。

在对京津冀地区高等教育人力资本和经济社会发展水平两组数据进行对数化处理消除异方差后，得到 LNHHC 和 LNGDP 两组时间序列的变化趋势。我们发现，LNHHC 和 LNGDP 两组时间序列变量的变化趋势大致相同，可以初步推断二者存在某种特定的依存关系。

在研究过程中，时间序列的数据往往是不平稳的。因此，如果对其直接进行回归分析往往会产生"伪回归"，即回归结果虽然令人满意，却并不能反映真实的趋势。为避免出现这种情况，必须对时间序列变量进行平稳性检验。研究选用 ADF 单位根检验方法，借助 Eviews10.0 分别得出时间序列 LNGDP、LNHHC 的检验结果（见表5-7）。

表 5-7　京津冀地区 LNGDP、LNHHC 的 ADF 检验结果

变量	检验形式（C，T，K）	ADF 检验统计量	临界值	结果
LNGDP	（C，N，3）	-3.1430^{**}	-3.0656	平稳
LNHHC	（C，T，0）	-8.5492^{***}	-4.5326	平稳

注：** 表示5％置信度水平下显著，*** 表示1％置信度水平下显著。

由表 5-7 可见，以上两组数据分别在 5％和 1％置信度水平下通过 ADF 检验，表明 LNGDP 和 LNHHC 都是 I（0）。根据协整理论，如果被解释变量和解释变量均为平稳序列，则无须再进行协整检验，可直接进行格兰杰因果关系检验和回归分析。

（2）格兰杰因果关系检验。

通过单位根检验发现，1999—2018 年京津冀地区 HHC 与 GDP 存在长期均衡关系。但是，这种在长期均衡关系究竟哪个是因、哪个是果仍不得而知。前文已经介绍过格兰杰因果关系检验的基本原理和步骤，简单来讲，它不是用来检验逻辑上的因果关系，而是检验变量间的先后顺序，是否一个变量的前期信息影响另一个变量的当期信息。

格兰杰因果关系检验中最重要的是滞后时间长度的确定。如果随机确定，往往会导致检验结果出现差错。本研究通过建立 VAR 模型，主要按照赤池信息量准则（AIC）和施瓦茨准则（SC）确定 LNGDP 和 LNHHC 的最优滞后阶数为 2

(见表 5-8),这说明京津冀地区高等教育人力资本与经济社会发展的互动较为频繁。在此基础上,本研究通过 Eviews10.0 对京津冀地区 LNGDP 和 LNHHC 这组时间序列进行了 2 期滞后阶数的格兰杰因果关系检验。检验结果如表 5-9 所示:1999—2018 年,LNGDP 是 LNHHC 的格兰杰原因,LGHHC 也是 LNGDP 的格兰杰原因。也就是说,京津冀地区高等教育人力资本与经济社会发展互为格兰杰原因,京津冀地区经济社会发展可以在一定程度上影响高等教育人力资本水平,反之同样成立。

表 5-8　京津冀地区 LNGDP 与 LNHHC 格兰杰因果关系检验最优滞后阶数

滞后期	LogL	LR	FPE	AIC	SC	HQ
0	−1.3321	NA	0.0050	0.3702	0.4692	0.3839
1	87.6706	148.3378	3.95e−07	−9.0745	−8.7777	−9.0336
2	97.9092	14.78905*	2.02e−07*	−9.7677*	−9.2730*	−9.6995*

表 5-9　格兰杰因果关系检验结果

Null Hypothesis	Obs	F-statistic	Prob.	结论
LNHHC does not Granger Cause LNGDP	18	6.3046	0.0122	拒绝
LNGDP does not Granger Cause LNHHC		4.5129	0.0325	拒绝

(3) 回归分析建模。

由格兰杰因果关系检验可知,京津冀地区高等教育人力资本是经济社会发展水平的格兰杰原因,因此本研究以 LNHHC 为解释变量,以 LNGDP 为被解释变量,通过回归分析测度京津冀地区高等教育人力资本对经济社会发展的贡献。

通过绘制时间序列数据 LNGDP、LNHHC 散点图可以发现:解释变量 LNHHC 与被解释变量 LNGDP 之间可能存在线性关系(见图 5-9)。进一步计算得出时间序列数据 LNGDP、LNHHC 的相关系数为 0.9301 ($p<0.001$),可见二者存在显著线性相关关系。因此,可以选择单方程线性模型对 LNGDP、LNHHC 进行建模,回归方程的形式如下:

$$LNGDP = c + \alpha LNHHC + \mu \qquad (5-24)$$

基于软件 Eviews10.0,利用普通最小二乘法(LS-Least Squares)得到解释变量 LNHHC 与被解释变量 LNGDP 之间的回归关系(见表 5-10)。

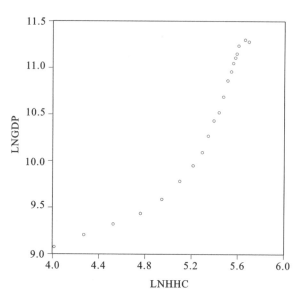

图 5-9 京津冀地区 LNHHC、LNGDP 散点图

表 5-10 普通最小二乘法回归模型的参数估计结果

变量	回归系数	标准误差	t-Statistic	Prob.
C	2.689845	0.717136	3.750814	0.0015
LNHHC	1.467638	0.136636	10.74119	0.0000
R-squared	0.865040	Mean dependent var		10.36175
Adjusted R-squared	0.857543	S.D. dependent var		0.761508
S.E. of regression	0.287420	Akaike info criterion		0.438896
Sum squared resid	1.486986	Schwarz criterion		0.538469
Log likelihood	−2.388958	Hannan-Quinn criter.		0.458334
F-statistic	115.3732	Durbin-Watson stat		0.174907
Prob (F-statistic)	0.000000			

从系数的显著性看，变量 a 和 LNHHC 的 p 值均小于 5% 的显著性水平，说明模型回归的系数非常显著；从模型整体的显著性看，F 值为 115.3732，相应的概率值 p 为 0.0000，可以拒绝模型整体解释变量系数为零的原假设，说明模型整体拟合情况良好；从模型整体拟合度看，R^2 和调整 R^2 都在 0.85 以上，说明该模型整体上拟合较好；从模型拟合的残差序列相关性看，DW 值为 0.174907，显然显著小于序列无自相关的标准值 2，判断回归残差存在序列自相关，因此此处的最小估计统计量虽然是线性和无偏的，却不是有效的。

自相关通常由于经济变量的滞后性引起,从检验的稳妥性考虑,本研究开展了 LM 检验,得出原模型存在 2 阶序列自相关,含 2 阶滞后项的辅助回归为:

$$e_t = -0.0637 + 0.0132\text{LNHHC} + 1.0619 e_{t-1} - 0.2692 e_{t-2}$$
$$(-0.1556) \quad (0.1684) \quad (4.3953) \quad (-1.0717)$$
$$R^2 = 0.7127 \quad DW = 1.5308 \quad F = 13.2330 \quad (5-25)$$

为修正回归方程的自相关性,本研究在回归方程中加入 AR(1)、AR(2) 项,即残差序列的滞后项,得到最终广义差分回归模型的估计结果。由表 5-11 可见,回归系数的参数估计结果均显著,DW 统计量为 2.336631,大于序列无自相关的标准 2,说明广义线性差分模型通过了自相关检验。接下来,对回归结果进行异方差检验,White 检验 F 统计量的 p 值为 0.1946,Obs*R-squared 的 p 值为 0.1735,均大于显著性水平 5%,则认为回归模型不存在异方差。

表 5-11 广义最小二乘法回归模型的参数估计结果

变量	回归系数	标准误差	t-Statistic	Prob.
C	-0.295298	2.959731	-0.099772	0.0219
LNHHC	2.021058	0.539002	3.749632	0.0022
AR(1)	1.471179	0.211349	6.960903	0.0000
AR(2)	-0.639209	0.176369	-3.624262	0.0028
R-squared	0.996535	Mean dependent var		10.49798
Adjusted R-squared	0.995793	S.D. dependent var		0.671658
S.E. of regression	0.043567	Akaike info criterion		-3.235893
Sum squared resid	0.026573	Schwarz criterion		-3.038032
Log likelihood	33.12303	Hannan-Quinn criter		-3.208610
F-statistic	1342.135	Durbin-Watson stat		2.336631
Prob(F-statistic)	0.000000			

综上,得到京津冀地区高等教育人力资本与经济社会发展的最终回归模型:

$$\text{LNGDP} = -0.2953 + 2.0211 \cdot \text{LNHHC} + [\text{AR}(1) = 1.4712,$$
$$\text{AR}(2) = -0.6392]$$
$$= -0.2953 + 2.0211 \cdot \text{LNHHC} + 1.4712[\text{LNGDP}(-1) -$$
$$2.0211 \cdot \text{LNHHC}(-1)] - 0.6392[\text{LNGDP}(-2) -$$
$$2.0211 \cdot \text{LNHHC}(-2)] \quad (5-26)$$

其中,LNGDP(-1)、LNGDP(-2) 分别是时间序列数据 LNGDP 滞后一期、二期的数据;LNHHC(-1)、LNHHC(-2) 分别为时间序列数据 LNHHC 滞后一期、二期的数据。

对式（5-26）进行分析可知，在其他条件不变的情况下，研究期内京津冀地区高等教育人力资本每增加1%，京津冀地区国内生产总值可以增加2.0211%。需要指出的是，经济社会发展是一个非常复杂的过程，影响因素极为繁杂。在实证分析中，利用统计数据准确度量经济指标以完全表达经济理论中定义的变量是非常困难，甚至几乎是不可能的。但是，不可否认回归分析在帮助我们理解京津冀地区被解释变量（LNGDP）与解释变量（LNHHC）的互动关系上仍具有重要参考意义。

2. 京津冀三地面板数据分析

（1）单位根检验。

面板数据反映时间和截面二维上的信息。因此，与时间序列相同，面板数据也可能存在单位根。前文已对面板数据单位根检验的方法做了介绍，在本部分，将分别对1999—2018年北京、天津、河北三地取对数后的经济社会发展LNGDP和高等教育人力资本LNHHC进行单位根检验（见表5-12）。

表5-12 京津冀三地LNGDP、LNHHC面板数据单位根检验结果

检验方法	检验原假设	LNGDP			LNHHC		
		含截距	含截距和趋势	无	含截距	含截距和趋势	无
LLC	$H_0: \eta=0$ $H_1: \eta<0$	−4.7965 (0.0000)	3.4464 (0.9997)	0.3114 (0.6222)	−6.6533 (0.0000)	−7.09847 (0.0000)	1.6886 (0.9544)
Breitung	$H_0: \eta=0$ $H_1: \eta<0$	—	5.6579 (1.0000)	—	—	0.07049 (0.5281)	—
Hadri	H_0：平稳 H_1：不平稳	4.9824 (0.0000)	4.0148 (0.0000)	—	4.49736 (0.0000)	3.99084 (0.0000)	—
Im-P-S	$H_0: \eta=0$ $H_1: \eta<0$	−2.2511 (0.0122)	6.5727 (1.0000)	—	−6.7861 (0.0000)	−5.0332 (0.0000)	—
Fisher-ADF	$H_0: \eta=0$ $H_1: \eta<0$	14.8733 (0.0213)	0.2399 (0.9997)	9.9814 (0.1254)	51.5836 (0.0000)	31.9300 (0.0000)	1.4003 (0.9658)
Fisher-PP	$H_0: \eta=0$ $H_1: \eta<0$	14.0473 (0.0291)	0.2439 (0.9997)	0.0039 (1.0000)	398.807 (0.0000)	47.8603 (0.0000)	0.0997 (1.0000)

注：表中所列的是各方法的检验统计量，括号里是相应的接受原假设的p值。

由表5-12的检验结果可见，对于LNGDP、LNHHC的水平值，大多数检验结果均表明面板数据拒绝原假设，即没有单位根，是平稳的。其中，Hadri检验

方法的原假设是序列是平稳的，检验结果是拒绝原假设，是不平稳的。但是，综合以上多种检验方法，可以判定序列 LNGDP、LNHHC 是没有单位根的平稳序列，不需要再进行协整检验，可直接对面板数据进行回归分析。

（2）回归分析建模。

同样地，本研究以 LNHHC 为解释变量，以 LNGDP 为被解释变量，通过回归分析建模研究北京、天津、河北三地高等教育人力资本对经济社会发展的贡献。计算出北京、天津、河北三地时序数据 LNGDP 与 LNHHC 的相关系数分别为 0.9353（$p<0.001$）、0.9309（$p<0.001$）、0.9177（$p<0.001$）。可见，面板数据 LNGDP 与 LNHHC 之间存在显著线性相关关系。同样构建回归方程：

$$\text{LNGDP} = c + \alpha \text{LNHHC} + \mu \tag{5-27}$$

如前文述所，在对面板数据进行回归分析之前，需要判定其类型。本研究分别对面板数据进行变系数模型、变截距模型、混合模型估计，得到相应的残差平方和分别为 4.8443、6.4337、7.4914，进而计算得出：$F_2 = 7.3769$；$F_1 = 8.8586$。利用函数@qFINV(d, k_1, k_2) 得到 F 分布的临界值，其中 d 是显著性水平，k_1 和 k_2 是自由度。在给定 5% 显著性水平下，得到相应的临界值分别为：

$$F_{a2}(4, 54) = 2.5429$$
$$F_{a1}(2, 54) = 3.1682$$

显然，F_2 大于临界值 2.5429，F_1 大于临界值 3.1682。因此，可以判定京津冀三地 LNGDP 与 LNHHC 面板数据的回归分析应采用变系数模型。

本研究进一步通过 Hausman 检验判断该模型是属于固定效应模型还是随机效应模型。从检验结果看（见表 5-13），Hausman 检验统计量等于 4.4923，伴随概率 p 值为 0.0340，小于显著性水平 5%。因此，我们拒绝固定效应模型与随机效应模型不存在系统差异的原假设，建立固定效应模型。

表 5-13 面板数据的 Hausman 检验结果面板数据固定效应变系数模型的参数估计结果

Test Summary	Chi-Sq. Statistic	Chi-Sq. d. f.	Prob.
Cross-section random	4.4923	1	0.0340

综合以上检验结果，本研究选择固定效应变系数的面板模型对京津冀三地 LNGDP 与 LGHHC 的回归参数进行估计，分别得到北京、大津、河北高等教育人力资本对本地经济社会发展产生的不同贡献（见表 5-14）。

表 5-14 面板数据固定效应变系数模型的参数估计结果

地区	北京	天津	河北
参数 α	2.0389***	1.5170***	1.1117***

注：*** 表示 1% 置信度水平下显著。

由表 5-14 可见，根据京津冀三地面板数据回归估计结果，高等教育人力资本对北京、天津、河北经济社会发展均具有显著的正向效应，高等教育人力资本每增加 1 个百分点，北京、天津、河北三地的经济产出将分别相应增加 2.0389、1.5170、1.1117 个百分点。比较而言，北京表现最为突出，说明北京高校人才培养对经济社会发展具有明显的促进作用，而天津、河北的表现没有北京突出，尤其是河北与北京存在较大差距，这说明河北的人力资本储备仍相对欠缺。

第六章 京津冀地区高等教育结构与产业结构耦合协调研究

如前文所述,高等教育系统处在人力资本供给侧,区域经济社会系统处在人力资本需求侧。根据一般系统论的观点,系统的结构与功能密切相关、相互依存;结构是功能的内在根据,功能是结构的外在表现。因此,在考察处于人力资本供给侧的高等教育系统对处于人力资本需求侧的区域经济社会系统的影响时,必须高度重视高等教育结构问题,力求高等教育系统结构最优化,从而发挥高等教育系统人才培养的最佳功能。判断高等教育系统结构是否合理,一个重要的标准是看其是否适应经济社会发展对人才的需要。产业结构是经济社会系统的核心部分,产业结构的变动必然引发就业结构的调整,进而引起人才需求结构的变化,这就对高等教育人才培养提出新的要求,高等教育结构需要进行调整优化以适应产业结构升级的需要。可以说,只有高等教育结构与产业结构相协调,才能实现高等教育人力资本供给与经济社会发展人力资本需求的良性互动。因此,本章将对京津冀地区高等教育结构与产业结构的耦合协调状况进行分析。

一、研究设计

(一)综合指标体系构建

1. 指标体系的构建原则

本章从供需关系视角出发,基于对京津冀地区高等教育结构与产业结构耦合协调度的测量,衡量京津冀地区高等教育人力资本供给与经济社会发展人力资本需求的匹配程度。要对高等教育结构与产业结构的协调性进行理论评价和实证分析,首要解决的问题是评价指标体系的合理构建。高等教育结构与产业结构是两个复杂、庞大而多维的子系统,度量这两个子系统的指标体系既要将系统内部体系的构成考虑在内,又要分析二者外部功能的关联性。具体地,在构建指标体系时需要遵循系统性、科学性、可比性、可操作性原则。

(1) 系统性原则。

高等教育结构与产业结构耦合协调度综合评价指标体系必须能够系统、全面而非以偏概全地呈现高等教育结构与产业结构的面貌,并且能够充分反映两个子系统之间的关联性,实现评价指标与评价目标的有机结合。

(2) 科学性原则。

科学性原则要求评价指标的内容必须符合逻辑,所要表达的含义清晰、明确,现实意义较强,能够真实客观地反映高等教育结构与产业结构的现状,同时揭示二者的内在本质。评价指标的数据来源必须精确、可信,处理数据的方法必须科学、有效,不能受个人主观因素的影响。

(3) 可比性原则。

在选择评价指标时要充分考虑纵横比较问题。本章研究的是京津冀地区以及京津冀三地高等教育结构与产业结构的耦合协调状况,进行纵向和横向的对比是非常必要的,因此选取的指标必须能够充分体现不同省市的差异。

(4) 可操作性原则。

可操作性原则是指在选取评价指标时需要充分考虑统计数据的可获得性、客观性。高等教育结构与产业结构均是复杂的综合系统,在对二者进行评价时可以根据相关统计年鉴、数据库的现有指标体系选取统计口径一致、可采集性强的指标。

2. 高等教育结构综合评价指标体系的构建

"任何事物都具有一定的结构性,事物的量与质的关系,往往通过结构起作用。即使数量不变,由于结构的变化也会引起事物性质的变化。……研究教育问题……只有深入它的结构,才能深刻理解它的功能"[①]。如前文所述,本部分重点关注宏观层面的高等教育结构。在本节,将根据高等教育结构的概念,借鉴以往相关研究,遵循上述指标体系构建的原则,从层次、布局、科类3个要素层12个观测点构建京津冀地区高等教育结构综合评价指标体系(见表6-1)。

---

① 潘懋元:《高等教育学讲座》,人民教育出版社1993年版,第75页。

表 6-1 高等教育结构综合评价指标体系

目标层	要素层	指标层	指标编号
高等教育结构（X）	高等教育层次结构（A1）	每万人口研究生招生数	X1
		每万人口本科招生数	X2
		每万人口专科招生数	X3
		研本比	X4
		专本比	X5
	高等教育布局结构（A2）	每万人口普通高校数	X6
		每万人口普通高校专任教师数	X7
		每万人口普通高校在校生数	X8
		每万人口高等教育经费投入	X9
	高等教育科类结构（A3）	每万人口第一产业对应学科毕业生数	X10
		每万人口第二产业对应学科毕业生数	X11
		每万人口第三产业对应学科毕业生数	X12

具体地，高等教育层次结构共选取 5 个指标，分别为每万人口研究生招生数、每万人口本科招生数、每万人口专科招生数、研本比、专本比。高等教育布局结构主要指高校、教师、学生、经费等在不同地区的分布，共选取 4 个指标，分别为每万人口普通高校数、每万人口普通高校专任教师数、每万人口普通高校在校生数、每万人口高等教育经费投入。高等教育科类结构共选取 3 个指标，分别为每万人口第一产业对应学科毕业生数、每万人口第二产业对应学科毕业生数、每万人口第三产业对应学科毕业生数。其中，研本比、专本比的计算公式分别为：

$$研本比 = \frac{研究生招生数}{本科招生数} \quad (6-1)$$

$$专本比 = \frac{专科招生数}{本科招生数} \quad (6-2)$$

学科作为大学的细胞，与产业存在高度对应关系。就本科及以上教育层次学科门类看，农学主要对应第一产业，理学、工学主要对应第二产业，哲学、经济学、法学、教育学、文学、历史学、医学、管理学主要对应第三产业。就高职高专大类看，以 2015 年为界，在此之前，农林牧渔大类主要对应第一产业，生化与药品大类、资源开发与测绘大类、材料与能源大类、土建大类、水利大类、制造大类、轻纺食品大类主要对应第二产业，交通运输大类、电子信息大类、环保气象与安全大类、财经大类、医药卫生大类、旅游大类、公共事业大类、文化体育大类、艺术设计传媒大类、公安大类、法律大类主要对应第三产业；在此之后，农林牧渔大类主要对应第一产业，能源动力与材料大类、土木建筑大类、水利大类、装备制造大类、生物与化工大类、轻工纺织大类、食品药品与粮食大类主要对应第二产业，资源环境与安全大类、交通运输大类、电子信息大类、医药卫生大类、财经商贸大类、旅游大类、文化艺术大类、新闻传播大类、教育与体育大类、公安与司法大类、公共管理与服务大类主要对应第三产业。

3. 产业结构综合评价指标体系的构建

在现代产业经济学中，产业是指国民经济中的各行各业，宏观上看，指的是社会经济中的各大部门，如农业部门、工业部门等；中观上看，指的是同一个部门内部的各行各业，如工业部门从内部又可以分成轻工业和重工业；微观上看，指的是各行业内部的品类。产业结构是指"各产业在其经济活动过程中形成的技术经济联系以及由此表现出来的一些比例关系"[①]。本部分从效益、效率、升级3个要素层13个观测点构建京津冀地区产业结构综合评价指标体系（见表6-2）。

表6-2 产业结构综合评价指标体系

产业结构 （Y）	产业结构效益 （B1）	第一产业产值占GDP比重	Y1
		第二产业产值占GDP比重	Y2
		第三产业产值占GDP比重	Y3
		第一产业就业人员占总就业人员比重	Y4
		第二产业就业人员占总就业人员比重	Y5
		第三产业就业人员占总就业人员比重	Y6
		人均GDP	Y7
	产业结构效率 （B2）	第一产业人均劳动生产率	Y8
		第二产业人均劳动生产率	Y9
		第三产业人均劳动生产率	Y10
		产业结构偏离度	Y11
	产业结构升级 （B3）	高技术产业发展系数	Y12
		工业成本费用利润率相对指数	Y13

---

① 龚仰军、应勤俭：《产业结构与产业政策》，立信会计出版社1999年版，第15页。

具体地,产业结构效益反映三次产业的发展水平,共选取 7 个指标,分别为第一产业产值占 GDP 比重、第二产业产值占 GDP 比重、第三次产业产值占 GDP 比重、第一产业就业人员占总就业人员比重、第二产业就业人员占总就业人员比重、第三产业就业人员占总就业人员比重、人均 GDP;产业结构效率指资源在三次产业之间的合理配置,共选取 4 个指标,分别是第一产业人均劳动生产率、第二产业人均劳动生产率、第三产业人均劳动生产率、产业结构偏离度;产业结构升级体现产业结构由低层次向高层次逐步演进的过程,共选取 2 个指标,分别为高技术产业发展系数、工业成本费用利润率相对指数。其中,三次产业人均劳动生产率、产业结构偏离度、高技术产业发展系数、工业成本费用利润率相对指数的计算公式分别为:

$$三次产业人均劳动生产率 = \frac{三次产业产值}{三次产业就业人员} \quad (6-3)$$

$$产业结构偏离度 = \sum_{i=1}^{3} |L_i - C_i| \quad (6-4)$$

$$高技术产业发展系数 = \frac{高技术产业主营业务收入}{规模以上工业企业主营业务收入} \quad (6-5)$$

$$工业成本费用利润率相对指数 = \frac{地区规模以上工业企业成本费用利润率}{全国规模以上工业企业成本费用利润率} \quad (6-6)$$

式(6-4)中,L_i 为第 i 产业就业人员比重,C_i 为第 i 产业产值比重,$L_i - C_i$ 为第 i 产业结构偏离度。

(二)数据来源与处理

在本部分,研究时间的跨度为 2011—2018 年,指标数据来源于各年份的《中国统计年鉴》《中国高技术产业统计年鉴》《北京教育事业发展统计概况》《北京统计年鉴》《天津统计年鉴》《天津教育年鉴》《河北经济年鉴》《中国教育经费统计年鉴》等。为消除量纲影响,本研究运用极值法对指标原始数据做标准化处理;同时,为排除主观因素引起的评价误差,本研究利用变异系数法确定各项指标的权重。计算公式为:

$$x'_j = \frac{x_j - x_{\min}}{x_{\max} - x_{\min}} \qquad x'_j = \frac{x_{\max} - x_j}{x_{\max} - x_{\min}} \quad (6-7)$$

$$v_j = S_j / \bar{x}'_j \qquad w_j = v_j / \sum_{j=1}^{n} v_j \quad (6-8)$$

式(6-7)中,x_j 为第 j 项指标数值,$x_{\max}$、$x_{\min}$ 分别表示第 j 项指标的最大值和最小值,x'_j 为指标标准化值。若指标为正向指标,如高校专任教师数、人均 GDP 等指标的数值越大越好,选用前一个公式;若指标为逆向指标,如第一产业产值占 GDP 比重、产业结构偏离度等指标的数值越小越好，选用后一个公式。式（6-8）中，v_j、S_j、x_j' 分别表示第 j 项指标标准化值的变异系数、标准差和均值，归一化处理后得到第 j 项指标的权重 w_j。

（三）耦合协调模型构建

耦合最初是物理学中的概念，现常用来指两个或两个以上系统之间相互作用的关系。根据相互作用结果的不同，可以将耦合效应划分为加总效应、替代效应、正协同效应和负协同效应。[①]

如果仅仅考虑子系统之间的互动程度，它们之间良性共振的高水平协调度即是理想状态，有助于形成新的有序结构，实现系统高效运行。但是，协调度能够反映两个系统相互作用的程度，却无法反映系统之间的综合效益和整体发展水平，无法识别"伪协调"——两个系统发展水平均较低带来的较高协调度。因此，想要反映系统的整体协同效应，还要借助耦合协调度的测算。协调度越高，意味着子系统之间联系越紧密，越能够相互影响、相互带动；耦合协调度越高，则表明子系统之间的互动带来了更大的整体协同效应，能够在很大程度上促进系统整体水平的提高。

在完成高等教育结构与产业结构协调度综合评价指标体系的构建后，本研究借鉴物理学中的容量耦合系数模型，构建京津冀地区高等教育结构与产业结构协同发展评价模型：

$$C = \left\{ \frac{U(X) \cdot U(Y)}{\left[\frac{U(X)+U(Y)}{2}\right]^2} \right\}^k \tag{6-9}$$

$$U(X) = \sum_{j=1}^{m} a_j X_j' \tag{6-10}$$

$$U(Y) = \sum_{j=1}^{n} b_j Y_j' \tag{6-11}$$

式中，$U(X)$ 表示京津冀高等教育结构综合评价值，值越大表明高等教育发展水平越高；$U(Y)$ 表示京津冀产业结构综合评价值，值越大表明产业发展水平越高。其中，a_j、b_j 分别表示京津冀高等教育结构与产业结构两个系统的指标权重，X_j'、Y_j' 分别表示两个系统指标标准化值。C（$0 \leqslant C \leqslant 1$）为京津冀高等教育结构与产业结构协调度，表示两个系统相互作用的程度，值越大表明二者协调性越好。k 为调整系数（$k \geqslant 2$），其取值根据研究需要而定，本研究令 $k=6$。

[①] 宋小舟：《我国高等教育与区域创新耦合关系研究》，中国人民大学 2017 年博士学位论文，第 16 页。

为避免出现"伪协调"现象,本研究进一步引入耦合协调度,以揭示京津冀地区高等教育结构与产业结构协调程度和发展水平的高低,计算公式为:

$$D = \sqrt{C \cdot T} \qquad (6-12)$$

式中,T 为综合发展度,$T = \alpha U(X) + \beta U(Y)$,$D$ 为耦合协调度,α 和 β 为待定参数,分别表示京津冀区域高等教育结构与产业结构的权重,$\alpha + \beta = 1$。考虑到二者在耦合系统中同等重要,本研究令 $\alpha = \beta = 0.5$。在借鉴以往相关研究的基础上,本研究根据 D 的取值,将京津冀地区高等教育结构与产业结构耦合协调度划分为 10 个等级(见表 6-3)。

表 6-3 耦合协调度判别标准及等级划分

D 值	等级	D 值	等级
0.000～0.99	极度失调	0.500～0.599	勉强协调
0.100～0.199	高度失调	0.600～0.699	低度协调
0.200～0.299	中度失调	0.700～0.799	中度协调
0.300～0.399	低度失调	0.800～0.890	高度协调
0.400～0.499	濒临失调	0.900～1.000	优质协调

二、京津冀地区产业结构现状

厘清现状是了解需求、明确供给的前提。因此,在对京津冀地区高等教育结构与产业结构的关系进行实证研究之前,有必要对京津冀地区产业结构现状进行分析。在本部分,研究将从经济发展总体情况、三次产业发展现状、优势产业行业分析、产业结构高级化程度四个方面呈现 2011—2018 年京津冀地区产业结构发展现状。

(一)经济发展总体情况

京津冀地区是中国开发历史最悠久的地区之一,该地区 GDP 占全国的比例一直保持在 10% 左右,是我国最重要的经济增长极之一。进入 21 世纪,京津冀地区经济建设蓬勃发展。研究期内京津冀区域 GDP 由 2011 年的 52074.97 亿元上升至 2018 年的 78963.50 亿元,增幅为 51.63%;人均 GDP 由 49058 元上升至 70065 元,增幅为 42.82%。从三次产业产值看,第三产业超过第二产业成为第一大主导产业(见表 6-4)。

表 6-4 京津冀地区经济发展总体情况（2011—2018 年）

年份	GDP		人均 GDP/元		三次产业生产总值/亿元		
	数额/亿元	占全国比例/（%）	京津冀	全国	第一产业	第二产业	第三产业
2011	52074.97	10.67	49058.00	36302.00	3201.72	22807.66	26065.59
2012	57348.29	10.65	53248.00	39874.00	3508.46	24726.66	29113.17
2013	62685.77	10.57	57405.00	43684.00	3728.58	26349.86	32607.33
2014	66478.91	10.33	60146.00	47173.00	3806.35	27289.5	35383.06
2015	69358.89	10.07	62244.00	50237.00	3788.48	26633.73	38936.68
2016	75624.97	10.13	67492.00	54139.00	3842.82	27772.72	44009.43
2017	80580.45	9.68	71640.00	60014.00	3419.36	28766.56	48394.53
2018	78963.50	8.59	70065.00	66006.00	3634.45	23216.71	52112.34

由图 6-1 可见，2011—2018 年京津冀地区第三产业产值在 GDP 中的占比始终高于第一、二产业，并呈现持续上升趋势，在京津冀地区经济中的重要性日益凸显。与此同时，第一、二产业产值占比则呈现下降趋势，到 2015 年第二产业产值占比低于 40%。整体来看，第一产业在京津冀地区经济中的份额越来越小，第二、三产业是京津冀地区产业的主体。截至 2018 年底，第二、三产业的比重分别由 2011 年的 43.80%、50.05%调整至 2018 年的 29.40%、66.00%。由此可以看出，近年来京津冀地区总体上表现出较为明显的服务业优势，服务业主导型的区域经济特征逐渐显现。

京津冀地区三次产业就业人员分布情况与该地区三次产业产值占 GDP 比重的变动趋势基本一致（见图 6-2）。截至 2018 年末，京津冀地区第三产业就业人员由 2011 年的 2368.35 万人上升至 3030.04 万人，增幅为 27.94%，在京津冀地区总就业人员中所占的比重由 2011 年的 40.87%上升至 47.86%。与此同时，第一、二产业就业人员则分别从 2011 年的 1571.91 万人、1855.02 万人下降至 1465.52 万人、1834.89 万人，在总就业人员中所占的比重分别下降了 3.97、3.02 个百分点。由此可见，随着京津冀地区经济结构调整持续推进，第三产业吸纳就业人员的能力不断增强。

从京津冀地区内部看，北京、天津、河北三地的自然禀赋差异巨大，产业基础也各有特点，这造成京津冀地区内部经济发展差异显著，直接体现在北京、天津、河北三地经济总量的差异上。2011—2018 年，河北 GDP 总量在京津冀地区 GDP 总量中的占比保持在 40%以上，但呈现逐年下降趋势，2018 年下降至 41.15%；北京 GDP 占京津冀地区 GDP 的比重保持在 30%以上，呈现逐年上升

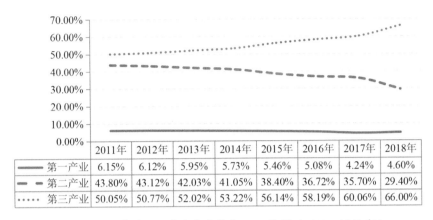

图 6-1 京津冀地区三次产业产值占 GDP 比重（2011—2018 年）

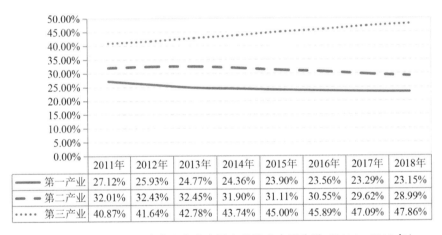

图 6-2 京津冀地区三次产业就业人员占总就业人员比重（2011—2018 年）

趋势，2018 年达到 41.93％，超过河北 0.78 个百分点；天津 GDP 占京津冀地区 GDP 的比重保持在 20％左右，2018 年仅为 16.92％，是研究期内的最低值。与此同时，北京、天津、河北三地的人均 GDP 差异也非常显著。2011—2015 年，天津人均 GDP 高于北京，但相差不大；2016—2018 年，北京人均 GDP 超过天津，并且二者的差距呈现扩大趋势，2018 年北京人均 GDP 达到 14021 元，超出天津 19500 元。相比之下，河北人均 GDP 与北京、天津两地差距较大，并且低于全国平均水平，2018 年河北人均 GDP 仅为 47772 元，分别相当于北京、天津、全国平均水平的 34.07％、39.58％、72.38％（见表 6-5 和图 6-3）。

表 6-5　北京、天津、河北 GDP 与人均 GDP（2011—2018 年）

年份	GDP/亿元			人均 GDP/元		
	北京	天津	河北	北京	天津	河北
2011	16627.90	11461.70	24515.76	83547.00	86377.00	33969.00
2012	18350.10	13087.17	26575.01	89778.00	94570.00	36584.00
2013	20330.10	14659.85	28442.95	97178.00	101615.00	38909.00
2014	21944.10	15964.54	29421.15	102869.00	106821.00	39984.00
2015	23685.70	16794.67	29806.11	109603.00	109634.00	40255.00
2016	25669.10	17837.89	32070.45	118198.00	114747.00	43062.00
2017	28014.90	18549.19	34016.32	128994.00	118944.00	45387.00
2018	30320.00	18809.64	32494.61	140211.00	120711.00	47772.00

数据来源：《北京统计年鉴》《天津统计年鉴》《河北统计年鉴》历年数据。

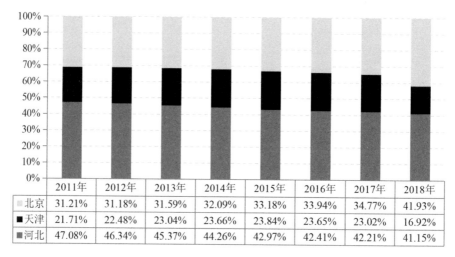

图 6-3　北京、天津、河北 GDP 占京津冀地区 GDP 比重（2011—2018 年）

北京、天津、河北三地产业产值与构成各有不同（见表 6-6 和图 6-4）。就三次产业产值看，三地第一产业产值波动较小；北京第二产业产值整体呈平稳上升态势，天津、河北第二产业产值呈波动下降趋势；三地第三产业产值整体上不断上升。2018 年北京、天津、河北第一产业产值分别由 2011 年的 136.27 亿元、159.72 亿元、2905.73 亿元调整为 120.56 亿元、175.30 亿元、3338.59 亿元；第二产业产值分别由 2011 年的 3752.48 亿元、5928.32 亿元、13126.86 亿元调整为 5477.35 亿元、4835.30 亿元、12904.06 亿元；第三产业产值分别由 2011 年的 12363.18 亿元、5219.24 亿元、8483.17 亿元调整为 27508.06 亿元、8352.32 亿元、16251.96亿元。就三次产业产值占本地GDP比重看,三地第一、二产业产值占比均呈现下降趋势。其中,北京、天津、河北第一产业产值占比分别由2011年的0.84%、1.41%、11.85%下降至2018年的0.36%、1.31%、10.27%,第二产业产值占比分别由2011年的23.09%、52.43%、53.54%下降至2018年的16.54%、36.18%、39.71%;与此同时,北京、天津、河北第三产业产值占比均呈现上升趋势,2018年三地第三产业产值占比分别达到83.09%、62.50%、50.01%。可见,在京津冀地区总体产业结构服务化不断凸显的同时,河北、天津的工业化占比仍然较高,北京产业服务化特征更为突出。

表6-6 北京、天津、河北三次产业产值(2011—2018年)

年份	第一产业产值/亿元			第二产业产值/亿元			第三产业产值/亿元		
	北京	天津	河北	北京	天津	河北	北京	天津	河北
2011	136.27	159.72	2905.73	3752.48	5928.32	13126.86	12363.18	5219.24	8483.17
2012	150.20	171.60	3186.66	4059.27	6663.82	14003.57	13669.93	6058.46	9384.78
2013	159.64	186.96	3381.98	4292.56	7275.45	14781.85	15348.61	6979.60	10279.12
2014	158.99	199.90	3447.46	4544.8	7731.85	15012.85	16627.04	7795.18	10960.84
2015	140.21	208.82	3439.45	4542.64	7704.52	14386.87	18331.74	8625.15	11979.79
2016	129.79	220.22	3492.81	4944.44	7571.35	15256.93	20594.90	10093.82	13320.71
2017	120.42	168.96	3129.98	5326.76	7593.59	15846.21	22567.76	10786.64	15040.13
2018	120.56	175.30	3338.59	5477.35	4835.30	12904.06	27508.06	8352.32	16251.96

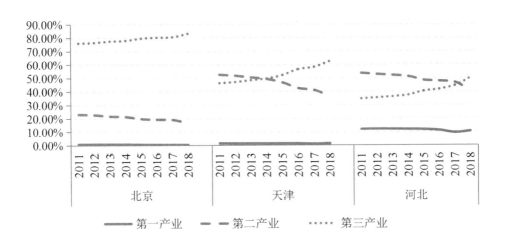

图6-4 北京、天津、河北三次产业构成(2011—2018年)

相应地,北京、天津、河北三地三次产业就业人员的构成也存在差异(见图 6-5)。研究期内,京津冀三地第一、二产业就业人员占本地总就业人员的比重均呈现下降趋势,第三产业就业人员占比呈现上升趋势。就北京看,第三产业就业人员在本地全社会就业人员中所占的比重最高,由 2011 年的 73.98% 上升至 2018 年的 81.61%,第一、二产业就业人员的占比则分别由 2011 年的 5.52%、20.49% 下降至 2018 年的 3.67%、14.72%。就天津看,第三产业就业人员在本地全社会就业人员中所占的比重超过第一、二产业,但低于北京;2018 年天津第三产业就业人员占比为 61.51%,低于北京 20.1 个百分点,第一、二产业就业人员占比分别为 6.70%、31.79%,分别高出北京 3.03、17.07 个百分点。河北三次产业就业人员占比相差不大,历年来均保持在 30% 左右,2018 年河北三次产业就业人员占比分别为 32.41%、32.59%、34.99%。

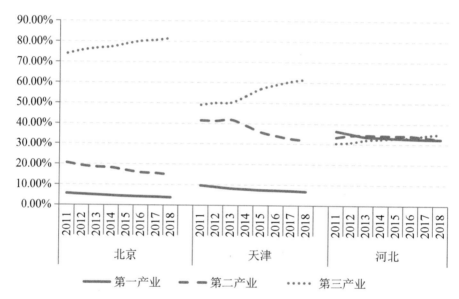

图 6-5 北京、天津、河北三次产业就业人员构成(2011—2018 年)

(二)三次产业发展现状

1. 第一产业发展现状

第一产业包括农业、林业、渔业和畜牧业等部门,主要指生产不需要经过深加工过程就可以直接消费的产业和工业原料部门。统计资料显示,2011—2018 年,我国第一产业产值由 44781.5 亿元上升至 64745.2 亿元,增幅为 44.60%。与此同时,京津冀地区第一产业产值由 3201.72 亿元上升至 3634.45 亿元,增幅为 13.52%,低于全国平均水平 31.06 个百分点。研究期内,京津冀地区第一产业产值占全国的比重在 5.51%～7.15% 之间波动，变化幅度不大，总体上呈现下降趋势。从北京、天津、河北三地第一产业产值在京津冀地区第一产业产值中所占的比例看，京津冀地区第一产业发展主要集中在河北，研究期内京津冀地区 90% 以上的第一产业产值来自河北，而北京、天津两地第一产业产值的总和不足整个京津冀地区的 10%（见图 6-6）。

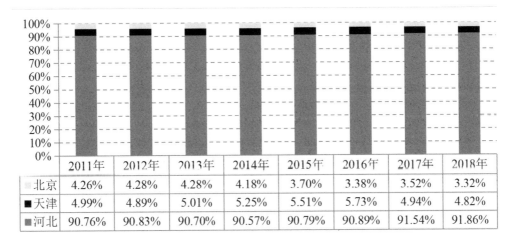

图 6-6 北京、天津、河北第一产业产值占京津冀地区第一产业产值比重（2011—2018 年）

据统计，2011—2018 年全国第一产业人均劳动生产率逐年提升，由 16838 元/人上升至 31960 元/人，增幅为 89.81%；2011—2016 年京津冀地区第一产业人均劳动生产率呈现上升趋势，由 20368 元/人调整为 25704 元/人，之后略有下降，到 2018 年为 24800 元/人。2015 年起，京津冀地区第一产业人均劳动生产率低于全国平均水平，二者的差距呈现扩大趋势。从京津冀地区内部看，北京、天津、河北第一产业人均劳动生产率均呈现先上升再下降后于 2018 年有所回升的"N"字形波动趋势（见图 6-7）。其中，2011—2014 年北京第一产业人均劳动生产率不断上升，并且始终高于天津、河北，随后几年不断下降，2018 年出现回升势头；2011—2016 年天津第一产业人均劳动生产率直线上升，并且于 2015 年超过北京；河北第一产业人均劳动生产率波动趋势与天津基本一致，但始终低于北京、天津，2018 年河北第一产业人均劳动生产率为 24548 元/人，分别低于北京、天津 2007 元/人、4635 元/人。

受华北平原自然资源与农业生产条件的限制，京津冀地区第一产业主要是农业和牧业，林业和渔业的比重很小（见图 6-8）。2011—2018 年，京津冀地区农业产值占第一产业产值的比重保持在 51.38%～54.85% 之间，历年平均为 53.04%；牧业产值占第一产业产值的比重保持在 30.99%～36.17% 之间，历年平均为 33.94%；渔业产值占第一产业产值的比重保持在 4.02%～4.54% 之间，历年平均为 4.31%；林业、农林牧渔服务业产值占第一产业产值的比重均呈现逐年递增趋势，其中，林业产值占第一产业产值的比重提高了 3.01 个百分点，这在一定程度上说明京津冀地区林业生态建设初见成效。

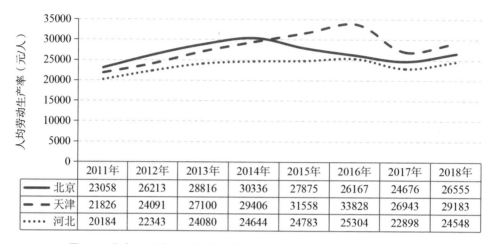

图 6-7　北京、天津、河北第一产业人均劳动生产率（2011—2018 年）

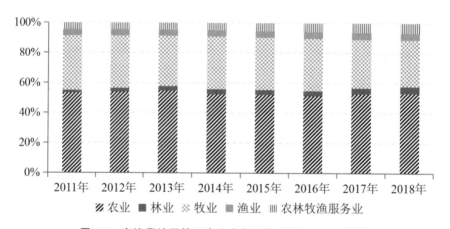

图 6-8　京津冀地区第一产业内部结构（2011—2018 年）

在京津冀地区内部，北京第一产业所占份额排在前三位的依次是农业、牧业、林业，天津依次是农业、牧业、渔业，河北依次是农业、牧业、农林牧渔服务业（见图 6-9）。北京农业、牧业产值占第一产业产值的比重均呈现下降趋势，分别由 2011 年的 45.00%、44.81% 下降为 2018 年的 38.65%、24.26%；林业产值占第一产业产值的比重则大幅提升，由 2011 年的 5.21% 上升至 2018 年的 32.04%。2011—2018 年，天津、河北第一产业内部结构较为稳定，天津农业、牧业、渔业产值占第一产业产值的比重历年分别平均为 49.05%、28.13%、

18.07%；河北农业、牧业、农林牧渔服务业占第一产业产值的比重历年分别平均为 54.15%、34.17%、5.86%。

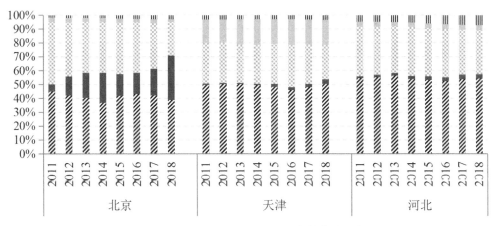

图 6-9　北京、天津、河北第一产业内部结构（2011—2018 年）

2. 第二产业发展现状

第二产业是对初级产品的再加工部门，包括工业和建筑业，其中工业又分为采掘业、制造业以及电力、热力、燃气及水生产和供应业。统计显示，2011—2017 年，京津冀地区第二产业产值逐年上升，增幅达到 26.13%；相比 2017 年，2018 年京津冀地区第二产业产值同比下降 19.29 个百分点。随着重要的经济主体城市北京经济结构服务化趋势的加快，京津冀地区第二产业产值占全国的比重呈现持续下降态势，由 2011 年的 10.05% 下降为 2018 年的 6.36%。从京津冀三地第二产业产值在京津冀地区所占的比重看，京津冀地区第二产业主要来自河北、天津。2011—2018 年，河北第二产业产值占京津冀地区第二产业产值的比重保持在 54.02%～57.55% 之间，历年平均为 55.61%；天津占比保持在 20.83%～28.93%，历年平均为 26.54%；北京占比保持在 16.29%～23.59% 之间，历年平均为 17.85%（见图 6-10）。

统计显示，全国第二产业人均劳动生产率不断上升，由 2011 年的 100708 元/人调整为 2018 年的 170563 元/人，增幅为 69.36%；2011—2017 年京津冀地区第二产业人均劳动生产率逐年递增，2017 年达到 152990 元/人，同年京津冀地区第二产业人均劳动生产率开始低于全国平均水平，2018 年低于全国平均水平 44034 元/人。在京津冀地区内部，北京第二产业人均劳动生产率逐年上升，并且于 2016 年达到 256189 元/人，开始超过天津；2011—2017 年，天津第二产业人均劳动生产率不断提高，由 187611 元/人上升为 261038 元/人，到 2018 年则下降至 169648 元/人；

相比之下，河北第二产业人均劳动生产率波动较小，2011—2018年保持在94351~113464元/人之间，历年均与北京、天津存在较大差距（见图6-11）。

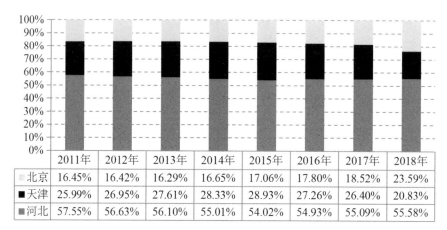

图6-10 北京、天津、河北第二产业产值占京津冀地区第二产业产值比重（2011—2018年）

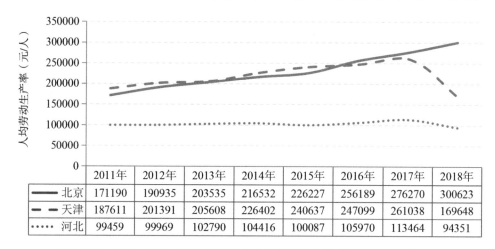

图6-11 北京、天津、河北第二产业人均劳动生产率（2011—2018年）

2011—2018年，京津冀地区工业产值占本地区第二产业产值比重保持在80%以上。从规模以上工业企业来看，2018年，京津冀地区各行业主营业务收入中，以黑色金属冶炼和压延加工业以及电力、热力生产和供应业为代表的重工业是京津冀地区第二产业的主体，在京津冀地区规模以上工业企业业务收入中所占比重达到30.40%，在全国同行业业务收入中所占的比重分别为22.75%、13.93%（见图6-12）。同时，以汽车制造业及计算机、通信和其他电子设备制造业为代表的高端制造业以及以农副食品加工业、食品制造业为代表的轻工业在京津冀区域第二产业中所占的比重也较为突出。京津冀地区丰富的铁矿、原煤、石油等矿产资源为地区矿物开采加工工业与能源生产工业提供了良好的基础；

2018年除黑色金属冶炼和压延加工业外，京津冀地区黑色金属矿采选业、开采专业及辅助性活动的营业收入在全国同行业中的占比均超过20%，分别为26%、22.26%；电力、热力生产和供应业，石油和天然气开采业，燃气生产和供应业，金属制品、机械和设备修理业，汽车制造业，水的生产和供应业，医药制造业等行业的主营业务收入占全国同行业的比例均超过10%。

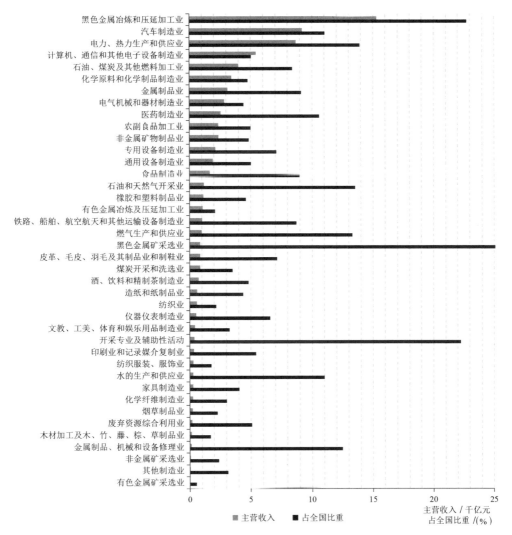

图6-12 京津冀地区规模以上工业分行业情况（2018年）

在京津冀地区内部，2018年，北京规模以上工业企业中业务收入排在前五位的行业依次是电力、热力生产和供应业，汽车制造业，计算机、通信和其他电子设备制造业，医药制造业，专用设备制造业，它们在本地规模以上工业企业业务收入中所占的比重分别为23.18%、20.3%、15.13%、5.2%、3.43%；天津规模以上工业企业中业务收入排在前五位的行业依次是黑色金属冶炼和压延加工业，汽车制造业，计算机、通信和其他电子设备制造业，化学原料和化学制品制造业，石油、煤炭及其他燃料加工业，它们在本地规模以上工业企业业务收入中所占的比重分别为14.65%、12.09%、9.9%、6.79%、5.79%；河北规模以上工业企业中业务收入排在前五位的行业依次是黑色金属冶炼和压延加工业，电力、热力生产和供应业，汽车制造业，石油、煤炭及其他燃料加工业，金属制品业，它们在本地规模以上工业企业业务收入中所占的比重分别为32.08%、6.95%、6.64%、5.82%、5.46%。

3. 第三产业发展现状

第三产业是指除第一、第二产业以外的其他行业，包括流通和服务两大部门，具体可分为流通部门、生产和生活服务的部门、提高科学文化水平和居民素质服务的部门以及为社会公共需要服务的部门四个层次。研究期内，京津冀地区第三产业产值超过第一、二产业产值的总和，并且逐年递增。据统计，2011—2018年京津冀地区第三产业产值在全国第三产业产值中的占比保持在10.64%~12.06%之间，历年平均为11.39%。从京津冀三地第三产业产值占京津冀地区第三产业产值的比重看，北京对京津冀地区第三产业的发展贡献最为显著。2011—2018年北京第三产业产值占比保持在46.63%~52.79%之间，历年平均为47.72%；天津占比保持在16.03%~22.94%之间，历年平均为20.96%；河北占比保持在30.27%~32.55%，历年平均为31.33%（见图6-13）。可见，在京津冀地区内部，经济发展新常态在北京表现最为明显，服务业为主的产业结构和消费为主的需求结构已经形成，科技创新、文化创新成为驱动经济社会发展的新引擎。受服务全国、建设世界城市的发展目标和功能定位的影响，北京会进一步推动产业结构调整升级，第三产业比重会进一步上升，这必将对京津冀地区第三产业的未来发展起到重要的引导作用。

比较全国范围内三次产业人均劳动生产率发现：第二产业最高，其次是第三产业，最后是第一产业，并且三次产业的人均劳动生产率均逐年递增。2011—2018年，全国第三产业人均劳动生产率由79218元/人上升为136263元/人，增幅为72.01%。研究期内京津冀地区第三产业人均劳动生产率始终高于全国平均水平，2015年京津冀地区第三产业人均劳动生产率达到137454元/人，超过第二产业人均劳动生产率；到2018年，京津冀地区劳动生产率进一步上升至171986元/人，相比2011年增长了56.26%。在京津冀地区内部，北京第三产业人均劳动生产率显著高于天津、河北，并且河北与天津也存在较大差距。据统计，北京第三产业劳动生产率由2011年的156219元/人上升至2018年的272303元/人，增幅为74.31%；天津第三产业人均劳动生产率由2011年的

139556 元/人上升至 2017 年的 199302 元/人，增幅为 42.81%，2018 年则同比下降 24.01%；河北第三产业人均劳动生产率由 2011 年的 70519 元/人上升为 2018 年的 110680 元/人，增幅为 56.95%（见图 6-14）。

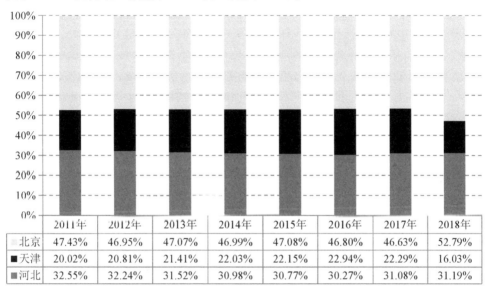

	2011年	2012年	2013年	2014年	2015年	2016年	2017年	2018年
北京	47.43%	46.95%	47.07%	46.99%	47.08%	46.80%	46.63%	52.79%
天津	20.02%	20.81%	21.41%	22.03%	22.15%	22.94%	22.29%	16.03%
河北	32.55%	32.24%	31.52%	30.98%	30.77%	30.27%	31.08%	31.19%

图 6-13　北京、天津、河北第三产业产值占京津冀地区第三产业产值比重（2011—2018 年）

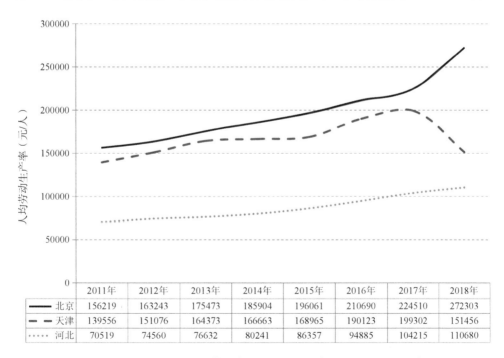

	2011年	2012年	2013年	2014年	2015年	2016年	2017年	2018年
北京	156219	163243	175473	185904	196061	210690	224510	272303
天津	139556	151076	164373	166663	168965	190123	199302	151456
河北	70519	74560	76632	80241	86357	94885	104215	110680

图 6-14　北京、天津、河北第三产业人均劳动生产率（2011—2018 年）

从京津冀地区第三产业各行业[①]就业人员看，教育，公共管理、社会保障和社会组织，批发和零售业，交通运输、仓储和邮政业等行业从业人数始终是第三产业中就业人员最多的行业。如表 6-7 所示，从变动趋势看，2012—2018 年，教育，公共管理、社会保障和社会组织的就业人数整体呈上升趋势，分别由 150.6 万人、144.0 万人上升至 162.1 万人、158.0 万人；批发和零售业以及交通运输、仓储和邮政业的就业人数则呈现先上升后下降的趋势，到 2018 年分别为 111.8 万人、98.0 万人。同时，租赁和商务服务业，金融业，科学研究和技术服务业，信息传输、软件和信息技术，卫生和社会工作的就业人数显著增加，行业规模持续扩大。其中特别地，截至 2018 年末，信息传输、软件和信息技术，金融业，租赁和商务服务业，科学研究和技术服务业四类行业的从业人数均接近或超过 100 万人。进一步分析京津冀地区第三产业各行业从业人员在全国本行业从业人员中的占比发现，超过 20% 的行业有居民服务、修理和其他服务业，信息传输、软件和信息技术，科学研究和技术服务业，租赁和商务服务业。

表 6-7　京津冀地区第三产业从业人数数量及全国占比（2012—2018 年）

行业	从业人员数量/万人						
	2012	2013	2014	2015	2016	2017	2018
批发和零售业	112.4	114.9	117.8	122.0	123.5	109.9	111.8
交通运输、仓储和邮政业	96.2	101.1	103.5	104.2	101.6	96.5	98.0
住宿和餐饮业	45.7	44.5	42.6	40.8	39.9	39.4	40.9
信息传输、软件和信息技术	62.4	70.4	73.5	81.2	82.4	90.2	98.8
金融业	70.1	72.8	79.8	89.2	99.6	108.2	107.9
房地产业	49.4	58.8	58.2	60.5	64.0	58.8	66.0
租赁和商务服务业	72.0	83.5	91.3	101.7	102.0	110.8	105.2
科学研究和技术服务业	74.8	84.4	85.0	85.4	97.2	97.2	98.4
水利、环境和公共设施管理业	24.4	25.4	25.4	26.1	26.6	27.0	27.7
居民服务、修理和其他服务业	21.7	21.3	21.3	21.7	20.5	17.3	18.1

---

① 第三产业各行业的数据主要来自《中国统计年鉴》。其中，《中国统计年鉴 2012》针对第三产业部分行业的划分与其后年份存在差异，为统一统计口径，本章节仅对 2012—2018 年京津冀地区第三产业的行业状况进行分析。

续表

行业	从业人员数量/万人						
	2012	2013	2014	2015	2016	2017	2018
教育	150.6	154.7	153.1	154.4	154.7	156.8	162.1
卫生和社会工作	64.0	67.8	70.1	73.5	76.4	79.6	80.9
文化、体育和娱乐业	24.2	25.7	24.8	26.0	26.3	26.5	26.4
公共管理、社会保障和社会组织	144.0	146.4	148.5	149.5	152.0	154.0	158.0

行业	从业人员占全国比重/（%）						
	2012	2013	2014	2015	2016	2017	2018
批发和零售业	15.79	12.90	13.26	13.81	14.11	13.04	13.58
交通运输、仓储和邮政业	14.41	11.96	12.02	12.20	11.96	11.44	11.97
住宿和餐饮业	17.84	14.62	14.73	14.78	14.79	14.82	15.16
信息传输、软件和信息技术	28.01	21.51	21.86	23.21	22.63	22.81	23.29
金融业	13.28	13.53	14.09	14.70	14.97	15.71	15.43
房地产业	18.05	15.73	14.47	14.50	14.83	13.22	14.16
租赁和商务服务业	24.63	19.79	20.32	21.46	20.88	21.20	19.87
科学研究和技术服务业	22.62	21.76	20.83	20.80	23.16	23.12	23.91
水利、环境和公共设施管理业	10.01	9.80	9.44	9.55	9.87	10.06	10.63
居民服务、修理和其他服务业	34.94	29.46	28.25	28.86	27.19	22.12	23.39
教育	9.11	9.17	8.86	8.89	8.95	9.06	9.34
卫生和社会工作	8.90	8.81	8.65	8.73	8.81	8.87	8.87
文化、体育和娱乐业	17.57	17.48	17.04	17.44	17.44	17.41	18.01
公共管理、社会保障和社会组织	9.34	9.34	9.29	9.13	9.09	8.92	8.69

数据来源：根据 2013—2019 年《中国统计年鉴》"年底城镇单位就业人员数"计算所得。

在京津冀地区内部，北京、天津、河北三地第三产业中规模较大的行业类型有所不同（见图 6-15）。以 2018 年为例，北京第三产业就业人员数量排在前五位的行业依次是信息传输、软件和信息技术，租赁和商务服务业，批发和零售业，科学研究和技术服务业，交通运输、仓储和邮政业，分别占北京第三产业就业人员总数的12.33%、11.94%、10.81%、10.53%、8.84%；天津第三产业就业人员数量排在前五位的行业依次是批发和零售业，教育，公共管理、社会保障和社会组织，金融业，交通运输、仓储和邮政业，分别占天津第三产业就业人员总数的12.48%、11.96%、11.96%、11.12%、8.58%；河北第三产业就业人员数量排在前五位的行业依次是公共管理、社会保障和社会组织，教育，卫生和社会工作，金融业，交通运输、仓储和邮政业，分别占河北第三产业就业人员总数的25.02%、24.06%、10.84%、9.88%、6.73%。

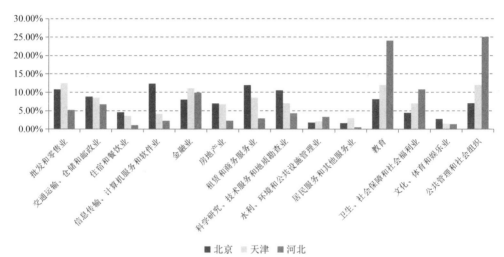

图 6-15 北京、天津、河北第三产业各行业从业人员占本地第三产业从业人员比重（2018 年）

4. 产业结构偏离度

产业结构偏离度是三次产业结构偏离数的绝对值之和，是测度产业结构效益的重要指标。偏离度越高，说明就业结构与产业结构越不合理，产业结构效益越低。如果某一产业的产业结构偏离数大于零，即就业比重大于增加值比重，则意味着该产业的劳动生产率较低，存在劳动转出的可能性；反之，负偏离意味着该产业的劳动生产率较高，存在劳动转入的可能性。产业结构偏离度越接近零，表明产业结构与就业结构越协调。

从区域整体看，2011—2018 年第一产业结构偏离数均为正值，说明第一产业存在劳动力过剩的现象；第二、三产业结构偏离数均为负值，说明第二、三产业存在劳动转入的可能。同时，第二产业结构偏离数逐渐接近零，说明第二产业的产业结构与就业结构的协调程度不断提高；第三产业结构偏离数逐渐下降，说明第三产业的劳动力需求量不断增加；产业结构偏离度总体呈现下降趋势，由2011 年的 0.4195 下降至 2018 年的 0.3710，说明京津冀地区产业结构效益不断提高。从京津冀地区内部看,研究期内,京津冀三地第一产业偏离数均为正值,具体表现为:北京低于 0.05,并且呈现逐年下降趋势;天津由 2011 年的 0.0818 下降为 2018 年的 0.0539;河北第一产业偏离数较为稳定,保持在 0.2141~0.2448 之间,历年平均为 0.2241。北京、天津、河北三地第二产业结构偏离数均为负值,历年来从小到大依次是河北、天津、北京,说明河北第二产业劳动转入的可能性较大。北京、河北第三产业偏离数均为负值,除 2018 年外,天津第三产业偏离数均为正值,但三地第三产业偏离数的绝对值基本小于 0.1。总体上,河北产业结构偏离度最大,2011—2018 年保持在 0.4314~0.4896 之间,历年平均为 0.4482;北京产业结构偏离度最小,历年均低于 0.1,且逐年下降;天津产业结构偏离度波动下降,由 2011 年的 0.2205 下降为 2018 年的 0.1077(见图 6-16)。

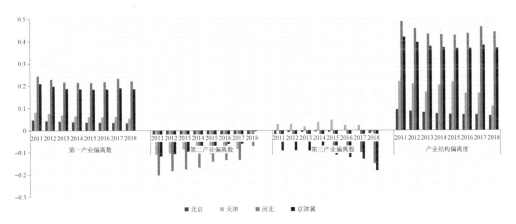

图 6-16　北京、天津、河北与京津冀地区产业结构偏离度(2011—2018 年)

(三)优势产业行业分析

大多数国家和地区的发展经验表明,区域经济发展主要依靠区域内部优势产业的发展来推动。明确与合理选择区域优势产业,有助于促进地区产业结构调整升级,加快地区经济社会发展。衡量区域优势产业的重要指标之一是区位商(location quotient,LQ),计算公式为:

$$\mathrm{LQ}_{ij} = \frac{e_{ij}}{e_i} \Big/ \frac{E_{ij}}{E_j} \quad (6\text{-}13)$$

式中,LQ_{ij} 是 i 地区 j 产业的区位商,即 i 地区 j 产业的就业人员占本地区总就业人员的比重与参考区域 j 产业就业人员占整个区域总就业人员的比重之比。当 $\mathrm{LQ}_{ij} > 2$ 时,表明该地区该产业具有非常强的比较优势和竞争力;当 $\mathrm{LQ}_{ij} > 1$ 时,表明该地区该产业具有比较优势,一定程度上显示出较强的竞争力;当

$LQ_{ij}=1$ 时，表明该地区该产业处于劣势，产业优势不明显；当 $LQ_{ij}<1$ 时，表明该地区该产业处于比较劣势，竞争力很弱。

统计显示，2012—2018 年，就京津冀地区整体看，在全国范围内，京津冀地区第二产业和第三产业的区位商均大于 1，说明京津冀地区的第二、三产业发展相对先进，是支撑京津冀地区经济社会发展的主要力量（见图 6-17）。就京津冀地区内部看，北京的优势产业是第三产业，天津的优势产业是第二、三产业，而河北的优势产业是第一、二产业（见表 6-8）。

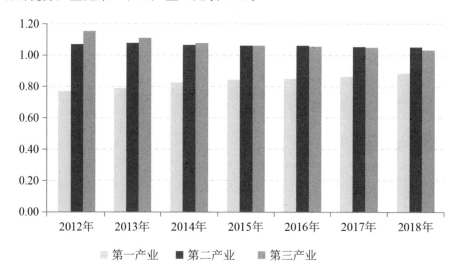

图 6-17　京津冀区域三次产业优势分析（2012—2018 年）

表 6-8　北京、天津、河北三次产业优势分析（2012—2018 年）

年份	第一产业			第二产业			第三产业		
	北京	天津	河北	北京	天津	河北	北京	天津	河北
2012	0.20	0.34	1.35	0.59	1.27	1.06	1.82	1.20	0.74
2013	0.20	0.33	1.36	0.57	1.29	1.06	1.79	1.17	0.75
2014	0.19	0.32	1.37	0.57	1.22	1.07	1.77	1.22	0.74
2015	0.18	0.31	1.38	0.54	1.15	1.10	1.75	1.27	0.73
2016	0.17	0.31	1.39	0.52	1.11	1.12	1.75	1.28	0.72
2017	0.17	0.30	1.40	0.52	1.10	1.12	1.71	1.28	0.73
2018	0.16	0.29	1.40	0.51	1.10	1.12	1.71	1.29	0.73

据统计，2012—2018 年京津冀地区区位商大于 2 的行业有四类：信息传输、软件和信息技术，居民服务、修理和其他服务业，科学研究和技术服务业，租赁

和商务服务业；区位商大于1的行业有六类：批发和零售业，交通运输、仓储和邮政业，住宿和餐饮业，金融业，房地产业，文化、体育和娱乐业。此外，2013年起，水利、环境和公共设施管理业的区位商超过1（见图6-18）。比较北京、天津、河北三地各行业的区位商可以发现，北京服务业的集聚优势最为显著，其中信息传输、软件和信息技术，租赁和商务服务业，房地产业，科学研究和技术服务业，住宿和餐饮业，文化、体育和娱乐业，批发和零售业以及交通运输、仓储和邮政业等行业的优势比较明显，标志着北京的服务业体系日趋完备，知识型和服务型特征明显。天津居民服务、修理和其他服务业的比较优势最为突出，区位商大于2；其他优势产业还包括制造业、建筑业、采矿业，可见天津的产业结构开始向服务业倾斜，但工业的地位仍相当重要。河北优势较为突出的产业包括采矿业，农林牧渔业，电力、热力、燃气及水生产和供应业，教育，公共管理、社会保障和社会组织，水利、环境和公共设施管理业，建筑业，制造业。能源导向产业是河北的支柱产业，随着产业结构调整的深入推进，生产性服务业和公共服务业的发展也比较明显，但生活性服务业发展相对滞后（见表6-9）。

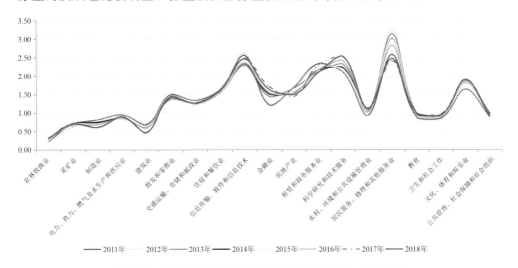

图6-18 京津冀地区主要行业优势分析（2012—2018年）

表6-9 北京、天津、河北主要行业优势分析（2012—2018年）

行业	地区	年份						
		2012	2013	2014	2015	2016	2017	2018
农林牧渔业	北京	0.67	0.81	0.87	1.00	0.96	0.90	0.94
	天津	0.33	0.32	0.35	0.34	0.57	0.48	0.55
	河北	1.70	1.54	1.44	1.30	1.25	1.41	1.30

续表

行业	地区	年份						
		2012	2013	2014	2015	2016	2017	2018
采矿业	北京	0.37	0.36	0.34	0.32	0.31	0.27	0.26
	天津	0.91	1.00	0.95	1.04	0.83	1.30	1.36
	河北	1.77	1.72	1.78	1.80	1.93	1.96	1.94
制造业	北京	0.66	0.63	0.62	0.59	0.58	0.62	0.61
	天津	1.81	1.83	1.87	1.88	1.85	1.78	1.79
	河北	1.02	1.04	1.05	1.09	1.13	1.18	1.21
电力、热力、燃气及水生产和供应业	北京	0.58	0.61	0.58	0.58	0.61	0.58	0.61
	天津	0.72	0.77	0.81	0.83	0.80	0.79	0.80
	河北	1.61	1.55	1.57	1.59	1.57	1.74	1.67
建筑业	北京	0.62	0.61	0.62	0.63	0.64	0.82	0.78
	天津	1.13	1.05	1.09	1.08	1.09	1.49	1.36
	河北	1.38	1.42	1.40	1.41	1.41	1.02	1.16
批发和零售业	北京	1.38	1.37	1.39	1.39	1.38	1.39	1.31
	天津	0.88	0.84	0.85	0.85	0.88	0.84	1.08
	河北	0.61	0.65	0.62	0.59	0.58	0.49	0.50
交通运输、仓储和邮政业	北京	1.36	1.34	1.31	1.27	1.24	1.19	1.22
	天津	0.82	0.79	0.80	0.84	0.87	0.90	0.84
	河北	0.66	0.71	0.73	0.75	0.76	0.76	0.74
住宿和餐饮业	北京	1.59	1.59	1.61	1.61	1.60	1.57	1.52
	天津	0.85	0.83	0.81	0.74	0.77	0.75	0.86
	河北	0.39	0.40	0.38	0.38	0.36	0.26	0.30
信息传输、软件和信息技术	北京	1.91	1.89	1.88	1.85	1.82	1.71	1.69
	天津	0.30	0.29	0.30	0.32	0.35	0.35	0.41
	河北	0.27	0.32	0.30	0.29	0.27	0.25	0.25
金融业	北京	1.22	1.23	1.22	1.17	1.12	1.00	1.01
	天津	0.63	0.63	0.64	0.79	0.96	1.07	0.99
	河北	0.92	0.91	0.90	0.89	0.87	0.97	0.99

续表

行业	地区	年份						
		2012	2013	2014	2015	2016	2017	2018
房地产业	北京	1.70	1.58	1.59	1.54	1.49	1.50	1.43
	天津	0.63	0.87	0.67	0.70	0.75	0.84	0.99
	河北	0.36	0.40	0.47	0.48	0.51	0.32	0.37
租赁和商务服务业	北京	1.93	1.81	1.75	1.74	1.70	1.59	1.54
	天津	0.42	0.39	0.42	0.47	0.55	0.69	0.79
	河北	0.19	0.36	0.39	0.35	0.33	0.27	0.30
科学研究和技术服务业	北京	1.64	1.62	1.59	1.53	1.54	1.46	1.45
	天津	0.62	0.71	0.73	0.77	0.71	0.74	0.69
	河北	0.44	0.43	0.44	0.46	0.46	0.44	0.48
水利、环境和公共设施管理业	北京	0.87	0.88	0.88	0.86	0.84	0.79	0.88
	天津	0.85	0.91	0.93	0.91	0.99	0.91	0.75
	河北	1.21	1.18	1.17	1.21	1.20	1.37	1.30
居民服务、修理和其他服务业	北京	0.90	0.98	0.93	0.92	0.91	0.99	1.25
	天津	2.83	2.85	2.98	2.95	2.75	2.26	1.63
	河北	0.27	0.17	0.18	0.21	0.33	0.38	0.33
教育	北京	0.67	0.68	0.68	0.68	0.68	0.64	0.68
	天津	0.61	0.69	0.66	0.68	0.70	0.69	0.71
	河北	1.57	1.51	1.53	1.54	1.53	1.70	1.61
卫生和社会工作	北京	0.81	0.84	0.82	0.82	0.81	0.73	0.75
	天津	0.77	0.77	0.77	0.77	0.79	0.84	0.84
	河北	1.32	1.29	1.31	1.32	1.32	1.49	1.45
文化、体育和娱乐业	北京	1.60	1.61	1.59	1.55	1.54	1.43	1.43
	天津	0.44	0.50	0.49	0.49	0.48	0.57	0.55
	河北	0.56	0.54	0.56	0.56	0.56	0.57	0.57
公共管理、社会保障和社会组织	北京	0.70	0.71	0.71	0.69	0.67	0.62	0.61
	天津	0.61	0.59	0.60	0.64	0.69	0.68	0.73
	河北	1.53	1.52	1.51	1.54	1.55	1.74	1.71

（四）产业结构高级化程度

产业结构高级化进程中，首先需要考虑的是产业向技术密集型转变，加快技术创新，使得产业向高级化发展。对于产业技术密集度的衡量，研究选用高技术产业发展系数这一指标来衡量。如前文所述，高技术产业[①]发展系数即为高技术产业主营业务收入在规模以上工业企业主营业务收入中所占的比重。高技术产业发展系数越大，表明该区域产业高级化程度越高。

2011年以来，京津冀地区高技术产业发展系数逐年递增，2018年达到0.1203。但与全国平均水平比较，京津冀地区高技术产业发展系数仍相对较为落后（见表6-10）。在京津冀地区内部，2011—2018年北京、天津、河北高技术产业发展系数均有所提高，但北京一直遥遥领先于天津、河北两地。以2018年为例，北京高技术产业发展系数为0.2420，天津为0.1473，而河北仅为0.0403（见图6-19）。

表6-10　京津冀地区与全国平均高技术产业发展系数（2011—2018年）

年份	高技术产业主营业务收入/亿元		规模以上工业企业主营业务收入/亿元		高技术产业发展系数	
	京津冀	全国	京津冀	全国	京津冀	全国
2011	7065	87527	77058	841830	0.0917	0.1040
2012	8301	102284	84195	929292	0.0986	0.1101
2013	9451	116049	92108	1038660	0.1026	0.1117
2014	9942	127368	95367	1107033	0.1043	0.1151
2015	9937	139969	92483	1109853	0.1074	0.1261
2016	9907	153796	92954	1158999	0.1066	0.1327
2017	8974	—	78816	1133161	0.1139	—
2018	9577	157001	79629	1049491	0.1203	0.1496

此外，提高产业附加值是优化产业结构、推动产业结构高级化的重要途径。对于产业附加值水平，本研究选择工业成本费用利润率相对指数这一指标加以描述。如前文所述，工业成本费用利润率相对指数是地区规模以上工业企业成本费用利润率与全国规模以上工业企业成本费用利润率的比值。这一指数越大，说明

[①] 高技术产业（制造业）是指国民经济行业中研发投入强度相对高的制造业行业，主要包括六大类：医药制造，航空、航天器及设备制造，电子及通信设备制造，计算机及办公设备制造，医疗仪器设备及仪器仪表制造，信息化学品制造。

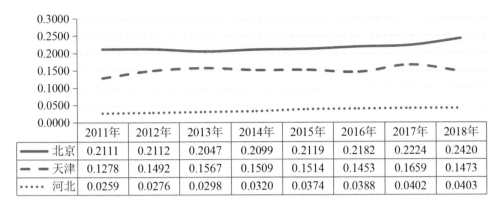

图 6-19　北京、天津、河北高技术产业发展系数（2011—2018 年）

企业用一定单位的工业成本费用可以获取更多的利润，那么生产产品的附加值水平就越高，产业结构就越向高级化靠拢。

统计显示，2011—2015 年京津冀地区工业成本费用利润率逐渐下降，2016 年、2017 年时有所回升，2018 年再度下滑，从 2017 年的 0.0791 下降至 0.0665。相较于全国平均水平，2016 年京津冀地区工业成本费用利润率相对指数最高，为 1.1234。其中，2011—2016 年京津冀地区工业成本费用利润率相对指数波动上升，2016 年后逐步下降，2018 年降至研究期内最低值，为 0.9730，这在一定程度上说明京津冀地区产业升级水平有下降的趋势。从京津冀地区内部看，研究期内北京、天津的工业成本费用利润率相对指数波动较为显著，河北则相对稳定（见表 6-11）。如图 6-20 所示，北京工业成本费用利润率相对指数在 2011—2015 年呈现 N 字形波动上升趋势，由 0.9524 调整为 1.3973；在 2015—2018 年呈现倒 N 字形下降趋势；2017 年达到研究期内最高值 1.451，到 2018 年降至 1.0815。天津工业成本费用利润率相对指数在 2011—2016 年稳定在 1.2789~1.3536 之间，历年平均为 1.3139，2017 年下降为 0.9891，2018 年略有回升，达到 1.0547。2011—2018 年河北工业成本费用利润率相对指数保持在 0.8635~0.9773 之间，历年平均为 0.9058，说明河北产业结构高级化程度稳定在较低水平，急需提升。

表 6-11　京津冀地区工业成本费用利润率相对指数（2011—2018 年）

年份	京津冀地区工业成本费用利润率/（%）	全国工业成本费用利润率/（%）	京津冀地区工业成本费用利润相对指数
2011	0.0808	0.0798	1.0131
2012	0.0763	0.0724	1.0535
2013	0.0735	0.0714	1.0304
2014	0.0722	0.0664	1.0871

续表

年份	京津冀地区工业成本费用利润率/（%）	全国工业成本费用利润率/（%）	京津冀地区工业成本费用利润相对指数
2015	0.0720	0.0642	1.1216
2016	0.0752	0.0670	1.1234
2017	0.0791	0.0716	1.1057
2018	0.0665	0.0684	0.9730

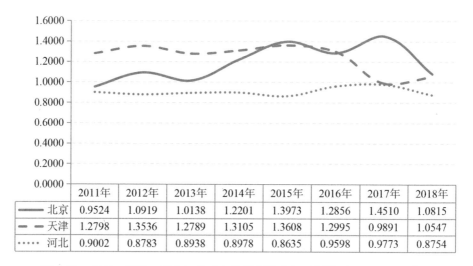

	2011年	2012年	2013年	2014年	2015年	2016年	2017年	2018年
北京	0.9524	1.0919	1.0138	1.2201	1.3973	1.2856	1.4510	1.0815
天津	1.2798	1.3536	1.2789	1.3105	1.3608	1.2995	0.9891	1.0547
河北	0.9002	0.8783	0.8938	0.8978	0.8635	0.9598	0.9773	0.8754

图 6-20　北京、天津、河北工业成本费用利润率相对指数（2011—2018 年）

三、实证分析

（一）综合评价指标体系权重赋值

根据式（6-7）对相关指标原始数据进行标准化处理，进而根据式（6-8）得到各指标对应的权重（见表 6-12）。就高等教育结构看，各评价要素按权重大小依次为高等教育层次结构（39.26%）、高等教育布局结构（34.55%）、高等教育科类结构（26.19%）；其中，每万人口第一产业对应学科毕业生数、每万人口研究生招生数、每万人口高等教育经费投入、研本比、每万人口普通高校专任教师数等指标对高等教育结构综合评价值贡献较大。就产业结构看，各评价要素按权重大小依次为产业结构效益（52.23%）、产业结构效率（31.35%）、产业结构升级（16.42%）；其中，第二产业人均劳动生产率、第三产业就业人员占总就业人员比重、工业成本费用利润率相对指数、人均 GDP、产业结构偏离度等指标对产业结构综合评价值贡献较大。

表 6-12 高等教育结构与产业结构协调度评价指标体系权重

目标层	要素层	要素指标权重	评价指标	评价指标权重
X	A1	0.3926	X1	0.1103
			X2	0.0730
			X3	0.0602
			X4	0.1014
			X5	0.0476
	A2	0.3455	X6	0.0792
			X7	0.0850
			X8	0.0784
			X9	0.1029
			X10	0.1117
	A3	0.2619	X11	0.0755
			X12	0.0747
Y	B1	0.5223	Y1	0.0680
			Y2	0.0638
			Y3	0.0790
	B1	0.5223	Y4	0.0756
			Y5	0.0612
			Y6	0.0907
			Y7	0.0840
Y	B2	0.3135	Y8	0.0669
			Y9	0.0921
			Y10	0.0723
			Y11	0.0821
	B3	0.1642	Y12	0.0787
			Y13	0.0855

（二）京津冀地区高等教育结构与产业结构发展比较

基于式（6-10）和式（6-11）分别计算得出京津冀地区以及北京、天津、河北三地的高等教育结构综合评价值 $U（X）$ 与产业结构综合评价值 $U（Y）$（见表6-13）。

表6-13 京津冀地区高等教育结构、产业结构综合得分（2011—2018年）

区域	得分	2011	2012	2013	2014	2105	2016	2017	2018
北京	X1	0.2917	0.3082	0.3155	0.3330	0.3423	0.3505	0.3773	0.3926
	X2	0.2793	0.2840	0.2923	0.2997	0.3075	0.3128	0.3345	0.3444
	X3	0.2422	0.2576	0.2413	0.2385	0.2489	0.2425	0.2534	0.2531
	U（X）	0.8131	0.8498	0.8491	0.8712	0.8987	0.9058	0.9652	0.9901
天津	X1	0.1314	0.1307	0.1280	0.1243	0.1288	0.1384	0.1538	0.1612
	X2	0.1930	0.1904	0.1817	0.1783	0.1759	0.1722	0.1861	0.1913
	X3	0.1091	0.1180	0.1208	0.1200	0.1363	0.1397	0.1379	0.1406
	U（X）	0.4336	0.4392	0.4305	0.4227	0.4410	0.4503	0.4777	0.4931
河北	X1	0.0253	0.0457	0.0487	0.0566	0.0543	0.0539	0.0591	0.0595
	X2	0.0001	0.0036	0.0054	0.0050	0.0058	0.0083	0.0118	0.0158
	X3	0.0204	0.0159	0.0300	0.0273	0.0251	0.0219	0.0097	0.0160
	U（X）	0.0458	0.0652	0.0840	0.0888	0.0852	0.0841	0.0805	0.0913
京津冀	X1	0.1096	0.1256	0.1290	0.1376	0.1393	0.1407	0.1521	0.1557
	X2	0.0779	0.0819	0.0847	0.0862	0.0882	0.0902	0.0982	0.1029
	X3	0.0739	0.0758	0.0832	0.0811	0.0841	0.0811	0.0744	0.0786
	U（X）	0.2614	0.2833	0.2969	0.3049	0.3116	0.3120	0.3247	0.3371
北京	Y1	0.3393	0.3441	0.3503	0.3556	0.3617	0.3708	0.3794	0.3973
	Y2	0.1559	0.1841	0.2079	0.2260	0.2225	0.2330	0.2396	0.2778
	Y3	0.0804	0.1007	0.0870	0.1190	0.1455	0.1315	0.1571	0.1105
	U（Y）	0.5756	0.6289	0.6452	0.7005	0.7296	0.7353	0.7762	0.7855
天津	Y1	0.3340	0.3430	0.3513	0.3530	0.3568	0.3615	0.3666	0.3407
	Y2	0.1266	0.1501	0.1787	0.1939	0.2091	0.2404	0.2160	0.1808
	Y3	0.0977	0.1162	0.1081	0.1106	0.1181	0.1070	0.0693	0.0720
	U（Y）	0.5584	0.6094	0.6381	0.6575	0.6840	0.7089	0.6519	0.5935

第六章 京津冀地区高等教育结构与产业结构耦合协调研究

续表

区域	得分	2011	2012	2013	2014	2105	2016	2017	2018
河北	Y1	0.1067	0.1137	0.1216	0.1246	0.1272	0.1350	0.1495	0.1393
	Y2	0.0023	0.0206	0.0359	0.0411	0.0427	0.0495	0.0385	0.0449
	Y3	0.0053	0.0028	0.0058	0.0072	0.0042	0.0187	0.0218	0.0070
	$U(Y)$	0.1143	0.1371	0.1633	0.1729	0.1741	0.2032	0.2098	0.1911
京津冀	Y1	0.1960	0.2042	0.2131	0.2180	0.2227	0.2302	0.2399	0.2357
	Y2	0.0414	0.0610	0.0782	0.0869	0.0906	0.1011	0.0945	0.0964
	Y3	0.0457	0.0541	0.0522	0.0611	0.0673	0.0672	0.0673	0.0503
	$U(Y)$	0.2832	0.3193	0.3435	0.3660	0.3805	0.3985	0.4017	0.3825

基于表 6-14 呈现的京津冀地区以及京津冀三地高等教育结构与产业结构的综合得分情况，本研究根据 $U(X)$ 与 $U(Y)$ 的差值，将京津冀地区高等教育结构与产业结构的发展划分为三种类型（见表 6-14）：① $U(X)>U(Y)$，高等教育结构发展超前型；② $U(X)=U(Y)$，高等教育结构与产业结构发展同步型；③ $U(X)<U(Y)$，高等教育结构发展滞后型。[①]

表 6-14 京津冀地区高等教育结构与产业结构综合得分差值及发展类型（2011—2018 年）

区域	综合评价值	2011	2012	2013	2014	2015	2016	2017	2018
北京	$U(X)-U(Y)$	0.2375	0.2209	0.2038	0.1706	0.1692	0.1705	0.1890	0.2046
	发展类型	超前型	超前型	超前型	超前型	超前型	超前型	超前型	超前型
天津	$U(X)-U(Y)$	−0.1248	−0.1702	−0.2077	−0.2348	−0.2430	−0.2586	−0.1742	−0.1004
	发展类型	滞后型	滞后型	滞后型	滞后型	滞后型	滞后型	滞后型	滞后型
河北	$U(X)-U(Y)$	−0.0685	−0.0719	−0.0793	−0.0841	−0.0889	−0.1191	−0.1293	−0.0999
	发展类型	滞后型	滞后型	滞后型	滞后型	滞后型	滞后型	滞后型	滞后型

---

① 甘雨薇：《长株潭城市群高等教育结构与产业结构的协调度研究》，湘潭大学 2017 年硕士学位论文，第 43 页。

续表

区域	综合评价值	2011	2012	2013	2014	2015	2016	2017	2018
京津冀	$U(X)-U(Y)$	−0.0218	−0.0360	−0.0466	−0.0611	−0.0689	−0.0865	−0.0769	−0.0453
	发展类型	同步型	同步型	同步型	滞后型	滞后型	滞后型	滞后型	同步型

注：在一个国家或地区经济社会发展实践中，$U(X)=U(Y)$ 的情况基本不存在。因此，在本研究中，$|U(X)-U(Y)|\leqslant 0.05$ 即表示高等教育结构与产业结构同步发展。

综合表 6-13 和表 6-14，可以得出如下结论。

第一，从高等教育结构看，研究期内京津冀地区高等教育结构综合得分由 2011 年的 0.2614 上升至 2018 年的 0.3371，这说明京津冀地区高等教育结构不断优化。其中，北京作为全国高等教育中心，拥有丰富的优质高等教育资源，高等教育发展水平遥遥领先于天津、河北，研究期内 $U(X)$ 保持在 0.8 以上，整体上呈现平稳递增态势，经检视北京高等教育层次结构、布局结构和科类结构都处在较高水平。天津高等教育发展水平介于北京、河北之间，$U(X)$ 稳定在 0.45 左右，2011—2014 年天津 $U(X)$ 由 0.4336 下降至 0.4227，此后呈现直线上升趋势，2018 年达到 0.4931。河北高等教育发展水平较低，虽然 $U(X)$ 在研究期内有所增加，但始终不足 0.1，经检视河北高等教育层次结构、布局结构和科类结构都处在较低水平。河北作为人口大省，研究期内接受高等教育的总人数不断增加，但以每万人口算，高等教育规模远远落后于北京、天津，如河北历年每万人口研究生招生数分别约为北京的 1/23、天津的 1/6。

第二，从产业结构看，研究期内京津冀地区 $U(Y)$ 直线上升，年均增长率达到 43.88%。北京第三产业、高技术产业发展态势良好，产业结构与就业结构比较协调，研究期内 $U(Y)$ 持续增长，产业结构不断优化升级，如第三产业就业人员占总就业人员比重由 2011 年的 73.98% 升至 2018 年的 81.61%，产业结构偏离度由 2011 年的 0.0937 下降至 2017 年的 0.0661。天津以第二产业为主导，第二、三产业并行发展，经检视研究期内天津产业结构调整受到第一、三产业高就业、低产出以及第二产业低就业、高产出的极大限制，2013 年之后 $U(Y)$ 增长趋势放缓。河北以农业为基础，以第二产业为主导和支撑，第三产业发展滞后，研究期内 $U(Y)$ 值不断上升，但仍与北京、天津相距甚远。经检视河北第一产业产值占 GDP 比重、第一产业就业人员占总就业人员比重远大于北京、天津，如 2018 年河北第一产业产值占 GDP 比重为 10.27%，高出全国平均水平 3.23 个百分点，北京、天津分别仅为 0.36%、1.31%。

第三，从高等教育结构与产业结构比较看，研究期内京津冀地区 $U(X)$ 与 $U(Y)$ 的差值呈现 V 字形波动趋势，在 2016 年达到研究期内最低值，为 −0.0865；2011—2013 年以及 2018 年京津冀地区高等教育结构与产业结构基本同步发展，2014—2017年高等教育发展滞后于产业结构。2011—2018年，北京$U(X)$一直大于$U(Y)$，说明高等教育发展水平超前于产业发展水平。天津、河北$U(X)$均小于$U(Y)$，说明高等教育发展滞后于产业结构。换言之，天津、河北高等教育对经济增长的贡献作用小于经济增长对高等教育的支撑作用。

（三）京津冀地区高等教育结构与产业结构耦合协调评价

研究计算得出，京津冀高等教育层次结构、布局结构、科类结构三大要素层得分与京津冀产业结构综合评价值$U(Y)$的Pearson相关系数分别为0.751、0.891、0.897（$p<0.001$），$U(X)$与$U(Y)$的Pearson相关系数为0.888（$p<0.001$），可见京津冀高等教育结构与产业结构显著正相关，说明二者存在协调互动关系。研究进一步计算得出京津冀高等教育结构与产业结构的协调度C和耦合协调度D（见表6-15），并绘制耦合协调度D的变化趋势图（见图6-21）。

表6-15　京津冀地区高等教育结构与产业结构耦合协调度及等级划分

区域	得分	2011	2012	2013	2014	2105	2016	2017	2018
北京	C值	0.8368	0.8734	0.8934	0.9313	0.9370	0.9370	0.9313	0.9230
	D值	0.7623	0.8036	0.8170	0.8555	0.8734	0.8768	0.9005	0.9052
	等级	中度协调	高度协调	高度协调	高度协调	高度协调	高度协调	优质协调	优质协调
天津	C值	0.9087	0.8520	0.7937	0.7479	0.7508	0.7362	0.8656	0.9498
	D值	0.6713	0.6683	0.6512	0.6356	0.6499	0.6532	0.6992	0.7184
	等级	低度协调	低度协调	低度协调	低度协调	低度协调	低度协调	低度协调	中度协调
河北	C值	0.2973	0.4450	0.5218	0.5202	0.4717	0.3226	0.2656	0.4488
	D值	0.1543	0.2122	0.2540	0.2609	0.2473	0.2153	0.1964	0.2517
	等级	高度失调	中度失调	中度失调	中度失调	中度失调	高度失调	高度失调	中度失调
京津冀	C值	0.9904	0.9788	0.9687	0.9513	0.9419	0.9144	0.9346	0.9764
	D值	0.5193	0.5431	0.5569	0.5649	0.5709	0.5699	0.5826	0.5927
	等级	勉强协调	勉强协调	勉强协调	勉强协调	勉强协调	勉强协调	勉强协调	勉强协调

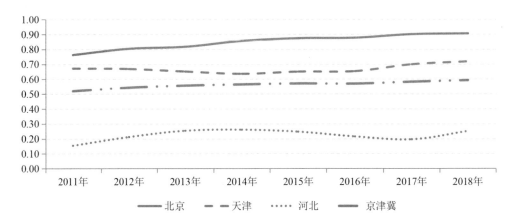

图 6-21　京津冀地区高等教育结构与产业结构耦合协调度变动趋势图（2011—2018 年）

由表 6-15 和图 6-21 可见，研究期内京津冀地区 D 值保持在 0.55 左右，协调等级处于勉强协调阶段。2011—2018 年北京 D 值一直处在较高水平并呈现平稳递增趋势，其取值范围为 0.7623～0.9052，协调等级由 2011 年的中度协调，上升到 2012—2016 年的高度协调，再到 2017—2018 年的优质协调，说明北京高等教育结构与产业结构两个系统逐渐进入有序发展阶段。天津 D 值介于北京、河北之间，取值范围为 0.6356～0.7184，以 2014 年为拐点，呈现小幅度先减后增的 U 字形趋势，协调等级由 2011—2017 年的低度协调调整为 2018 年的中度协调，说明天津高等教育结构与产业结构两个系统相互磨合、相互影响程度不断加深。2011—2018 年河北高等教育结构与产业结构处在失调状态，D 取值范围为 0.1543～0.2609，呈现小幅度 N 字形波动趋势，但始终处在较低水平。

此外，通过对比研究期内 C 值与 D 值发现：① 北京、天津、河北、京津冀地区 C 值均高于 D 值，表明高等教育结构与产业结构关联程度大于其相互影响、相互作用的程度；② 天津、河北、京津冀地区在个别年份存在不同程度的"伪协调"。如京津冀地区 2011—2018 年 C 与 D 的差值均超过 0.3，属于典型"伪协调"；天津 2011 年和 2018 年以及河北 2012—2016 年 C 与 D 的差值介于 0.2～0.3 之间，属于中度"伪协调"。总体而言，京津冀三地高等教育结构与产业结构耦合协调程度存在显著差异，造成这种现象的直接原因为北京、天津、河北高等教育结构、产业结构发展严重不平衡。

京津冀地区高等教育层次结构不够合理、布局结构不够均衡、科类结构不够科学。

第一，从高等教育层次结构看，北京、天津、河北本科招生数都占本地高校招生总数的五成左右，本科层次人才培养存在重合；北京研究生招生规模庞大并逐年递增，专科招生较少，研本比由 2008 年的 60.71% 提高为 2018 年的 92.24%，专本比由 2008 年的 30.32% 下降为 2018 年的 16.88%；天津高职教育相对发达,研究生招生相对较少,历年平均专本比、研本比分别为66.36%、22.89%;河北研究生教育比较落后,历年平均研本比仅为8.26%,专科招生规模偏大,2011—2018年本科招生数占河北高校招生总数的比重超过45%。

第二,从高等教育布局结构看,在京津冀地区内部,超过70%的研究生培养集中在北京;约65%的专科生培养集中在河北;天津高等教育规模较小,高校在校生数仅占京津冀地区高校在校生总数的两成左右;北京、天津、河北高校专任教师数比例约为2∶1∶2;北京集聚了大量高水平大学,拥有"双一流"建设高校34所,天津、河北分别5所、1所;研究期内河北高等教育经费投入仅约为北京的1/4。

第三,从高等教育科类结构看,经检视三次产业对应学科毕业生数与京津冀产业结构不够匹配。2018年为北京三次产业就业人员比例约为1∶4∶22,三次产业对应学科毕业生数比例约为1∶21∶32,三次产业结构偏离度分别为0.0330、−0.0183、−0.0148,说明第二产业对应学科毕业生存在供大于求的可能;天津三次产业就业人员比例约为1∶5∶9,三次产业对应学科毕业生数比例约为1∶51∶80,三次产业结构偏离度分别为0.0539、−0.0439、−0.0099,说明第二产业对应学科毕业生存在供不应求的可能;河北三次产业就业人员比例约为1∶1∶1,三次产业对应学科毕业生数比例约为1∶19∶39,三次产业结构偏离度分别为0.2214、−0.0712、−0.1502,说明第三产业对应学科毕业生存在供大于求的可能。

京津冀产业结构呈现明显梯次分布,北京、天津、河北处在不同的经济发展阶段,河北与北京、天津产业发展水平存在"断崖式"落差。1994年北京第三产业产值占GDP比重首次超过第二产业,产业结构由"二三一"发展格局逐步演变为"三二一"发展格局,研究期内北京已进入后工业化阶段,以现代服务业和高技术产业为主导,第三产业产值占GDP比重超过75%,高技术产业发展系数超过20%。天津处在工业化中后期阶段,以加工制造业和港口服务业为主导,2014年第三产业产值占GDP比重首次超过第二产业,产业结构由"二三一"发展格局初步提升为"三二一"发展格局,但天津产业发展水平与其环渤海地区经济中心的地位仍有差距,产业结构需要进一步升级与转型。河北是京津冀地区的"经济洼地",处在工业化中期阶段,以资源密集型的农业和重化工业为主导,研究期内经济建设取得显著成就,如GDP年均增长率达4.11%、高技术产业主营业务收入年均增长率达6.29%,但一直保持"二三一"的产业结构态势,产业结构调整滞后于京津冀经济一体化的发展,造成经济发展后劲不足,如河北第三产业劳动生产率年均增长率为6.65%,低于北京的8.26%。

经检视政治、经济、教育等诸多方面的显著优势,使得北京具有巨大的虹吸效应,河北诸多的自然资源、资金、人才等资源自觉或不自觉地向北京靠拢,为首都建设提供服务,这在增强北京增长极发展能力的同时,也导致北京的"大城市病"越来越严重,而河北产业转移升级乏力,与北京、天津的经济发展差距不断扩大,如河北与北京人均 GDP 的差值由 2011 年的 47689 元增加到 2018 年的 109987 元。

四、研究结论与政策建议

(一)研究结论

本章利用耦合协调模型对京津冀地区及京津冀三地高等教育结构与产业结构的协调性进行测度与评价。研究发现:研究期内京津冀地区高等教育结构与产业结构不断优化,二者的耦合协调程度稳步提高,但仍处于勉强协调阶段;同时,从京津冀地区内部看,无论在时间序列上,还是在空间分布上,北京、天津、河北三地高等教育结构与产业结构的发展状况以及两个系统之间的耦合协调程度都存在显著差异。

在时间序列上,京津冀三地高等教育结构综合评价值 $U(X)$、产业结构综合评价值 $U(Y)$ 以及高等教育结构与产业结构耦合协调度 D 值上下波动趋势不同。研究期内北京 $U(X)$、$U(Y)$ 领先于天津、河北并稳步上升,发展类型为高等教育结构发展超前型;D 值不断增长,协调等级发展趋势为"中度协调→高度协调→优质协调"。天津 $U(X)$、$U(Y)$ 波动上升,发展类型为高等教育结构发展滞后型;D 值呈现小幅度先降低后上升态势,协调等级发展趋势为"低度协调→中度协调"。河北 $U(X)$、$U(Y)$ 逐年平稳递增,发展类型为高等教育结构发展滞后型;D 值波动上升,协调等级发展趋势为"高度失调→中度失调"。

在空间分布上,京津冀三地高等教育结构与产业结构发展水平、耦合协调程度存在严重三极分化。本研究运用 SPSS 25.0 分别对京津冀三地高等教育结构综合评价值 $U(X)$、产业结构综合评价值 $U(Y)$ 以及高等教育结构与产业结构耦合协调度 D 值进行 K-Means 聚类分析,将其划分为高(Ⅰ)、中(Ⅱ)、低(Ⅲ)三类。就 $U(X)$ 看,聚类中心值分别为 0.8929、0.4485、0.0781,研究期内北京为Ⅰ类、天津为Ⅱ类、河北为Ⅲ类。就 $U(Y)$ 看,聚类中心值分别为 0.7314、0.6176、0.1707,2011—2013 年北京为Ⅱ类、2014—2018 年北京为Ⅰ类;2011—2014 年、2017—2018 年天津为Ⅱ类,2015—2016 年天津为Ⅰ类;河北始终为Ⅲ类。就 D 值看,聚类中心值分别为 0.8617、0.6788、0.224,2011 年北京为Ⅱ类,2012—2018 年北京为Ⅰ类;天津、河北分别始终为Ⅱ类、Ⅲ类。总体上,研究期内北京处于"高发展水平-高协调"阶段,天津处于"中发展水平-中协调"阶段,河北处于"低发展水平-低协调"阶段。

世界上万事万物都可以被视为性质不同、大小不等、层次不一的系统，系统结构决定系统功能。判断某个系统的结构是否合理需要明确一定的参照物，根据教育内外部关系规律，高等教育发展受政治、经济、文化、科学等一系列外部因素的制约，高等教育发展必须回应经济社会发展的需要。因此，如前文所述，本研究将高等教育结构与产业结构的协调程度作为评价高等教育结构是否合理的重要依据。以上分析表明，当前京津冀地区高等教育结构仍存在不合理和需要完善之处，未来相关部门应瞄准产业结构转型升级的人才需求，调整优化京津冀地区高等教育层次、布局和科类结构，不断提高人才供给规格和质量，有力有效有序推动京津冀地区经济社会协同发展。

（二）政策建议

1. 强化顶层设计，构建京津冀地区高等教育协同发展机制

顶层设计是工程学术语，本义是站在发展全局的高度，统筹考虑影响项目或任务进展的各类要素，追根溯源，在最高层次上寻找最佳的问题解决之道。目前，顶层设计多被运用在中央政府统筹和制定国家发展战略的范畴，即由最高层制定和设计总体发展规划并根据任务或项目的目标设计出具有可操作性的实施方案。京津冀协同发展是党中央、国务院在新的历史条件下做出的重大决策部署，高等教育是京津冀协同发展的重要领域和关键支撑。在京津冀协同发展进程中，为充分发挥高等教育的引领和带动作用，应当把高等教育协同发展纳入包括产业协同发展、生态协同发展、交通协同发展等在内的京津冀地区经济社会协同发展整体框架之内。① 京津冀高等教育协同发展关系国家既定目标能否实现，涉及三个不同行政级别以及高等教育发展水平存在显著差异的区域之间的沟通与协调。以往经验表明，在现有发展体制下，听任京津冀三地自我发展，无法打破"一亩三分田"的局限。因此，实现京津冀高等教育协同发展，最关键的破解点是发挥中央政府和京津冀地方政府的"总设计师"功能，强化顶层设计，构建一套合理的高等教育协同发展机制。

机制设计是政策实施与执行的制度保障。京津冀地区高等教育协同发展涉及中央政府及其教育主管部门、京津冀三地各级地方政府及其教育主管部门以及区域内各高等教育机构、相关企业等众多利益相关者和主体。要实现京津冀地区高等教育的优化布局和改革重构，首先需要建立健全京津冀地区高等教育治理体制，即应厘清中央和区域各层面、各类部门在京津冀高等教育协同发展中的责任

---

① 赵琳琳：《京津冀高等教育协调发展现状及对策研究》，天津大学 2016 年硕士学位论文，第 55 页。

和合作方式，构建从中央到地方再到具体各协同主体的权属明确、责任清晰、合作高效的决策、协调与执行机制。① 由教育部、国家发改委、财政部等相关部委组建京津冀高等教育协同发展领导小组成为决策层，负责出台相关规划与政策；由京津冀三地政府及其教育主管部门形成定期联席会议成为协调层，负责上传下达、科学制定中央与有关上级部门发布的相关决策的具体实施方案，协调各方利益，监督各协同主体的行为。此外，构建高等教育协同发展机制还应通过制定法律、法规、政策等形式设立严格的约束监督机制，这是保证京津冀地区高等教育合作能够顺利启动并取得实质性进展的重要依据；完善激励机制，注重对京津冀三地高等教育整体发展效果的评价，淡化单一地方发展成果评价，保证已签署的各种行动计划、协议的切实推行等。

2. 打破利益藩篱，完善京津冀地区高等教育资源空间布局

如前文所述，京津冀地区高等教育发展极不均衡。北京作为中国最大的科技和智力密集区，高等院校和科研机构集中、人才荟萃，而天津尤其是河北的高等教育发展水平远远落后于北京，优质高等教育资源极其匮乏，这种巨大差距导致的一大负面影响就是京津冀三地缺乏协同发展的动力。北京、天津作为高等教育资源既得利益者，自恃高等教育发展处于全国领先地位，没有动力去带动周边河北高等教育的发展；而河北始终挣扎在全国平均水平线上，无法从实际行动上真正获得优势资源。实际上，高等教育资源空间布局的严重失衡，不仅影响区域整体的协同发展，也会限制区域内部各省市自身的发展。北京高等教育资源严重饱和，发展空间狭小，造成一定程度的资源浪费，并制约地区发展步伐；天津高等教育资源与本地经济社会发展需要基本平衡；河北高等教育资源匮乏，无法满足经济社会发展需要，同样制约本地发展进度，而经济实力无疑是教育条件的一大支柱，落后的经济社会发展水平导致高等教育发展滞后，二者相互影响，形成恶性循环。

根据产业集群理论，为寻求最大生产效益，一个国家或地区的关键生产要素会自动远离单打独斗的企业，向产业集群集聚，集群内的企业会形成互助关系，竞争力强的企业带动弱势企业发展②；产业集群因地缘而集中，强调本地参与，地域、文化和制度的相似性能够为企业提供更密切的关系、更及时的信息、更强大的创新动力以及其他远距离情况无法获得的优势。京津冀三地地域相连、文化相近、历史渊源深厚，拥有丰富的高等教育资源但分布严重失衡，具备建立高等教育集群的可行性和必要性。

---

① 杨娟：《京津冀基础教育协同发展研究》，经济科学出版社2018年版，第173页。
② 迈克尔·波特：《国家竞争优势》（上），李明轩、邱如美译，中信出版社2012年版，第135-136页。

因此，在京津冀协同发展进程中，京津冀三地应立足全局和长远，站在区域整体协同发展的战略高度，摒弃"一亩三分田"的思维定式和狭隘的地方本位主义，打破利益固化的藩篱，破除急功近利的政绩观，统一思想认识，做到思想上同心、目标上同向、行动上同步，优化高等教育资源空间布局，建立京津冀地区高等教育集群，形成推动协同发展的强大合力。首先，要以高层为依托，组建高规格、高权威、跨区域、专门的高等教育协同领导机构，突破京津冀三地政府的行政区划阻隔，超越各方利益，为京津冀三地平等开展对话与磋商提供基本保障；其次，要以政府为抓手，为京津冀高等教育协同发展构建合理有效的合作与交流平台，促进京津冀地区高等教育资源与要素的自由流动与优化配置；最后，以高校为主体，加快落实《推进京津冀教育协同发展备忘录》《京津冀教育协同发展行动计划（2018—2020年）》等规划方案，抓住"双一流"建设、雄安新区建设等历史机遇，通过课程互选、学分互认、教师互聘、联合培养人才、共建重点实验室和学科、共同科研攻关以及建设大学城、高等教育园区等多元化方式，建立深层联系，共享优质资源，形成"1＋1＋1＞3"的集群效应，最终提升京津冀地区高等教育人力资本供给水平。

3. 加大经费投入，拓宽京津冀地区高等教育经费来源渠道

没有高等教育经费投入，就没有人才支持，就不会产出高等教育人力资本。那么，高等教育对区域发展的引领作用就无从谈起。教育事业是公益事业，高等教育发展离不开政府的投入。《国家中长期教育改革和发展规划纲要（2010—2020年）》明确规定，"教育投入是支撑国家长远发展的基础性、战略性投资，是教育事业的物质基础，是公共财政的重要职能"。从上文的分析可以看出，当前京津冀地区已初步形成多元化的高等教育经费来源渠道，但高等教育经费来源主要依赖财政性教育拨款和事业收入。从京津冀地区整体看，虽然高等教育经费投入在本地区教育经费投入及GDP中所占的比重均超过长三角地区和全国平均水平，但高等教育经费投入绝对量及增速低于长三角地区和全国平均水平。从京津冀地区内部看，北京高等教育经费投入在京津冀地区高等教育经费投入中的占比超过65%，而天津、河北的占比分别仅为15%左右；同时，河北高等教育经费投入在本地教育经费投入及GDP中的占比远低于北京、天津，生均高等教育经费与北京、天津差距较大且呈现不断扩大趋势，这说明京津冀地区高等教育经费投入仍有较大提升空间，尤其需要补齐河北高等教育经费投入短板，推动京津冀地区高等教育高质量发展。

因此，在未来京津冀地区高等教育发展过程中，一方面，政府要进一步加大高等教育经费投入力度，并研究建立科学合理的高等教育经费定期增长机制，尤其要为河北高等教育发展提供必要的经费倾斜，对薄弱地区高校的学科

建设、师资队伍建设、基础设施建设等给予引导支持；另一方面，政府要深化高等教育投入体制改革，拓宽高等教育经费来源渠道，缓解国家教育经费投资压力，实现京津冀地区高等教育可持续发展。具体包括利用财政政策鼓励社会力量投资办学，加大对民办高等教育的扶持力度，例如：通过"免、减、捐、返"的税收政策鼓励慈善事业对高等教育的社会捐赠行为；深化产学研合作，开辟高校获取有效办学资源的新渠道，如高校直接创办企业既可以获得经济收益，还有助于解决长期困扰高校教学科研与区域发展相脱节的难题；支持高校股份制，吸引社会资金进入教育产业，促进高校经费筹措渠道多元化，推动校办企业规范、科学发展。[①]

4. 调整高等教育结构，适应京津冀地区产业升级转移要求

"供给和需求是经济分析中不可拆分的一对，分隔两者如同分隔电池的正负极一样荒唐。"[②] 从供需关系角度看，高等教育的人才培养为供给，产业发展的人才吸纳为需求，高等教育人才供给必须适应产业发展人才需求，这是社会需求逻辑和高等教育发展规律的必然要求。如前文所述，目前京津冀地区高等教育结构仍存在层次结构不够合理、布局结构不够均衡、科类结构不够科学等问题，制约京津冀地区产业结构升级与转型。为充分发挥京津冀地区高等教育资源极为丰富的显著优势，急需推动高等教育供给侧结构性改革，以"实现高等教育结构的优化、质量的提高、办学效益的提升及创新动力的增强"[③]，促进人才供给侧与需求侧的动态平衡与匹配。主要包括如下两个方面。

第一，明确高等教育各层次人才培养目标，形成合理的高等教育层次结构。从国外高等教育大众化的经验看，合理的高等教育层次应该是金字塔结构。其中，专科教育是高等教育系统的"塔基"，培养具有专业知识和熟练技能的实用性人才，不论是从世界或是从中国的经济社会发展与高等教育发展趋势看，这一子系统都显得越来越重要；本科教育是高等教育系统的"塔身"，国家的高级专门人才主要是在这个层次培养的，本科教育的质量在一定程度上标志一个国家或区域高等教育的质量；研究生教育是建立在本科教育基础上的最高层次的教育，是高等教育系统的"塔顶"，也是培养国家高层次专门人才的主要途径。就京津冀地区整体看，高等教育层次水平高于长三角区域，但存在本科层次过大、专科层次偏小的问题，无法满足产业结构调整过程中对技能型和专

---

① 王守法：《高等教育与区域经济发展研究》，经济科学出版社2006年版，第154页。

② 吴敬琏：《供给侧改革：经济转型重塑中国布局》，中国文史出版社2016年版，第78页。

③ 金保华、刘晓洁：《高等教育供给侧结构性改革的理论逻辑与实践路径》，《教育与经济》2016年第6期，第17-23页。

业型人才的需求。就京津冀地区内部看，北京本科教育所占比重较大，研究生教育规模迅速扩张，专科教育所占比重较低并呈现显著下降趋势；天津本科占主体地位，专科教育规模小于本科教育；河北研究生层次占比较小，本科教育规模较大且扩张速度过快，向下挤占专科教育资源，向上短期内无法及时向研究生教育输送生源。

因此，根据各层次人才培养定位与各地区高等教育层次结构现状，京津冀地区应适度控制本科教育规模、扩大专科教育规模，同时适当扩大研究生教育规模；北京应合理控制本科教育规模，着重提高本科生教育质量，适当扩大专科教育规模，控制研究生教育尤其是博士生规模；天津、河北应控制本科教育规模并扩大专科、研究生教育规模，尤其是河北高等教育层次水平急需提升。在此基础上，形成高等教育人才培养的金字塔结构，既能够保证产业结构调整对技能型、专业型人才的需求，又强调加大创新型人才培养力度，为引领科技进步、促进京津冀地区产业升级提供高级人力资本支持。

第二，以社会需求为导向，优化高等教育科类结构。高等教育必须面向经济社会发展需要进行适时的调整，在调整中实现学科专业的合理布局与升级，这对于高等教育人力资本供求结构性矛盾的解决至关重要。前文通过对京津冀地区产业结构现状进行描述统计与分析发现：就京津冀地区整体看，产业结构向服务型经济靠拢，第二、三产业是支撑京津冀地区经济社会发展的主要力量，优势行业包括信息传输、软件和信息技术，居民服务、修理和其他服务业，科学研究和技术服务业等。就京津冀地区内部看，北京先于天津、河北进入经济增速换挡期，第三产业产值在京津冀地区呈现显著突出态势，优势行业包括信息传输、软件和信息技术，租赁和商务服务业，房地产业，科学研究和技术服务业等；天津、河北第二产业产值在本地 GDP 中的占比仍然较高，其中，天津的优势行业包括居民服务、修理和其他服务业，制造业，建筑业，采矿业等，河北的优势行业包括采矿业，农林牧渔业，电力、热力、燃气及水生产和供应业，教育，公共管理、社会保障和社会组织等。由此可见，京津冀三地经济发展动力与主导产业存在显著差异，区域内部错位发展和产业分工明显，这在一定程度上表明京津冀三地产业发展对人力资本的需求有所不同，也为京津冀三地高等教育学科专业结构的调整与优化提供了基本参照。

优化高等教育科类结构，需要国家宏观调控与高校自主办学的有机结合。一方面，政府应对学科设置进行总体调控，在规模和建设方针方面对每一层次、类型的高校进行总量和总体控制，通过建立"产业结构、人才存量、人口流动等方面的大数据库"①，健全人才预测、预警与储蓄机制，为京津冀三地调整优化高等教育科类结构提供科学指导；另一方面，高校应明确自身在整个高等教育系统中的定位，包括办学层次定位、类型定位等，突出风格、强调特色，在学科布局上摒弃"大而全""小而全"的观念，紧密结合学校特色与社会需求，实现办学水平的突破。②

5. 立足供需平衡，优化京津冀地区高等教育人力资本配置

古典经济学理论认为，配置是指一个经济社会或经济主体在既定经济体制下，对所拥有的资源（或要素）在产出过程中进行的合理分配或安排。③ 人力资本作为经济活动的一种基本要素，它本身就存在特定的配置问题。④ 人力资本配置是指在一定区域范围内，按照人力资本效益最大化原则，对人力资本自身及其相关要素所进行的合理配比和优化过程。⑤ 人力资本配置既离不开政府这只"看得见的手"的宏观调控，也需要市场这只"看不见的手"的自由配置，只有二者有机结合，才能最大限度地实现人力资本的合理流动与优化配置。在京津冀协同发展进程中，高等教育人力资本配置需要更广区域、更高层面、更为高效的配置机制。然而，从京津冀地区现行的高等教育人力资本配置体制看，仍存在诸多问题，如：京津冀三地高等教育人力资本市场各自为政，地域、条块分割严重，流通渠道不顺畅；高等教育人力资本供需存在较大失衡与矛盾，北京、天津人才集聚，而河北人才相对短缺等。

高等教育人力资本是一种资本，具有资本的基本属性。根据微观经济学一般均衡理论，当供给与需求相同时，人力资本的市场价格是均衡价格。当人力资本的交易价格与均衡价值一致时，在市场价格机制的作用下，人力资本的自由交易效用实现最大化。如前文所述，实现人力资本供需平衡是政府宏观调整和市场自由配置共同作用的结果。基于政府教育，就是要在全面、准确掌握人力资本供需信息的基础上，做好人力资本投资与使用的各种调控；基于市场视角，就是要破除一切阻碍人力资本流动与交易的体制障碍。聚焦京津冀地区实际，为实现高等教育人力资本供需协调匹配：首先，要综合掌握京津冀地区内部当前的高等教育

---

① 薛二勇、刘爱玲：《京津冀高等教育布局结构优化的政策研究》，《高等教育研究》2018年第8期，第38-44页。
② 方阳春：《人力资本：经济转型升级的内驱力》，浙江大学出版社2013年版，第55页。
③ 陈亮、苏建宁：《京津冀协同发展背景下河北省人力资本积累路径研究》，中国社会科学出版社2017年版，第191页。
④ 周志勇：《论人力资本的涵义、形成、配置和收益》，《理论学刊》2008年第11期，第43-46页。
⑤ 周德禄：《人力资本配置效益研究》，山东人民出版社2012年版，第40页。

人力资本存量与增量情况，编制覆盖省市、行业与重点领域的高等教育人力资本需求目录，做到供给与需求了然于胸；其次，京津冀三地尤其是河北要树立全局观念，基于人力资本流动的视角，将河北高等教育人力资本市场放入京津冀地区高等教育人力资本市场中，学会通过招才借力促进本地高等教育人力资本供需平衡；最后，各级政府要密切关注本地经济社会发展人才需要，能够适时甚至超前调整人力资本投资与引进的重点方向，防止造成高等教育人力资本过度集聚与浪费。

第七章 知识创新体系与雄安新区经济社会协同发展研究

"建设科技创新中心"和"构建现代产业体系"是雄安新区发展战略的重要内容，知识创新成为推进雄安新区发展的重要引擎。高校特别是研究型大学是社会知识创新的中流砥柱，是雄安新区高等教育体系的领导力量和重要组成，是雄安新区知识创新的机构主体，肩负着提升新区整体知识创新能力的重任。推动新区经济社会发展，离不开对雄安新区高等教育、知识创新能力现状的考察与知识创新使命的分析。本章将立足雄安新区知识创新体系建设的现实条件，基于知识生产模式理论、战略联盟理论、区域创新系统理论和三螺旋理论，提出促进雄安新区知识创新体系与经济社会协同发展的可行性路径。

一、雄安新区知识创新体系构建的现实条件

雄安新区的建设是京津冀协同发展的重要一环，雄安新区的发展对京津冀协同发展具有重要意义。雄安新区知识创新体系的构建需要综合考虑京津冀的区位优势和资源优势，在国家政策的指引下明确定位和发展目标，在京津冀创新体系中发挥独特的作用。

（一）京津冀与长三角、粤港澳大湾区知识创新情况对比

本部分对京津冀、长三角、粤港澳三地的研发投入情况进行统计分析。需要说明的是，本部分长三角地区以江浙沪三地数据为代表，粤港澳大湾区以广东省数据为代表。统计发现，京津冀地区有北京、天津、保定、石家庄等重要城市，区域内高校和科研院所富集，创新资源优势突出，创新活动积极活跃，创新投入和产出水平在全国处于领先地位（见表7-1）。京津冀的研发投入在全国处于较高水平，从研发经费占GDP的比重来看，2018年京津冀研发经费占比为3.36%，不仅明显高于2.19%的全国平均水平，而且显著高于长三角的2.93%和广东的

2.78%。其中北京的研发经费占 GDP 的比例为 6.17%，人均研发经费 8685.10 元，这两项指标不仅远远高于全国平均水平（相关指标分别为 2.19%和 1410.22 元），而且明显高于上海（相关指标分别为 4.16%和 5607.26 元）和广东（相关指标分别为 2.78%和 2383.84 元）。

表 7-1 2018 年京津冀、长三角、广东及全国的研发投入情况

地区	研发经费占 GDP 比重/（%）	研发经费		
		总量/亿元	占全国的比重/（%）	人均/元
京津冀	3.36	2862.91	14.55	2540.23
北京	6.17	1870.77	9.51	8685.10
天津	2.62	492.40	2.50	3156.41
河北	1.39	499.74	2.54	661.36
长三角	2.93	5309.32	26.98	3274.93
上海	4.16	1359.20	6.91	5607.26
江苏	2.70	2504.43	12.73	3110.71
浙江	2.57	1445.69	7.35	2519.94
广东	2.78	2704.70	13.74	2383.84
全国	2.19	19677.90	100.00	1410.22

资料来源：《中国统计年鉴 2019》《中国科技统计年鉴 2019》。

京津冀的创新产出十分丰富，其中北京的创新产出优势最为突出（见表 7-2）。从科技论文发表数来看，2018 年京津冀达 5.14 万篇（占全国的 21.45%），略高于长三角的 4.69 万篇，远高于广东的 1.17 万篇。鉴于京津冀的研发投入规模与广东大体相当，是长三角的一半，京津冀的科研论文产出效率大大高于长三角和广东。从发明专利授权数来看，2018 年京津冀达 5.77 万项（占全国的 13.35%），是长三角的 60.17%，是广东的 1.08 倍，考虑到科研投入规模的差异，京津冀的科研效率高于长三角和广东。从技术合同交易额来看，京津冀的额度是长三角的 2.11 倍，是广东的 4.34 倍。在京津冀的创新产出中，北京的表现最为出色，在"科技论文发表数"方面，是天津的 5.32 倍，是河北的 7.32 倍；在"发明专利授权数"方面，是天津的 8.39 倍，是河北的 9.22 倍；在"技术合同交易额"方面，是天津的 7.23 倍，是河北的 17.96 倍。

表 7-2 2018 年京津冀、长三角、广东及全国的创新产出情况

地区	科技论文发表数		发明专利授权数		技术合同交易额	
	总量/万篇	占比/（%）	总量/万项	占比/（%）	总量/亿元	占比/（%）
京津冀	5.14	21.45	5.77	13.35	5919.39	33.45
北京	3.88	16.19	4.70	10.88	4957.82	28.01
天津	0.73	3.06	0.56	1.30	685.59	3.87
河北	0.53	2.20	0.51	1.18	275.98	1.56
长三角	4.69	19.54	9.59	22.19	2807.30	15.86
上海	1.56	6.50	2.13	4.93	1225.19	6.92
江苏	2.13	8.87	4.20	9.72	991.45	5.60
浙江	1.00	4.16	3.26	7.54	590.66	3.34
广东	1.17	4.88	5.33	12.34	1365.42	7.72
全国	23.98	100.00	43.21	100.00	17697.60	100.00

注：占比是指占全国的比重。

资料来源：中国科学文献计量指标数据库、中国经济社会大数据研究平台。

（二）河北与北京、天津地区知识创新情况对比

在京津冀内部，北京的经济社会发展水平最高、天津次之，河北最低。由表 7-3 可知，北京人均 GDP 为 140211 元、天津 120711 元、河北 47772 元。可见，河北人均 GDP 不仅低于京津二市，而且低于全国平均水平 64644 元。从人均可支配收入来看，北京 62361 元、天津 39506 万元、河北 23446 万元，河北仅为北京的 37.6%，仅为天津的 59.3%，仅为全国平均水平 83.1%。从人均消费支出来看，北京 39843 元、天津 29903 元、河北 16772 元，河北仅为北京的 42.1%，仅为天津的 56.1%，仅为全国平均水平的 84.5%。

表 7-3 2018 年北京、天津、河北及全国的经济发展水平对比分析

地区	GDP/亿元	人均 GDP/元	人均可支配收入/元	人均消费支出/元
北京	30320.00	140211.00	62361.00	39843.00
天津	18809.64	120711.00	39506.00	29903.00
河北	32494.61	47772.00	23446.00	16772.00
全国	900309.00	64644.00	28228.00	19853.00

数据来源：《北京统计年鉴》《天津统计年鉴》《河北统计年鉴》。

北京和天津经济社会发展水平较高，创新资源富集，对研究投入的力度较大。河北的经济社会发展水平较低，创新资源相对贫乏，对科学研究的投入相对不足。从表 7-1 中京津冀部分的数据可以看出，2018 年北京研发经费投入 1870.77 亿元，占 GDP 的 6.17%，人均研发经费投入 8685.10 元；2018 年天津研发经费投入 492.40 亿元，占 GDP 的 2.62%，人均研发经费投入 3156.41 元；2018 年河北研发经费投入 499.74 亿元，占 GDP 的 1.39%，人均研发经费投入 661.36 元。从研发经费投入力度（研发经费占 GDP 的比重）来看，河北的研发经费投入力度约为天津的 1/2，不及北京的 1/4。从人均研发经费投入来看，河北约为天津的 1/5，不及北京的 1/12。

研发投入与创新产出是密切相关的，从表 7-2 中京津冀的数据可以看出三地创新产出上的差别。2018 年北京的科技论文发表数为 3.88 万篇，占全国的 16.19%，发明专利授权数为 4.70 万项，占全国的 10.88%，技术合同交易额 4957.82 亿元，占全国的 28.01%。2018 年天津的科技论文发表数为 0.73 万篇，占全国的 3.06%，发明专利授权数为 0.56 万项，占全国的 1.30%，技术合同交易额 685.59 亿元，占全国的 3.87%。2018 年河北的科技论文发表数为 0.53 万篇，占全国的 2.20%，发明专利授权数为 0.51 万项，占全国的 1.18%，技术合同交易额 275.98 亿元，占全国的 1.56%。在这三个分析指标中，河北均落后于京津。在科技论文发表数方面，河北不足北京的 1/7，约为天津的 3/4。在发明专利授权数方面，河北约为天津的 9/10，不足北京的 1/9。在技术合同交易额方面，河北不足天津的 1/2，约为北京的 5.57%。

从以上分析可以看出，河北的研发经费投入和创新产出都与京津有较大差距，特别是与北京的差距较大，不仅影响河北的经济社会发展，而且不利于京津冀的协调持续发展。在雄安新区实施创新驱动发展战略，建设国际一流的科技创新平台和科技教育基础设施，构建产学研深度融合的技术创新体系，对于提升河北科技创新水平、促进京津冀协同发展具有重要意义。

二、区域创新系统构建的理论基础和分析框架

当前，世界多极化、经济全球化深入发展，新一轮科技革命势将重塑世界格局，创新是国家竞争力的关键优势，区域创新是各国政策制定者和国内外学者共同关注的热点，衍生出了不同理论。这些理论从不同的侧面论述了知识创新的机理，对于构建知识创新体系具有重要的指导意义。本部分基于区域创新系统构建的需要，对这些理论进行较为系统的梳理、整合，构建了区域创新体系的逻辑框架，服务于区域创新体系创建的实践探索。

（一）理论基础

1. 战略联盟理论

（1）战略联盟的内涵与特征。

"战略联盟"概念最早由美国 DEC 公司总裁简·霍普兰德和管理学家罗杰·奈格尔提出，他们认为，战略联盟指的是由两个或两个以上有着共同战略利益和对等经营实力的企业，为了实现市场共同占有和资源共同使用的战略目标，通过各种协议和合同形成了一种松散的合作模式，其特点是功能互补、利益共享、风险分担，生产要素双向或多重向流动。有关战略联盟的概念，还有其他一些学者的观点。蒂斯把战略联盟定义为两个或多个合作伙伴致力于集中资源并协调其行动，以实现共同的目标的行为。[1]斯图尔特和托比等学者认为：战略联盟是参与企业根据其现有资源禀赋的差异性，以资源互补性、互惠互利为原则追求共同利益的一种行为。[2]保罗·比米什和彼得·基林等学者认为：战略联盟是一种弥补交易合同不完备性的治理结构，是管理企业能力结构的一种特殊系统。[3]西尔拉等学者认为：战略联盟是竞争性联盟，是由实力雄厚、相互竞争的公司组成的企业或伙伴关系。[4]随着学界对"战略联盟"现象的关注，我国学者也对战略联盟的概念做出分析和探讨。张延锋等人把战略联盟定义为由两个或两个以上共同战略利益的企业（或其他组织），为了实现增强竞争优势的战略目标，通过各种协议或契约结成的优势互补、资源共享、风险共担、生产要素水平式双向或多向流动的合作模式。[5]

综合以上定义，可以总结出战略联盟的几个特征：资源互补性、目标互利性、合作长期性、战略竞争性、组织松散性。基于这些特征，我们可以认为战略联盟是两个或两个以上的组织为了获得更强的竞争力，基于资源的互补性和互惠

---

[1] Teece D. "Competition, Cooperation and Innovation: Organisational Arrangements for Regimes of Rapid Technological progress", *Journal of Economic Behaviour and Organisation*, 1992, No. 1, pp. 447-474.

[2] Stuart T E. "Network Positions and Propensities to Collaborate: An Investigation of Strategic Alliance Formation in a High Technology Industry", *Administrative Science Quarterly*, 1998, No. 3, pp. 668-698.

[3] Beamish P W, Peter K J. *Cooperative Strategies: European Perspectives*, San Francisco, CA: The New Lexington Press, 1997, p.71.

[4] 转引自何畔：《战略联盟：现代企业的竞争模式》，广东经济出版社2000年版，第49页。

[5] 张延锋、刘益、李垣：《国内外战略联盟理论阐释评述》，《科学学研究》2003年第1期，第75-79页。

互利的原则形成的一种长期性的契约合作机制。按照不同的标准，战略联盟可以进行多种分类：按照结盟目标可以分为技术开发战略联盟、合作生产战略联盟和市场推进战略联盟；按照投入要素可以分为资源推进型战略联盟和能力推进型战略联盟；按照运作方式可以分为静态战略联盟和动态战略联盟；按照结盟动力可以分为市场驱动型战略联盟和行政干预型战略联盟。

（2）战略联盟形成的原因。

一是交易成本理论。交易成本理论认为，市场的运作是有成本的，具体包括寻找成本、签约成本和监督履约成本。不同的企业通过缔结"盟约"形成联盟性的组织，统一协调组织内的资源，就可以在一定程度上减少各个企业的市场运作成本。在市场交易中，不确定度、交易频率和资源特殊性不同，它们的匹配规则结构也不同。当三个指标均较低时，与之匹配的是反映经典合同关系的监管结构，即市场；如果这三个指标较高，则它们符合统一的规则结构，即企业；介于这两者之间的是"准一体化的规制结构"，即战略联盟，这一组织形式不仅取市场机制和企业机制之长，而且还可以弥补二者之短，使交易成本最小化。战略联盟既避免了建立企业的产权交易成本，又减少了市场交易的不确定性，而且通过对企业核心竞争力的战略整合，可以发挥联盟的整体效果。

二是资源基础理论。资源基础理论认为，有价值的企业资源往往是稀缺的、有差异的、不可替代的，资源的积累和交易是企业战略发展的需要。当能通过市场获得资源时，企业可以依赖市场独自经营，但有些资源与企业的生存发展密切联系，要么根植于组织制度之中，要么与其他资源相伴而存，很难通过市场获得。一个企业若想获得其他企业的这类资源，就可以通过建立战略联盟的方式。在战略联盟框架下，企业利用现有资源与其他企业进行资源整合，利用组合后的资源优势创造更大的价值，谋求更强的市场竞争力。这一理论的前提是核心资源都是稀缺的、有差异性的，仅仅依靠某一类资源很难获得市场竞争优势，市场激烈的竞争环境促使这些企业走向战略结盟以获得不同的资源。

三是组织学习理论。组织学习理论认为企业组建战略联盟的动机之一就是追求组织学习。根据这一理论，如果一个企业具有非凡的创新知识，就可以提高其竞争地位，企业为谋求这种创新知识而结成战略联盟。随着科学技术的发展，一方面，知识技术更新换代加快，新知识、新技术层出不穷；另一方面，竞争性的技术日趋复杂，研究开发的成本加大。企业面临着巨大的学习压力，否则就会被市场无情地淘汰，然而在技术日益分化的今天，一些专门技术的分布非常离散，而且这些知识技术存在于组织程序和文化之中，隐蔽性很强，很难通过市场和一般交易获得，单个企业很难掌握某一领域的全部技术。企业之间结盟可以创造一个宽松、友好的环境，有助于不同企业之间知识的分享和流动，以达到相互学习、共同提升，推动联盟企业创新能力和行业技术的发展。

四是社会交换理论。社会交换理论认为，战略联盟的实质是联盟内伙伴之间的社会关系交换，这是一种面向关系的合作行为。社会关系的交换使组织紧密联系，从而实现资源共享，增强了确定性、相互信赖和安全感。在社会交换过程中，组织的社会地位与声誉是战略联盟形成的重要影响因素，交流与合作不仅具有社会意义，而且具有超越经济的作用。一个组织的社会地位越高，其社会声誉越好，社会关系越和谐，社会对组织的信任就越高，该组织对现有的和潜在的联盟伙伴越有吸引力，并且越容易形成战略联盟。社会交换理论与交易成本理论表面类似，实则有很大不同：在理论基础方面，社会交换理论通过社会关系的交换降低经营的不确定性，交易成本理论则是通过资源统治方式的差异降低交易费用；在战略联盟的含义方面，社会交换理论为组织间社会关系的交换，交易成本理论则是交易方式的优化。

2. 三螺旋理论

（1）三螺旋理论的来源与发展。

三螺旋理论是描述社会创新系统中政府、产业和大学相互依存、相互影响、相互促进，以螺旋递进的方式推进社会创新发展的理论模型。"三螺旋"的概念最早出现于生物学领域。美国遗传学家、哈佛大学教授里查德·列万廷最先使用三螺旋来模式化基因、组织和环境之间的关系[①]，他在《三螺旋：基因、生物体和环境》一书中使用三螺旋来分析基因、组织和环境之间的关系。他认为，生物不仅适应环境，而且可以选择、创造和改变其生存环境，这种能力被写入基因。因此，基因、组织和环境之间的关系是一种"辩证关系"，这三者就像缠绕在一起的三个螺旋，互为因果。[②]

纽约州立大学石溪分校社会科学部科学政策研究所学者埃茨科维兹和荷兰阿姆斯特丹大学科学通信和技术创新动力学者雷德斯多夫用三螺旋模式来分析大学—产业—政府之间关系的动力学。埃茨科维兹首先提出了三螺旋理论，随后，他们于 1995 年共同编写了《大学和全球知识经济：大学—产业—政府关系的三螺旋》，在《EASST Review》第 14 期上发表《三螺旋——大学、产业、政府关系：以知识为基础的经济发展的实验室》一文，标志着三螺旋理论的诞生。从那时起，该理论被视为创新研究的一种新模式，并在国际学术界引起了巨大反响。[③]

[①] 边伟军、罗公利：《基于三螺旋模型的官产学合作创新机制与模式》，《科技管理研究》2009 年第 2 期，第 4-6、3 页。

[②] 方卫华：《创新研究的三螺旋模型：概念、结构和公共政策含义》，《自然辩证法研究》2003 年第 11 期，第 69-72、78 页。

[③] 武汉市机械工业促进办公室课题组：《三螺旋理论视角下武汉先进制造业产学研结合调查》，《长江论坛》2009 年第 1 期，第 19-24、31 页。

第七章
知识创新体系与雄安新区经济社会协同发展研究

(2) 三螺旋理论的核心观点。

三螺旋理论认为,在以知识为基础的社会中,大学、产业、政府三者之间的相互作用是改善创新条件的关键。① 作为三重螺旋最基本、最重要的成员,大学、产业和政府应相互配合,以促进知识的生产、转化、应用、产业化和升级,并在不断发展的动态过程中促进体系的不断完善。在三螺旋的诸要素中,大学具有丰富的知识储备、先进的研发设施、有效的知识管理机制以及较强的知识创新能力,是新知识和新技术的主要提供者;产业作为社会生产的载体,是社会物质产品和服务的提供者,同时肩负着部分技术创新的任务;政府作为管理者,确保产业与大学机构之间稳定的相互作用和交流,是制度的提供者和执行者,并承担一部分制度创新的任务。在创新体系中,这三类机构定位不同、功能各异,基于社会创新的需要明确分工、密切协作,共同推进社会创新的发展,其中这三类机构基于功能差异的合作尤为重要。

由于世界各国的制度不同,大学-产业-政府的关系模式在不同国家有不同的表现,具体可以分为三种类型:第一类是国家社会主义模式(etatistic model),在这种模式中,民族国家包括了学术界和产业,并控制两者之间的关系,代表国家为苏联、东欧和部分南美国家;第二类是自由放任模式(laissez-faire model),由独立的制度领域组成,政府、产业和大学之间的界限很明确,几乎没有互动;第三类是重叠模式(overlapping model),政府、产业和大学不仅两两互动,还出现了三方角色重叠的区域,三者除行使各自的传统职能外,还担负着其他创新主体的一些职能,该模式是最高级的模式。

(3) 三螺旋理论的贡献与局限性。

① 三螺旋理论的贡献。

在理论优势和贡献方面,三螺旋理论把握了知识创新发展的新趋势,诠释了研究型大学发展的新方向,丰富发展了创新系统理论。

三螺旋理论预见性地把握了知识创新发展的新趋势。知识创新是人们创造历史的一种活动方式,是社会进步的一个重要参量。② 知识创新作为人类的一种认知探索活动,与人类社会的生产方式、生活方式密切相关,而生活方式最终也要取决于生产方式,所以人类社会的生产方式最终决定知识创新的内容、形式、类型和方式。在工业社会的后期和信息社会,人类社会的生产方式愈加复杂,知识对生产方式的介入越来越深,社会生产机构和知识创新机构要密切联系、深刻互动,而这两个系统的深度融合,需要政府介入以提供制度支持和管理服务。三螺

---

① 亨利·埃茨科瓦兹:《国家创新模式:大学、产业、政府"三螺旋"创新战略》,周春彦译,东方出版社2014年版,第3-4页。

② 颜晓峰:《知识创新:实践的诠释》,《哲学动态》2000年第5期,第16-20页。

旋理论主张大学、政府和产业密切协作、有效互动,准确地把握了知识创新的发展方向,促进了知识创新的理论发展和实践探索。

三螺旋理论诠释了研究型大学发展的新方向。根据三螺旋理论,大学在理论研究方面具有独特的优势,并且在技术实践和商业化开发方面也具有相当的能力,在未来区域经济和社会发展中的作用将日益增强,能够成为创新系统的领先性机构。① 然而,随着社会生产的发展,生产方式的知识含量越来越高,对知识的依赖性越来越强。同时,知识本身的内容和形式也与社会生产联系越来越密切,使精英高等教育的办学模式受到了挑战,象牙塔式的书斋研究越来越不适应现代社会的发展要求。在这一背景下,大学作为知识生产的重要机构,要在环境变革中寻找自己的功能定位和存在价值。基于此,大学需要主动拉近与产业的距离,主动与产业合作,利用自身知识生产的优势为产业分忧解难。这样一方面有利于增强知识的实践性和通用性,另一方面有助于提高知识生产的效率。

三螺旋理论丰富发展了创新系统理论。三螺旋理论是研究国家创新系统的重要理论,这一理论关注大学、企业等比较活跃的创新主体,强调大学、产业、政府三者的有效互动,揭示了创新的内在机制,反映了创新的时代趋势。与以往的创新理论相比,三螺旋理论不仅在微观上揭示了创新的要素和机理,而且在宏观上确立了创新主体的类型、职能、定位及互动的原则和方向。三螺旋理论作为一个系统全面、深刻鲜明的创新系统理论,为创新系统理论的发展注入了新鲜活力。

② 三螺旋理论的局限性。

在理论不足和局限性方面,三螺旋理论对相关主体的要求较高,有些过于理想化,同时在理论建构上略显空洞。

三螺旋理论对大学、产业、政府都有较为个性化的要求。其要求大学具有规模较大、水平较高的应用技术研究,这样才能与产业有效互动。事实上,研究型大学在所有大学中只占一小部分,在研究型大学中,应用技术研究做得出色的也不多。在这样的前提下,大学与产业互动只能局限在少数学校,在全球范围内,大学与产业互动发展比较成功的案例也集中于少数名校。

三螺旋理论内容不够丰满。三螺旋理论确立了大学、产业、政府三者的基本定位和职能,鼓励三者密切协作、有序互动,为这三类主体在创新系统中的协作确立了基本方向,但是,三螺旋理论只是定了基本方向,三者具体如何协作、如何互动,该理论并未提供指导思想和原则思路。

---

① 蔡翔、王文平、李远远:《三螺旋创新理论的主要贡献、待解决问题及对中国的启示》,《技术经济与管理研究》2010年第1期,第26—29页。

3. 知识生产模式理论

随着社会生产的发展，大学与社会的联系日益密切，其知识生产模式随之发生变革。迄今为止大学知识生产模式经历了以单学科研究为主的知识生产模式Ⅰ和跨学科研究的知识生产模式Ⅱ，目前正在走向以超学科研究为主要特征的知识生产模式Ⅲ。

（1）知识生产模式Ⅰ及特征。

知识生产模式Ⅰ又被称为传统知识生产模式，以基于学科的知识生产为主要特征。学科的历史悠久，早在古希腊时期，学者们已经对当时的"知识"做了简单的划分，形成了诸如哲学、数学、医学、法学、逻辑学等学科雏形。但真正意义上的传统学科知识生产模式伴随17世纪新的学科组织（英国皇家学会和法国科学院）而诞生。[1] 1810年，德国柏林大学的诞生，是知识生产模式变革史上的重大事件，通过建立"讲座制"等新制度推动传统学科知识生产模式进一步发展。美国大学系科制改革将传统学科知识生产模式推向顶峰，同时也导致学科过度分化，不利于知识创新发展，给知识生产模式Ⅰ带来了发展危机，也为知识生产新模式的产生准备了条件。

传统知识生产模式是建立在知识依据其内在逻辑高度分化的基础上的，而且随着知识生产的进行，这种分化使知识呈现出专业化和纵深化的发展趋势，知识离社会越来越远，不同学科之间的边界越来越凸显，形成了以讲座教授为核心的讲座组织，后来又发展成以院-系-所为组织特征的科层组织。[2] 其特征表现在以下几个方面。

① 知识生产目的内在化、理想化。

在传统知识生产模式下，知识生产的目的是拓展、创造新知识，完善知识理论体系，并对原有知识进行审视、反思，修补知识之网上的断点和漏洞，使知识体系更加完善、更加科学、更加合理。知识生产除了知识本身，再无其他目的，是"为了知识而知识"，追求的是抽象的"真理性"。[3]

② 知识生产活动规范化、制度化。

在传统知识生产模式下，学者的知识生产活动与此前"作坊式"的生产已有很大的不同。学术作品要遵循既有的作品范式才可能发表，只有发表了才有可能被学术机构和学术界认可，才能实现学者的等级晋升，才能获得更大的学术话语

---

[1] 王晓玲、张德祥：《试论学科知识生产的三种模式》，《复旦教育论坛》2020年第2期，第12-17页。

[2] 白强：《大学知识生产模式变革与学科建设创新》，《大学教育科学》2020年第3期，第31-38页。

[3] 陈洪捷：《德国古典大学观及其对中国的影响》，北京大学出版社2002年版，第40页。

权。学术生产的各个环节都有一系列程序和制度，这些制度约束着学者的行为、规范着知识生产活动。

③ 知识生产过程封闭化、孤立化。

在传统知识生产模式下，知识生产活动局限于象牙塔内，不仅与社会隔绝，而且不同学科的知识生产也很少"沟通"，不同学科之间往往是"鸡犬之声相闻，老死不相往来"，知识生产过程是封闭的、孤立的。一个学科的进展很难对另一个学科产生影响，学校知识生产很难对社会发展产生影响。

（2）知识生产模式Ⅱ及特征。

知识生产模式Ⅰ使得知识生产的管理制度越来越僵化，学术离社会越来越远，学者自主探索的空间越来越小；学科越分越细，研究视野越来越狭窄，越来越难取得重大理论突破和创新。知识经济和全球化的发展催生了新的知识生产模式。科学探索首先突破了学科的边界壁垒，跨学科应运而生，具体表现为三个层次：一是理论、方法的跨学科借鉴；二是多学科性研究；三是整合不同学科形成交叉学科。科学探索还突破了大学与社会的边界壁垒，知识生产过程从孤立走向联合，知识生产开始关注市场需求和国家发展，服务国家和社会发展的重大需求成为大学科研探索的新风尚。大学在科研探索中与政府、企业等社会主体有机互动，形成推动知识生产的三螺旋模型。具体特征表现为以下几个方面。

① 知识生产主体的多元化、协作化。

知识生产主体不再局限于高校学者，还包括其他相关社会角色。三螺旋模型是知识生产模式Ⅱ的形象描述，在这一模型中，三个"螺旋"密切协作、有效互动，参与知识生产的不仅有高校学者，还有政府里的行政人员，企业里的工程师、技术人员等。

② 知识生产目的的应用化、市场化。

知识生产不再是"为了知识而知识"，开始追求知识的实际应用价值，特别是基于市场需求的应用价值。为了推进知识生产的应用化发展，不少大学建立起协调社会主体需求和学校知识生产的中介组织，引导高校学者的知识生产，使之符合服务实际应用的价值导向。

③ 知识生产过程的开放化。

一是学科之间不再封闭，不同学科可以针对具体的研究问题相互借鉴、沟通融合；二是大学也不再向社会封闭，可以与政府、企业、中介机构等市场主体进行有效互动，以促进知识生产。学科之间的相互开放有利于创新活动的开展，有利于新思想、新理念和新技术的出现。大学向社会开放可以使生产的知识更有社会应用价值，有利于创新驱动发展理念的实现和高新产业的发展。

（3）知识生产模式Ⅲ及特征。

随着技术发展和社会进步，知识生产的任务越来越重大，知识生产主体越来越多元,知识生产的组织方式越来越复杂,引发学者对知识生产模式未来发展的思考,他们依据知识生产模式的发展现状和变革逻辑对新的知识生产模式做了大胆设想,这就是知识生产模式Ⅲ。根据这些学者的推断,知识生产模式Ⅲ是依托多层次、多形态、多节点、多主体和多边互动的知识创新系统进行知识生产的方法、方式和路径的集合体,以"集群""网络""生态系统"为核心概念,强调大学、产业、政府和社会公众之间不拘形态和方式地协同创新。这一模式在价值上关注社会公众的利益,在技术上重视知识生产"集群""网络""生态系统"。

知识生产集群是指大学、企业、科研院所、政府、中介机构以及其他社会组织在参与知识生产、传播和应用过程中密切互动、高效协作,共同构成的组织联合体。它包括地域集群、部门集群、知识集群等类型,其中知识集群具有明显的超时空性、跨地域性、跨部门性,是知识生产集群的核心概念。"网络"主要是用来描述知识生产的不同要素之间相互作用、相互连接、相互补充和相互强化而形成的有机体系。它既可以指集群内不同主体之间的关系,也可以指不同集群之间的关系。"生态系统"是指一个多层次、多形态、多节点和多主体的系统网络,其组合系统包括"创新元网络"和"知识元集群",并形成于自我指涉的和混沌分形的知识创新体系。华盛顿大学教授伊莱亚斯·卡拉扬尼斯等人将知识生产的这些发展趋势称为知识生产模式Ⅲ,并阐述了相应的概念和思想,其主要特征如下。

① 知识生产主体的集群化。

与模式Ⅱ相比,知识生产模式Ⅲ生产主体更加多元,除大学、政府和产业外,还增加了社会公众这个非传统主体。社会公众是一个相对宽泛的概念,包括基金会、行业协会、非政府组织、中介机构等,这些主体参与到知识生产过程中,说明知识生产活动对知识生产主体的多元性要求越来越高。社会公众与高校、政府、产业密切协作,构成四重螺旋,形成一个高度协作的知识创新集群。

② 知识生产目的的社会性。

社会公众的参与使知识生产走向更加广阔的社会领域,涉及更广泛的生产主体,知识创新的社会文化氛围更加浓厚,新知识的社会意义更加凸显,从而促使知识生产目的逐步超越功利化的价值取向,向着公共性和公益性的方向升华,追求公共价值和履行社会责任成为知识创新的重要出发点和驱动力。同时,超多元化的知识生产主体相互制衡,使知识生产活动很难为某一类群体所垄断,因而更能增强知识生产目的的社会性。

③ 知识生产活动的协同化。

基于知识生产模式Ⅲ的知识生产过程更加开放,知识生产主体更加多元,而且这些主体之间联系密切、深度协作,知识生产系统以多边、多形式、多节点、多层次的方式强调大学、产业、政府和社会公众之间的协同创新,并通过知识生产主体的竞争合作、功能互促、协同提升的逻辑机理驱动知识生产资源的生成、分配和使用过程,从而形成形态不同的创新网络和知识集群,实现知识创新资源的动态整合、优化。知识生产的过程就是这一系统内的相关主体相互联系、相互影响、相互促进,多方协作共谋新知识的过程。

④ 知识生产过程的循环化。

在知识生产模式Ⅲ中,知识生产过程不再止于知识产品发布之时,而是继续关注知识的应用、修正环节。知识生产者依据知识应用的效果和社会公众的利益诉求改进知识,在下一个生产周期生产出优化后的知识,如此循环改进。

综上所述,在知识生产模式Ⅲ中,知识生产的主体更加多元,知识生产的动机逐步强调公共利益和社会责任,知识生产的场域拓展到了整个社会,知识生产活动依托于知识创新"集群""网络""生态系统"。鉴于这一模式超越了学科、大学、产业和政府,因而这一模式又称为超学科知识生产模式。知识生产模式Ⅲ代表着知识生产的国际先进模式,对促进尖端科研成果产出具有重要意义。

4. 区域创新系统理论

随着知识经济和经济全球化的深入发展,创新是国家竞争力的关键优势,区域创新成为各国政策制定者和学者共同关注的热点。区域创新研究催生了国家创新系统、区域创新系统、新产业区、创新集群等研究问题,其中,有关区域创新系统的研究形成了比较成熟的分析理论——区域创新系统理论。这一理论受到的关注较高、应用比较广泛,是分析区域创新问题的主要理论框架。

(1) 区域创新系统的相关概念。

1912 年,熊彼特提出创新理论(Innovation Theory),揭示经济发展本质在持续创新;1987 年,弗里曼提出,国家创新体系(National Innovation System)是公共的政府部门和私人的企业结构的交叉。1992 年,库克提出区域创新系统(Regional Innovation System,RIS)。1996 年,库克出版《区域创新系统:全球化背景下区域政府管理的作用》,系统阐述区域创新系统的内涵:由地域相关的高等教育机构、研究机构和生产企业组成的区域组织系统,这一系统通过各个要素间的相互作用产生创新。在此基础上,阿希姆、卡尔松等学者进一步对区域创新系统进行了大量研究。综合来看,区域创新系统的概念至少包含以下几个外延:区域地域空间范围、创新主体扮演的角色与作用、创新主体构成的组织结构和空间结构、创新主体与环境的相互作用及对区域的影响、创新系统的有效运行与可持续发展。

区域创新系统理论在我国区域创新系统的研究与发展中发挥了重要作用。王缉慈[1]、罗守贵和甄峰[2]、顾新[3]等较早引进区域创新系统理论,之后越来越多的研究关注理论的运用,并对广东高新技术区、中关村、粤港澳技术新区等产业园进行分析。黄鲁成认为区域创新系统是指在特定的经济区域内,各种与创新活动有关的主体要素、辅助要素及协调各要素之间关系的制度和政策网络。[4] 胡志坚、苏婧认为区域创新系统是一种为创造、储备和转让知识、技术的创新网络系统,这一系统由大学、企业和研究机构组成,这一机构的运作需要市场中介服务组织广泛介入、政府适当参与。[5]

综合来说,区域创新系统是在一定社会活动范围内,由政府、企业、大学、中介服务机构等不同创新主体组成,包括知识、技术、服务等创新体系构成的相互影响的一体化网络和组织机构,区域创新系统的创新过程是动态演化的过程,受区域经济、社会和文化等环境的交互影响。

(2) 区域创新系统的构成要素。

区域创新系统是多个行为者之间相互依存并促进创新的过程,所以创新政策关注的重点不仅包括创新能力,更支持知识在参与者之间的流动。魏格认为区域创新系统参与者包括生产企业群、教育机构、研究机构、政府机构、创新服务机构等。Kiryushin指出,区域创新系统包括知识的产生和传播子系统(包括研究机构、技术中介机构、劳动力中介机构组织和教育组织)、知识的应用和开发子系统(该地区的公司)、区域政策子系统(地方政府及政策)、社会文化因素(正式的和非正式的),此外还有外部影响。黄鲁成认为区域创新系统由创新主体子系统、创新基础子系统(技术标准、数据库、信息网络、科技设施等)、创新资源子系统(人才、知识、专利、信息、资金等)和创新环境子系统(政策法规、管理体制、市场和服务等)构成。[6] 官建成认为区域创新系统就是一个创新投入和产出系统,投入的是人力和财力,产出的是创新,并认为通过探讨创新系统的知识流、资金流与创新环境对创新系统各个要素间互动的影响,研究各区域创新

---

[1] 王缉慈:《发展高技术产业与地方创新环境》,《科学中国人》1996年第11期,第52页。

[2] 罗守贵、甄峰:《区域创新能力评价研究》,《南京经济学院学报》2000年第3期,第31-35页。

[3] 顾新:《区域创新系统的运行》,《中国软科学》2001年第11期,第104-107页。

[4] 黄鲁成:《关于区域创新系统研究内容的探讨》,《科研管理》2000年第2期,第43-48页。

[5] 胡志坚、苏靖:《区域创新系统理论的提出与发展》,《中国科技论坛》1999年第6期,第20-23页。

[6] 黄鲁成:《关于区域创新系统研究内容的探讨》,《科研管理》2003年第2期,第43-48页。

系统创新能力及其决定因素、创新系统的创新绩效及其决定因素等方面的内容，可以把握各区域创新系统状况。①

综合来说，区域创新系统的构成至少包括创新主体（政府、大学、科研院所、企业等）、创新要素（知识、技术、服务、制度等）、创新辅助机构（中介服务机构）、创新环境（区域经济基础、社会制度和文化等）等要素。

(3) 区域创新系统实践。

20世纪90年代以来，各国充分认识到区域创新的重要性，纷纷实施区域创新战略，构建区域创新系统，以提高区域经济的全球竞争力。各国区域创新系统以科技园区、高新技术区为载体，形成了俄罗斯西伯利亚科学城、日本筑波科学城、美国硅谷、印度班加罗尔软件技术园、英国剑桥科学园、法国索菲亚安蒂波利斯科学城等著名区域创新系统园区。中国发展较为成熟的区域创新科技园区以台湾新竹科学工业园、北京中关村为代表，尚未成熟的杭州数字湾区、青岛蓝谷、浦东新区、徐汇光启等，此外还有建设中的雄安新区、粤港澳大湾区等。李振国比较了硅谷与中关村的区域创新系统后指出，中关村的发展演化体现为自上而下的特点，产业系统、教育科研系统、金融系统都通过政府进行战略性调整，而硅谷则体现为自下而上的演化路径。②综合来说，各国区域创新系统实践受本国经济、社会、文化影响较大，在区域创新系统发展路径上存在差异。

（二）分析框架的建构

区域知识创新系统逻辑框架的建构应以知识生产模式的三种类型为蓝本，这三种模式产生于不同的时代，具有不同的特点，对应不同的知识类型：知识生产模式Ⅰ主要对应基于学科的抽象理论知识，知识生产模式Ⅱ主要对应跨学科的具体应用知识，知识生产模式Ⅲ对应的知识比较复杂。根据相关研究，知识生产模式Ⅲ应为理论知识和应用知识的结合体，代表着知识生产模式理论的最新发展，对于促进前沿知识创新具有重要意义。在这一模式中，知识创新的主体包括大学、产业、政府和社会公众，知识生产的目的注重社会公共利益和人类的长远利益，知识生产过程侧重网络化和集群化等。知识生产模式Ⅲ应对的是知识生产的未来问题，探索模式Ⅲ的具体形态，特别是操作模式，应从知识生产当前面临的问题和将来的使命任务开始。雄安新区建设是我国未来发展的一个重大战略，根据《河北雄安新区规划纲要》的要求，"创新发展示范区"和"创新驱动发展引

---

① 官建成、刘顺忠：《区域创新系统测度的研究框架和内容》，《中国科技论坛》2003年第2期，第24-26页。

② 李振国：《区域创新系统演化路径研究：硅谷、新竹、中关村之比较》，《科学学与科学技术管理》2010年第6期，第126-130页。

领区"都是雄安新区建设的重要目标,这些发展目标要求雄安新区未来的知识创新活动具有前沿性和先导性。同时,服务于这两项建设目标的实现是雄安新区知识创新体系创建的重要使命。所以,雄安新区的这两项建设目标是可以作为探索知识生产模式Ⅲ的具体形态的逻辑起点。

根据"创新发展示范区"和"创新驱动发展引领区"建设的要求,雄安新区知识创新系统的创建,应致力于促进尖端、前沿知识的高效生产,涉及多个方面因素的协调。根据区域创新系统理论,区域创新系统建设涉及创新主体(政府、大学、科研院所、企业等)、创新要素(知识、服务、管理制度等)、创新辅助组织(风险投资机构、中介服务机构等)、创新环境(区域经济基础、社会制度和文化等)等问题,这些问题纷繁复杂,需要应用相关理论进行归类、梳理。

本研究依据三螺旋理论分析、梳理、整合这些问题的关系,明确大学、政府、产业和其他社会组织的角色和责任。大学是一个系统,在这个系统内部,有研究型大学,也有一般高校,它们在知识创新中的角色和地位是不同的,不能一概而论;即使在研究型大学系统内部,不同大学的角色也是有差异的,这也需要采用一个理论进行梳理整合。本研究依据战略联盟理论对研究型大学与其他高校的关系以及研究型大学之间的关系进行整合,优化高等教育系统。在梳理以上关系的基础上,要积极探索高效的知识生产方式,知识生产方式的创新是创新的创新,可以从根子上增强创新的原动力。知识生产方式变革是有规律可循的,知识生产方式的创新探索要遵循相应的理论依据。知识生产模式理论是研究知识生产模式变革的重要理论,对知识生产方式具有重要的指导意义,本研究依据这一理论,结合以上的分析和要求,探索区域知识创新系统构建的逻辑框架。

在以上分析的基础上,本研究基于知识生产模式理论、区域创新系统理论、三螺旋理论和战略联盟理论,构建了一个区域知识创新系统逻辑框架,用以雄安新区知识创新系统的构建。在这一框架中,区域内研究型大学和其他高校基于战略联盟理论结成战略联盟,我们将其称之为"高校战略联盟"。高校战略联盟在一定条件下实现资源共享、风险共担、功能互补、机制互鉴。这个由大学结成的战略联盟再与企业、政府基于三螺旋理论形成一个大学、政府、产业组成的创新"三螺旋",由大学、政府和产业构成的"三螺旋"与区域内的技术交易中介、风险投资机构、创新孵化平台等其他中介性组织密切互动,形成由大学、政府、产业和中介性组织构成"四螺旋",这四个螺旋基于区域创新系统理论构建区域创新系统。然后依据知识生产模式理论对这个区域创新系统模型进行审视、分析和修正,探讨科学、高效的知识生产模式,同时丰富、创新知识生产模式Ⅲ的具体形态,形成一个易于理解、便于把握的操作模式,并与知识生产模式Ⅰ、知识生产模式Ⅱ有机互动,形成机制科学、结构合理的知识生产模式类型格局,并据此分析区域创新系统中不同创新主体的角色和作用，革除其知识创新的模式弊病，释放研究型大学的知识创新潜能，有效推动区域知识创新活动的发展。

1. 高校战略联盟

按照联盟形成的机理，高校战略联盟的内容包括两个层面：一是研究型大学之间基于知识生产协作的结盟；二是研究型大学和其他高校基于知识传播、应用的结盟。

在研究型大学内部结盟层面，不同的研究型大学基于相互学习、共同提升的目的结成资源共享、信息互通的战略联盟。除联盟协议外，这一联盟还应有以下几个方面的合作机制：资源共享机制、科研合作机制和成果推广应用机制。

基于资源共享机制，未来雄安新区高校应建立起资源合作平台，以推进资源获取途径优化、促进优质资源共享。这些资源包括重点实验室、先进科研设备、图书资源和数据库资源等。基于资源共享平台，这些高校可以实现实验室和关键科研仪器的公用，共同攻关重大科研项目，一方面可以提高仪器的利用效率和使用价值，另一方面可以提高结盟高校的整体教育质量和科研水平。依据资源共享机制，雄安新区高校还可以利用信息技术共建网络图书馆，实现图书、数据库等资源共享，减少重复购置，节约办学资源。

基于科研合作机制建立科研合作平台，是高校生存和发展的内在需要。创新推进社会进步是高校科研职能的重要组成部分，随着生产的发展和社会的进步，高校科研创新的触角已经深入到科研问题的艰深领域，靠单一高校的科研能力很难解决复杂艰深的科研问题，而且不同学校的科研优势并不相同，这些优势植根于学校的历史渊源和现实条件之中，不具备这种优势的学校很难通过短期资源投入进行弥补，只有不同高校的科研合作，基于"木桶理论"优势互补，才能形成强大的科研合力，攻克复杂的科研问题。高校科研合作平台的建设可以在资源共享平台的基础上有序推进，从科研问题联合研讨、重大科研项目共同攻关开始，逐步建立起科研项目的联合申报、科研人员有序流动的科研合作机制，最终形成共建创新创业平台，有效盘活区域内科研资源，激发高校创新动力，推动区域内高校合作，提高区域高校的科研水平。

基于科研成果推广应用机制，结盟高校应在科研创新平台攻坚的基础上，共同成立科研成果交易平台，有效推进科研成果的推广转化。科研成果转化率低是制约我国科研发展的重要瓶颈，是我国科研体制层面的问题，也是我国高校面临的现实问题。提高科研成果转化水平不仅可以为科研机构带来可观的经济效益，而且有助于科研问题的深入推进，进而提高科研创新水平。

除研究型大学自身结成战略联盟外，研究型大学还要与教学型高校结成联盟以实现资源、机会共享，全方位推进知识创新。研究型大学和教学型高校结盟与研究型大学内部结盟在结盟机理的侧重点上有很大的不同。在资源共享方面，更多的是研究型大学对教学型高校的资源辐射和关照，比如图书馆、实验室和关键仪器对教学型高校学者开放。在科研合作机制方面，更多的是研究型大学对教学型高校的引领，比如接纳、吸收教学型高校教师的访学和进修；在科研成果转化方面，教学型高校更多的是在帮助传播、推广研究型大学的科研成果。

研究型大学战略联盟与教学型高校战略联盟形成高校战略联盟，高校战略联盟与政府、产业和中介性组织积极互动。

2. 四螺旋模型

研究型大学与教学型高校组成高校战略联盟，高校战略联盟与政府、产业形成创新系统的三螺旋模型，而三螺旋又与技术交易中介、风险投资机构、创新孵化平台等中介性组织在知识创新活动中密切互动，形成知识创新的四螺旋模型。所以，四个螺旋之间有六对关系，分别为高校战略联盟与产业的关系、高校战略联盟与政府的关系、高校战略联盟与中介性组织的关系、产业与政府的关系、产业与中介性组织的关系、政府与中介性组织的关系（见图7-1）。下面就对这些关系进行梳理分析。

高校的科研创新不应局限于理论层面，还要涉足应用领域，关注实际问题的解决。这就意味着高校的知识创新应突破大学的边界，与从事生产一线实践的企业发生广泛联系。校企合作对高校益处颇多，企业不仅为知识的应用提供了广阔的天地，而且可以为高校的技术研发提供有力的经费支持，校企合作应成为高校改革发展的趋势。就实际情况来看，在国家相关政策的推动下，我国校企合作虽已取得了一些实践成果，但与发达国家相比，我国的校企合作开展深度不够，有待进一步挖掘合作潜能。

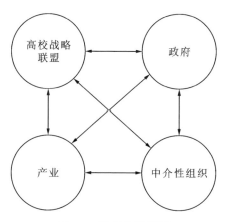

图 7-1 四螺旋模型图

政府亦是知识创新系统的重要参与者。政府不仅是高校的管理者，而且在知识创新方面应为高校提供资源、资金、政策和需求。这就意味着政府不能只做单纯的管理者和旁观者，更要主动参与、积极作为，除提供资金和资源支持外，还应对高校的科研创新提供方向引领和制度支持，积极推进产学研合作。

产业原本与政府有密切的联系，在四螺旋模型中这种联系更加紧密，政府除关心产业的生产经营外，还应关注产业的科学研究，特别是与高校等机构的科研合作。政府除为校企科研合作提供政策保障之外，还对产业的科研方向进行指导和干预，使产业的科研活动规范有序。同时，产业也可以向政府反映科研需求，从而影响政府的科研政策。

中介性组织虽不是知识创新的直接参与者，但它对知识创新体系的形成发挥了"引子""纽带""黏合剂"的作用，能够触发并维持创新主体之间的联系。例如，科技交易中介能有效地把高校的科研成果推介给产业，创新孵化平台能把新技术"孵化"成高科技企业。高校参与知识创新体系的构建就要密切联系中介性组织，中介性组织不仅有信息资源、资金资源、技术资源，还有产业的社会关系资源，对高校知识创新的发展具有重要意义。

中介性组织作为"纽带"和"黏合剂"，与政府和企业都保持着密切的关系。就与政府的关系来说，中介性组织掌握着大量的资金、技术、关系和信息，一方面可以向政府提供有价值的科技信息和经济信息作为政府决策的依据；另一方面可以利用手中的资金、技术、关系和信息协助政府执行相关科技政策。就与产业的关系来说，中介性组织在创新活动中可以为产业提供尖端知识和高新技术，还可以"孵化"并扶持它们成长。同时，产业会把自己的科技需求反馈给中介性组织，让它们协助联系相应的知识和技术。

3. 五螺旋创新系统理论

知识生产模式理论是从知识创新历史发展的视角提出的理论，不仅总结了知识生产模式的传统形式，而且对知识创新活动的未来形态做了大胆的预测。知识生产模式Ⅲ是这一理论的最新发展，这一模式依据知识生产活动的历史发展趋势大胆预测了未来知识生产的关键逻辑和基本形态，有利于指导知识创新活动模式创新和管理制度变革。但知识生产模式Ⅲ理论内容抽象、笼统，多为基于知识生产模式Ⅰ和知识生产模式Ⅱ的逻辑推演，缺少现实创新依据。三螺旋理论和区域创新系统理论是依据知识创新活动现实总结出来的创新理论，由这两个理论融合而成的四螺旋创新系统理论的实践依据也比较充分，但是缺少知识创新活动未来发展形态的前瞻性论断。下面结合四螺旋创新系统理论进行分析和探讨。

在价值层面，知识生产模式Ⅲ主张知识生产活动要服务社会公共利益，并强调"社会公众"在知识生产中的作用。这是一个好的出发点，但在知识生产的实践中如何执行、如何保障,这是一个必须深入探讨的问题。根据四螺旋区域创新系统理论,知识生产活动由高校、产业、政府和中介性组织互动协作来完成。为了强调社会公共利益,应在"四螺旋"的基础上增加"社会公众",组成一个五螺旋创新系统理论。公共媒体、应用群体和行业协会应是知识创新活动是否符合公众利益的主要监督者,应成为社会公众的主要代表。

在技术层面,知识生产模式Ⅲ重视构建知识创新的集群、网络和创新生态系统。知识创新的集群包括地域集群、部门集群和知识集群。所谓集群就是组织联合体,不同的集群就是以不同的依据结成的组织联合体。这些集群可以发挥不同的作用,地域集群可以促进隐性知识的传播和交流,部门集群可以培养和支撑创新文化的发展,知识集群可以促进知识的发展和增值。网络主要是用来描述知识生产的不同要素之间相互作用、相互连接、相互补充和相互强化而形成的有机体系。它既可以指集群内不同主体之间的关系,也可以指不同集群之间的关系,对理解高级知识社会的发展动力具有重要价值。创新生态系统是一个多层次、多形态、多节点和多主体的系统网络,其组合系统包括创新元网络和知识元集群,并形成于自我指涉的和混沌分形的知识创新体系。①

从对集群、网络和创新生态系统分析可以看出,知识生产模式Ⅲ技术层面的内容信息是比较抽象的,停留在理念层面,很难与知识生产实践联系起来,不利于发挥对知识生产模式变革的指导作用,而是应与创新活动的基本原理和区域创新系统的运作机制结合起来,形成一种实践导向的理论。根据四螺旋创新系统理论,创新活动是高校、企业、政府和中介性组织等创新主体依托区域创新系统密切协作、有机互动的过程,并在互动中不断丰富、完善、优化区域创新系统。所谓的集群、网络,就是对这些创新主体协作、互动的规范和形式的要求。集群的三种类型就是创新主体协作、互动的三种逻辑:地域聚集逻辑、知识生命周期逻辑和知识间的属性依赖逻辑。网络就是指不同创新主体之间的协作、互动关系。知识集群和创新网络是知识生产模式Ⅲ的两个核心理念。因此,促进创新的原则和知识间的属性依赖逻辑应是创新主体结盟的主要参考依据。

基于以上分析,知识生产模式Ⅲ和四螺旋创新系统理论融合后的应是五螺旋创新系统理论,五个"螺旋"分别是大学、产业、政府、中介性组织和社会公众。由上述五个"螺旋"聚集而成的知识创新系统应遵循促进创新的原则和知识间的属性依赖逻辑,并在此基础上综合考虑地域聚集逻辑和知识生命周期逻辑。

---

① 武学超:《模式3知识生产的理论阐释——内涵、情境、特质与大学向度》,《科学学研究》2014年第9期,第1297-1305页。

(三)分析框架的要求

基于知识生产模式理论、区域创新系统理论、三螺旋理论和战略联盟理论构建的五螺旋创新系统理论是区域知识创新系统的基本逻辑框架。根据这一逻辑框架,研究型大学在区域知识创新体系构建中发挥主导性作用,分析区域知识创新系统可以从两个层面进行:高校战略联盟内部和高校战略联盟外部。

1. 高校战略联盟内部

根据五螺旋创新系统理论,高校战略联盟由研究型大学群体和教学型高校群体构成,而在研究型大学群体中,知识创新要素的运行逻辑体现在研究型大学学校内部和研究型大学之间。据此本研究定位了三个分析点:研究型大学学校内部;研究型大学之间;研究型大学和教学型高校之间。

(1) 研究型大学学校内部。

根据五螺旋创新系统理论(具体为知识生产模式Ⅱ和知识生产模式Ⅲ),研究型大学内部应打通学科界限,成立跨学科组织,推进学科的交叉融合。事实上,国内的一些研究型大学在国外高校的影响下,也组建了交叉学科研究机构,但这些研究机构的设立多半不是基于科学研究本身的需要,而是对国外先进学校的一种制度模仿,因而其组织多缺乏独立的经费、独立的管理、独立的实验设备和办公场所,特别是缺乏独立的评价体系。这种交叉学科研究机构在实质上大多只是其他院系或科研机构的一种临时性的合作,而非真正意义上的跨学科部门,推进科研探索的制度效力有限。评价一个大学的交叉学科研究机构是否是真正的跨学科组织要参考以下标准:研究机构是否是一个独立的实体(有独立的编制和研究人员);研究机构是否有独立的经费;研究机构是否有独立的管理制度,特别是评价体系;研究机构是否有独立的实验室和实验设备;研究机构是否有独立的办公场所等。

(2) 研究型大学之间。

根据五螺旋创新系统理论(具体为战略联盟理论),研究型大学之间要加强沟通协作,以互利共赢为原则建立战略联盟,以实现资源共享、科研协作和研究成果的推广应用。事实上,我国的研究型大学与地方政府之间的"校地"战略合作较多,大学之间的战略合作较少。虽然有不少学会或行业协会联系着不同的大学,但是这些学会或协会只是沟通思想和联系感情的机构,在资源共享和科研协作方面并没有发挥实质性作用。大学之间偶尔也有实质性的协作,比如共同申报课题、共同申报奖项等,但这些合作都是零星的、偶发性的、缺乏制度保障的。研究型大学之间若要有实际意义的合作就要建立战略联盟,签订具有实际互促意义的战略联盟协议,建立一系列合作机制。在资源共享机制方面,结盟的大学应在科研资源的采购和使用方面对外统一行动,对内加强协调,以达到采购成本最低、使用效率最高的效果。在科研合作机制方面,结盟的大学应突出发展自己的优势学科,不应追求大而全的学科体系,借助战略联盟框架基于优势学科组合开展科研合作,共同攻关重大科研课题。同时,联盟内部应加强全面统筹规划,或培育新的学科优势,或引入新的大学,确保联盟内部学科优势的完备性。在成果推广应用机制方面,高校战略联盟要做好两个主要工作:一是组建、经营科研成果共同交易市场;二是建立、经营共同的科研成果转化平台。

(3) 研究型大学和教学型高校之间。

根据五螺旋创新系统理论(具体为战略联盟理论),研究型大学还要与其他教学型高校结成联盟以实现资源、机会共享,全方位推进知识创新。研究型大学和教学型高校结盟能扩大研究型大学对教学型高校的资源辐射范围,有效推进区域科研水平的提升。研究型大学与教学型高校应积极发掘自身的相对优势,为科研结盟创造有利的条件。

2. 高校战略联盟外部

根据五螺旋创新系统理论,高校战略联盟外部,就是在创新系统的五个"螺旋"之间形成十对关系(见图7-2),对创新系统的形成与发展非常重要。鉴于本研究是从教育与经济的关系视角探究知识生产模式,研究型大学是高校战略联盟的重要组成部分,这里就着重分析高校战略联盟与其他四个"螺旋"的关系。

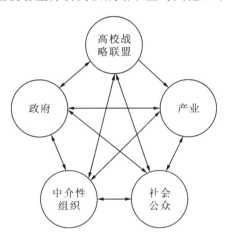

图 7-2 五螺旋创新系统理论模型图

(1) 高校战略联盟与产业之间。

根据五螺旋创新系统理论,高校与企业都是知识创新体系中的重要创新主体,高校是知识的提供者,企业是知识的应用者,高校为企业发展给予研发成果的支持,企业不仅为高校提供可观的研发经费,而且能激发学者的科研热情。高校与企业科研合作有利于双方的战略发展，应该得到大力提倡和推广。然而，就实际情况来看，我国校企合作虽已取得了一些实践成果，但与发达国家相比，校企合作开展深度不够，特别是地方高校与企业的合作发展有待进一步提高和深化。[①] 专利合作处于初级发展阶段，主要以亲缘型合作模式为主，其次是地缘型合作模式和业缘型合作模式。[②] 同时这些合作还存在着知识产权模糊、高校校名滥用、校企双方的权责分配等问题。[③] 这些问题产生的原因在于我国的校企合作模式还处于探索阶段，缺乏必要的推介机构和成熟的制度规范。推进高校战略联盟与企业科研合作应做好两个方面的工作：一是建立科研成果推广应用促进组织，包括学校内部推介机构和区域科研成果交易平台；二是建立校企合作的法律制度和管理规范，明确校企合作的合作程序和权责边界。

（2）高校战略联盟与政府之间。

根据五螺旋创新系统理论，政府亦是知识创新系统的重要参与者，为高校的知识创新提供资金、政策支持，并向高校传递知识创新的社会需求信息。这就意味着政府不能再做单纯的管理者，而应积极融入科研创新活动中去，除向高校科研创新提供资源支持外，还应提供方向引领和制度支持，积极推进产学研合作。在方向引领方面，政府负有治理社会的责任，掌握着社会各方面的发展信息，能够从全局上掌握社会发展的创新需求，政府应把社会创新需求的信息及时地传递给大学，增加大学科研的实践意义。然而事实上，由于大学科研人员流动不畅等问题，大学从事的技术研发常常与市场不对接，研究成果有时只用于发表论文与职称晋升，没有市场应用价值。[④] 有学者提出，大学主要从事基础科学研究，应用技术研究应由企业去做。这一观点是片面性的，基础研究和应用研究的划分不是绝对的，搞纯而又纯的理论研究对大部分研究型大学来说既不合理也不现实。在制度支持方面，由于我国科研体制机制问题，科研院所的仪器等科研设备为单位所有，很难向社会开放；科研人员大多数为体制内编制人员，若想参加市场化的协同创新活动必须要得到单位的认可与支持，甚至要得到高校主管部门的许可。解决这一问题，就要改革既有的体制机制，增加政府的政策支持，放开科研人员的手脚，释放大学的科研潜能。

---

① 吕小艳、文衍宣：《协同创新背景下的地方高校与企业合作发展策略》，《实验室研究与探索》2016年第9期，第250-253页。

② 刘桂锋、卢章平、刘琼、孙华平：《基于社会网络分析的江苏省高校产学研专利合作研究》，《情报杂志》2015年第1期，第122-126、155页。

③ 刘长威、全锋、郑雪宜：《高校与企业科技合作的相关问题分析》，《科技管理研究》2015年第2期，第82-85页。

④ 文学国：《法治驱动下的美国政企学协同创新机制》，《国外社会科学》2018年第6期，第4-12页。

（3）高校战略联盟与社会公众之间。

根据五螺旋创新系统理论，在知识创新系统中，高校知识创新除与政府、产业密切互动外，还应与社会公众积极沟通。社会公众参与高校知识创新是社会发展到一定阶段才出现的，其参与方式不同于政府和产业。社会公众是高校知识创新的间接受众，享受知识创新衍生物带来的社会便利，对高校知识创新的影响更多地体现为创新需求传递和创新效果反馈。创新需求传递一般表现为技术层面，主要通过政府和产业来实现；创新效果反馈既表现为技术层面，也表现为价值层面，一般通过政府部门和公众媒体来实现。创新效果反馈要求，任何一项新理论、新技术的发明都要考虑其社会效果，对其应用范围做出规范和限定，否则会酿成严重的社会后果，例如DDT的发明和使用曾带来广泛的社会争议，"伪基站"技术的发明与应用导致层出不穷的电信诈骗。目前正在大力发展的人工智能技术虽然会带来操作的便利和效率的提高，但如果应用不当可能导致大量的普通劳动者失业，带来严重的社会后果，这是人工智能技术研发者不得不考虑的问题。高校作为知识创新的主体，不仅要考虑知识创新的需求，还要充分考虑知识创新的社会后果，提高科研工作者的职业操守和人文情怀。

（4）高校战略联盟与中介性组织之间。

根据五螺旋创新系统理论，中介性组织是知识创新系统的重要角色，在知识创新体系形成和发展中发挥着催化剂和黏合剂的重要作用，在知识创新活动中与高校互动密切。一方面，中介性组织利用自身优势为高校提供许多机会和服务，促进高校知识创新活动发展。这种促进作用主要表现为两点：一是中介性组织利用自身的资金、资源优势为高校知识创新提供市场需求，促进产学研合作的发展；二是中介性组织利用自身的信息优势为高校知识创新做方向指引，促进高校科研结构的优化。另一方面，高校也为中介性组织提供支持和补偿，主要表现为知识交易平台提供相对稳定的知识和技术"货源"，为创新孵化器建设提供资源支持或直接参与建设。近年来，在国家相关政策的推动下，我国陆续建立起知识创新的中介性组织，但这些组织在运作上存在不少问题，比如知识产权交易平台存在成果价值评估难度大、沟通成本较高、后续服务跟进机制不健全、增值服务待挖掘[①]，创新孵化器存在公共服务接受率低、孵化服务链条不够完整、供需对接不精准等[②]问题。

除以上这四对关系外，五螺旋创新系统理论中还有政府与产业、政府与社会公

---

① 李妃养、黄何、曾乐民：《全球视角的技术交易平台建设经验及启示建议》，《中国科技论坛》2018年第1期，第24-29页。

② 范丽莉、张蒿予：《科技企业孵化器公共服务优化研究——以陕西为例》，《陕西行政学院学报》2020年第4期，第99-104页。

众、产业与社会公众、中介性组织与政府、中介性组织与产业、中介性组织与社会公众等六对相互关系。这些关系也很重要,具有深入探讨的价值,但鉴于本研究是基于教育与经济的关系视角,这六对关系不是本研究探究的重点,在此不再详述。

三、推进雄安新区知识创新体系构建的举措

目前,雄安新区的知识创新体系建设已经取得一定的成效,中国雄安建设投资集团成立,雄安新区中关村科技园成立,阿里巴巴等48家企业获批首批入驻,D6655次北京—雄安新区动车首发,雄安新区官网"中国雄安"正式上线,京津冀城市生活智慧港已开工等。这些建设成就的取得,优化了雄安新区的创新环境,并为知识创新体系的进一步发展奠定了一定的资源基础。

根据五螺旋创新系统理论中的要求,创新系统的创新主体应包括高校战略联盟、政府、产业、中介性组织和社会公众,这些主体密切配合,有机互动,高校战略联盟应在处理好内部关系的基础上与其他创新主体积极发生联系,这样才能形成高效务实的知识创新系统。目前,雄安新区建设的宏伟画卷刚刚展开,虽然拥有政策和地理优势,但是面临着发展基础薄弱、发展起点低、地域文化保守等诸多发展短板,对于建设先进的知识创新系统可以说是"白纸点墨",这既是雄安新区的劣势,也是雄安新区的优势。就劣势来说,在雄安新区构建知识创新体系需要从零起步,需要系统的"创建"或"引入"知识创新主体,工程和任务量都比较大;就优势来说,在建设知识创新体系方面雄安新区有后发优势,可以进行科学、合理的系统设计。

基于雄安新区的发展定位、知识创新发展现状和五螺旋创新系统理论的要求,在雄安新区创建知识创新体系应从以下几个方面入手:一是提升综合治理水平,优化区域创新环境;二是利用后发优势,推进校企创新协同;三是搭建科技交易平台,激发区域创新活力。

(一)提升综合治理水平,优化区域创新环境

依据五螺旋创新系统理论,政府是区域知识创新体系的重要角色,不仅是知识创新活动的管理者和资源提供者,有时还是直接参与者。在知识创新活动中,政府应制定促进知识创新活动有效开展的政策,为知识创新活动的开展提供必要的资源支持,甚至直接参与到知识创新实践中来。鉴于雄安新区的发展定位和发展现状,雄安新区还面临着提升基础设施和公共服务水平的重任。所以,雄安新区的政府部门应优化制度供给、提升治理水平,在优化人才培养和引进机制,提升教育、医疗等社会公共服务水平,深化科技管理体制改革,强化科技金融发展,增强公共服务意识等方面着力。

1. 优化人才培养和引进机制

人才是未来科技发展的第一生产力,科技创新要靠人才,创新驱动发展需要大批高级人才。培养和引进是获得人才的两条主要渠道,先进的培养和引进制度可以有效生产和汇聚人才,人才培养和引进机制的优化可以迅速获得大批高端人才。雄安新区作为一个制度"特区",应在人才引进体制机制和政策方面加大创新步伐,吸引京津人才,集聚全国优秀人才,吸纳国际高端人才。对于京津高端人才,雄安新区可以利用后发优势创造优越的生活条件、工作环境吸引新锐人才,利用交通和地理优势采用柔性引进等方式灵活使用资深高端人才。对于全国的优秀人才,雄安新区可以利用自身的政策优势采用人才引进、人才交流的方式,鼓励人才在不同地域、企业、高校、科研机构之间流动,实现人力资源的有效整合。对于国际高端人才,雄安新区应充分利用自身的政策与区位优势,同国外人力资源服务机构开展合作,参与国际人才竞争与合作。

2. 提升教育、医疗等社会公共服务水平

高端人才不仅要引得来,还能够留得住、用得好。留住高端人才要从他们的生活和工作需求出发,创造适宜他们生活的环境,打造满足他们发展的平台。在生活方面,高端人才一般对以教育、医疗为代表的社会公共服务水平有较高的要求,雄安新区应在承接北京部分教育医疗功能转移的基础上重点发展教育和医疗等公共服务事业,提升社会公共服务水平,使高端人才能够在此安居乐业,并形成吸引高端人才的优美生活环境。在工作方面,高端人才一般乐意在以高科技产业为代表的先进产业中就业,雄安新区应在承接北京非首都功能转移中大力发展高科技产业,提供高质量的就业岗位和广阔的发展平台,让高端人才在此实现理想与抱负。

3. 深化科技管理体制改革,释放创新活力

科技管理体制改革对于推进知识创新具有重要意义,有助于释放知识创新的动力,推进知识创新的发展。雄安新区构建知识创新体系应提前谋划,加强社会治理水平,特别是要深化科技管理体制改革,推动政府从研发管理向创新服务转变。雄安新区管委会科学设置管理机构,积极推进"放管服"改革,注重运用市场化办法筹措建设资金,强化政策创新,破除束缚创新和成果转化的制度障碍,完善科技成果转化的激励机制和收益分配机制,促进创新成果高效转化和创新收益合理分配,进一步推进知识创新的发展。

4. 强化科技金融发展,激活创新动力

创新成果产业化离不开金融资本的支持,强化科技金融发展,建立多层次资

本市场对于推进区域创新体系的构建具有重要意义。雄安新区作为一个"新城"，应在制度设计上未雨绸缪，积极发挥制度优势，完善以风险投资为核心的股权投资体系，推进资本链与创新链、产业链的有效对接，形成从实验研究、中试、生产、上市全过程的科技产业创新融资模式，有效推进创新企业的发展。鉴于雄安新区还是一块科技创新的"生地"，社会风险资本活跃程度不足，政府应按市场化原则设立国有资本创业投资基金、战略性新兴产业投资引导基金，引导国有资本和社会资本支持处于早中期和初创期的科技型企业。

5. 改进社会治理，增强公共服务意识

雄安新区周边及京津冀地区有着悠久的历史文化积淀，但同时也存在着"官本位"文化，而该文化是弱化市场主体积极性、导致资源配置效率低下的消极文化形态，不利于雄安创新生态系统构建。政府应"有所为有所不为"，配合社会组织和创新主体发挥相应职能，塑造创新文化品牌和创新城市形象，以更优秀的文化传承培育雄安新区的创新精神。同时，雄安新区作为一个新设立的特区，应重视借鉴先发地区的经验，积极发挥行业组织的作用。政府管理部门应重视行业自治组织的筹建，推荐或引导退休的知名学者或者企业家担任组织负责人，通过行业组织推进行业的内部交流、合作研究，并负责政府与各类创新主体的资金、政策对接工作，不断提高公共服务的效率和水平。

（二）利用后发优势，推进校企创新协同

依据五螺旋创新系统理论，知识创新的主体包括高校、企业、政府、中介性组织和社会公众，其中高校和企业是最直接的参与者，对区域知识创新活动的影响最直接，二者的内部结构及其相互关系是区域创新体系构建过程中不可忽视的重要问题。根据这一理论，关于高校，推进知识创新不仅要处理好学校内部不同学科间的关系，还要处理好不同学校以及不同类型学校之间的关系；关于企业，推进知识创新应处理好生产与研发的关系，特别是与专业科研机构的合作关系。对于校企协同创新这一问题，雄安目前是"白纸一张"，这是雄安新区发展的劣势，也是雄安新区发展的优势。就劣势而言，雄安新区的高等教育与高科技产业的发展基础较弱；就优势而言，雄安新区的科教协同创新是一个全新的开始，可以通过系统的体制机制设计规避发展中的问题，这是雄安新区的后发优势。雄安新区在创建知识创新体系中应充分利用这一后发优势，依据五螺旋创新系统理论的要求，有针对性地接受、引进高校和企业，并且对高校、企业的结构与功能做系统全面的设计，让高校成为创新的高校，让企业成为创新的企业。具体需要从严守引进标准和加强功能设计两个方面入手。

1. 严守引进标准，保障创新主体品质

创新主体的品质决定了区域创新层次的高低和创新成果的成色，在雄安新区构建高质量的知识创新体系，严把创新主体的"质量关"非常必要。目前，雄安新区创新资源比较匮乏、创新主体严重不足，将雄安新区建设成高端高新产业聚集的创新之城，面临着一系列非同寻常的困难。承接北京非首都功能转移是雄安新区的一大战略定位，在一定程度上可以纾解雄安的发展之困，但"承接"不是"来者不拒"，要把握政策精神，坚持工作原则，对入驻创新型企业、高校和科研机构等严格把关，不达标的绝不引进。雄安新区应立足于"创新发展示范区"和"创新驱动发展引领区"战略定位，主动对接北京部分教育医疗功能转移，打造联合创新共同体；主动对接北京产业转移，积极引入高科技企业，建设高新产业园区。在雄安新区引入创新主体，必须突破思维定式，创新引入途径和机制，既集中承接北京高端产业和高素质人才，也要面向国内外招才引智和招商引资，最大限度地吸纳创新主体和创新资源。同时坚持引入和培育并举，以科学的开发规划和优惠的政策支持重点培育核心、优质创新主体。

2. 加强功能设计，推进校企创新协作

根据五螺旋创新系统理论，高校和企业是知识创新系统中的核心创新主体，二者之间的创新协作对于推进区域创新系统的运行效率具有关键作用。"创新发展示范区"和"创新驱动发展引领区"均是雄安新区的重要发展定位，校企创新协作是知识创新的典型模式和创新驱动发展的最直接体现。雄安新区知识创新系统创建中应充分利用后发优势，着力推进校企协同创新。对于高校和企业，无论是从外部引进还是自身培植，都是一个从无到有的过程，这就为加强高校和企业的功能设计提供了机会。对于高校来说，雄安新区在引进、建设高等学校过程中应基于知识创新的需要引导高校内部的学科交叉、融合，推进高校之间结成创新战略联盟，促进资源共享、信息沟通和人员流动，以实现创新资源的合理配置和高效使用。对于企业来说，雄安新区在接收、引进企业过程中应加强规划和指导，引导企业强化创新定位、调整内部结构、优化创新功能，引导企业成为知识创新的积极参与者。在此基础上，雄安新区还应有针对性地加强高校与企业的创新联系，比如建立校企创新合作促进机制、成立校企合作研发中心、设立高校技术转化机构等，推进校企协同创新。

（三）搭建科技交易平台，激发区域创新活力

依据五螺旋创新系统理论，在现代知识创新体系中，中介性组织不仅仅是一种起联系作用的依附性媒介，而且是对创新活动开展、创新体系运作都起重要激

发、推进作用的"独立性"组织。这一组织对激发高校的创新动力、推进企业的创新性发展都具有重要意义,是现代知识创新系统中不可或缺的组成部分。中介性组织包括科技交易平台、风险投资机构和创新孵化平台等,其中科技交易平台是中介性组织的主导类型,对其他中介性组织具有引领和带动作用。雄安新区创建知识创新系统不可忽视中介性组织的地位和作用,在培育、承接高校和企业的过程中不失时机地建立科技交易平台,并依据雄安新区的发展定位和知识创新需求进行丰富、完善,不断衍生出其他中介性组织,既可以有效服务本地知识创新的发展,又可以为其他地区知识创新提供榜样参照。推进雄安新区科技交易平台搭建应分为三个步骤进行:一是明确目标定位;二是搭建综合平台;三是扩大社会影响。

1. 提高思想认识,明确目标定位

要系统学习中央关于雄安新区建设的重要文件,深刻认识、领会党中央设立雄安新区的意义。站在京津冀协同发展、产业结构转型升级和国家长远发展的高度,以建设创新驱动发展引领区、创新发展示范区的使命担当系统整合多方面的资源,搭建科技交易平台,有效服务雄安新区知识创新系统的构建。

2. 服务创新发展,搭建综合平台

科技交易平台要全方位服务创新驱动发展,其功能不应局限于科技成果的交易,应有效沟通资本方、技术方和生产方,并为创新企业的孵化、成长提供必要的资金、政策和资源支持。雄安新区作为新建创新型城市,科技创新的产业、技术和资金基础都较为薄弱,科技交易平台的支撑、孵化和引领作用显得尤为必要。雄安新区科技交易平台的搭建要考虑当地的实际,除强调平台的信息沟通功能外,还应突出平台的资金支持、企业孵化、创新引领等功能,为创新创业型企业提供全方位的服务,有力支持区域创新发展。

资金支持功能。资金是科技成果转化的必要条件,风险资本是高科技产业繁荣的催化剂。雄安新区科技交易平台的搭建应注重培育其资金支持功能。一方面成立自己的风险基金,另一方面引入国内外著名的风险投资机构,为科技创新成果产业化提供有力的资金支持。

企业孵化功能。生产企业是技术成果转化的直接平台,是创新驱动发展的关键环节。鉴于雄安新区是一个新建、后发的创业型城市,科技交易平台的企业孵化功能显得更为必要。雄安新区科技交易平台的搭建应重视这一功能的完善与强化,附设不同类型的企业孵化组织,为创新创业项目提供周到、细致而有针对性的服务。

创新引领功能。科技交易平台可以利用自身的信息、资金和政策优势为企业

第七章
知识创新体系与雄安新区经济社会协同发展研究

的技术革新提供方向指引和方法指导，引导产业的创新方向，使整个产业的创新发展更科学、有效。雄安新区作为创新发展示范区，其科技交易平台应关注创新成果的质量和水平，联系技术研发前沿和应用一线的研究机构，引导创新活动的发展方向，调控创新活动的运作水平。

3. 突出平台特色，扩大社会影响

鉴于雄安新区高质量的发展定位和低水平的发展现状，雄安新区科技交易平台有效服务当地发展就必须体现自身特色。在具体建设实践中立足本地发展现状，密切服务"创新驱动发展"，基于创新企业的发展需要提供全方位、多层次的服务支持，形成综合服务型的平台特色。雄安新区相关管理部门还应通过多种手段扩大这种特色的社会影响力，形成品牌效应，吸引更多的科技创新项目来雄安新区安家落户、创业发展，为雄安新区的"创新驱动发展"提供源源不断的力量支持。

综上所述，雄安新区是国家重点规划建设项目，对京津冀协同发展和国家创新驱动发展战略的实施都具有重要意义。国家对雄安新区的一个重要定位是"创新驱动发展引领区"。为服务这一发展定位，国家与京津冀三地陆续出台多项政策。虽然有各级政府政策加持，但雄安新区既有发展基础较为薄弱、发展资源较为匮乏，依赖传统发展模式很难打开发展局面，充分利用政策红利和"制度特区"优势优化管理制度和发展模式，是突破发展困局的一条重要路径。

依赖政策和制度优势构建务实、高效的区域知识创新系统是雄安新区推进创新驱动发展应采取的关键举措，也是其突破发展困局的重要突破点。基于这一认识，本研究系统梳理了区域创新系统理论、三螺旋理论、知识生产模式理论、战略联盟理论等有关区域知识创新系统的理论，并根据雄安新区发展定位和知识创新系统的构建需要对这些理论进行讨论、分析、评判，在此基础上构建出指导雄安新区知识创新系统构建的理论模型——五螺旋创新系统理论。

根据这一理论，知识创新系统由高校、产业、政府、中介性组织和社会公众等五类创新主体及相互关系构成。高校是创新思想的源头，为创新活动提供思想基础和理论依据；产业是创新问题的源头，为创新活动提供动力和需求；政府是创新活动的管理者，提供创新的制度环境和资源支持；中介性组织是联系创新成果和创新需求的桥梁，为创新的供求双方提供信息；社会公众是创新成果的终端用户和评价者，同时也是创新活动的重要参与者。在创新实践活动中，这五类创新主体密切互动，形成十对创新互动关系。由于本研究立足于教育与社会经济发展的关系，侧重于从高校视角考察创新主体的相互关系，重点考察高校与产业、高校与政府、高校与中介性组织、高校与社会公众这四对创新互动关系，并依据这四对相互关系思考区域知识创新系统的构建。

根据雄安新区的发展定位、发展现状和五螺旋创新系统理论的要求，基于"政府螺旋"和"社会公众螺旋"、"高校螺旋"和"企业螺旋"以及"中介组织螺旋"，本研究提出了雄安新区知识创新系统应提升综合治理水平，优化区域创新环境，利用后发优势推进校企创新协同，搭建科技交易平台、激发区域创新活力的相关建议。

第八章 高等教育资源空间布局及其对区域科技创新能力的影响

科技创新是国家发展的重中之重。随着中国经济进入转型期，过去支撑经济长期高速发展的人口、自然资源、环境和投资等要素禀赋发生巨大变化，由投资驱动和要素驱动的出口导向型经济发展模式难以为继，向创新发展模式转变迫在眉睫。党的二十大报告指出："教育、科技、人才是全面建设社会主义现代化国家的基础性、战略性支撑。"[①] 高等教育是科技第一生产力、人才第一资源、创新第一动力的交汇点，是支撑高质量发展的第一根基。作为经济学概念，创新包括科技、产业、产品、制度、战略和文化等方面。其中科技创新是关键创新手段，而高校是科技创新的重要源头。[②] 高校一方面通过人才培养提供满足各行业需求的人力资本，另一方面通过知识创新和技术转化直接参与科技创新，满足了科技创新的人才逻辑和知识逻辑，已经成为区域经济发展的新动能。[③]

知识经济时代下，城市是创新活动的空间载体，创新功能是城市的重要职能。[④] 与人口分布和工业生产相比，创新活动有着更强的空间聚集性，多活跃于经济发达、人才聚集和高校集中的城市群中，全球层面的科技创新中心也都诞生在世界级大城市群。[⑤] 这是因为城市群聚集了高等学校、企业和科研机构等创新主体，承载了技术、人才、资本等创新要素，提供了便利的生活设施、多样化的资源与互动网络，共同促进创新的产生。这要求我们必须尊重科技创新区域集聚

[①] 习近平：《高举中国特色社会主义伟大旗帜 为全面建设社会主义现代化国家而团结奋斗》，《人民日报》2022年10月26日，第1版。

[②] 洪银兴：《论创新驱动经济发展战略》，《经济学家》2013年第1期，第5-11页。

[③] 谢维和：《高等教育：区域发展的新地标》，《中国高教研究》2018年第4期，第12-15页。

[④] Florida R, Adler P, Mellander C. "The City as Innovation Machine", *Regional Studies*, 2017, No. 1, pp. 86-96.

[⑤] 杜德斌、段德忠：《全球科技创新中心的空间分布、发展类型及演化趋势》，《上海城市规划》2015年第1期，第76-81页。

规律，建设若干具有强大辐射力的创新型城市和区域创新中心。因此，研究高等教育资源对城市群创新能力影响的微观机制及其空间效应，对中国创新发展模式改革和高等教育资源空间配置优化有重要的意义。

一、理论建构与研究设计

高等教育是整个区域创新系统的智力中枢，主要作用表现在两个方面。一方面是人力资本的培养功能，体现为高等教育数量资源，具体表现是：通过传授知识提升区域人力资本水平，为企业输送高素质劳动力和科研人员，以承担企业内部创新及消化创新工作，满足创新发展需要的大量科技人才的需求，为区域创新奠定人才保障。另一方面是知识生产的引擎功能，体现为高等教育质量资源，具体表现是：作为基础研究主力军和重大科技突破策源地，高校通过在校科学研究项目产出科技论文和专利成果，这两者是成果转化和产品化的根基和前提，并通过知识溢出效应进一步提升区域知识存量，为区域创新奠定知识基础。高等教育与区域创新能力的关系可表述为创新驱动发展、高等教育支撑创新、城市群承载创新生态空间。因此，需要首先厘清区域视角下不同高等教育资源的空间布局影响创新能力的发生机制。

（一）理论机制及研究假设

高等教育资源集聚总效应不等于各个城市效应的简单加总。在城市群视角下，各个城市间的功能定位存在分化，创新资源并非均匀分布，因此，需要在区域科技能力提升研究中引入空间机制。区域增长非均衡理论认为，要素的自由流动会导致空间上的二元结构，经济增长存在优先级，率先发生于创新能力强的城市，进而吸引更多生产要素向发达地区集聚形成增长极，欠发达地区的生产要素则不断流失，区域间生产要素不断循环累积，形成区域增长不均衡格局。创新活动风险极高，对资源质量要求高，并非每个城市都是独立的科技创新中心，各城市创新能力存在两极分化。不同层次的国家获取知识的重要程度不同，对发达国家来说，知识创造很重要，不发达国家更注重知识的扩散与承接。[①] 同理，不同等级、规模的城市，其对区域科技创新能力提升的定位和发展路径也不尽相同。

增长极向承接地的创新扩散本质上是知识溢出和人力资本流动。中心城市创新活动的活跃，促使资本投入、知识产出和人才流动形成良性循环，推动中心城市进一步集聚人力资本、扩大规模和提升首位度，但是，集聚效应也并非一直维

---

① Archibugi D, Coco A. "Measuring Technological Capabilities at the Country Level: A Survey and a Menu for Choice", *Research Policy*, 2005, No. 2, pp. 175-194.

持正效应。中国城市规模与区域创新能力呈现倒 U 型变化,即区域创新能力随着城市规模的增长表现出先上升后下降的趋势。① 这是过度集聚产生的成本外部性。人力资本在中心城市的高度集聚会带来通勤成本和生活成本升高、土地价格上涨和环境恶化、劳动力竞争加剧以及边际收益下降等,即挤出效应。挤出效应会使部分同质化创新要素流向临近中小城市,提升中小城市因高等教育集聚程度低和高等教育人口不愿主动进入自然状态下的低要素水平②,人口双向流动形成中心城市与中小城市协同发展模式,完成创新要素在不同城市内的空间优化配置。

因此,本研究理论框架如图 8-1 所示。对于城市群来说,中心城市负责知识生产,定位于研发能力的培育,内生型创新模式需要高等教育质量资源集聚,提供科学研究能力,成为知识生产的区域中心及源头;中小城市承接知识扩散,定位于知识吸收能力的培育,知识吸收能力是知识溢出的关键,知识吸收存在人力资本门槛。③ 然而,中心城市的集聚净效应会造成本地人力资本水平下降,各中小城市需要本地高等教育数量资源支持外溢性创新,提供人才培养能力,补充并满足本地人力资本需求,承担中心城市知识溢出,利用已有知识进行创新,成为知识吸收的多中心承接地。

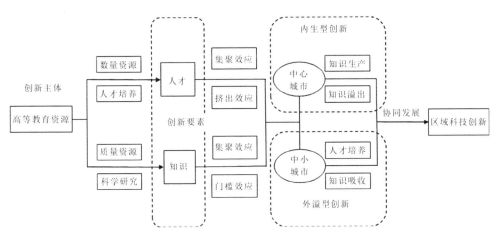

图 8-1 高等教育资源空间分布对区域科技创新能力影响的理论框架

---

① 秦佳佳:《城市规模分布对区域创新效率的影响研究》,重庆大学 2019 年硕士学位论文,第 40-41 页。

② 周启良、范红忠:《高等教育人力资本集聚对产业结构升级的非线性影响——基于中国 287 个地级及以上城市面板数据的实证分析》,《重庆高教研究》2021 年第 4 期,第 43-58 页。

③ 杨蕾、陈先哲:《从"中心—边缘"到创新网络:知识溢出视野下的粤港澳大湾区高等教育集群发展》,《现代大学教育》2022 年第 5 期,第 91-99 页。

根据上述分析，本研究提出以下四个假设：假设一，高等教育数量资源的集聚不利于区域创新能力的提升；假设二，高等教育数量资源的多中心分布有利于区域创新能力的提升；假设三，高等教育质量资源的集聚有利于区域创新能力的提升；假设四，高等教育质量资源的单中心分布有利于区域创新能力的提升。

（二）研究对象及数据来源

城市群是在特定区域内由一定数量的不同规模、类型和层次的城市组成的城市集合体。城市间依托禀赋关联、竞争合作等保持密切联系。本研究参考国家规划文件，选取京津冀城市群、长三角城市群[①]、珠三角城市群、成渝城市群和长江中游城市群（中三角地区）共计95个城市作为研究对象。以上城市群是全国经济、高等教育和创新活动的主要聚集地。

本研究选取科技创新的重要产出指标之一的专利授权数作为因变量，衡量区域创新能力的强弱。高等教育资源包括规模和质量两个维度。本研究以高校数量和高校在校生数衡量高等教育数量资源，以高校高级职称教师数和高校科技课题总数衡量高等教育质量资源。[②]

研究数据来源于《中国城市统计年鉴》、《中国城市建筑统计年鉴》、中国学位与研究生教育信息网、中国研究数据服务平台创新专利研究以及各省区市统计年鉴（2008—2017年）。由于高校高级职称教师数和高校科技课题总数两项指标只更新到2017年，因此，本研究数据范围截止到2017年，部分缺失数据采用插值法进行补全。

（三）高等教育资源空间结构测度及描述方法

其一，空间测度的规模-位序法。本研究采用城市理论中的规模-位序法对高等教育资源的中心分布情况进行测量。[③] 规模-位序律反映城市规模与其所处排序

[①] 在战略定位上，珠三角地区是中国改革开放的先行区和科技创新的引领者，侧重于对内辐射、带动腹地发展；粤港澳大湾区是在"一国两制"的框架下，将香港和澳门的独特优势与广东省的经济实力相结合，侧重于对外连接、影响世界。本章重点在于分析我国高等教育资源内部的布局与配置，因此采用珠三角城市群作为研究对象。

[②] 段从宇、迟景明：《内涵、指标及测度：中国区域高等教育资源水平研究》，《高等教育研究》2015年第8期，第36-42页。

[③] 刘志坚、侯春峰：《论产业集聚度的测度——区位基尼系数的应用》，《现代商贸工业》2008年第3期，第7-9页。

存在的规律关系,具体计算方法如式(8-1)所示。其中,H_i 为按照地区高等教育资源规模排序后第 i 位城市的高等教育资源规模,R_i 是第 i 位城市的位序,C 为常数,q 为回归系数。若 $q>1$,说明高等教育资源在研究范围内服从单中心分布,核心城市突出;若 $q<1$,说明高等教育资源在研究范围内服从多中心分布,高等教育资源分布较为均衡;若 $q=1$,说明高等教育资源的空间分布完全服从齐普夫(Zipf)法则。

$$\ln H_i = C - q \ln R_i \tag{8-1}$$

其二,空间测度的区位基尼系数。区位基尼系数是衡量经济空间差异或产业空间集聚程度的重要方法之一。研究使用区位基尼系数测量高等教育资源的地理集中程度。区位基尼系数越大,高等教育资源地理集中度越高,计算方法如式(8-2)所示。其中,H_i 和 H_j 分别表示城市群中城市 i 和城市 j 的高等教育资源。μ 为城市群内各城市高等教育资源的均值,n 为城市群内的城市数。

$$G = \frac{1}{2n^2 \mu} \sum_{i=1}^{n} \sum_{j=1}^{n} |H_i - H_j| \tag{8-2}$$

其三,区域创新能力影响因素回归模型建构。已有研究表明,区域创新能力除了受高等教育资源空间布局的影响外,还受地区经济水平、产业结构、政府科技支出、外商直接投资、集聚经济、基础设施的影响。[①] 基于此,本研究结合数据可获得性构建回归模型,如式(8-3)所示。其中:被解释变量($innovation_{it}$)为城市群创新能力,用专利授权数表示;核心解释变量(M_{it})为高等教育资源空间布局。本研究分别衡量高等教育数量资源、质量资源的规模分布情况与空间集聚程度,最终形成四个核心解释变量,即高等教育数量资源规模分布、高等教育质量资源规模分布、高等教育数量资源空间集聚、高等教育质量资源空间集聚;控制变量(Z_{it})包括地区经济水平(gdp)、产业结构(industry)、政府科技支出(government)、外商直接投资(investment)、集聚经济(density)、基础设施(road)六个指标。u、v 为个体和时间固定效应,i、t 为地区及年份,ξ 为扰动项。

$$\begin{aligned} \text{Lninnovation}_{it} = & \beta_0 + \beta_1 \text{Ln}M_{it} + \beta_2 \text{Lngdp}_{it} + \beta_3 \text{Lnindustry2}_{it} + \\ & \beta_4 \text{Lnindustry3}_{it} + \beta_5 \text{Lngovernment}_{it} + \\ & \beta_6 \text{Lninvestment}_{it} + \beta_7 \text{Lndensity}_{it} + \beta_8 \text{Lnroad}_{it} + \\ & \mu_i + v_t + \xi_{it} \end{aligned} \tag{8-3}$$

[①] 盛彦文、骆华松、宋金平等:《中国东部沿海五大城市群创新效率、影响因素及空间溢出效应》,《地理研究》2020 年第 2 期,第 257-271 页。

二、两类资源空间布局及其对区域创新能力的影响

五大城市群在高等教育资源空间布局总体一致,质量资源均呈现出"高集聚-单中心"格局,数量资源分布相对均衡,但除长三角地区外也处于单中心状态。实证还表明,城市自身创新禀赋对人才和知识等要素流动产生影响,进而影响区域创新能力形成。

(一)高等教育资源规模分布特征

由于五大城市群的城市数量不同,本研究参照最小城市数方便进行比较,计算各城市群前9位城市的 q 值(见表8-1和表8-2)。总体来看,高等教育质量资源的 q 值均高于数量资源,质量资源的单中心分布现象更为突出,各城市群高等教育资源的 q 值具有显著差异。由于十年间 q 值并未发生巨大变化,因此,表格做部分省略处理。从高校数量和高校在校生数两个指标来看,除长三角地区外,各城市群高等教育数量资源的 q 值集中于 1.2~1.7 区间内,呈现单中心分布。对比不同地区,珠三角、成渝地区高等教育数量资源 q 值较高,两地高等教育数量呈现单中心格局,资源极化程度较高;长三角高等教育数量资源 q 值最低,在1附近波动,表现出多中心分布样态,资源分布较为均衡。从高校高级职称教师数和高校科技课题总数两个指标来看,各城市群高等教育质量资源的 q 值集中于 1.2~2.9 区间内,呈现单中心分布。其中,珠三角、成渝地区高等教育质量资源 q 值大于2,中三角地区高校科技课题总数 q 值大于2,高等教育质量资源单中心集聚明显。以上结果表明,在科技力量方面,五大城市群呈现集中分布局面。从时间维度来看,2008—2017年,大部分城市群高等教育资源 q 值整体上呈现下降趋势,集聚程度也有所下降。

表8-1 2008—2017年高等教育数量资源 q 值

年份	高校数量					高校在校学生数				
	京津冀地区	长三角地区	珠三角地区	成渝地区	中三角地区	京津冀地区	长三角地区	珠三角地区	成渝地区	中三角地区
2008	1.5283	0.9588	1.5241	1.4454	1.3690	1.2586	0.9849	1.6434	1.5428	1.4771
2009	1.4587	0.9385	1.5711	1.5556	1.2923	1.2303	0.9873	1.6367	1.5712	1.4514
…	…	…	…	…	…	…	…	…	…	…
2016	1.3522	0.9982	1.3946	1.6949	1.3806	1.1062	1.0188	1.4014	1.5626	1.3711
2017	1.3119	0.9455	1.3800	1.7002	1.3945	1.0780	0.9599	1.3594	1.5929	1.3565

表 8-2　2008—2017 年高等教育质量资源 q 值

年份	高校高级职称教师数					高校科技课题总数				
	京津冀地区	长三角地区	珠三角地区	成渝地区	中三角地区	京津冀地区	长三角地区	珠三角地区	成渝地区	中三角地区
2008	1.6864	1.2870	2.3883	2.0911	1.8218	2.1130	1.3462	2.8374	2.1684	2.1134
2009	1.7382	1.2811	2.3547	2.0783	1.7992	2.1723	1.3705	2.7726	2.2389	2.0727
...	...	...	...	...	...	...	...	...	...	...
2016	1.7549	1.3310	2.2718	2.0999	1.8467	2.1902	1.4385	2.5077	2.1836	2.0312
2017	1.7530	1.3484	2.2312	2.1020	1.8549	2.1969	1.4206	2.4889	2.2247	2.0293

（二）高等教育资源空间集聚特征

通过计算区位基尼系数可以判断高等教育资源分布的区域均衡程度，但并没有一个绝对的评价标准来界定区域基尼系数究竟多大属于均衡。总体来说，区位基尼系数越接近1，高等教育资源分布越集聚；越接近0，分布越均衡。因此，本研究主要依据高等教育资源区域基尼系数大小对高等教育资源集聚程度进行讨论，而不进行城市群是否属于均衡分布的划分。五大城市群的高校数量和在校生分布很不均衡（见表8-3和表8-4），空间基尼系数大部分集中在0.5~0.7这个区间。成渝地区高等教育数量资源分布最为不均衡，无论是高校数量和在校生人数的区位基尼系数均是五大城市群的最高值；相比于数量集聚来说，高等教育资源具有更强的质量集聚效应。各城市群高等教育质量资源的区位基尼系数集中在0.7~0.9这个区间，属于极度不均衡，这也意味着高校科研资源在城市群内中心城市的高度集中。2008—2017年，大部分城市群高等教育资源的集聚程度轻微下降，这可能是因为高等教育逐渐开始走向均衡发展。

表 8-3　2008—2017 年高等教育数量资源区位基尼系数

年份	高校数量					高校在校学生数				
	京津冀地区	长三角地区	珠三角地区	成渝地区	中三角地区	京津冀地区	长三角地区	珠三角地区	成渝地区	中三角地区
2008	0.6096	0.5656	0.6147	0.6568	0.6268	0.5505	0.5914	0.6747	0.7078	0.6750
2009	0.5916	0.5516	0.6289	0.6780	0.6306	0.5386	0.5776	0.6718	0.7109	0.6680
...	...	...	...	...	...	...	...	...	...	...
2016	0.5732	0.5585	0.6068	0.6974	0.6165	0.5010	0.5714	0.6161	0.6962	0.6518
2017	0.5664	0.5516	0.5998	0.6989	0.6186	0.5176	0.5625	0.6072	0.6948	0.6497

表 8-4　2008—2017 年高等教育质量资源区位基尼系数

年份	高校高级职称教师数					高校科技课题总数				
	京津冀地区	长三角地区	珠三角地区	成渝地区	中三角地区	京津冀地区	长三角地区	珠三角地区	成渝地区	中三角地区
2008	0.7444	0.7140	0.8212	0.8113	0.7958	0.8178	0.7516	0.8510	0.8299	0.8705
2009	0.7401	0.7098	0.8210	0.8107	0.7963	0.8167	0.7552	0.8529	0.8355	0.8592
…	…	…	…	…	…	…	…	…	…	…
2016	0.7440	0.7201	0.8130	0.8082	0.8014	0.8289	0.7463	0.8247	0.8201	0.8449
2017	0.7413	0.7227	0.8070	0.8097	0.8068	0.8230	0.7445	0.8259	0.8269	0.8385

对比不同城市群的区位基尼系数可知，长三角地区无论是数量资源还是质量资源在五大城市群内均是分布最为均衡的，这与长三角地区多个经济文化强市的共同发力密不可分。成渝地区高等教育数量资源最集聚，这与重庆和成都的超强政治经济地位相匹配。京津冀地区并未出现一枝独秀的格局，这与天津高等教育资源丰富息息相关。

总的来说，五大城市群高等教育资源整体表现出长期高集聚度的不均衡分布状态，同时质量资源的集聚程度要高于数量资源，长三角高等教育资源分布最均衡，成渝地区和珠三角地区高等教育资源区域内相差最大。这种分布状态既贴合现实状况，又符合之前研究认为中国高校存在明显的"省会集中"现象。[1] 上述现象形成的原因有以下四个方面。第一，中国高等教育模式始仿苏联模式，高等教育资源集中于各大区域的中心城市，五大城市群中均包含之前大区中心城市，因此，中国高等教育的起点即是区域内非均衡分布格局。第二，改革开放后，国家经济发展在宏观上实施区域非均衡发展策略，同时，市场逻辑推动民办教育发展和异地校区勃兴，新兴大学和校区往往集中于经济发达或高等教育发达城市，更加剧区域分布不均衡的现状。第三，经济发展模式转向高质量发展，知识密集型产业客观要求加强区域创新能力，进一步倒逼城市群中心城市加强自身高等教育资源建设和产业集群集聚。[2] 第四，高等教育从大众化逐渐进入普及化阶段，高校数量和招生人数相较之前分布更加均衡，开始往地市下沉，但以"双一流"建设高校为代表的研究型大学依然集中在中心城市。

---

[1]　姜巍、高卫东、张敏：《中国高等教育规模空间格局演变及影响因素》，《现代大学教育》2013 年第 1 期，第 43-50 页。

[2]　李翠琴、贵志祥、周强等：《高校地缘集群及其生成机制》，《现代大学教育》2012 年第 3 期，第 22-27 页。

（三）两类资源空间布局对区域创新能力的影响机制分析

联合假设检验与豪斯曼检验显示，选用固定效应模型更为合适，以下为回归结果（见表 8-5）。其中，模型（1）（2）（3）（4）以高校数量、高校在校学生数、高校高级职称教师数、高校科技课题总数的 q 值作为核心解释变量；模型（5）（6）（7）（8）以高校数量、高校在校学生数、高校高级职称教师数、高校科技课题总数的区位基尼系数作为核心解释变量。统计结果显示，除在校生 q 值的回归结果不显著外，衡量数量资源与质量资源的内部指标回归结果基本一致，模型具有很好的稳健性。

表 8-5　固定效应回归结果

内容	模型（1）	模型（2）	模型（3）	模型（4）	模型（5）	模型（6）	模型（7）	模型（8）
M	−0.714**	−0.207	1.853***	1.487***	−4.040***	−3.103***	3.923**	3.749**
	(0.355)	(0.439)	(0.495)	(0.336)	(0.720)	(1.052)	(1.600)	(1.471)
gdp	0.231	0.161	0.155	0.178	0.244	0.263	0.128	0.230
	(0.195)	(0.193)	(0.189)	(0.188)	(0.188)	(0.193)	(0.190)	(0.192)
industry2	1.993***	1.849***	1.831***	1.946***	2.194***	1.999***	1.813***	1.858***
	(0.338)	(0.331)	(0.327)	(0.327)	(0.330)	(0.333)	(0.329)	(0.329)
industry3	0.470	0.396	0.391	0.401	0.495	0.483	0.355	0.399
	(0.316)	(0.316)	(0.310)	(0.309)	(0.308)	(0.314)	(0.312)	(0.312)
government	0.248***	0.247***	0.236***	0.240***	0.213***	0.239***	0.241***	0.255***
	(0.0404)	(0.0407)	(0.0402)	(0.0400)	(0.0401)	(0.0403)	(0.0404)	(0.0405)
investment	0.059**	0.059**	0.043	0.047	0.064**	0.063**	0.056*	0.047
	(0.0290)	(0.0291)	(0.0291)	(0.0288)	(0.0285)	(0.0289)	(0.0290)	(0.0293)
density	0.0153	0.0159	0.0329	0.0313	0.00426	0.00976	0.0201	0.0206
	(0.0592)	(0.0594)	(0.0589)	(0.0587)	(0.0582)	(0.0591)	(0.0591)	(0.0591)
road	0.161*	0.165*	0.165*	0.155*	0.165*	0.171*	0.160*	0.165*
	(0.0884)	(0.0889)	(0.0879)	(0.0876)	(0.0870)	(0.0882)	(0.0883)	(0.0883)
Constant	−7.023*	−5.216	−6.353*	−7.098**	−10.32***	−9.187**	−3.487	−5.748
	(3.734)	(3.653)	(3.581)	(3.582)	(3.652)	(3.856)	(3.623)	(3.591)
Year	YES	YES	YES	YES	YES	YES	YES	YES
Observations	920	920	920	920	920	920	920	920

续表

内容	模型（1）	模型（2）	模型（3）	模型（4）	模型（5）	模型（6）	模型（7）	模型（8）
R-squared	0.900	0.900	0.901	0.902	0.903	0.901	0.900	0.900
Number of id	92	92	92	92	92	92	92	92

注：括号内数字为 p 值，***、**、* 分别表示在 1%、5%、10% 的显著性水平显著。

在规模分布方面，模型（1）（2）中高校数量 q 值的回归系数显著为负，高等教育数量资源单中心分布对城市群创新能力具有负向影响，高校数量 q 值每增加 1%，区域创新能力降低 0.714%；模型（3）（4）中高校高级职称教师数与高校科技课题总数 q 值的回归系数显著为正，其中高校高级职称教师数 q 值每增加 1%，区域创新能力提升 1.853%，而高校科技课题总数 q 值每增加 1%，区域创新能力提升 1.487%。高等教育质量资源单中心分布对城市群创新能力具有正向影响。在空间集聚方面，模型（5）（6）中高校数量与高校在校学生数区位基尼系数的回归系数显著为负，高校数量的区位基尼系数每增加 1%，区域创新能力降低 4.04%；高校在校学生数的区位基尼系数每增加 1%，区域创新能力降低 3.103%。高等教育数量资源集聚对城市群创新能力具有显著抑制作用。模型（7）（8）高校高级职称教师数与高校科技课题总数区位基尼系数的回归系数显著为正，高校高级职称教师数的区位基尼系数每增加 1%，区域创新能力提升 3.923%；高校在校学生数的区位基尼系数每增加 1%，区域创新能力提升 3.749%。高等教育质量资源集聚对城市群创新能力具有显著促进作用。

由研究结果可知：第一，高等教育质量资源的集聚对城市群创新能力的提升具有正向影响，分散格局则会抑制城市群创新能力的提升。研究结果与梁爽等人对三大城市群的研究结果类似，即高集聚的科研资源未对区域创新能力产生显著负向影响[①]，本研究更进一步证实了集聚的高等教育质量资源对区域创新能力有显著正向作用。这是因为集中的科研资源有利于知识的溢出，降低了科研和项目商业化的成本，同时，集聚会导致创新网络的形成，更有利于城市群的协同创新。科技创新是一个从新思想产生、知识生产、成果转化到产品商业化和市场化等组成的一系列活动。高校高级职称教师数与高校科技课题总数集聚会带来人才和知识的集聚，空间的临近带来更多的非正式交流，畅通创新要素的循环。从知识生产来说，一方面，高校之间、高校与企业之间的交流和学习更加频繁，特别是良好的产学研合作机制，会推动知识和技术的加速溢出。另一方面，高校之间的竞争也会激励更多知识成果的产出。从人才培养来说，知识具有附着在人身上的特性，人才的集聚会促进信息共享，使信息搜索成本降低，通过知识积累与学

---

① 梁爽、姜文宁：《高等教育资源空间结构变迁及其创新效应——基于我国三大城市群》，《中国高教研究》2021 年第 8 期，第 78-85 页。

第八章
高等教育资源空间布局及其对区域科技创新能力的影响

习、专业化分工、提高劳动力匹配质量等机制提升区域创新效率。显然,高等教育资源的集聚会增加创新要素的集聚程度,高水平资源的集聚更有利于基础研究、默会知识的交流与生产。近距离的知识溢出会促进中心城市原始创新能力的提升,缩短知识生产到产品化的创新链条,更快地产生经济效益,进而继续为高等教育资源提供更多保障,形成良性循环,有利于中心城市内生型创新能力建构。

第二,高等教育数量资源的集聚不利于提高城市群的创新能力,高等教育数量资源呈现分散格局对城市群创新能力的提升具有促进作用。陈林心认为长江中游城市群内高校数量集聚会抑制周边城市的创新能力[1];黄容霞等认为,高等教育人力资本集聚水平对所有城市总体技术创新水平的影响为负,但不显著,这可能与指标选取相关[2]。研究中高校数量基尼系数对区域创新能力影响也不显著,验证了人力资本的双门槛效应[3],即人力资源对区域创新能力的影响呈现"先上升后下降"的趋势,这和集聚过度的挤出效应密不可分,意味着当前中心城市的部分普通大学生和普通高校需要往中小城市迁移。这可能是高校数量与高校在校学生数集聚带来了成本外部性升高,中心城市土地成本升高,高等教育数量资源的集聚效应小于挤出效应,高校和在校生开始往周边城市转移。分散格局一方面有助于降低中心城市的集聚成本,同时补充中小城市因人才流动导致的劳动力流失,提升中小城市的创新承接能力,提升外溢性创新能力,进而提高整个城市群的创新发展水平。

第三,在控制变量中,政府科技支出、第二产业比重、基础设施、外商投资的增加能显著提升区域创新能力。以上回归结果可能存在以下原因。其一,政府科技支出对区域创新能力具有显著的正向影响。这是因为高等教育科研经费主要来自政府拨款,政府拨款多少直接影响高等教育科研产出和人才培养。市场逻辑下产生马太效应,经济发达城市进一步吸引投资与人才,形成循环累积;创新全过程一直需要大量资金的投入,因此,创新资本投入能够加速城市群创新成果产出,这也进一步解释了,只有生产要素集聚的中心城市才有能力进行内生型创新。其二,第二产业对区域创新能力具有显著的正向影响。区域创新能力提升是一个复杂的系统工程,既包括高等教育的知识生产和扩散系统,也包括产业集群

---

[1] 陈林心:《高等教育集聚促进长江中游城市群创新创业的空间杜宾模型》,《科技管理研究》2020年第1期,第75—82页。

[2] 黄容霞、魏萍、潘孝珍:《高等教育人力资本集聚对技术创新的空间效应——以湖北省地级市为例的实证分析》,《中国高教研究》2021年第1期,第70—76页。

[3] 闫沛慈、芮雪琴:《人力资本集聚促进区域科技创新吗?——基于门槛回归模型的分析》,《管理现代化》2018年第6期,第95—99页。

等知识承接和转化系统，① 而第二产业内的许多高科技部门属于知识密集型生产企业，尤其是航空、医药制造、电子及通信设备制造业等。这类产业汇集了大量科技研发项目和研发人才进行基础研究和应用研究，由技术创新带来的利润会进一步投资于知识生产，形成循环累积。因此，作为知识转化系统的第二产业越强，城市群创新能力就越强。理论上说，以法律咨询、技术服务和人力中介等专业服务机构为代表的第三产业会促进创新主体间的连接，改善各城市的创新生态。但是，第三产业占比对区域创新并不显著，原因可能是专业服务机构在第三产业内占比过低，需单独选取指标验证。其三，以基础设施里面的人均道路面积为例，人均道路面积的增大意味着区域交通水平的提升，有利于城市群内知识扩散与人才自由流动，不同城市间人才与产业间的匹配度会更高；有利于城市群之间城市功能的分化和资源优化配置，进而促进城市群整体创新能力的提升。其四，外商直接投资对区域创新能力具有显著的正向影响，且只在高等教育数量资源模型下显著。这可能是因为区域创新的外溢接受来源不仅仅存在于区域内部的知识创新中心，也来源于外商直接投资给承接城市带来的技术转移和溢出，通过示范效应和人力资本流动增加当地创新。② 但是，技术的消化吸收存在门槛效应，一方面体现在人力资本，另一方面也受本地知识存量高低的影响。大学通过人才培养功能提升当地人力资本水平和知识存量，对区域承接外商直接投资溢出创新能力具有正效应。本研究的控制变量对区域创新能力的影响本质上是城市自身禀赋对于知识、人才、资本自发流动的引力大小，城市引力越大，越有利于创新要素的自发集聚，形成区域创新不均衡格局。

三、结论与讨论

本研究从高等教育的数量资源和质量资源两个维度出发，探讨了高等教育资源空间分布及其对城市群创新能力的影响机制，以京津冀地区、长三角地区、珠三角地区、中三角地区和成渝地区五大城市群为研究对象，采用 2008—2017 年面板数据，运用规模-位序法及区位基尼系数对其规模分布形态和空间集聚程度进行测量。在此基础上，结合固定效应回归模型分析高等教育资源空间布局对城市群创新能力的影响。

---

① Autio E. "Evaluation of RTD in Regional Systems of Innovation"，*European Planning Studies*，1998，No. 2，pp. 131-140.

② 李晓钟、张小蒂：《外商直接投资对我国技术创新能力影响及地区差异分析》，《中国工业经济》2008 年第 9 期，第 77-87 页。

（一）高等教育资源高集聚-单中心分布格局

五大城市群不同类型高等教育资源的空间分布明显不同。总体来看，五大城市群高等教育数量资源和质量资源均呈现出明显的单中心分布状态，只有长三角地区城市群的高等教育数量资源呈现出多中心分布状态，五大城市群的高等教育质量资源比数量资源的整体集聚程度更高，即科研资源分布更加集中，知识生产源头更为集中，中心城市与中小城市分工明确。

从时间维度上看，五大城市群的高等教育数量资源分布在十年间逐渐向非中心城市转移，但总体还处于不均衡状态，质量资源空间分布变动不大，一直呈现高度不平衡状态。从城市群角度来说，长三角城市群高等教育资源的分布是最为均衡的，这和长三角地区一体化息息相关；长三角城市群人才培养分布更加分散，既有像上海、南京、苏州等高等教育中心城市，也有大学和在校生人数相对均衡的各中小城市，承接知识外溢能力更强。成渝城市群高等教育资源空间分布最不均衡，这与重庆和成都的超强政治经济地位相匹配，导致全区域的人才与科研资源过于集中，且整个区域的集聚程度正在加强。

（二）质量集聚与数量不集聚促进区域创新

两类高等教育资源的空间布局对区域创新能力影响存在异质性，区域内创新资源显著影响区域不均衡格局的形成。第一，高等教育数量资源集聚对于区域创新能力产生负面影响。高等教育数量资源单中心分布对城市群创新能力具有显著负向影响，高等教育数量资源集聚对城市群创新能力具有显著抑制作用。第二，高等教育质量资源集聚对于区域创新能力产生正面影响。高等教育质量资源单中心分布对城市群创新能力具有显著正向影响，高等教育质量资源集聚对城市群创新能力具有显著促进作用。第三，创新资本投入、第二产业比重和外商投资等城市自身创新禀赋也影响区域创新能力。

综上所述，科研项目和科研人员的集中带来了学习效应和知识溢出效应，有助于高效率知识生产和隐性知识溢出，高等教育质量资源的单中心分布和集聚状态是提升区域内生知识生产的最佳形态。同时，大学和在校生的分散分布一方面提升了各地人力资本水平，增加知识接受能力，另一方面缓解了中心城市同质化人力过度集聚的挤出效应，人员往中小城市流动带动知识溢出。高等教育资源的分布格局通过影响知识和人才的原始分布，在区域发展体系内不同城市的创新禀赋影响下，最终形成的中心城市-内生型创新和中小城市-外溢型创新的中心承接体系最有利于区域创新能力提升。

（三）"中心-承载"区域创新体系下的高等教育布局建议

新时代要求将教育、科技、人才放在创新型国家战略任务中统筹部署，[①] 即遵循高等教育培养人才、人才生产知识、合理分布共同促进科技创新这一逻辑。在高等教育高质量发展和创新型国家建设阶段，区域内高等教育资源空间分布极度不均衡，城市群内不同城市创新禀赋存在巨大差异，为构建合理高等教育布局，充分发挥其对区域创新的支撑与引领作用，可以从以下三方面做起。

第一，明确高等教育分类标准，分地区合理分配高等教育资源，健全新型科技创新举国体制，打造城市群协同创新体系。首先，高等教育资源的划分是从大学的人才培养和科学研究两个功能出发的，合理分配高等教育资源的前提是明确大学分类标准，各级政府应依据自身产业结构，明确各类高校功能定位，分类评估，分类管理，实现多样化错位发展。其次，立足城市存量教育资源，在当前的高等教育资源基础上进行合理规划。具体来说，强化现有中心城市的教育资源，如北京、上海、武汉、成都、广州等；合理规划新兴城市的教育资源，如雄安新区；科学布局中小城市，如非省会欠发达城市。同时，也要立足不同中心城市创新禀赋，对珠三角地区"强产业-弱高教"区域要加大高等教育资源的投入，充分利用本地经济系统的反哺能力；对成渝地区"强高教-弱产业"区域则要在巩固高等教育成果的同时加强产业集群建设。总之，要根据不同类型高校和不同层级城市的特点来统筹优化城市群内高等教育资源空间配置，既要帮助中心城市原始创新能力提升，也要促进区域内中小城市的承接创新水平发展。城市群是通过培育区域创新增长极，增强各地承接溢出的发展路径来提升区域科技创新能力，构建"中心-承接"的区域创新体系。

第二，提升中心城市优质教育资源集聚程度，完善区域中心城市产业集群和配套设施建设，增强内生创新能力，打造区域科技"增长极"。首先，政府发力，在区域中心城市集中布局国家科研机构、高水平研究型大学和科技领军企业，建立一流科技创新平台，深化学科集群，加大政府科研经费支出，形成国家实验室体系，提升科研人员的集聚程度，保证研究的可持续性，承担起知识原始创新和知识溢出的任务，统筹推进国际科技中心、区域科技创新中心建设。其次，完善机制，考虑到科技创新的非线性特征，在加强高等教育优质资源集聚的同时，还要综合利用中心城市优越的经济、地理和产业条件，增强各主体间的交流合作，建立健全"产学研用"深度合作机制，促进资源共享和信息分享，鼓励校校合作和校企合作，提升高校和企业的科技转化能力。同时完善环境，要充分利用市场

[①] 周光礼：《教育科技人才三位一体 共同支撑高质量发展》，《光明日报》2022年11月1日，第15版。

力量，建立一批专业服务机构，如知识产权保护和技术转移机构等，形成政府主导政策、高校主导知识创新、企业主导技术转化、市场主导服务的良好的创新生态，吸引创新要素集聚，为内生型创新奠定基础，强化知识溢出效应，打造高等教育的人才高地和创新高地。

第三，加快中小城市应用型大学布局，围绕中心城市建设知识转化系统，增强外溢创新能力，做好区域科技溢出承接地。首先，依据本地产业结构需求，推动本地大学往应用型和行业特色型大学转型，形成区域比较优势，实现区域差异化发展。其次，对于高等教育规模扩张来说，可以将布局重点往中小城市转移，重点增加面向产业的应用型大学，增加与本地产业的耦合度，降低整个城市群高等教育资源分布的非均衡性，这样既有利于缓解中心城市人才的过度集聚，降低挤出效应，也有利于增加各城市人力资本水平，承接中心城市知识外溢，增加知识吸收能力，提升城市群整体科技创新能力。

第九章 基于深圳经济特区和浦东新区经验的雄安新区基础教育体系建构

人才掌握了知识、技术、资金和相应的平台项目,是区域发展的决定性因素。只有尽快吸引、汇聚起一批高端创新人才,才能将雄安新区打造成高质量高水平的社会主义现代化城市,使之成为京津冀世界级城市群的重要一极。如何快速完成高端创新型人才的空间集聚,这取决于特定区域在空间上不可贸易产品和服务的密度与质量,其中,包括教育、医疗卫生、交通通信设施在内的公共服务资源的多样性和层次性,很大程度上决定了地方对人才的影响力大小。基础教育对促进社会主义现代化建设具有全局性、基础性和先导性的作用。基础教育包括幼儿教育、义务教育、高中教育。其中义务教育具有普及性、公共性和强迫性的特点,是国家必须保障的基础公共服务。[①] 因此,在将北京非首都功能疏解至雄安新区、吸引汇集建设人才落户雄安新区的过程中,服务于大众的基础教育发挥着增强雄安新区对高端创新要素集聚吸引的"磁体"作用。当前,尽管雄安新区已从规划阶段转入大规模建设阶段,但仍处于"一张白纸建新城"的发展起步期。有鉴于此,本章首先"从特殊到一般",在深圳经济特区和上海浦东新区的发展中归纳新区办教育的共性经验;再"从一般到特殊",以共性发展规律指导雄安新区基础教育与区域经济社会协同发展。

区域教育发展研究是对在一定时空范围下的教育活动规律的研究,体现为整体教育规模和结构上的变化。对于雄安新区的基础教育规划属于区域教育发展研究的范畴,相关研究主要有三类。从研究方法来看,区域研究一般采用跨学科的方法进行研究,案例研究和比较研究在区域教育研究中属于常见的研究范式。从特区办教育视角来看,深圳经济特区和上海浦东新区是党和国家在不同历史时期打造的新区,通过归纳深圳和浦东的基础教育发展历史和成功经验,可以为建设雄安新区基础教育提供丰富的案例和建设路径。从雄安规划定位来看,既有普遍

---

① 《关于基础教育的定义、范围和阶段》[2020-03-09]. http://www.moe.gov.cn/jyb_hygq/hygq_zczx/moe_1346/moe_1352/tnull_21654.html.

第九章 基于深圳经济特区和浦东新区经验的雄安新区基础教育体系建构

意义上的城市圈建设，也有调研规划预测雄安新区的基础教育体系建设。总体来说，关于雄安新区基础教育规划的文章已有成果，但仍有两点不足，一是缺乏整体的区域发展梳理，囿于单学科视角，缺乏具体的发展路径和时空规划，对具体举措的指导性不足。二是缺乏对深圳和浦东建设基础教育的比较研究，缺乏建设的基本经验依据和模式，难以为雄安新区基础教育的规划建设提供参考。本章运用基标法，充分挖掘深圳、浦东两地基础教育发展的经验与模式，进行多维度的规划，得出雄安新区基础教育的战略规划和基本路径。

一、基础教育整体发展状况

区域的相对化特征决定了比较研究办法。深圳经济特区和上海浦东新区分别代表改革开放后我国设立的第一批和第二批具有全国意义的新区。回望过去，深圳和浦东是党中央把握历史性机遇做出的重大战略选择，二者发展至今已实现对珠三角、长三角地区的辐射带动作用，成为我国经济社会发展的重要增长极，为雄安新区的发展积累了宝贵丰富的、具有中国特色的、符合中国国情的经验。有鉴于此，本研究运用基标法，以深圳经济特区和上海浦东新区为基标，尝试对雄安新区的基础教育做出规划。基标法，又称标杆法，是一种将业内最优秀者作为标杆或榜样，通过不断学习标杆的各项标准，最终实现自身发展并赶超标杆的管理方式。基标法具体又分为选标杆、学标杆、赶超标杆等步骤，在对先进者的比较分析中能够使后来者明确发展方向、确定发展路径。可见，基标法对于制定发展规划而言具有天然的适切性。本研究数据来源于《上海统计年鉴》《深圳统计年鉴》《北京统计年鉴》《上海浦东新区统计年鉴》《河北雄安新区发展规划纲要》，统计时间截止至2023年3月。

本部分首先对深圳经济特区和上海浦东新区的基础教育发展状况进行分析，总结国家级新区基础教育发展的普遍经验，探究雄安新区的基础教育发展。基础教育作为新区发展的重要公共服务资源，应从其整体发展、基础教育资源类型和基础教育资源流动三个方面进行总体性把握：深圳和浦东的基础教育在发展过程中表现的异同点值得归纳；包括政府和市场在内的多种力量办学成为特区基础教育资源的多重来源；总结以教师资源为代表的基础教育资源的流动方向与动力，从动态上把握基础教育发展。因此，本研究具体从以上方面对作为基标的深圳和浦东基础教育进行分析，以期为雄安的基础教育发展指明方向。

（一）深圳经济特区基础教育发展

深圳的基础教育发展主要分为以下四个阶段。

1. 1980—1992 年：普及发展阶段

为适应经济特区外向型经济发展的战略定位，深圳基础教育从原宝安县薄弱的农村教育向城市教育转型。建市之初，深圳仅有中小学 260 余所、幼儿园 50 余所，在校生 6.4 万余人。伴随着经济快速发展，深圳人口急剧增长，深圳市常住人口 12 年间增加了 228 万人，学位严重不足是深圳基础教育阶段面临的首要矛盾。1982 年，深圳市提出"教育与特区经济同步发展"的战略，把教育放到了更高的战略位置。1984 年，深圳市将学校基建统一纳入城市发展规划，实行规划、选址、征地、搬迁、设计、施工"六统一"，并创造了 6 个月建 12 所中小学的"深圳速度"，当年中小学入学率达到了 99.9%。1989 年，深圳市完成了普及九年义务教育的任务。截至 1992 年底，深圳基础教育阶段共有中小学 314 所、幼儿园 282 所，在校生 23.4 万人，与建市之初相比，学校总数增长了 0.9 倍，在校生总数增长了近 3 倍。

2. 1993—2005 年：规范发展阶段

深圳确立"科教兴市"战略后，进入全面建设城市教育体系的阶段，至 2005 年，深圳共有中小学 603 所、幼儿园 744 所，在校生 95.4 万人，与 1992 年相比，学校总数增长 1.3 倍，在校生总数增长 3.1 倍，从规模扩张转向规范发展。第一，持续扩大基础教育规模。为改变深圳市特区内外基础教育存在差异的问题，全市改造 51 所校舍差、设备差、教师住房条件差的中小学，其中有 41 所"三差"学校集中在特区外，占改造总数的 80%。截至 1997 年底，通过改造以"三差"学校为代表的教育存量，全市增加约 21500 个学位，学校规模扩增约 430 个班。第二，规范完善城市教育体系。1993 年，广东省启动了中小学等级学校评估，根据评估结果，深圳市部分学校依然存在教学设备简陋、占地面积不足、办学水平不高等问题。2000 年，深圳市以教育信息化建设为契机，全面展开中小学标准化建设工程，全市统筹管理。2003 年，110 所学校全部达标，其中特区外学校占比达 59%，提高了深圳全市教育资源均衡发展水平。

3. 2006—2011 年：多元发展阶段

深圳的外来人口涌入要求扩大教育规模和增加学位，特区面积扩容又进一步要求区域内教育资源实现均衡分布。2011 年，深圳共有中小学 633 所、幼儿园 1093 所，在校生 128.3 万人，与 2005 年相比，学校总数增长 28.1%，在校生总数增长 34.5%，增速明显放缓，但绝对增加数量依然很大，新增学位 54 万个。为解决深圳基础教育在区域之间和学校之间发展水平差距过大问题，2007 年到 2009 年，通过市、区两级财政支持，深圳市完成改造项目学校 26 所，扩建学校项目

70 所，新增学位 34400 个，是深圳市规模最大的基础教育阶段设备设施和校舍改造工程。除硬件改造之外，为了提升基础教育质量，深圳市于 2010 年在全市中小学范围内启动了为期三年的"百校扶百校"行动，202 所学校参加了帮扶行动，主要措施包括优质学校和被帮扶学校的领导层交流互换，优质学校骨干教师对帮扶学校教师的培训、示范和课程帮扶。

4. 2012 年至今：优质均衡发展阶段

这一阶段属于深圳教育的现代化发展阶段，随着人口的继续增长和深圳经济特区版图扩大到全市，深圳教育一体化水平不断提升。从学位数量来看，2012 年以来，深圳共新建基础教育阶段学位 64.1 万个；"十三五"时期，深圳新建基础教育阶段学位近 40 万个。从区位来看，深圳新建成的公办义务教育学位中，约 70% 位于原特区外，义务教育阶段非深户籍子女学位占比达到了 59%。截至 2021 年底，深圳基础教育阶段共有中小学 818 所、幼儿园 1896 所，在校生 229.4 万人，与 2011 年相比，学校总数增长 57.2%，在校生总数增长 78.8%，区域教育资源分布更加均衡。

深圳市基础教育阶段学校及在校生统计如表 9-1 所示。

表 9-1 深圳市基础教育阶段学校及在校生统计

年份	普通中学		小学		幼儿园	
	学校数/所	在校生数/人	学校数/所	在校生数/人	学校数/所	在校生数/人
1980	24	12296	238	49168	52	3377
1992	53	55857	261	127978	282	49985
2005	245	240508	358	566278	744	147672
2011	299	346942	334	651307	1093	285146
2019	417	477390	340	1068992	1836	545032

（二）上海浦东新区基础教育发展

浦东新区的基础教育发展主要分为以下三个阶段。

1. 1992—2002 年：存量改造阶段

浦东新区自 1992 年成立以来，经历了快速城镇化和新增人口大量涌入的阶段。截至 2003 年，人口在十年间从 140 万户籍人口增长到 260 万常住人口，但也导致存量学校数量严重不足、发展受阻等问题。为此，浦东新区政府确立了"教育机会均等""教育均衡化"的中小学标准化建设指导目标，并确定了农村教育与城区教育并重的战略方针，优先解决村校达标建设。村校建设主要通过撤并、扩建和置换三种途径，城区学校主要通过多点办学、扩建改造、重新布局、共建配套和公园化办学五种建设办法。经过努力，2002年浦东新区的普通中学115所，增加了41所，中学生在校人数10.8万人，增长85.8%，小学数量虽然经过改造后大量减少，但学位并未成比例降低。这一阶段通过标准化建设促进存量学校改造，从学校数量和硬件设施上实现了城乡均衡。

2. 2003—2009年：内涵发展阶段

这一阶段，中小学数量达到了314所、幼儿园204所，在校生达到了37.4万人，相较于2002年，学校总数增长32.1%，在校生总人数增长52.1%；城乡教育由"差异化发展"向"均衡化发展"转变，覆盖人口从关注"户籍人口"到"常住人口"转变，义务教育供给模式从"单一主体"向"主体多元化"转变。2003年，随着经济快速发展，区、镇两级政府财政收入差距拉大，城乡教育基础在区、镇两级财政管理体制下日益拉大，而浦东仍有87所农村学校归属镇政府管理。由此，浦东新区率先完成城乡教育体制二元并轨，将管理中心上移至区一级，实现了硬件配备水平、拨款标准、信息平台和教师培训机会的四个统一。2005年，浦东新区政府工作报告中明确提出建立"公共服务型政府"的目标，2006年前后开始探索义务教育的"管办评"联动机制，努力建构政府、学校、社会各司其职的教育格局，明确多元主体的功能边界。

3. 2010年至今：教育现代化发展阶段

国务院于2009年5月同意撤销上海市南汇区，并将其行政区域并入上海市浦东新区，全区区域面积增至1210平方公里，常住人口增至268.6万人。新区扩容使教育均衡发展问题凸显，为此，浦东新区采取了集团化办学、委托管理、与高等院校合作办学、局镇合作、成立办学联合体以及城郊结对的多样化办学模式，小学生入学人数增幅达到了25%，幼儿园入园人数增幅达到了76%。2019年，浦东新区成为上海首个区域教育综合改革创新示范区，实现了基础教育优质均衡发展、治理体系和治理能力现代化的战略发展目标。

浦东新区基础教育阶段学校及在校生统计如表9-2所示。

表9-2 浦东新区基础教育阶段学校及在校生统计

年份	普通中学		小学		幼儿园	
	学校数/所	在校生数/人	学校数/所	在校生数/人	学校数/所	在校生数/人
1992	74	58090	241	121872	—	—
2002	115	107943	120	101206	157	37056

续表

年份	普通中学		小学		幼儿园	
	学校数/所	在校生数/人	学校数/所	在校生数/人	学校数/所	在校生数/人
2009	153	139167	161	159948	204	75324
2021	172	159138	134	217367	420	138041

总体来看，深圳经济特区和上海浦东新区在基础教育发展中表现出一定的同一性。从发展动力和模式上来看，都是由人口数量驱动的学校（学位）数量增加，体现为存量学校（学位）改造和办学模式变革。其中，存量改造包括空间布局调整、裁撤合并学校、标准化建设等措施，办学模式则主要体现为多主体参与小学的发展趋势。从基础教育关注群体来看，都是从"户籍人口"到"常住人口"的转变，这与学位的供给数量和速度是分不开的，供给主体从政府单一供给向多元主体转变。从发展顺序来看，深圳市是先特区内后特区外，浦东新区是先城镇后乡村，直接原因是受政府战略规划和政府职能转变影响的二元管理体制，但本质上是由产业经济发展带来的高素质人口聚集决定的。

两个地区也存在着一定的差异性。区域教育的规模、结构和需求是由区域人口水平决定的，深圳和浦东均经历过人口暴涨的阶段，但是对于深圳基础教育而言，最显著的一个特征就是人口数量多、增速快、外来人口占比高，适龄入学人口一直保持高位。因此，贯穿始终的特点就是学位建设的"深圳速度"。前两个阶段，深圳的学位增速高达16倍，即使到了2020年增速放缓的情况下，绝对学位的数量增加也是巨大的，保障了超过一半的非户籍人口入学学位，也是所有一线城市保障非本地户籍入学比例最好的城市。相比于深圳，浦东的增速和规模都相对小很多，其明显的特征表现为较快实现了基础教育阶段的规模扩大到质量提升同步进行，较早采用了存量改造和拓展优质学校的发展路径。

二、区域基础教育资源类型分析

（一）深圳经济特区的基础教育资源类型

1. 深圳经济特区基础教育现代学校制度探索

对于深圳市来说，教育资源的发展离不开优质资源引进，即通过优质学校引进来扩大优质教育资源覆盖面。进入21世纪以来，深圳先后引入北大附中、人大附中、广东实验中学、东北师大附中等国内名校合作办学。不同于引进，深圳打破学校和区域划界形成的"壁垒"的制度性突破较晚。2003年，深圳第一家教育集团——育才教育集团在南山区成立。2016 年以来，教育集团的数量开始井喷，仅 2017 年到 2019 年的三年时间里，深圳市新增 16 家教育集团。

所谓集团化办学，是指以促进优质教育资源带动性的均衡发展为主要目的，依托一个或多个优质领头学校，通过优势互补或以强带弱的方式，以契约为纽带建立集群化办学模式。集团化办学可以带动发展相对薄弱学校、农村学校、新建学校。深圳市鼓励原特区内优质学校开展集团化办学，整合原特区外新建学校或者建立学校联盟，扩大优质教育资源向原特区外渗透辐射。

深圳"四大"名校（深圳中学、深圳实验学校、深圳高级中学、深圳外国语学校），由本土名校本部发起。但深圳的集团化办学并非千校一面，模式各不相同（见表 9-3）。例如，南科大实验教育集团，属于高校和政府合作共建的公办教育集团。南外集团是内生型、外吸型、联盟型三种不同模式混合形成的，第一批成员学校是文华学校等 4 所内生分校，属于"名校直营"模式；紧接着吸收大冲学校成为集团成员校，即为"外吸型"；最后与桃源中学结成联盟，即为"联盟型"。龙城高级中学教育集团在探索"龙头校＋在办校""龙头校＋新办校""龙头校＋民办校"三种组合式办学路径。红岭教育集团与大鹏华侨中学共建中学，探索跨区域合作的集团化办学新模式。可以看出，集团化办学的创新路径对于优质资源拓展有着重大的影响。

表 9-3　深圳集团化办学模式统计表

教育集团	类型	特点
南科大实验教育集团	高校＋政府	跨越基础教育的合作
南外集团	内生型＋外吸型＋联盟型	混合成长路径
龙城高级中学教育集团	"龙头校＋在办校" "龙头校＋新办校" "龙头校＋民办校"	民办学校加入教育集团
红岭教育集团	新学校共建	跨区域合作

2. 深圳经济特区基础教育办学主体多元化

除公办学校外，深圳的民办教育一直是整个基础教育体系中必不可少的一部分，在特定历史时期发挥了极大的补充作用。其发展共分为四个阶段。

第一阶段，1990—1997 年，无序发展阶段。此时的民办学校承载了解决外来打工人口子女上学问题的历史使命。这一阶段，为解决学位不足问题，深圳出现了很多不规范、教学质量不高的"棚屋学校"。1997 年，"棚屋学校"被全部清除。

第九章 基于深圳经济特区和浦东新区经验的雄安新区基础教育体系建构

第二阶段,1998—2004年,快速扩张阶段。外来人口继续保持剧增,从465万人涨到636万人,这一阶段的民办学校虽然办学条件得到了较大的提升,但是存在大量乱收费、虚假广告现象,管理秩序极不规范。2002年,国务院颁布《民办教育促进法》,2003年,深圳市颁布《关于规范深圳民办学校收费管理的通知》。深圳市开始对民办教育实施规范管理,民办中小学从32所迅速增长到251所,在校生从3.2万人增长到28.2万人,占深圳中小学在校生比例从12%上升到38%。

第三阶段,2005—2010年,规范发展阶段。民办教育在这一阶段开始制度化发展。2005年开始全面加强民办中小学规范管理,并出台一系列管理文件,最终形成企业或个人独资举办、国有民办和股份制学校多种形式,分别约占民办中小学数量的70%、20%和10%。截至2009年,深圳市有民办中小学256所,占全市中小学总数的四成(见表9-4)。

表9-4 2009年深圳市民办中小学在校生统计

学段	在校生/人	相应学段总人数占比/(%)
小学	260741	44.2
初中	74766	34.9
高中	16921	24.9
合计	352428	40.4

第四阶段,2011年至今,多元发展阶段。民办学校开始从提供学位为主向提供学位与扩大市民教育选择并重战略转型。原因在于深圳正式建立政府财政对民办学校的常规性投资机制,每年按教育费附加15%的比例投入民办教育,也开始了针对民办高中的结对计划,从政策上逐步缩短公办、民办的差异。到2017年,深圳市有民办中小学253所,其中原特区内51所,占比20.2%,受历史原因影响,原特区内的学校更多地向特色学校转型。2020年,深圳民办学校中90%的学校达到市级及以上,民办学校教育质量显著提升,不再是低质量的代名词。

深圳的基础教育国际化也走在了前列。2007年,为满足在深外国人子女教育需求,深圳南山国际学校和深圳日本人学校开始筹备。2011年,深圳外国语学校高中部成为深圳第一个实施中外合作办学项目的公办学校,深圳宝安中英公学成为全国第一所国际化民办学校。截至2020年,深圳共建成9所外籍人员子女学校、2所外国语学校国际部、2所港人子弟学校;在全国首创"港籍学生班",9所学校设班接收港籍学生近4300人,满足在深2.2万多名港澳籍学生的教育需求。

（二）上海浦东新区的基础教育资源类型

1. 上海浦东新区基础教育现代学校制度

浦东新区集团化办学尝试始于 1994 年，建平中学将面临危机的梅园中学接管并更名为建平西校，1996 年组建建平（集团）学校。随后，其他名校也纷纷承接薄弱学校或者新开办的学校，比如进才中学于 1997 年成立进才中学北校，后来陆续成立了川沙南校、东沙东校等。这种以方位和母校名字结合的起名办学方式被称为浦东的"东西南北校模式"，也为之后以重点学校为核心的集团化办学奠定了基础，浦东本土名校生长的教育集团几乎都经历了建（改）分校、组建联合体之后建立教育集团的路径。2015 年，上海学区化、集团化办学政策正式实施，学区化、集团化办学成为浦东深化基础教育均衡优质发展的双引擎。浦东将 19 所市级"强校工程"实验校全部纳入 10 大教育集团，并在全市率先增加 10 所区级"强校工程"实验校，市区两级 29 所"强校工程"实验校占浦东新区初中数量的五分之一，极大地提升了初中学校的教育质量。

2019 年，浦东新区制定《浦东新区推进紧密型学区和集团建设实施方案》和《浦东新区学区化、集团化办学绩效考核奖励方案（试行）》。11 月 28 日召开学区化集团化办学推进大会，新组建 10 个集团。截至 2022 年底，浦东新区义务教育阶段组建成立了 20 个学区、23 个教育集团（联盟），义务教育阶段公办学校学区化集团化办学覆盖率达 94.1%。2023 年 2 月 24 日，浦东新区义务教育阶段学区化集团化办学推进大会举行，会上宣布成立 17 个新学区，至此，浦东新区 36 个街镇实现学区化办学全覆盖。浦东新区集团化办学情况主要如表 9-5 所示。

表 9-5 浦东新区部分集团化办学情况一览

教育集团名称	成立时间	牵头校性质	覆盖学段
上海市建平教育集团	1996 年	公办	中小学
上海市进才教育集团	2015 年	公办	中小学
上海市洋泾教育集团	2015 年	公办	中小学
浦东新区川中教育集团	2016 年	公办	中学
浦东新区明珠教育集团	2016 年	公办	小学
浦东新区南汇一中教育集团	2016 年	公办	中学＋九年一贯制
上海实验学校教育集团	2018 年	公办	中小学
华二浦东教育集团	2018 年	公办	中学＋九年一贯制
福山教育集团	2018 年	民办	小学

续表

教育集团名称	成立时间	牵头校性质	覆盖学段
浦东复旦附中分校教育集团	2020年	公办	中学

2. 上海浦东新区办学主体多元化

浦东新区民办教育经历三个阶段：无秩序发展阶段、委托管理阶段和特色发展阶段。

第一阶段，1992—2003年，无秩序发展阶段。浦东新区增加了140万人外来人口，这一阶段外来人口子女大多数就读于民工子弟学校，极少部分在公办学校借读，但民工子弟学校没有独立法人地位，收费和法律地位均存在极大的问题，很难保障受教育者的合法权益。2001年开始，浦东新区实施"关、停、并、转、留"等措施，对民工子弟学校进行规范管理，或在每个乡镇成立1~2所简易学校满足基本教育需求，然而这并非长久之计。

第二阶段，2004—2017年，委托管理阶段。随着上海经济建设的迅猛发展，越来越多的外来人口涌入浦东，其子女就读问题更加突出。但是，短时间内无法在师资、教育资源配置等方面满足外来人口入学需求的问题，也无法继续默许民工子弟学校的发展。2004年，浦东新区通过政府购买服务的方式，委托教育中介机构对民工子弟学校进行管理。这样既提升了薄弱学校的教学质量，同时也缓解了公办学校资源不足与外来人口子女入学难之间的矛盾。

委托管理是通过"管、办、评"推动政府职能转变，由政府以购买服务的形式，将受援学校的办学权转移至专业教育中介机构，通过管理模式、教师人员和课程体系的流入与创新，全面提升受委托学校的教育质量。同时，引入第三方教育评估机构，对托管工作实行过程监控和绩效评估，形成绩效问责机制。按照教育资源的来源不同，委托管理可以分为区域外和区域内两种类型。按照教育来源的性质不同，可以分为教育中介机构、公办学校和大学。2007年，《浦东新区民办农民工子女学校申办暂行办法》规定学校三年内满足办学条件后，即可申办成为民办学校，之后即可享受政府教育补贴。到2010年，民工子弟学校被全部纳入上海民办教育规范管理。从被委托学校的状态来看，浦东新区不仅将托管模式应用于存量学校的改造，还运用于新学校的创建，成为高起点高规模办学的新模式。从2007年至2017年，上海市教委在充分研究浦东新区的基础上，对全市范围内农村地区义务教育阶段学校连续实施五轮委托管理，实现优质教育资源的跨区域流动，从而全面提升受援学校的教育质量，促进区域教育优质均衡发展。值得注意的是，浦东新区的外来人口很重要的一个组成部分是外籍人士，到2012年，浦东新区外籍人口超过6.6万人。浦东开始以三种形式——国际学校、招收外籍学生的学校和开设国际课程来满足外籍学生和本土学生对于国际课程的需求。

第三阶段，2018 年至今，特色发展阶段。2018 年，浦东新区基础教育阶段民办学校达到了 172 所，占总数的 26.4%。民办教育和公办教育在义务教育阶段呈现齐头并进的格局。依托上海市国际化背景，浦东新区民办教育的国际化水平进一步提升，并形成国际化办学特色。截至 2021 年，浦东新区共有 36 所国际化学校，学校类型涵盖公立国际学校、国际化特色民办学校和外籍人员子女学校。同时，浦东新区加强以区校共建作为激发学校办学活力的重要路径，截至 2024 年，已与相关高校合作共建了 29 所学校。2024 年 2 月 29 日，《浦东新区优质高中与国内一流大学联合培养数理拔尖创新人才三年行动方案（试行）》启动，立足浦东基础教育，拔尖创新人才培养，推动基础教育与高等教育办学主体合作，打造具有浦东特色的人才培养范式。

总而言之，深圳经济特区和上海浦东新区在几十年的办学模式上有着一些共同的创新（见表9-6）。从存量学校的改造来看，集团化办学、学区化和自主管理是常用的管理模式。深圳和浦东先后均采用自主管理和学区化、集团化办学，一些本土名校（比如深圳中学和上海实验学校）都是通过自主管理成长为名校的。对于新建学校来说，委托管理和集团化办学是主要的办学模式，对于高起点办学来说，自主管理也是一个选择。比如，华二浦东教育集团是典型的集团化办学引进，红岭教育集团与大鹏华侨中学共建中学则是跨区域合作的集团化办学新模式。从发展阶段来看，集团化办学是深圳和浦东未来的办学发展方向，其中，浦东集团化办学覆盖了超过了八成，深圳也成立了 20 多家教育集团。

表 9-6 办学模式创新路径汇总

模式	要素配置				
	学校来源	优质资源	参与学校性质	类型	核心特征
委托管理	新建义务教育阶段学校为主，普通高中逐渐纳入委托范围	教育中介机构、优质公办学校、大学	公办、民办均可	以合同形式对薄弱学校进行委托（可跨区域）	运作专业化，政府购买
集团化办学	存量学校＋新建学校	集团龙头校（可引进，也可自生）	公办或民办或公民混合	联盟型、内生型、外吸型（一般为区域内，也可跨行政区）	标准统一化，快速提升教育均衡

续表

模式	要素配置				
	学校来源	优质资源	参与学校性质	类型	核心特征
学区化	存量义务教育阶段学校为主	本地优质学校	公民办均可	学区内以契约的形式进行师资、课程等交流	区域均衡化
自主管理	存量学校或高起点新建学校	—	公办、民办均可	—	高度自主化

从办学主体来看，深圳经济特区和上海浦东新区的发展有着显著的阶段性，都经历了政府主导、开放市场和政策引导三个阶段。第一个阶段，基本不存在正规民办教育，基本上是政府主导的公办教育，此时的"民办学校"的主要使命是增加学位供给，解决随迁子女上学问题。第二阶段，国家和地方民办教育政策出台，重点在于开放并规范市场，吸引社会资本进入教育行业，拓宽资金渠道，增加教育选择，基础教育国际化开始出现，满足外籍子女上学问题。第三阶段，各级各类教育多元化发展，政策倾向于缩小公办、民办差距，鼓励特色民办学校，基础教育国际化也逐渐推广，满足不同人群的教育需求。从学段来看，民办高中的数量小于义务教育阶段的数量。

深圳的民办教育和教育国际化是其显著特征，这和深圳最开始的市场经济体制和几十倍增长的人口数量是密不可分的；浦东新区更擅长教育办学模式创新，委托管理是全国首创，集团化办学也走在了全国前列。

三、区域基础教育资源流动分析

本部分主要以教师资源为代表，对深圳经济特区和上海浦东新区基础教育资源的流动方向和动力进行分析，从而在动态上把握基础教育发展情况。

（一）深圳经济特区的基础教育资源流动

深圳的高水平专业化教师队伍建设分为以下三个阶段。

第一阶段，1980—1997年，大批引进教师阶段。深圳建市和创办特区之初，本地只有一所中等师范学校，本地师范教育发展缓慢。1982年，深圳成立了承担全市中小学教师培训任务的教师进修学院。1984年成立深圳师范专科学校（与深圳教育学院合署办公）。1994年，第一所本地本科师范学院——深圳大学师范学院才在深圳师专的基础上建立。可以看到，在深圳市基础教育的快速扩张阶段，本地教师培养数量远远满足不了现实对教师的强烈需求，因此，这一阶段，整个基础教育的师资基本都是引进的。深圳市凭借政策优势，率先突破计划体制的束缚，打破教师队伍的干部管理体制，采用全国招聘的办法来吸引师资，并且成果斐然。仅1985年一年，108名教师通过全国招聘的方式来到了深圳，达到了当年教师引进总数的17％。1989—1993年，深圳引进了6所教育部直属师范院校的220名应届生，同时从全国各省、市级重点中小学商调、招聘老师500多名，达到引进总额的60％左右。同时，通过教师工资制度改革、解决教师住房问题和建立教师奖励基金等措施，解决了留住人才的困难。

第二阶段，1998—2010年，提升教师质量阶段。1998年起，随着深圳对人才的吸引力持续增强，在师范教育扩张的背景下，师资队伍建设的中心开始转移到稳定和提升现有教师队伍质量上。1998年，深圳颁布《深圳市中小学教师进修暂行规定》，从制度上规范了教师继续教育。除了教师质量的整体提升制度，深圳也关注对骨干教师、专家型教师的培养和国际化水平提升。1997年，深圳市实施名师工程计划，重点选拔培养一批知名校长、学科带头人和中青年骨干教师。2005年，进一步明确了名师的评审工作标准，并通过名师工作室的方式发挥知名教师的示范引领作用。截至2018年，全市共建成131个工作室。国际化也是深圳基础教育的一个显著特征，2003年，深圳市在全国最早实施海外培训计划。截至2020年，共有51批次，1420名校长、学科带头人、骨干教师、优秀教师赴英、美、德等发达国家参加教育培训项目，有效提升了深圳市基础教育的国际化水平。

第三阶段，2011年至今，引进与培养并重阶段。深圳教师队伍的规模不断扩大，素质持续提升，结构日趋合理，在管办评分离和教育体制改革的背景下，深圳通过扩大学校招聘自主权、完善招聘方式、扩大招聘范围等，加速基础教育优秀人才引进，从过去的"零星式"转向"成批次"引进。数据显示，2017年以来，深圳市招聘的9968名毕业生中，研究生学历的有6610人，占比66.3％；从部属师范院校引进优秀毕业生共4892人，占比49.1％，同时，加大从非师范院校引进毕业生的力度，从北大、清华、人大等"双一流"A类高校引进优秀毕业生2101人，占比21.1％。2021年，全市教职工共25.19万人，比2020年增加1.9万人，增长8.17％。以盐田区为例，初中专任教师本科以上学历占比97.8％，研究生学历占比24.4％；高中专任教师本科以上学历占比100％，研究生学历占比26.6％。另一方面，2018年起，深圳市教育局启动"优秀校长培养工程"，2019年，南山区公办中小学实现外籍教师全覆盖。就人才均衡发展而言，2010年实施的"百校扶百校"行动，主要措施包括优质学校和被帮扶学校的领导层交流互换，优质学校骨干教师对帮扶学校教师的培训、示范和课程帮扶等。各个市辖区也都有自己的结对帮扶计划，比如南山区的"精英人才校园共享计划"，已有 30 名精英教师进行校际流动，向师资薄弱地区倾斜。

总体而言，深圳基础教育阶段教师统计情况如表 9-7 所示。

表 9-7 深圳经济特区基础教育阶段教师总体情况

年份	普通中学			小学			基础教育		
	专任教师数/人	在校学生数/人	生师比	专任教师数/人	在校学生数/人	生师比	专任教师总数/人	在校学生数/人	总生师比
1980	625	12296	19.67	1763	49168	27.89	2388	61464	25.74
1992	3533	55857	15.81	4832	127978	26.49	8365	183835	21.98
2005	14196	240508	16.94	23866	566278	23.73	38062	806786	21.20
2012	25807	359643	13.94	33496	683058	20.39	59303	1042701	17.58
2019	38361	477390	12.44	58511	1068992	18.27	96872	1546382	15.96

（二）上海浦东新区的基础教育资源流动

浦东新区经历了三个阶段的教师培养发展。

第一阶段，1992—2004 年。主要特征是数量急剧增长，伴随学校数量的扩张，对教师数量要求也不断增加。这一时期也存在着教师培训措施，但这一阶段的培训呈现出校际不均衡、标准不统一、培训不持续的特点。

第二阶段，2005—2018 年。随着城镇化达到 85% 以上，以及连续三轮的"薄弱中小学建设"工程的实施，浦东新区基础教育开始向以发展为内涵、实现教育现代化为特征的第二阶段跨越。

教育内涵的发展依赖于高素质师资队伍的建设，本阶段主要是上海市统一进行教师培训，并以强弱结合的手段促进教师资源均衡发展。为解决快速扩张后 50 岁左右的优秀校长出现断层的现象，一个标志性文件是 2005 年上海市教委颁布的《上海市普教系统名校长名师培养工程实施方案》，文件指出要分类分层培养，分为成熟型和苗子型两类人员，培养的方式包括搭建平台、展示成果、赴国外做高级访问学者（成熟型）和学历学位进修、国内外学习考察、课题研究和实践培养（苗子型）等。截至 2018 年，上海市区已经完成了三轮"上海市普教系统名校长名师培养工程"（"双名工程"），累计培养 3000 余名名校长与名教师。浦东新区也率先为专家型教师的培养积极搭建平台，2012 年，浦东新区命名了 35 个个人名师工作室和基地。

除全市统一的"双名工程"之外，浦东新区教委自 2006 年起，还进行了依托学校特色建设的教师专业发展学校。教师专业发展学校是指在原有学校建制内以多类型、多层面的校本研修活动进行教师发展培养，建设校本研修示范校，帮助教师形成教育、教学、研究三者合一的专业学习方式，同时还通过合作共同体内强弱互助的形式促进教育资源均衡发展。浦东新区在这一时期建设了 53 所区教师专业发展学校，其中 27 所学校被评为"上海市教师专业发展学校"，形成了长期依托学校资源与工作室项目制统一培训的教师继续教育体系。2012 年，浦东新区采取校长交流、教师柔性流动等方式优化基础教育阶段师资配置情况，包括选派 288 名城区校长及骨干教师到郊区学校任职任教，选派 42 名优秀教师以团队支教的方式前往 14 所郊区学校进行教学。

第三阶段，2019 年至今。"双名工程"开展到第四期，也进行了新一轮的改革。与以往的聚焦顶尖教师与校长的做法不同，新一轮的"双名工程"依照教师层次划分为高峰计划、攻关计划和种子计划三部分。数量上孵化培养更多优秀教师，类型上更加注重梯队建设和分类管理。同时与 2018 年启动的"百所公办初中强校工程"相互结合，尽量保证每所"强校工程"实验校常驻 1 名名校长和 2 名名师（培养对象包含在内）。"百强实验校"作为"双名工程"实践基地校，解决了之前名校长、名师缺乏长期培养锻炼平台的问题，继续完善名师、名校长培养的教育实践和理论攻坚体系。

总体而言，浦东基础教育阶段教师统计情况如表 9-8 所示。

表 9-8 浦东新区基础教育阶段教师总体情况

年份	普通中学					小学					基础教育		
	专任教师数/人	大学本科毕业及以上占比/(%)	大学专科毕业占比/(%)	在校学生数/人	生师比	专任教师数/人	大学本科毕业及以上占比/(%)	大学专科毕业占比/(%)	在校学生数/人	生师比	专任教师总数/人	在校学生总数/人	总生师比
1993	4429	36.17	48.54	61690	13.93	6444	0.10	3.30	131204	20.36	10873	192894	17.74
2004	7801	87.26	12.37	120739	15.48	6531	11.20	69.40	89116	13.65	14332	209855	14.64
2018	12548	99.40	0.60	140552	11.20	13076	82.90	16.70	200262	15.32	25624	340814	13.30

综上所述，深圳经济特区和上海浦东新区在教师发展上都曾经历开放引进、内生培养和均衡发展阶段。在开放引进阶段，伴随着学校（学位）的急速增加，对教师的数量需求是第一位的，尤其是深圳，1980 年至 1998 年增加了约 4 倍，

主要通过改革招聘方式、拓宽招聘渠道和薪酬激励的方式进行人才的大规模引进，满足急速增长的教师数量需求。在内生培养阶段，重点在于教师发展支持系统的构建，分类培养教师骨干，辐射教师系统，进而带动整体教师质量提升。从时间跨度来看，长期计划和短期培训相结合，比如名师计划和海外培训计划。从平台来看，个人与集体相结合，比如名师工作室和教师专业发展学校。从培训方式来看，学历培训和非学历培训相结合。从学段上来看，中学教师的学历要求更高，体现为中学教师学历水平普遍要高于小学教师。在均衡发展阶段，主要是利用骨干师资的辐射作用，通过校际帮扶和集团化招聘等方式，促进优质教师资源和校长的流动，保证新进师资的均衡，提升对应学校的教育教学质量和学校管理水平，但目前都是非长期性、非制度性的，都是通过计划而非法律法规形式实现的。

两个区域的不同之处在于，深圳经济特区更加重视引进，从前期的针对教育部六大直属师范院校到后期的拓展多元教师招聘渠道，包括针对北京大学和清华大学及众多海外名校的招聘，选材范围面向全国。培养方式上更加重视国际化，比如海外培训计划、招聘外籍副校长以及与香港地区的诸多合作。上海浦东新区更重视培养，在20年内构建出以教学、研究、培训一体化为主要形式的教师培训模式，完善区域校（园）长、教师专业发展支持系统，形成全方位、多层次、高质量的教师发展系统。

四、雄安新区基础教育体系建构

（一）雄安新区基础教育发展遵循的基本逻辑

深圳经济特区、上海浦东新区的具体实践存在内在的一致性与普遍性，这种"先满足基本需求，同时集中建设打造优质资源，再通过市场开放多元化发展，最后通过制度创新促进优质资源均衡发展"的模式，为雄安新区的基础教育发展规划提供了"中国特色"的指导原则。

1. 基础教育规划要解决为什么人规划的问题，必须考虑人口数量与结构

基础教育的规模和结构必须适应经济社会发展的需要，必须与人口的增速、规模相匹配。雄安新区本身的教育基础和规划建设决定区域人口的增速和基本构成也是存在差异的，这也决定了基础教育的存量改造和增量建设是要同时进行的。新区教育资源既要满足新进人口的高起点、高标准，又要为原住居民提供优质的教育。值得注意的是，在优质资源引进的过程中，要特别注意避免呈现移民子女和原住居民子女在教育资源上的巨大差异。根据《河北雄安新区规划纲要》，

中国社会科学院京津冀协同发展智库课题组发布了雄安新区人口与住房政策的报告，报告建议雄安新区人口密度不宜过高，综合考虑，雄安新区初始人口规模在100万人左右，远期控制在500万人左右。同时，由于雄安新区定位为创新驱动发展模式，重点发展高端高新产业，积极吸纳和集聚创新要素资源，建设绿色智慧新城，因此其人口结构将以高素质、技能型人才为主。雄安新区需要在学校布局、规模、结构、层次等方面进行谋划以契合城市规划、人口需求和经济社会发展需求。

2. 基础教育规划要解决供给什么样的教育的问题，必须考虑办学模式的创新性和多样性

作为承担高标准建设的模板区域，不仅仅是硬件设施的建设，更重要的是制度建设的试验田。根据深圳和浦东的经验，两者都是"前期政府主导-市场社会参与-异质性特色化发展"的模式。对启动区来说，建设方式以集团化办学和整体迁入为主，存量基础教育的办学模式以委托管理为主，中期再以启动区和北京优质资源双引擎驱动雄安基础教育发展，"质""量"并举，满足特色化需求，鼓励民办学校和国际学校的发展，探索多渠道配置优质教育资源。远期将创新办学体制，成为教育改革的策源地。

3. 基础教育规划要解决雄安新区由谁培养人的问题，必须考虑教育资源的均衡发展

根据深圳和浦东的经验，无论是制度创新还是规模扩大，教育内涵式发展最终还是靠教师资源。教师素质决定了雄安新区的教育质量。教师教育资源建设一般分为引进和培养两部分，基础教育的教师存量提升和增量引进是要同时进行的。雄安新区将长期在全国范围内引进高层次人才和各类名师骨干，构建新教师多元引进模式，对存量资源进行培训升级。短期内新区教师素质提升主要依靠承接北京优秀人才转移；中期将加强北京和新区教师制度化交流，增强新区自身教育资源培育能力，发挥标杆引领与辐射带动作用；远期将消化吸收全国优秀人才任教，成为辐射京津冀乃至全国的先进教育思想发源地。

（二）雄安新区基础教育发展的基本构想

1. 雄安新区发展基础教育的基本策略

教育作为雄安新区规划和建设的基础保障，是增强新区吸引力、承载力和聚集力的核心要素。人口变化、迁移聚集和城镇化发展，与经济发展有关，影响着教育的发展布局，是制定教育规划的依据点，是配置教育资源的基础。从短期来

看，各年龄段人口数量和结构直接影响人民群众对各级各类教育资源的需求；从长期来看，人口数量和结构的变动将影响市场人力资源状况。

对于基础教育而言，一是优先发展高质量基础教育。为了快速提升雄安新区对人才的吸引力，减小北京非首都功能疏解的阻力，雄安新区基础教育的布局应当先于北京非首都功能的疏解工作进行，且必须引入京津优质基础教育资源，或提升河北特别是雄安的存量基础教育质量，改变雄安新区长期以来存在的基础教育短板，变教育"洼地"为教育"高地"，以引入和提升相结合的方式尽快发展一批高质量基础教育。二是扎实推进高站位基础教育。基础教育事关地区人口素质提升及人力资源输送，必须从推进京津冀教育一体化、现代化发展这一全局性、历史性高度出发，立足雄安现有基础，整合区域优势资源，按照常住人口规模合理均衡配置教育资源，扎实推进基础教育超速发展；必须坚持立德树人根本任务，推动学生全面、综合、健康发展，承担起促进教育改革发展的重任，在雄安新区率先探索构建终身学习型社会，打造基础教育"雄安质量"。

2. 雄安新区发展基础教育的具体路径

根据深圳和浦东基础教育的建设经验与发展模式，鉴于《河北雄安新区规划纲要》明确指出"规划期限至2035年"，本部分结合规划纲要所构建的整体发展框架，就2020—2035年雄安新区基础教育体系的规划与建设提出具体对策，并对本世纪中叶雄安新区基础教育的发展远景做出展望。

2035年以前，雄安新区应当在约100平方公里的起步区内，选择位于"北城"的20~30平方公里的城市组团，短期内以北京优质学校为重点承接对象，用以承接北京整体迁入或援建的分校，以委托管理、集团化办学等形式在此区域内培养优质教育资源，积极对接北海幼儿园、史家小学、北京四中，成熟一个、实施一个，探索对接不同学段的模式，为起步区和长期发展区培养"种子"教育资源，作为后续的牵头学校进行跨越式发展，同时在启动区进行针对高素质人口教育需求的特色民办学校与国际学校的建设，完成体制机制变革下的高质量增长。

存量改造区，在薄弱的教育基础上进行撤并和标准化改造等工程，推动义务教育公共服务均等化。积极推动存量学校与帮扶学校的实质性对接。明晰援建校对接工作机制，加强与北京市朝阳区实验小学、中关村第三小学、北京市第八十中学等北京帮扶学校对接，通过校长挂职、教师交流、课程资源共享、建立管理制度等多种措施落实实质性托管帮扶，并持续建立政府与政府、学校与政府、学校与学校之间的联系。最终推动京雄两地对接工作制度化发展，共同发现和面对问题，一起合作探索新经验和新模式。

短期以承接北京优质教师资源为基础，面向全国招聘教师和应届生，提升雄安新区师资队伍的专业化水平。中期构建完善的教师、校长和班主任的分级分类培养，不断拓宽教师成长路径，自主培养优质教师资源，进一步探索优质教师制度化流动路径，向教育薄弱地区倾斜资源，打通教育均衡发展路径。

河北省政府需要统筹规划雄安新区的教育规划，由中央和河北省集中投入财政资金，同时拓展政府和社会投入渠道，在未来3~5年内完成启动区的基础设施建设，有效提升区域公共服务整体水平，使雄安新区具备承接条件。

第十章 基于深圳经济特区和浦东新区经验的雄安新区高等教育体系建构

正如著名城市研究学者刘易斯·芒福德所言,城市发展通常"先具备磁体功能,尔后才具备容器功能",作为区域经济和社会发展的动力引擎,高等教育不仅能够在人才培养和知识创新上直接促进雄安新区的经济社会发展,而且还将提高雄安新区对高端创新要素的吸引、汇聚和容纳、安置能力。当前,雄安新区对高端人才及产业的吸引汇聚能力很弱,同时也缺乏容纳、对接平台,大力发展高等教育,既能使雄安新区集聚优质公共服务资源,也将为汇聚于此的高端人才及产业构筑"载体"与"容器",使之"引得来、留得下"。可见,在雄安新区规划建设一个现代化高等教育体系,对区域经济社会发展而言,意义重大、影响深远。

对于经济特区办高等教育的问题,已有研究主要集中在三个方面:一是归纳了深圳和浦东的发展经验,深圳经济特区和上海浦东新区是党和国家在不同历史时期创造实施的经济开发区,二者为建设雄安新区积累了丰富经验;二是对雄安新区的区域定位及其与京津冀的关系展开了大量讨论,并据此提出雄安新区创新驱动发展的具体路径;三是基于深圳、浦东的高等教育发展经历,预测性规划了雄安新区的高等教育体系建设。已有研究成果颇丰,但仍存在两点问题:第一,缺乏对雄安新区发展高等教育的专门研究,现有的讨论比较浅显,有待进一步深入分析;第二,缺乏对深圳和浦东建设高等教育的研究,也没有系统归纳两地办学经验,难以为雄安新区高等教育的规划建设提供参考。本部分运用基标法,充分挖掘深圳、浦东两地高等教育与经济社会协同发展的经验与模式,并据此尝试给出雄安新区高等教育的规划思路和发展策略。

一、数据来源

经过长期摸索实验,在特定区域内设置"特区""新区"的做法已经是推动我国经济发展的重要模式,我国的7个国家级经济特区和19个国家级新区均承担了国家经济发展和改革战略的重大任务,成为辐射带动区域经济社会发展的重要引擎。改革开放伊始，国家设立以深圳为代表的经济特区。伴随改革开放的深化，又陆续出现了以浦东为代表的"国家级新区"。深圳和浦东分别是我国在改革开放不同阶段打造区域增长极的典型代表和成功案例，与雄安新区在发展模式上具有内在连贯性，因此，本研究选择深圳经济特区和上海浦东新区作为河北雄安新区的基标和榜样，通过分析把握深圳和浦东的发展历程，结合雄安新区的整体发展规划，确定雄安高等教育发展的基本思路与具体任务。本研究数据来源于《上海统计年鉴》《深圳统计年鉴》《北京统计年鉴》《上海浦东新区统计年鉴》《中国火炬统计年鉴》《深圳市南山区国民经济和社会发展统计公报》《深圳市龙岗区国民经济和社会发展统计公报》《河北雄安新区规划纲要》、Web of Science 核心合集，统计时间截止至 2021 年 5 月。

本研究将区域产业定位、空间布局及时间阶段作为一级指标，又将二级指标拆分为区域发展指标和高等教育指标，两类二级指标共计 12 个分析变量（见表 10-1）。区域发展指标包括产业结构、发展动能、初期起步区与中长期发展扩容区的空间布局、政策辅助发展与内生创新发展的阶段划分；高等教育指标包括科类结构、层次结构、办学类型、建设方式、发展方式和发展任务。

表 10-1 区域经济社会与高等教育发展关系的研究变量

一级指标	二级指标		解释说明
	区域发展指标	高等教育指标	
区域产业定位	产业结构	科类结构	分析区域产业结构、发展动能与高等教育科类结构、层次结构的关系
	发展动能	层次结构	
区域空间布局	初期起步区空间布局	办学类型	分析在起步区和扩容区内的高等教育办学类型与建设方式
	中长期发展扩容区空间布局	建设方式	
区域时间阶段	政策辅助发展阶段	发展方式	分析在政策辅助发展阶段和内生创新发展阶段的高等教育发展方式与发展任务
	内生创新发展阶段	发展任务	

二、区域产业定位与高等教育发展

（一）深圳经济特区产业及高等教育发展

深圳经济特区的产业发展历程可以分为三个阶段。

1980—1992年是产业发展起步期。深圳在大规模基础设施建设的同时,通过承接从"亚洲四小龙"转移出来的劳动密集型产业,充分释放政策和人口红利,属于典型的要素驱动发展模式。至1992年,深圳第一产业生产总值占比从22.9%迅速下降至3.3%,第二、三产业则分别从38.1%和39.0%提升到48.0%和48.7%(见图10-1),其中又以工业、建筑业、批发和零售业、金融业为主。这一时期,深圳仅有深圳大学、深圳师范专科学校和深圳职业技术学院等3所高等教育机构,3所学校均根据特区产业结构与发展动能确定自身科类结构和教育层次:深圳大学在建校之初设置经济、法律、建筑等系,是一所以本科生培养为主,兼有专科生、研究生的综合性大学;深圳师范专科学校以本地师范教育为宗旨,与深圳教育学院合署办公;深圳职业技术学院自成立至2000年,共设置了计算机应用、商务英语、建筑工程管理等35个专业、68个专业方向,是一所以专科班为主,同时提供成人教育、技能培训的高职院校。

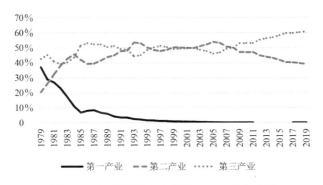

图 10-1 深圳地区生产总值三次产业构成图

1993—2011年是增创新优势时期。通过不断提高创新能力、增强创新优势,深圳的产业结构持续升级,发展动能趋于多元,第一产业生产总值占比降到0.10%,第二、三产业则齐头并进,其中建筑业生产总值占比在深圳初期基建工作完成后迅速下降,金融业成为第三产业中生产总值占比最高的行业。与此同时,深圳高等教育根据国家及区域发展需求不断调整专业和层次结构,其中又以北京大学、清华大学和哈尔滨工业大学于2001年创办的3所深圳研究生院最具代表性;在科类结构上,均围绕高端制造业和现代服务业展开,如北大深研院设立生物技术与医学院、信息工程学院,清华深研院设立信息科学与技术学部、物流与交通学部等;在层次结构上,均依托母体学校资源,立足深圳本土需求开展研究生教育,哈工大深研院更是于2017年转型为一所本硕博教育体系完备的独立大学。

2012年至今是产业发展成熟期。这一时期,深圳将产业类型升级为资本、技术密集型产业,将创新作为城市发展的主要动能。截至2019年,第三产业以60.9%的生产总值占比占据深圳产业结构的主导地位,第二产业生产总值占比则从 44.8% 降至 39.0%。2018 年，金融业，批发和零售业，信息传输、软件和信息技术服务业分别以 3351.89 亿元、2438.74 亿元和 2247.82 亿元的增长值位列深圳各行业前三名，深圳经济特区已经形成了以现代金融业、现代物流业和高新技术产业为三大支柱产业的经济格局（见图 10-2）。与之对应，深圳高等教育据此进一步调结构、提质量，其中又以深圳大学、南方科技大学、香港中文大学（深圳）为典范：根据 2019 年本科毕业生就业质量年度报告，三所学校分别有 84.1%、73.2%、57.0% 的毕业生留在深圳市内工作，毕业生的就业行业主要集中在现代金融业、现代物流业和高新技术产业，为深圳特区的创新驱动发展培养了大批创新型人才。

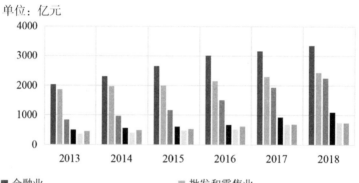

图 10-2　深圳市主要行业增长值汇总图

（二）上海浦东新区产业及高等教育发展

1990 年 4 月中央宣布开发开放浦东时，其第二产业生产总值占比为 76.2%，远超第一、三产业。1992 年设立上海浦东新区后，其产业发展经历了两个时期。

1992—2006 年是产业体系调整与起步发展期。这一时期，浦东逐步向以高新技术产业和现代服务业为主导的新型产业体系转变。2007 年，浦东新区第三产业生产总值占比（53.0%）首次超过第二产业（46.8%），成为浦东的支柱产业，并呈现迅猛的上涨势头（见图 10-3）。其中，金融业、批发和零售业生产总值的占比分别从 1990 年的 3.1% 和 5.1% 大幅提升至 2008 年的 17.6% 和 9.3%。浦东抓住全球高新技术产业战略转移和重新布局的机遇，通过大规模吸引高新技术含量的外资项目，直接进入资本、技术驱动发展阶段。与之对应，随着外资不断涌入，浦东新区出现了一批民办高等教育机构，如上海民远职业技术学院等；此外，与深圳从无到有构建一套完整高等教育体系的发展路径不同，浦东更加依赖上海市的优质高等教育资源，特别是被设立为国家级新区之后，上海海洋大学、上海海事大学等一批大学纷纷从上海的其他行政区迁入浦东新区，上海交通大学和复旦大学也先后在新区创办了信息安全工程学院和张江校区，共同服务于新区发展的技术需求。

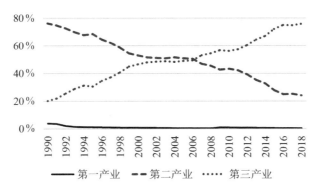

图 10-3 浦东新区的生产总值三次产业构成图

2007 年至今是产业功能提升与转型升级期，在此期间，浦东构建起以现代服务业为主体、以战略性新型产业为引领、以先进制造业为支撑的现代产业体系，创新成为引领浦东高质量发展的新引擎。至 2018 年，浦东第三产业生产总值占比已达 75.8%，远超第一、二产业的 0.2% 和 24.0%，其中又以金融业，批发和零售业，信息传输、软件和信息技术服务业为主。与之对应，围绕金桥加工区、张江高科技园区和临港新片区三大产业园区，浦东新区形成了金桥大学城、张江大学城和临港大学城三个大学城，大学城中的大学在专业结构和办学层次上与产业园区定位高度匹配，如临港新片区的 5 所学校均实施以航运、物流、海洋为特色的本科教育，而张江高科技园区则聚集了中国科学院、北京大学、复旦大学等一批国内顶尖高校创办的科研、办学机构，为浦东创新驱动发展提供动力。

分析发现，深圳经济特区和上海浦东新区在产业发展上表现出明显的阶段性特征。如表 10-2 所示，深圳的发展动能经历了从要素驱动、技术驱动到创新驱动的完整历程，产业结构也逐渐从以第二产业为主过渡到以第三产业为主；浦东的产业发展则在时间和起点上，直接对标了深圳的第二个发展阶段。相应地，深圳和浦东的高等教育发展模式并不完全相同，深圳经过三个阶段的构建，已经基本形成了一个完整的、在地的高等教育体系，而浦东则在高端人才培养与引进、产学研协同发展等方面更加依赖于上海市的高等教育资源。但无论发展阶段、发展模式如何，两地的高等教育始终与区域产业发展紧密同构，其科类结构随产业结构的调整而调整，层次结构随产业发展动能的升级而升级，在满足特区或新区产业发展需求方面发挥了很大作用。

表 10-2 深圳、浦东产业发展阶段对比表

发展阶段	深圳经济特区		上海浦东新区	
	产业结构	发展动能	产业结构	发展动能
20 世纪 80 年代—90 年代	第二产业为主	要素驱动（劳动力）	—	—
20 世纪 90 年代—21 世纪 10 年代	第二、三产业并举	要素（资本）技术驱动	第二、三产业并举	要素（资本）技术驱动
21 世纪 10 年代迄今	第三产业为主	创新驱动	第三产业为主	创新驱动

（三）雄安新区产业定位与高等教育发展

1. 雄安新区产业结构与高等教育科类结构

雄安新区的首要定位是北京非首都功能疏解集中承载地，北京的产业结构将直接决定雄安新区的产业结构。北京在长期发展中形成了以第三产业为主的产业结构，2014 年以来，第三产业生产总值的占比超过 80%，远超第一、二产业（见图 10-4），其中，第二产业又以先进制造业为主，外迁的积极性和必要性相对较小，因此，首都功能疏解的重心必须放在第三产业上。此外，从深圳和浦东的经验来看，雄安新区没有必要将二者特别是深圳的发展历程重新走一遍，而是可以直接高起点对标深圳和浦东当前的发展阶段，即实施创新驱动发展战略，规划构建以第三产业为主的产业结构。

北京中心城区聚集了大量包括高等教育在内的优质公共服务资源，使高收入人口高度密集，而这又是第三产业发达的重要原因，因此，适度疏解作为优质公共资源的高等教育将会带动第三产业转移。根据《河北雄安新区规划纲要》，雄安新区重点发展产业以第三产业为主，包括新一代信息技术产业、现代生命科学和生物技术产业、新材料产业、高端现代服务业、绿色生态农业等。相应地，雄安新区的高等教育应当着重发展计算机科学与技术、生物工程、材料科学与工程、应用经济学、农业工程等与产业结构相匹配的学科专业，为更好地服务区域经济社会发展需求做好准备。

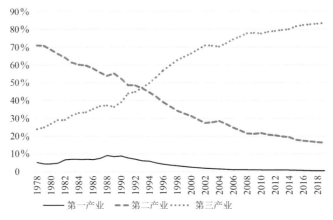

图 10-4　北京地区生产总值三次产业构成图

2. 雄安新区发展动能与高等教育层次结构

创新驱动发展引领区是雄安新区五大战略定位之一，实施创新驱动发展战略是雄安新区建设的题中应有之义。为此，雄安高等教育应当着重发挥本科教育的人才培养功能和研究生教育的科研创新功能，通过与科研院所、企业等创新主体合作，加快知识的创新输出与转化应用，充分发挥人才、学科、资源和平台的集聚优势，从而打造一个高水平高层次、本硕博贯通、知识溢出效应明显的高等教育体系。同时，作为国家级开发区，雄安新区还应按照产教深度融合、中高职有效衔接的要求，建立若干所与雄安行业发展需求相匹配的高等职业技术院校，培养具有工匠精神和创新能力的高素质应用型人才；探索应用型本科建设，贯通专科层次和本科层次的高等职业教育，建设一个具有国际先进水平的现代高等职业教育体系。

三、区域空间布局与高等教育发展

（一）深圳经济特区空间布局及高等教育发展

深圳经济特区在空间布局上区分为起步区和扩容区。首先是空间建设起步区。1979年3月，广东省宝安县改设为深圳市；次年8月，深圳市划出327.5平方公里成立深圳特区，并在特区内先后设立了罗湖、福田、南山、盐田等四个市辖区，特区外占地1577平方公里的宝安县则被拆分为宝安、龙岗两区。因此，深圳经济特区的起步区不到深圳市总面积的五分之一。其中，深圳市南山区被规划为深圳经济特区的教育科研中心和高新技术产业基地，辖区内有深圳南山科技园等大型高新技术园区和大批高新技术企业。2019年，战略新兴产业增加值为

3389.09 亿元，占到了深圳地区生产总值的 55.5%。因此，深圳经济特区最先在南山区形成了深圳大学城，深圳大学、清华大学深圳研究生院等办学机构均坐落于此。如表 10-3 所示，深圳大学城的高等教育机构在办学性质上都属于"政府主导型"，即政府在其创办过程中发挥主导作用；在建设方式上以本土化和异地化办学为主，即在此"从无到有"创办新大学，或由国内顶尖大学来此创办异地办学机构。

其次是中长期发展扩容区。2010 年 7 月，宝安和龙岗两区被纳入特区版图，深圳经济特区的总面积扩容至 1997.47 平方公里；截至 2018 年 5 月，深圳先后从宝安区和龙岗区析出设立了龙华区、大鹏新区、坪山区、光明区，至此，深圳经济特区的空间扩容工作基本完成并延续至今。其中，龙岗区是深圳市新兴的高新技术产业和先进制造业基地，柔宇科技、华为公司等众多高新技术企业总部都在该辖区内，2019 年，全区实现战略性新兴产业增加值 2692.35 亿元，占地区生产总值的 57.46%，因此，在龙岗区又形成了深圳的第二个大学城，即深圳国际大学城。深圳国际大学城的高等教育机构在办学性质上，更加注重发挥市场在吸引外资方面的作用；建设方式以国际化办学为主，即吸引境外投资办学，并兼有本土化办学，将造就具有国际化视野、为区域发展服务的应用型和创新型人才作为人才培养目标。

表 10-3　深圳市大学城信息一览表

名称	主要机构	创办时间	办学性质	建设方式
深圳大学城	深圳大学	1983 年	公办高校	本土化
	深圳职业技术学院	1993 年	公办高校	本土化
	清华大学深圳研究生院	2001 年	公办高校	异地化
	北京大学深圳研究生院	2001 年	公办高校	异地化
	哈尔滨工业大学（深圳）	2002 年	公办高校	异地化
	深圳信息职业技术学院	2002 年	公办高校	本土化
	南方科技大学	2012 年	公办高校	本土化
深圳国际大学城	香港中文大学（深圳）	2014 年	中外合作办学	国际化
	深圳北理莫斯科大学	2014 年	中外合作办学	国际化

（二）上海浦东新区空间布局及高等教育发展

上海浦东新区在空间布局上同样区分为起步区和扩容区。在空间建设起步区内，1992 年 10 月 11 日，国务院批复设立上海市浦东新区，将原川沙县，上海县的三林乡，黄浦区、南市区、杨浦区的浦东部分划入浦东新区的行政区域，全区面积为533.45平方公里。其中，位于浦东新区中南部的张江高科技园区是浦东于1992年7月成立的国家级高新技术园区，与陆家嘴、金桥和外高桥开发区同为重点开发区域，被誉为"中国硅谷"，因此，在张江高科技园区周围形成了浦东第一个大学城：张江大学城。如表10-4所示，张江大学城内的绝大多数高等教育机构均是在1992年之后成立或迁入的，且机构办学性质均为公办，政府在办学过程中发挥主导作用；在建设方式上以异地化办学或市内迁入为主，即由中国高水平大学在此创办异地办学机构，或由上海市其他行政区的顶尖高等教育机构在浦东创办校区、特色学院或研究机构。

在中长期发展扩容区内，国务院于2009年5月将南汇区并入上海市浦东新区，新区区域面积增至1210平方公里。就产业空间布局而言，上海曾在2002年至2009年期间，对位于浦东最东南端的临港新城进行了规模宏大的填海造湖工程；划入浦东新区后，临港新城迅速发展形成了以高新技术产业和战略性新兴产业为主导的上海临港产业区；2019年，国务院又利用临港得天独厚的区位优势和综合交通优势，在此设立中国（上海）自由贸易试验区临港新片区。临港新片区在不断被开发的过程中，吸引汇聚了一批国内外优质教育资源并进而形成了浦东的第二个大学城：临港大学城。如表10-4所示，自2002年起，上海市便开始在全市范围内对高校布局结构进行调整，使一批大学有序迁入临港新城（即当时的南汇区）；2009年后，临港大学城的高等教育机构大多是在市场作用下的中外合作办学，同时也兼有从市内迁入临港的办学机构。

表10-4 浦东新区大学城主要机构信息一览表

	主要机构	时间	办学性质	建设方式
张江 大学城	中国美术学院张江校区	1997年	公办	异地化
	上海交通大学信息安全 工程学院	2000年	公办	市内迁入
	中国科学院上海药物研究所	2003年（迁入）	公办	市内迁入
	中国科学技术大学上海研究院	2004年	公办	异地化
	复旦大学张江校区	2005年	公办	市内迁入
	西安交通大学上海研究院	2006年	公办	异地化
	北京大学上海微电子研究院	2007年	公办	异地化
	中国科学院上海高等研究院	2012年	公办	异地化
临港 大学城	上海海洋大学	2008年（迁入）	公办	市内迁入
	上海海事大学	2008年（迁入）	公办	市内迁入

续表

	主要机构	时间	办学性质	建设方式
临港大学城	中央美术学院中法艺术与设计管理学院	2016年	中外合作办学	国际化
	上海交通大学中英低碳学院	2017年	中外合作办学	国际化
	上海电力大学	2018年	公办	市内迁入

分析发现，深圳经济特区和上海浦东新区在空间布局上均划分为初期起步区与中长期发展扩容区。"大学城"即高等教育资源根据产业聚集而形成的空间聚集，区域内部高新技术产业和先进制造业较为集中的地方，也是大学城"扎根"的沃土。如图10-5所示，对于高等教育发展来说，在办学类型上，起步区的办学机构通常依靠政府力量实现落地，属于政府主导型办学；而中长期发展区的办学机构则逐渐向市场牵引型过渡，在政府引导的基础上充分发挥市场的作用。在建设方式上，起步区的高等教育机构通常以援建的方式进行本土化办学，或由国内高水平大学来此进行异地办学，从而在短时间内利用已有资源实现高等教育发展的区域性突破；相比之下，中外合作办学机构则是基于资本和政策的双重驱动，在中长期发展区内生根发芽。当然，浦东还存在将上海市的一部分高等教育资源转移到新区的建设方式，这是相比深圳而言所独有的外部优势。

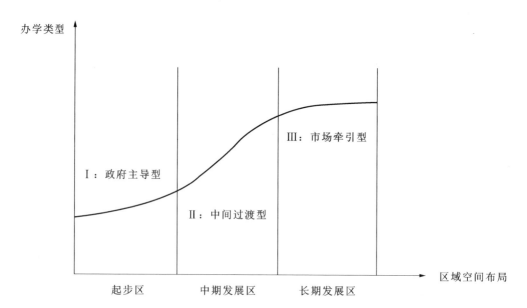

图10-5 区域空间布局与高等教育办学类型关系图

（三）雄安新区空间布局及高等教育发展

1. 雄安新区的空间布局

根据《河北雄安新区规划纲要》中的空间布局示意图，雄安新区空间布局的思路与深圳、浦东分两步走的规划类似：选择特定区域作为起步区先行开发，在起步区划出一定范围规划建设启动区，条件成熟后再有序稳步推进中期发展区建设，并划定远期控制区为未来发展预留空间，最终形成"一主、五辅、多节点"的城乡空间布局。雄安新区的起步区为容城、安新两县交界处约100平方公里的区域，同时也是雄安新区的主城区，即"一主"。在未来15～30年间，雄安新区要将发展重心放在起步区建设上，并在此处先行规划建设20～30平方公里的启动区作为新区发展的"先手棋"。作为新区发展的主城区，起步区必须以承接北京疏解的非首都功能为首要任务，重点发展尖端技术产业，高标准、高层次、高门槛地集聚一批创新型、示范性产业。

雄安新区的中长期控制区为雄县、容城、安新县城、寨里、昝岗等5个外围组团，以及若干特色小城镇和美丽乡村，即总面积约2000平方公里的"五辅"和"多节点"。5个外围组团与起步区之间分工协作，根据各个组团的功能定位确定北京非首都功能的承接内容，布局高端高新产业及支撑科技创新和产业发展的基础设施；周边特色小城镇则应当因时因地因镇制宜，有序承接北京非首都功能疏解，布局形成各具特色的产业发展格局。

2. 高等教育办学类型与建设方式

根据雄安新区空间布局规划，在启动区（20～30平方公里）和起步区（约100平方公里）内，由于承接非首都核心功能的紧迫性，中央政府及北京市、河北省政府应当在高等教育体系的规划建设中起主导作用；考虑到作为率先建设区域的启动区是承接北京各类非首都功能疏解的首要承载地，为保证持续发展的预留空间充足，应当在起步区内非启动区的组团中选址设立雄安新区中关村科技园，引导科技创新资源向那里集聚，打造一个著名高校荟萃、产学研深度融合的高层次大学城。在建设方式上，学习深圳经验，采取本土化办学方式，扎根雄安，建设一批与新区建设同步成长的大学；学习浦东经验，以异地办学或区域内迁入的方式，将在京部委所属高校部分或全部转移到这片土地上，加快雄安新区高等教育体系建设。

在中期发展区（约200平方公里）和远期控制区（约2000平方公里）内，为了体现雄安新区作为市场化国际大都市的发展定位，高等教育体系建设应当在政府引导的基础上，充分依靠市场力量，激发市场活力，发挥市场在高端资源配置中的决定性作用。在建设方式上，应当以更加开放、包容的姿态与国内外高水平大学合作办学，提高雄安新区高等教育的市场化、国际化程度，打造具有国际影响力和竞争力的高等教育高地，走出一条创新、开放、可持续发展之路。同时，要根据不同外围组团或特色小城镇的区位差异和产业格局来规划不同类型大学的空间分布，遵循"以水定产、以产兴学"的原则，围绕各个区域的功能定位和产业结构，形成多个各具特色的大学城。

四、区域时间阶段划分与高等教育发展

（一）深圳经济特区时间阶段划分及高等教育发展

深圳经济特区经历了政策辅助发展和内生创新发展两个时间阶段。1980年8月创办深圳经济特区时，中国刚刚踏上"改革开放"的社会主义现代化建设新征途；与此同时，英国、美国等老牌资本主义国家陷入经济滞胀，大量过剩资本急需在全球范围内寻找新的投资机会，尚处于经济短缺时期的中国内地成为国际、港澳台及华侨资本投资的巨大潜在市场。在这样一种国内外背景下，位于中国内地南北经济动脉最南端、毗邻国际大都市香港的深圳被确立为首批经济特区之一，在政策支持下扮演改革开放"试验地"和外资入华"试水池"的双重角色。深圳提供的优惠政策、低价劳动力和土地等生产要素与进入深圳的大批资本、先进技术和管理经验充分结合，所迸发出的"深圳速度"一时震动全国，极大地鼓舞了人心。

由于改革开放初期，深圳仅承接了缺乏核心技术和自主创新能力的低层次、外向型加工业，为了提高国际竞争力和可持续发展能力，提升自身在全球产业链分工中的地位，自1993年起，深圳开始突破对优惠政策、跨国资本及垄断技术的依赖，逐步向自主创新发展方向转型。根据科技部公布的《国家创新型城市创新能力监测报告2020》，深圳创新能力位列中国创新型城市榜首。根据Web of Science（WOS）核心合集中的论文发表数，2020年深圳市论文发表总量达到23618篇，是2005年（450篇）的52.5倍。此外，深圳市的专利授权总量在1993年之后几乎呈指数型增长，2019年授权总量达166609件，是1993年（427件）的390.2倍（见图10-6）。高等教育在提升深圳创新能力方面发挥着日益明显的作用，以深圳大学和南方科技大学为例，2019年，深圳大学WOS总发文量和专利申请数达到3985篇与1823件，分别是2012年时的10倍和11倍；南方科技大学则达到2153篇与575件，分别是2012年时的56.7倍和57.5倍，两所学校在论文与专利等科研成果产出上均呈现出了强劲的增长势头。

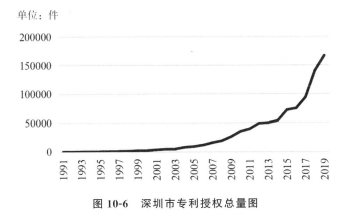

图 10-6　深圳市专利授权总量图

（二）上海浦东新区时间阶段划分及高等教育发展

上海浦东新区同样经历了政策辅助发展和内生创新发展两个时间阶段。1992年创立浦东新区时，中国已经显著改善了经济短缺问题，产业动能得到较大提升，市场化改革正在不断释放"改革红利"；西方发达国家也已走出滞胀危机，英美等国出于发展高新技术产业、缓解本国资源环境压力的考虑，加快了在全球范围内进行产业空间转移的步伐。国内外发展条件与环境的巨大变化为浦东深化改革开放、承接发达国家中高端产业梯度转移、实现产业升级与结构调整提供了重要机遇。作为上海市的一个行政区，浦东新区在设立之前，已根据上海整体的资源分布情况以及浦东的战略定位做了充足的规划工作，为之后的自主创新发展奠定了基础。因此，在中央和上海市的政策扶持下，浦东仅用不到十年的时间就迅速聚集起一大批跨国资本和与之相伴的高新技术产业。

进入 21 世纪后，浦东在进一步深入改革开放、引进外资技术、承接国际转移产业的同时，不断积蓄和提升自身的创新能力和水平。如图 10-7 所示，2001 年以来，浦东新区历年专利申请总数整体呈快速上升趋势，2018 年浦东新区的专利授权数为 36476 件，约是 2001 年（1103 件）的 33 倍。根据人民论坛测评中心 2018 年对上海市所属 16 区综合创新能力的评分，浦东新区以 91.8 分位列第一，远超平均分 72.08。其中，围绕产业形成的大学城在知识生产与区域创新发展方面发挥了重要作用。以高等教育资源最为密集的张江地区为例，2020 年，张江地区在研发活动与科技活动方面投入的人力、财力均位居全国前列，科技活动人员和活动经费内部支出更是仅次于北京海淀，位居全国第二（见表 10-5）。张江大学城不仅引导上海市乃至全国优质高等教育资源汇聚于此，而且与高科技园区之间实现了深度的产学研融合，成为增强浦东新区自主创新能力过程中不可或缺的一部分。

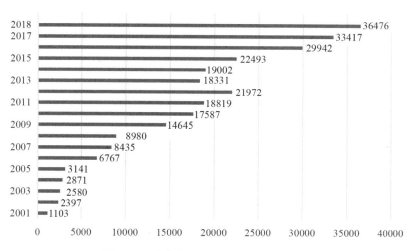

图 10-7 浦东新区历年专利申请总量图

表 10-5 上海张江地区 2020 年研发活动与科技活动情况汇总表

指标	科技活动人员/人	研发人员/人	研发人员全时当量/（人/年）	科技活动经费内部支出/千元	研发经费内部支出/千元
数值	413987	117586	83419	153778877	47870933
全国排名	2	5	6	2	3

分析发现，深圳经济特区和上海浦东新区在时间上都曾经历了政策辅助发展和内生创新发展两个阶段。在政策辅助发展阶段，深圳和浦东均启动于国内外环境发生重大变动的历史机遇期，在优惠政策的扶持之下承接发达国家产业转移，属于"输血式"发展模式。在经过十多年的积累后，深圳和浦东均进入内生创新发展阶段，主要任务转变为通过持续提升创新能力，探索确立自身核心竞争力，走"造血式"发展之路。在内生创新发展阶段，大学位于区域自主创新系统的上游，通过开展基础创新活动，以知识创新带动技术创新，发挥知识对创新链中下游的溢出效应和辐射功能，与政府、企业共同构成一个优势互补、整体功能倍增的有机体，为区域创新发展源源不断地贡献力量。其中，深圳的高等教育在进入21世纪之后，知识生产创新能力突飞猛进，逐步走出了政策辅助发展阶段面临的区域创新链上游空虚的困境，与作为创新主体的深圳企业形成"二力合流"之趋势；浦东则充分依托上海市丰富的高等教育资源，在建设之初即规划了产学研融合发展功能区，为之后的自主创新发展转变奠定了基础。可以说，高等教育在深圳和浦东从"输血式"发展向"造血式"发展的过程中发挥了"造血干细胞"的重要作用（见表 10-6）。

表 10-6　区域自主创新系统要素表

关键行动者	创新内容	在创新活动中的位置	关键能力	主要作用
大学	基础创新	上游	大学的知识创新能力	以知识创新带动技术创新
政府	制度创新	中游	政府的制度创新能力	以制度创新带动技术创新
企业	技术创新	下游	企业的自主研发能力	以技术创新及其应用为目的

（三）雄安新区时间阶段划分及高等教育发展

1. 雄安新区的时间阶段划分

与深圳和浦东相同，雄安新区是在我国发展的内部条件和外部环境发生深刻变化的背景下规划建设的。当今世界正经历百年未有之大变局，以改革开放为根本动力打造"千年大计"雄安新区，既是在我国经济由高速增长转向高质量发展的历史时期打造新时代发展样板的重要使命，也是中国为全人类开拓探索一条可持续发展新路径的伟大实践。因此，结合《河北雄安新区规划纲要》中建设目标的时间节点及深圳和浦东的发展经验，雄安新区应当分为政策扶持发展和内生创新发展两个阶段，转换时间将出现在 2035 年前后。在建设之初，要充分发挥中央和河北省政府在政策、财政等方面的支撑作用，将承接北京疏解出的非首都功能作为雄安新区的首要任务。在建设过程中，要合理把握近期、中期、远期的开发节奏，逐步提高雄安新区创新发展的内生动力，摆脱对优惠政策等外部推动力量的依赖性。雄安可以学习深圳经验，提升高等教育的基础研究能力和创新水平，增强创新链上游的知识供给能力；学习浦东经验，做好前瞻性、预见性、战略性规划布局，充分利用北京的高等教育资源，到本世纪中叶全面建成内生创新动力强劲、制度优越性彰显的社会主义现代化城市。

2. 雄安新区高等教育发展方式及任务

与深圳和浦东主要承接国际产业转移不同，雄安新区作为北京非首都功能疏解集中承载地，其承接重点包括北京的高等学校、科研机构和技术研发型企业等优质科技创新资源及高等教育资源。因此，应综合考虑雄安新区在不同发展阶段对高等教育的引入、聚集与发展方式，区分高等教育承担的发展任务。

在 2035 年以前的政策扶持发展阶段，雄安新区高等教育要以增量疏解、存量疏解和存量控制的方式，完成对北京疏解出的优质高等教育资源的承接任务。其中，增量疏解即鼓励北京的高校在雄安新区创办分校区、特色学院和研究院；

存量疏解即将部分北京的高校整体搬迁至雄安新区；存量控制即严格控制在京高校的规模，防止在疏解过程中出现"走回头路"的问题。

在2035年之后的内生创新发展阶段，雄安新区的高等教育应当采取增量控制的方式实现可持续发展。经过前期创新驱动发展与集中承接资源，雄安新区将会成长为一个前沿科技创新资源的"磁体"与"容器"，能够主动吸纳和培育创新要素资源，吸引世界一流的科技人才、具有国际影响力的大学及科研机构、具有国际竞争力的创新型企业入驻雄安新区。但汇聚和培育的高等教育资源必须与雄安新区的整体发展水平和方向相一致，真正将雄安新区打造成创新驱动发展的未来之城。

五、雄安新区高等教育系统建构

（一）雄安新区高等教育与区域协同发展的规划原则

深圳经济特区、上海浦东新区的具体实践存在内在的一致性与连贯性，这种"先依靠外力集中建设小块区域，再提升内力向自主创新发展转型，根据产业定位随时动态调整"的发展模式，是社会主义制度优越性在区域经济社会与区域高等教育协同发展中的具体体现，其所遵循的"自上而下、主动规划"的发展逻辑，同西方以美国硅谷"三螺旋结构"为代表的"自下而上、自由演化"的逻辑具有本质区别，为雄安新区的高等教育发展规划提供了"中国特色"的指导原则。

第一，高等教育的建设规划同时具有时空属性和经济属性。根据区域经济学中有关城市结构与区域发展关系的理论观点，国家级特区是一个有生产和居住功能的动态空间集群，特区建设兼具经济属性和时空属性。所谓经济属性，即作为人为规划的区域经济增长极，其重要性在于特区能够产生动态经济，并成为高科技企业、高等教育机构等创新部门所偏爱的区域。[1] 换言之，特区的产业结构与规模等经济子系统将直接影响高等教育子系统的发展。所谓时空属性，即特区生命周期的每个阶段都有其相对应的创新区位选择，且特区经济发展依赖于生产活动组织在空间上的集中以及优质经济资源高效率的空间配置，特区将在特定时间和空间范围内采取多元方式完成特定建设任务。因此，特区高等教育规划应当以其经济属性和时空属性作为自变量，由此确定高等教育建设的基本逻辑、发展方式与侧重点。

---

[1] 罗伯塔·卡佩罗：《区域经济学》，赵文、陈飞等译，经济管理出版社2014年版，第245页。

第二，区域高等教育规划必须考虑产业发展的结构性与层次性。高等教育是区域经济社会发展的重要力量，高等教育的结构和层次必须与产业结构、发展动能相匹配，以适应经济社会发展的需要。由于同一区域的不同发展阶段及不同区域之间在产业结构和发展动能上均存在差异，区域高等教育发展规划应当充分考虑区域产业发展的结构性、层次性特征，根据农业、工业和服务业在区域经济结构中所占的比重，以及不同产业中各个行业的构成情况，确定高等教育重点发展的学科门类及专业结构；根据劳动力、资本、技术、创新在发展动能中的关系与作用，以及对高中低端发展要素的需求程度，确定高等教育在专科、本科、研究生教育上的梯度层次和结构重心。

第三，区域高等教育规划必须考虑空间布局的协同性与前瞻性。作为承担国家重大战略任务的区域，以往设立的新区形成了"稳扎稳打、逐块推进"的建设风格，在空间布局上划分为初期起步区和中长期发展扩容区。前文已阐述，起步区高等教育的办学类型为"政府主导型"，建设方式以本土化、异地化、区域内迁入为主；扩容区高等教育在办学类型上逐渐过渡为"市场牵引型"，市场在高等教育资源配置中发挥决定性作用，在建设方式上也逐步转变为异地化、国际化办学。高等教育的空间规划首先要与区域内的产业布局相协同，即将大学城与高新技术产业园区规划在同一地理范围内，根据区块功能定位确定高等教育资源分布，从而创造要素有序流动、产学研深度融合的空间性前提。此外，高等教育的空间规划还要具有前瞻性和战略性，即在新区启动建设之前就充分掌握未来整体发展样态，以前瞻的、战略的眼光准确预判高等教育的空间布局，并在从起步区建设向扩容区建设的推进过程中前后相序、一以贯之。

第四，特区高等教育规划必须考虑时间维度的阶段性与约束性。根据深圳和浦东的经验，新区建设在时间维度上通常会经历政策辅助发展和内生创新发展两个阶段，不同阶段的高等教育发展方式和发展任务有所区别。在政策辅助阶段，高等教育有必要采取更加稳妥的发展方式，支撑国家级特区完成承接外来资源的发展任务，属于"输血式"发展模式；在经过十多年的积累后，在内生创新发展阶段，高等教育应当具备吸引、培育和容纳国内外优质资源的能力，根据新区发展水平和方向，做到"有所为，有所不为"，探索确立自身核心竞争力，走"造血式"发展之路，为新区的内生创新发展贡献力量。其中，大学位于区域自主创新系统的上游，通过开展基础创新活动，以知识创新带动技术创新，发挥知识对创新链中下游的溢出效应和辐射功能，与政府、企业共同构成一个优势互补、整体功能倍增的有机体，为区域创新发展源源不断地贡献力量。高等教育本身的发展规律决定了新区的高等教育建设不可能一蹴而就，要正确处理增量与存量、疏解与控制的关系，选择适切的方式完成阶段性任务。此外，规划不是法律，在执行过程中只有约束性，没有强制性，因此，运用大历史观维护新区高等教育规划在长期建设过程中的严肃性和权威性，对于规划的顺利实施至关重要。

（二）雄安新区高等教育发展的具体规划

根据深圳和浦东高等教育的建设经验与发展原则，鉴于《河北雄安新区规划纲要》明确指出规划期限至2035年，本部分结合纲要所构建的整体发展框架，就2020—2035年雄安新区高等教育体系的规划与建设提出具体对策，并从发展趋势的视角出发，对本世纪中叶雄安高等教育的发展远景做出展望。

（1）2035年以前，雄安新区应当在约100平方公里的起步区内，选择非启动区的城市组团用以设立雄安新区中关村科技园，并在此区域内规划建设知识溢出效应明显、本硕博体系完整、以研究生教育为主的雄安新区大学城。

（2）应当以在京部委所属高校作为重点疏解对象，分期分批推动其向雄安新区疏解，努力在"十四五"期间形成一批标杆性项目，为深入实施中长期疏解任务奠定基础。对于"双一流"建设学科与雄安新区重点发展产业相匹配的高水平行业特色型大学，可以在保留北京校区的前提下，按照"存量疏解＋存量控制"的原则，将本科及研究生教育整体迁入雄安新区大学城继续高起点办学；对于清华大学、北京大学等学科门类齐全、整体实力拔尖的高水平综合性大学，可以按照"增量疏解＋存量控制"的原则，通过在雄安新区大学城创办分校区、特色学院和高精尖研究中心等方式实施异地办学。在时机成熟时，可以采取本土化办学方式，以新机制、新模式建设世界一流的雄安大学，并以教育部直属高校身份尽快进入"双一流"建设高校队伍，与雄安新区的经济社会发展融为一体，加强同国内外一流大学的合作，保证雄安大学扎根区域、面向世界，实现长期高水平办学。

（3）除普通高等教育以外，雄安新区还应按照帕累托改进原则布局高等职业院校，将入选"双高计划"、办学水平较高的若干所高职院校从北京迁入雄安，并将其升格为面向区域需求的应用型本科院校；紧紧围绕产业结构，采取民办公助的方式创办若干所办学特色鲜明、产教深度融合的高等职业院校，初步形成现代化职业教育体系。

（4）政府承担雄安新区大学城建设的主要责任，由中央和北京市、河北省集中投入财政资金完成起步区的基础设施建设，有效提升区域公共服务整体水平，使雄安新区具备承接条件；采取政策手段和行政命令等方式，多措并举，引导重点疏解高校以各种方式前往雄安新区发展。

（5）2035年之后，根据雄安新区逐渐定型的产业结构及行业分布，在高等教育发展基础上建设世界一流研究型大学，培育一批优势学科；发挥市场在高等教育资源配置中的决定性作用，统筹科研平台和设施、产学研用一体化创新中心资源，以中外合作办学的方式吸引汇聚国内外优质高等教育资源，打造高水平、开放式、国际化高等教育聚集高地;发挥高等教育在雄安新区内生创新发展中的作用,整合各类科教资源,为创新发展提供源头支撑。

(三)雄安新区高等教育规模与结构的预测

面向经济社会发展需求,合理规划区域高等教育系统对于形成区域创新体系,进而推动经济发展尤为重要。雄安新区作为未来的创新驱动发展引领区与新经济增长极,急需构建与经济社会协同发展的高质量区域高等教育体系。[①] 目前关于雄安新区高等教育体系的研究主要聚焦于定性的规范性研究。如武义青等定性地讨论了雄安大学的办学模式[②],龙江[③]和公钦正[④]开展小规模的案例分析和比较研究,通过对深圳经济特区及上海浦东新区高等教育发展的分析,推测雄安新区高等教育的规划特点。相关研究初步探索了雄安新区高等教育的发展路径,但尚缺乏结合经济社会发展需求对雄安新区高等教育建构开展定量分析。鉴于此,本部分基于高等教育与经济的协同关系建立回归预测模型,进而对雄安新区高等教育的规模及结构进行预测,以期将雄安新区高等教育体系的建构建立在科学数据的基础上。

1. 研究设计

(1) 研究对象。

目前,中国已经率先布局构建北京、上海、粤港澳大湾区三大科技中心和创新高地。《"十四五"规划和 2035 年远景目标纲要》提出"支持北京、上海、粤港澳大湾区形成国际科技创新中心"。国际科技创新中心是"科技创新资源密集、科技创新活动集中、科技创新实力雄厚、科技成果辐射范围广大,从而在全球价值网格中发挥显著增值功能并占据领导和支配地位的城市或地区"[⑤]。基于创新活动形成的创新区域与属于上层建筑范畴的行政区域有所区别。全球创新指数(GII)忽视行政及政治边界,从地理区域出发精准定位全球最活跃的科技集群。[⑥]

[①] 周光礼:《区域发展的高等教育因素:概念框架与案例分析》,《湖南师范大学教育科学学报》2021 年第 6 期,第 39-47 页。

[②] 武义青、张云、柳天恩:《怎样筹建雄安大学》,《前线》2019 年第 4 期,第 62-65 页。

[③] 龙江:《京津冀协同发展条件下区域经济发展对高等教育的需求研究——以雄安新区为例》,北京邮电大学 2018 年硕士学位论文,第 24-28 页。

[④] 公钦正:《国家级特区高等教育与经济社会协同发展研究——基于深圳、浦东经验的雄安新区高等教育规划》,《湖南师范大学教育科学学报》2021 年第 6 期,第 55-64 页。

[⑤] 杜德斌、何舜辉:《全球科技创新中心的内涵、功能与组织结构》,《中国科技论坛》2016 年第 2 期,第 10-15 页。

[⑥] Cornell University, INSEAD, WIPO. *Global Innovation Index* 2020: *Who Will Finance Innovation*, Geneva, Switzerland: WIPO, 2020, pp. 43-44.

2020年，中国粤港澳大湾区、北京、上海进入全球百强科技集群区域，极具发展潜力。

雄安新区地处北京、天津、保定腹地，规划范围包括雄县、容城、安新三县及周边部分区域，远期控制区面积约2000平方公里，具有资源环境承载力强、现有开发程度低等优点。雄安新区坚持世界眼光、国际标准，通过承接北京非首都功能疏解，搭建国际一流科技创新平台，建设国际一流科技教育基础设施，构建国际一流创新服务体系，打造全球创新高地。高等教育是科技、人才的根基，"兴科技必先兴教育"，本研究突破行政边界，以科技集群区域为研究对象，选取同样面向建设全球科技中心的北京、上海及粤港澳大湾区作为常模团体，结合其高等教育与经济发展协同情况对雄安新区高等教育的规模及结构进行预测分析。

（2）指标构建与数据来源。

高等教育规模及结构受经济发展水平的显著影响。[①] 因此，本研究从经济发展水平与高等教育系统两方面构建指标。经济发展水平以地区生产总值进行表征，高等教育系统则从高等教育规模、办学层次结构及学科专业结构来描述。具体而言，高等教育规模以普通高等学校在校生数（本专科）表示，办学层次结构以专科、本科、研究生在校生占比来表征，学科专业结构主要以一、二、三产业对应的本科专业在校生占比来指代，因为本科生是高等教育的主要组成部分。研究数据由《中国城市统计年鉴》《中国教育统计年鉴》《中国统计年鉴》，以及北京、上海、广州、深圳、佛山、香港等地统计年鉴及粤港澳大湾区统计专页相关数据整理所得，个别异常值及缺失值采用插值法进行处理。

（3）研究方法。

教育研究领域的预测方法主要包括回归预测分析法、时间序列预测法以及学生流法。由于雄安新区具有"平地起高楼"的典型特点，其未来发展模式与先前轨迹完全不同，时间序列预测法并不适用。此外，学生流法未将外部系统对高等教育的影响纳入考虑，多用于初、中等教育学生数量的预测。[②] 因此，本研究采用常模参照法与回归预测分析法，面向经济发展需求对雄安新区高等教育系统进行预测。

常模参照法。常模参照法广泛应用于教育测量领域，其核心观点是将研究对象与常模团体的表现进行比较，从而获得标准意义。运用常模参照法主要包括以下几个步骤。一是确定常模团体。常模团体是最重要的考虑因素，其选择标准是应反映研究对象重要的变量特征，要具有代表性。二是建立常模。常模团体在特

[①] 朱迎春、王大鹏：《经济发展对高等教育规模影响的实证研究》，《统计与决策》2010年第10期，第78-80页。

[②] 毛建青：《高等教育规模定量预测的常用方法综述》，《黑龙江高教研究》2008年第2期，第9-12页。

定事件上的表现被称为常模。三是结合常模与研究对象的表现进行评价与分析。①本研究中，北京、上海、粤港澳大湾区与雄安新区都以打造国际科技创新中心为建设目标，具有典型的共同特征。因此，将北京、上海、粤港澳大湾区作为常模团体，以三地经济发展与高等教育的协同关系建立常模。

回归预测分析法。回归预测法是在分析解释变量与被解释变量的相关关系基础上建立回归方程，并据此进行预测的计量方法。高等教育系统与经济、政治、文化、人口等诸多因素相关，但顺着这些关系分析最终都是与生产力发展水平产生关系。② 高等教育的供给水平取决于经济发展对高等教育的需求水平。经济发展伴随着产业结构的升级转型，高级专门技术人才占全社会劳动力的比重随之增加。同时，劳动生产率的提升进一步促进技术升级及规模经济的发展，促使高等教育人才需求增加，高等教育规模进一步扩大。此外，经济社会发展也会对高等教育结构产生影响。一方面，经济发展影响劳动力市场对技术技能型、应用型以及研究型人才的需求，推动高等教育层次结构的调整。另一方面，产业结构升级改变人才技能需求，学科专业结构随之变动。胡咏梅与薛海平③、李硕豪与胡德鑫④等人以反映经济发展水平的指标为基础建立一元线性回归预测模型，对高等教育供给水平进行预测。本研究以 GDP 为解释变量，以经济发展-劳动力变化-人才需求变动为逻辑起点建立回归预测模型，如式（10-1）所示。其中，被解释变量 Y 是高等教育的规模及结构，β 为回归系数，μ 为扰动项。

$$Y = \beta_0 + \beta_1 \text{GDP} + \mu \tag{10-1}$$

2. 实证分析

（1）经济发展水平。

表10-7 呈现了北京、上海、粤港澳大湾区的经济发展水平。由统计结果可知：① 粤港澳大湾区的地区生产总值与人口总量远高于北京、上海。2020 年该地年末常住人口达到 9077 万人，地区生产总值为 115081 亿元。② 1999—2020 年，三地地区生产总值及年末常住人口均稳步上升。其中，北京、上海、粤港澳大湾区地区生产总值年均增长率分别为 13.0%、11.1%、8.5%，其年末常住人口年均增长率分别为 2.7%、2.2%、3.1%。③ 结合以上指标，1999 年粤港澳大湾区

---

① 张敏强：《教育测量学》，人民教育出版社 2014 年版，第 37-45 页。

② 俞培果、杨晓芳、沈云等：《我国高等教育需求预测与高等教育规模的确定》，《预测》2002 年第 3 期，第 9-12、17 页。

③ 胡咏梅、薛海平：《经济发展水平与高等教育规模的相关性研究》，《江苏高教》2004 年第 2 期，第 23-26 页。

④ 李硕豪、胡德鑫：《我国普通高等教育规模的预测与潜力分析》，《国家教育行政学院学报》2014 年第 3 期，第 20-24 页。

每万人 GDP 为 4.4 亿元，高于其余地区。2020 年北京每万人 GDP 增长 16.5 亿元，位居首位。

表 10-7　1999—2020 年北京、上海、粤港澳大湾区 GDP 及人口总数

年份	北京			上海			粤港澳大湾区		
	GDP/亿元	人口/万人	每万人GDP/(亿元/万人)	GDP/亿元	人口/万人	每万人GDP/(亿元/万人)	GDP/亿元	人口/万人	每万人GDP/(亿元/万人)
1999	2760	1257	2.2	4222	1567	2.7	20851	4734	4.4
2000	3278	1364	2.4	4812	1609	3.0	23229	5004	4.6
2001	3862	1385	2.8	5258	1668	3.2	24138	5093	4.7
2002	4526	1423	3.2	5795	1713	3.4	25321	5131	4.9
2003	5267	1456	3.6	6762	1766	3.8	26985	5185	5.2
2004	6253	1493	4.2	8165	1835	4.4	30352	5243	5.8
2005	7150	1538	4.6	9366	1890	5.0	34287	5279	6.5
2006	8387	1601	5.2	10718	1964	5.5	38507	5477	7.0
2007	10426	1676	6.2	12669	2064	6.1	43505	5678	7.7
2008	11813	1771	6.7	14277	2141	6.7	46894	5889	8.0
2009	12901	1860	6.9	15288	2210	6.9	48567	6115	7.9
2010	14964	1962	7.6	17437	2303	7.6	55409	6382	8.7
2011	17189	2024	8.5	19539	2356	8.3	62311	6705	9.3
2012	19025	2078	9.2	20559	2399	8.6	67233	6992	9.6
2013	21135	2125	9.9	22264	2448	9.1	73740	7229	10.2
2014	22926	2171	10.6	24068	2467	9.8	79148	7454	10.6
2015	24779	2188	11.3	25659	2458	10.4	84634	7664	11.0
2016	27041	2195	12.3	28184	2467	11.4	92522	7903	11.7
2017	29883	2194	13.6	30633	2466	12.4	101410	8145	12.5
2018	33106	2192	15.1	32680	2475	13.2	107989	8361	12.9
2019	35445	2190	16.2	37988	2481	15.3	116071	8942	13.0
2020	36103	2189	16.5	38701	2488	15.6	115081	9077	12.7

注：香港及澳门 GDP 按当年汇率换算为人民币；内地城市为"年末常住人口"、香港为"年底居住人口"、澳门为"年终人口"。

（2）高等教育系统。

第一，高等教育规模。

表 10-8 呈现了北京、上海及粤港澳大湾区的高等教育规模。统计显示：① 高校扩招以来，北京、上海、粤港澳大湾区的高等教育规模不断扩大，且粤港澳大湾区扩张态势突出，高校数量由 1999 年的 60 所增加至 2020 年的 168 所，普通高等学校在校生由 26.3 万人增加至 240.7 万人，普通高等学校专任教师由 1.6 万人增加至 11.1 万人。② 结合经济发展状况，相同经济规模下粤港澳大湾区高等教育规模远低于北京、上海。1999 年三地在校生人数与 GDP 的比值分别为 0.85%、0.48%、0.13%。③ 结合人口分布情况，2020 年，北京、上海、粤港澳大湾区每万人在校生数分别为 272 人、217 人、265 人。

表 10-8　1999—2020 年北京、上海、粤港澳大湾区高等教育规模

年份	北京			上海			粤港澳大湾区		
	高校/所	在校生/万人	专任教师/万人	高校/所	在校生/万人	专任教师/万人	高校/所	在校生/万人	专任教师/万人
1999	64	23.4	3.5	41	20.1	2.0	60	26.3	1.6
2000	59	28.2	3.5	37	22.7	2.1	59	33.2	1.8
2001	61	34.0	3.6	45	28.0	2.2	67	40.7	2.0
2002	62	39.9	3.5	50	33.2	2.3	77	48.8	2.7
2003	74	45.9	3.8	57	37.9	2.4	82	57.3	3.3
2004	77	50.0	4.4	59	41.6	2.9	95	68.3	3.8
2005	79	53.7	6.2	60	44.3	3.2	114	87.0	4.8
2006	82	55.5	6.5	60	46.6	3.4	116	98.3	5.4
2007	83	56.8	6.8	60	48.5	3.5	119	117.0	6.0
2008	82	57.6	7.0	61	50.3	3.7	120	125.2	6.7
2009	88	57.7	7.3	66	51.3	3.8	133	134.2	6.5
2010	89	57.8	7.4	66	51.6	3.9	133	141.6	7.0
2011	89	57.9	6.3	66	51.1	4.0	138	151.1	7.3
2012	91	58.2	6.4	67	50.7	4.0	143	161.6	7.7
2013	89	58.9	7.0	68	50.5	4.0	143	169.4	8.1
2014	89	59.5	7.1	68	50.7	4.1	142	176.4	8.2

续表

年份	北京			上海			粤港澳大湾区		
	高校/所	在校生/万人	专任教师/万人	高校/所	在校生/万人	专任教师/万人	高校/所	在校生/万人	专任教师/万人
2015	90	59.3	6.9	67	51.2	4.2	148	184.8	8.8
2016	91	58.8	6.9	64	51.5	4.2	151	188.2	8.9
2017	92	58.1	6.9	64	51.5	4.3	162	198.8	9.4
2018	92	58.1	7.0	64	51.8	4.5	164	204.2	9.7
2019	92	58.6	6.9	64	52.7	4.6	166	214.9	10.4
2020	92	59.0	7.1	63	54.1	4.8	168	240.7	11.1

注：香港统计数据仅包括教育资助委员会资助的大学，在专任教师统计中该地区数据缺失。

第二，层次结构。

图10-8呈现了北京、上海及粤港澳大湾区的高等教育层次结构。统计显示：① 北京、上海、粤港澳大湾区专科在校生占比整体呈下降趋势，研究生（硕博）在校生占比不断上升。② 各地区本科在校生数占比在五成左右，本科生是高等教育的主要组成部分，层次结构呈"橄榄球型"。③ 北京、上海层次结构重心高于粤港澳大湾区。与北京、上海2019年研究生在校生占比高达39.4%、28.7%不同，粤港澳大湾区同年研究生在校生占比仅为7.4%。研究生比例小而专科生比例大，是粤港澳大湾区高等教育的一大特点。

第三，科类结构。

本研究参照已有研究做法[①]，面向产业需求对学科专业类别进行划分。其中，农学对应第一产业，工学、理学对应第二产业，经济管理、文史哲、法学、教育学、医学等对应第三产业，上海、粤港澳大湾区两地学科结构如图10-9所示。统计显示：① 第一产业对应学科专业本科在校生占比远低于第二、三产业。除个别年份外，第三产业对应学科专业占比最高。② 粤港澳大湾区第三产业对应学科专业占比高于上海。2020年，粤港澳大湾区该指标达到66.4%，上海为56.3%。③ 随着时间推移，两地第一、二产业对应学科专业占比整体呈下降趋势，第三产业对应学科专业占比整体呈上升趋势。

---

① 胡德鑫、王漫：《高等教育学科结构与产业结构的协调性研究》，《高教探索》2016年第8期，第42-48页。雷云：《供给侧改革视域下区域高等教育学科结构与产业结构的适切性研究》，《黑龙江高教研究》2017年第3期，第68-71页。

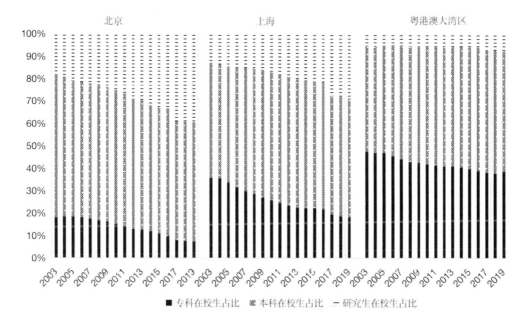

图 10-8　2003—2019 年北京、上海、粤港澳大湾区高等教育层次结构（%）

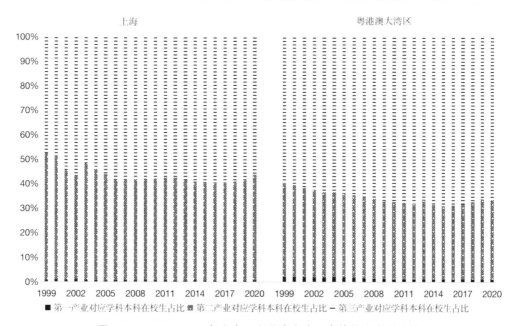

图 10-9　1999—2020 年上海、粤港澳大湾区高等教育学科结构

（3）雄安新区高等教育系统预测。

区域创新系统包括政府、高校与研究机构、企业、中介组织等多元主体。其中，政府主要发挥引导作用，中介组织发挥协调作用，高校与研究机构以及企业

则是区域创新能力的根本来源。根据亨利·埃茨科威兹和罗伊特·雷德斯多夫的官、产、学三螺旋理论，政府、企业与大学是知识经济时代区域创新体系中的三种力量。三螺旋理论不刻意强调谁是主体，而是强调政府、企业和大学在创新活动过程中是一种密切合作、相互促进的关系：企业作为进行生产的场所，承担着最终产品问世的重任；政府作为契约关系的来源，为交换提供公共政策环境；大学作为新知识新技术的来源，是知识经济的生产性要素。这是根据西方实践建构的理论，该理论应用于中国需要进行进一步修正。在中国的区域创新系统中，政府一直发挥主导作用。在政府主导的前提下，有两种主要的区域创新体系，一种是高校知识创新驱动的创新系统，另一种是企业技术创新驱动的创新系统。前者强调以具有丰富高等教育资源为基础，通过基础研究、知识生产和技术创新推动区域创新能力的提升；后者强调以企业为龙头，区域创新主要表现为技术创新。[①]

聚焦于本研究的常模团体，北京、上海的创新发展属于高校知识创新驱动的区域创新系统。一方面，两地拥有大量的高等教育资源和国内顶尖高校。结合前文高等教育与经济发展相关统计数据可知，在相同经济规模下，北京、上海优质高等教育资源更为丰富。整理 2017 年"双一流"建设高校名单可知，北京市一流建设学科总数高达 155 个，上海市也有 56 个。此外，集聚北京大学、清华大学等 41 所高等教育资源的中关村科技园，引入新加坡南洋理工大学、复旦大学、上海交通大学信息安全学院等高等教育分支机构的张江科技园等都是两地区域创新的驱动"引擎"。另一方面，两地拥有多家领军创新企业。2019—2021 年，工信部公示的 4762 家专精特新"小巨人"企业名单中，北京和上海分别入选 264 家、262 家。根据《2021 胡润全球独角兽榜》，截至 2021 年 11 月，北京拥有 91 家独角兽企业，上海拥有 71 家。

粤港澳大湾区则属于企业技术创新驱动的创新系统。该地区集聚了华为、腾讯、华大基因、深圳市大疆创新科技有限公司等高科技企业，这些企业的 PCT 国际专利申请数量占了全国的一半[②]，企业科技创新能力突出。高校是开展基础研究的主战场。粤港澳大湾区"应用研究活跃、基础研究冷门"的现象充分反映了其企业科技创新主导的特征。以粤港澳大湾区创新中心之一的深圳为例，该市 2021 年研发支出共 1682.15 亿元，其中高校研发经费支出 35.2 亿元，仅占 2.09%。同时，结合前文分析可知，与北京、上海两地相比，粤港澳大湾区高等教育具有研究生比例小、专科生比例大的典型特点。

---

① 杜德斌、祝影：《全球科技创新中心：发展模式与中国实践》，《科学》2022 年第 4 期，第 11-15、4 页。

② 张振刚、户安涛、叶宝升等：《粤港澳大湾区建设国际科技创新中心的思考》，《城市观察》2022 年第 1 期，第 18-33 页。

基于以上分析，本研究从高校知识创新驱动模式（模式 1）、企业技术创新驱动模式（模式 2）两条发展路径出发，以北京、上海、粤港澳大湾区经济发展及高等教育的协同关系分别建立回归预测模型。

第一，回归预测模型。

基于地区经济发展与区域高等教育的协同关系，分别以普通高等学校在校生数、各层次高等教育在校生占比、各学科专业高等教育本科在校生占比为因变量建立高等教育规模、办学层次结构及学科专业结构的回归模型，如表 10-9 至表 10-11 所示。从统计检验结果来看，除以上海本科在校生占比为因变量的回归模型外，各模型 F 统计量的 p 值趋近于 0，回归模型高度显著；GDP 显著性水平达到 1%；拟合优度基本大于 50%，具有较高的解释力。从回归结果来看，GDP 的增长对高等教育规模、研究生在校生占比与第二产业对应学科专业本科在校生占比具有显著正向影响；对专科在校生占比、第一/二产业对应学科专业本科在校生占比具有显著负向影响；对本科在校生占比的影响呈现地区差异性。

表 10-9　高等教育规模回归模型

内容	北京	上海	粤港澳大湾区
GDP	0.000668***	0.000705***	0.00195***
	(0.000161)	(0.000136)	(0.000119)
Constant	41.255***	32.426***	13.367
	(3.140)	(2.850)	(8.055)
Observations	22	22	22
R-squared	0.464	0.572	0.931

表 10-10　层次结构回归模型

内容	专科在校生占比			本科在校生占比			研究生在校生占比		
	北京	上海	粤港澳大湾区	北京	上海	粤港澳大湾区	北京	上海	粤港澳大湾区
GDP	−4.39e−04***	−6.53e−04***	−1.12e−04***	−3.41e−04***	6.63e−05	8.54e−05***	7.80e−04***	5.87e−04***	2.59e−05***
	(1.50e−05)	(4.23e−05)	(1.03e−05)	(2.46e−05)	(6.77e−05)	(1.26e−05)	(2.74e−05)	(3.61e−05)	(3.24e−06)
Constant	20.949***	37.647***	48.826***	63.939***	53.791***	47.077***	15.105***	8.560***	4.134***
	(0.278)	(0.834)	(0.673)	(0.455)	(1.334)	(0.821)	(0.507)	(0.710)	(0.211)

续表

内容	专科在校生占比			本科在校生占比			研究生在校生占比		
	北京	上海	粤港澳大湾区	北京	上海	粤港澳大湾区	北京	上海	粤港澳大湾区
Observations	17	17	17	17	17	17	17	17	17
R-squared	0.983	0.941	0.887	0.928	0.060	0.754	0.982	0.946	0.810

表 10-11 学科结构回归模型

内容	第一产业对应学科本科在校生占比		第二产业对应学科本科在校生占比		第三产业对应学科本科在校生占比	
	上海	粤港澳大湾区	上海	粤港澳大湾区	上海	粤港澳大湾区
GDP	$-9.78\text{e-}06^{***}$	$-1.17\text{e-}05^{***}$	$-1.89\text{e-}04^{***}$	$-5.31\text{e-}05^{***}$	$2.01\text{e-}04^{***}$	$6.46\text{e-}05^{***}$
	(2.81e-06)	(1.55e-06)	(5.10e-05)	(1.11e-05)	(5.27e-05)	(1.24e-05)
Constant	0.826^{***}	2.105^{***}	46.208^{***}	36.287^{***}	52.944^{***}	61.587^{***}
	(0.059)	(0.104)	(1.066)	(0.752)	(1.100)	(0.839)
Observations	22	22	22	22	22	22
R-squared	0.377	0.741	0.408	0.533	0.420	0.576

第二，高等教育规模预测。

依据2021年世界银行划分不同国家/地区经济水平的标准，当人均GNI（国民总收入）/人均GDP（国内生产总值）为1046～4095（含）美元时，该地区处于中等偏下收入水平；达到4095～12695（含）美元时，处于中等偏上收入水平；超过12695美元时，处于高收入水平。结合回归模型，对不同人口规模及经济发展水平下雄安新区高等教育规模进行预测，结果如表10-12所示。其中，模式1是北京、上海回归模型预测结果的平均水平，模式2为粤港澳大湾区回归模型的预测结果。

雄安新区作为创新驱动发展引领区，各项经济社会发展指标应定位于达到国际领先水平。若按照高校知识创新驱动模式发展，当处于高收入水平，人口规模为300万人时，雄安新区普通高等学校在校生大于38.53万人较为适宜；人口规模为500万人时，雄安新区在校生应大于39.65万人；人口规模为1000万人时，雄安新区在校生应大于42.46万人。若按照企业技术创新驱动模式发展，人口规模为300万人时，雄安新区在校生大于18.16万人较为适宜；人口规模为500万人时，雄安新区在校生应大于 21.35 万人；人口规模为 1000 万人时，雄安新区在校生应大于 29.34 万人。同等人口规模与经济发展水平下，基于高校知识创新驱动模式所预测的雄安新区高等教育规模高于企业技术创新驱动模式。高等教育规模随人口、经济的增长而增加。

表 10-12　高等教育规模预测

人口/万人	经济发展水平	GDP/亿元	在校生/万人	
			模式 1	模式 2
300	中等偏下收入	202.45～792.57（含）	36.98～37.38（含）	13.76～14.91（含）
	中等偏上收入	792.57～2457.05（含）	37.38～38.53（含）	14.91～18.16（含）
	高收入	＞2457.05	＞38.53	＞18.16
500	中等偏下收入	337.41～1320.94（含）	37.07～37.75（含）	14.02～15.94（含）
	中等偏上收入	1320.94～4095.09（含）	37.75～39.65（含）	15.94～21.35（含）
	高收入	＞4095.09	＞39.65	＞21.35
1000	中等偏下收入	674.83～2641.89（含）	37.30～38.65（含）	14.68～18.52（含）
	中等偏上收入	2641.89～8190.18（含）	38.65～42.46（含）	18.52～29.34（含）
	高收入	＞8190.18	＞42.46	＞29.34

第三，层次结构预测。

表 10-13 为雄安新区高等教育层次结构的预测结果。若按照高校知识创新驱动模式发展，当处于高收入水平，人口规模为 300 万人时，专科在校生占比小于 27.96%、本科在校生占比小于 58.53%、研究生在校生占比大于 13.51% 较为合理；人口规模为 500 万人时，专科在校生占比应小于 27.07%，本科在校生占比应小于 58.30%，研究生在校生占比应大于 14.63%；人口规模为 1000 万人时，专科在校生占比应小于 24.83%，本科在校生占比应小于 57.74%，研究生在校生占比应大于 17.43%。若按照企业技术创新驱动模式发展，人口规模为 300 万人时，专科在校生占比小于 48.55%、本科在校生大于 47.29%、研究生在校生占比大于 4.20% 较为适宜；人口规模为 500 万人时，专科在校生占比应小于

48.37%,本科在校生占比应大于 47.43%,研究生在校生占比应大于 4.24%;人口规模为 1000 万人时,专科在校生占比应小于 47.91%,本科在校生占比应大于 47.78%,研究生在校生占比应大于 4.35%。相比于高校知识创新驱动模式,企业技术创新驱动模式下所预测的雄安新区办学层次结构重心较低。

随着人口规模的扩大与经济发展水平的提升,模式 1、模式 2 的层次结构都呈现重心上升趋势,即专科在校生占比逐步下降,研究生在校生占比逐步上升。这是因为随着产业形态由劳动密集型和技能密集型向科技密集型和创新密集型升级,需要研究生教育参与其中。只有充分发挥研究生教育的策源力量,培育首创精神与原始创新能力,才能形成区域创新系统的核心竞争力。

表 10-13 层次结构预测

人口 /万人	经济发展水平	GDP /亿元	专科在校生占比/(%)		本科在校生占比/(%)		研究生在校生占比/(%)	
			模式 1	模式 2	模式 1	模式 2	模式 1	模式 2
300	中等偏下收入	202.45~792.57(含)	28.87(含)~29.19	48.74(含)~48.81	58.76(含)~58.84	47.10~47.15(含)	11.97~12.38(含)	4.14~4.15(含)
	中等偏上收入	792.57~2457.05(含)	27.96(含)~28.87	48.55(含)~48.74	58.53(含)~58.76	47.15~47.29(含)	12.38~13.51(含)	4.15~4.20(含)
	高收入	>2457.05	<27.96	<48.55	<58.53	>47.29	>13.51	>4.20
500	中等偏下收入	337.41~1320.94(含)	28.58(含)~29.12	48.68(含)~48.79	58.69(含)~58.82	47.11~47.19(含)	12.06~12.74(含)	4.14~4.17(含)
	中等偏上收入	1320.94~4095.09(含)	27.07(含)~28.58	48.37(含)~48.68	58.30(含)~58.69	47.19~47.43(含)	12.74~14.63(含)	4.17~4.24(含)
	高收入	>4095.09	<27.07	<48.37	<58.30	>47.43	>14.63	>4.24
1000	中等偏下收入	674.83~2641.89(含)	27.86(含)~28.93	48.53(含)~48.75	58.51(含)~58.77	47.14~47.31(含)	12.30~13.64(含)	4.15~4.20(含)

续表

人口/万人	经济发展水平	GDP/亿元	专科在校生占比/（%）		本科在校生占比/（%）		研究生在校生占比/（%）	
			模式1	模式2	模式1	模式2	模式1	模式2
1000	中等偏上收入	2641.89~8190.18（含）	24.83（含）~27.86	47.91（含）~48.53	57.74（含）~58.51	47.31~47.78（含）	13.64~17.43（含）	4.20~4.35（含）
	高收入	>8190.18	<24.83	<47.91	<57.74	>47.78	>17.43	>4.35

第四，学科结构预测。

表10-14为雄安新区高等教育学科结构的预测结果。若按照高校知识创新驱动模式发展，当经济发展处于高收入水平，人口规模为300万人时，第一、二产业对应学科本科在校生占比分别小于0.80%、45.74%，第三产业对应学科本科在校生占比大于53.44%较为适宜；人口规模为500万人时，第一、二产业对应学科本科在校生占比应分别小于0.79%、45.43%，第三产业对应学科本科在校生占比应大于53.77%；人口规模为1000万人时，第一、二产业对应学科本科在校生占比应分别小于0.75%、44.66%，第三产业对应学科本科在校生占比应大于54.59%。若按照企业技术创新驱动模式发展，人口规模为300万人时，第一、二产业对应学科本科在校生占比小于2.07%、36.16%，第三产业对应学科本科在校生占比大于61.74%较为适宜；人口规模为500万人时，第一、二产业对应学科本科在校生占比应分别小于2.06%、36.07%，第三产业对应学科本科在校生占比应大于61.85%；人口规模为1000万人时，第一、二产业对应学科本科在校生占比应分别小于2.01%、35.85%，第三产业对应学科本科在校生占比应大于62.12%。不同发展模式下，雄安新区高等教育学科结构的预测结果都呈现"三二一"的格局，相比于高校知识创新驱动模式，企业技术创新驱动模式下第一、三产业对应学科专业占比较高。

随着人口规模的扩大与经济发展水平的提升，第一、二产业对应学科本科在校生占比下降，第三产业对应学科本科在校生占比上升。这与经济发展规律相吻合，经济增长通常伴随着产业结构的规律性变化，表现为国民经济重心从第一产业向第二产业，进而向第三产业升级。产业结构升级通过劳动力市场的中介作用传导到高等教育领域，导致第三产业对应学科本科在校生占比增加。

表 10-14　学科结构预测

人口/万人	经济发展水平	GDP/亿元	第一产业对应学科本科在校生占比/（%）		第二产业对应学科本科在校生占比/（%）		第三产业对应学科本科在校生占比/（%）	
			模式1	模式2	模式1	模式2	模式1	模式2
300	中等偏下收入	202.45～792.57（含）	0.81（含）～0.82	2.09（含）～2.10	46.06（含）～46.17	36.24（含）～36.28	52.98～53.10（含）	61.60～61.64（含）
300	中等偏上收入	792.57～2457.05（含）	0.80（含）～0.81	2.07（含）～2.09	45.74（含）～46.06	36.16（含）～36.24	53.10～53.44（含）	61.64～61.74（含）
300	高收入	＞2457.05	＜0.80	＜2.07	＜45.74	＜36.16	＞53.44	＞61.74
500	中等偏下收入	337.41～1320.94（含）	0.81（含）～0.82	2.08（含）～2.09	45.96（含）～46.14	36.22（含）～36.27	53.01～53.21（含）	61.61～61.67（含）
500	中等偏上收入	1320.94～4095.09（含）	0.79（含）～0.81	2.06（含）～2.08	45.43（含）～45.96	36.07（含）～36.22	53.21～53.77（含）	61.67～61.85（含）
500	高收入	＞4095.09	＜0.79	＜2.06	＜45.43	＜36.07	＞53.77	＞61.85
1000	中等偏下收入	674.83～2641.89（含）	0.80（含）～0.82	2.07（含）～2.09	45.71（含）～46.08	36.15（含）～36.25	53.08～53.48（含）	61.63～61.76（含）
1000	中等偏上收入	2641.89～8190.18（含）	0.75（含）～0.80	2.01（含）～2.07	44.66（含）～45.71	35.85（含）～36.15	53.48～54.59（含）	61.76～62.12（含）
1000	高收入	＞8190.18	＜0.75	＜2.01	＜44.66	＜35.85	＞54.59	＞62.12

3. 结论与建议

基于雄安新区建设全球重要科技、人才中心和创新高地的发展定位，本研究以同样面向打造世界科技创新中心的北京、上海、粤港澳大湾区三地为常模团体，从高等教育与经济协同发展视角出发，结合常模参照法与回归预测法，对不同人口规模与经济发展水平下雄安新区的高等教育规模与结构进行预测，得到如下结论及建议。

（1）关于高等教育规模。

在京津冀协同发展背景下，须同时重视北京的疏解效果与雄安新区的承接效果，实现雄安新区的可持续发展。雄安新区是北京非首都功能的疏解地，作为非首都功能的高等教育可以在京津冀一体化发展框架下有序疏解到雄安新区。同时，雄安新区应紧紧抓住疏解北京高校的机会，打造自身的"造血"能力。与经济发展及人口规模相协调的雄安新区高质量高等教育系统有助于加快北京高等教育资源的疏解，并在新区实现有效配置，推动京津冀世界级城市群的建设。因此，雄安新区应结合自身创新发展模式与区域经济社会发展情况，合理谋划，动态调整高等教育的规模。

结合本研究预测结果，当经济发展处于高收入水平，人口规模为 300 万人时，在高校知识创新驱动模式下，雄安新区普通高等学校在校生大于 38.53 万人较为适宜；在企业技术创新驱动模式下，在校生大于 18.16 万人较为适宜。随着人口规模增长与经济发展水平提升，雄安新区高等教育规模稳步增长。

（2）关于高等教育层次结构。

根据雄安新区的战略定位，雄安新区高等教育发展的战略目标应该是京津冀优质高等教育资源的集聚地，全国高等教育创新发展的示范区，全球主要的科学、人才中心和创新高地。为了支撑此战略目标，雄安新区需要构建服务高等教育大众化的中学后教育体系和服务于科技自立自强的高水平研究型大学体系。其中，中学后教育体系包括职业教育、普通高等教育和继续教育。从正规高等教育体系来看，中学后教育体系主要包括高等职业教育体系和普通高等教育体系，前者以专科层次的教育为主，后者以本科层次的教育为主。高水平研究型大学与国家实验室、国家科研机构、科技领军企业一道构成国家战略科技力量。因此，雄安新区高质量高等教育体系至少应该包括三个子系统，即高水平研究型大学体系、高水平应用型大学体系、高水平职业教育体系，其办学层次大体上对应于研究生教育、本科教育、专科教育。

结合本研究预测结果，当经济发展处于高收入水平，人口规模为 300 万人时，在高校知识创新驱动模式下，雄安新区专科在校生占比小于 27.96%、本科在校生占比小于 58.53%、研究生在校生占比大于 13.51% 较为适宜；在企业技术创新驱动模式下，专科在校生应占比小于48.55%、本科在校生占比大于47.29%、研究生在校生占比大于4.20%较为适宜。随着人口规模的扩大与经济水平的提升，雄安新区高等教育层次结构重心应逐渐上升。

(3) 关于高等教育学科结构。

人力资本转化为现实生产力依赖于高等教育与产业结构的耦合协调。[①] 学科专业结构与劳动力市场技能需求紧密相关。雄安新区瞄准世界科技前沿，面向国家重大战略，高起点布局高端高新产业，重点发展新一代信息技术产业、现代生命科学和生物技术产业、新材料产业、高端现代服务业等，合理的高等教育学科专业结构是实现其产业建设与发展的基础。同时，通过对接学科专业结构与产业结构，能够缓解结构性失业矛盾，使雄安新区既能培养人才，也能留住人才、吸引人才。

结合本研究预测结果，当经济发展处于高收入水平，人口规模为300万人时，在高校知识创新驱动模式下，雄安新区第一、二产业对应学科本科在校生占比分别小于0.80%、45.74%，第三产业对应学科本科在校生占比大于53.44%较为适宜；在企业技术创新驱动模式下，第一、二产业对应学科本科在校生占比小于2.07%、36.16%，第三产业对应学科本科在校生占比大于61.74%较为适宜。随着人口规模的扩大与经济水平的提升，雄安新区高等教育的学科专业结构应遵循第一、二产业对应学科本科在校生占比下降，第三产业对应学科本科在校生占比上升的规律。

---

① 耿孟茹、田浩然：《高等教育与产业结构耦合协调及其经济效应——基于省级面板数据和空间杜宾模型的实证分析》，《重庆高教研究》2023年第3期，第64-78页。

第十一章 结语

设立雄安新区是在全球知识经济时代背景与中国经济新常态发展阶段下做出的重大历史性战略选择,是千年大计、国家大事。雄安新区不仅肩负着疏解北京非首都功能、缓解"大城市病"的重任,而且对于培育新经济增长极、补齐京津冀发展短板、推进城市群协同发展具有重要意义,是支撑京津冀世界级城市群建设的有力空间载体。作为创新驱动发展引领区,雄安新区坚持把创新作为高质量发展的第一动力。国内外经验表明,创新的源头在高校,高等教育是科技第一生产力、人才第一资源、创新第一动力的重要交汇点。一方面,高等教育通过人才培养和科学研究为区域创新发展提供基础性战略支撑;另一方面,高校集聚人才、学科、资源和平台优势,有利于促进创新要素资源的汇聚与融合。应该说,当前雄安新区的高等教育尚处于空白状态,如何科学规划区域高等教育系统,将成为雄安新区打造世界重要科学、人才中心与创新高地的关键一环。本书通过明晰京津冀地区的经济特征与雄安新区的教育需求,测量京津冀地区(雄安新区)高等教育人力资本对经济社会发展的贡献度、高等教育发展与产业结构耦合协调情况,探究区域创新体系对经济社会发展的作用与影响,分析得出雄安新区高等教育体系构建的基本思路,并尝试对其高等教育发展规模与结构进行预测,从而为雄安新区教育改革与发展提供思路。在雄安新区高等教育与区域经济社会协同发展的进程中,还需强化保障措施,加强教育系统党建工作,全面推进依法治教,保障教育经费投入和基础设施建设。

一、加强教育系统党建工作

构建落实全面从严治党责任机制,切实把全面从严治党要求向基层延伸。完善党建工作责任制,强化"党政同责、一岗双责",逐级落实责任,切实担负起全面从严治党主体责任。切实加强党对教育工作的领导,加强基层党组织建设,扩大党的组织和工作覆盖面,有效发挥基层党组织的战斗堡垒作用和党员先锋模范作用,坚持和完善公办高校党委领导下的校长负责制,充分发挥党委在学校改革发展中的领导核心作用，强化院系党组织的功能与作用。强化中小学党组织在学校工作中的政治核心作用。积极探索民办学校党组织发挥作用的途径和方法。加强党风廉政建设和作风建设，深入推进廉政风险防控工作，健全惩治和预防腐败体系。强化教育领域反腐败体制机制创新和制度保障。加强思想理论建设。深入开展中国特色社会主义理论和中国梦学习教育，推进习近平总书记系列重要讲话精神"进教材、进课堂、进头脑"，不断坚定党员干部和师生员工中国特色社会主义道路自信、理论自信、制度自信、文化自信。

第一，加强领导班子和干部队伍建设。贯彻执行《党政领导干部选拔任用工作条例》《事业单位领导人员管理规定》等文件精神，不断加强教育系统领导班子和干部队伍建设。突出以德修身、以德立威、以德服众，做到人岗相适，严格条件程序，严守纪律要求，选优配强各级领导班子特别是一把手。按照重德才、重实绩、重基层的用人导向，加强优秀年轻干部、后备干部以及各年龄段干部的培养使用。加强基层党组织建设。统筹学习型、服务型、创新型党组织建设，实施高校党建难点项目支持计划、学生党员先锋工程，强化基层党组织的政治属性和服务功能，完善院（系）党组织和党支部发挥作用的机制，增强基层党组织的生机、活力和战斗力。加强党员队伍建设，完善发展党员质量保证体系，落实党员教育培训规划，加强党内政治生活，突出政治性、时代性、原则性、战斗性，从严管理党员，充分发挥党员先锋模范作用。健全党建责任体系，完善党建工作述职评议考核制度。健全基层党建经费保障制度和基层党务干部激励机制。加强中小学校党的建设，提高党建工作的针对性和实效性。加强民办学校党的建设，探索民办学校党组织发挥作用的途径和方法。

第二，维护教育系统安全稳定。完善基本标准，推广特色成果，实施高校"平安校园"建设提升工程，推进中小学校"平安校园"建设。加大校园安全物防、技防建设力度，完善校园安防基础设施设备，推动技防系统整合，建设信息化管理平台。推动建设"课堂教育、日常宣传、专题活动、实践体验"四位一体的学生安全教育体系，提高安全教育整体水平与效果。完善高校网格化、等级化安全管理模式，进一步提升校园安全管理与防范的规范化、精细化水平。完善队伍培训机制，健全高校安全稳定处级干部培训、新任干部培训和专项业务培训三者结合的培训体系。加大校园及周边综合治理力度，营造良好校园及周边育人环境。全面加强统一战线与群众工作。完善高校党委统一领导、统战部牵头协调、相关部门和院（系）基层各负其责、协调配合的大统战工作格局。加强党外代表人士队伍建设，分层分类加强党外知识分子思想政治引导。加强对民主党派基层组织的政治领导。落实党的民族宗教政策，加强民族团结进步教育，抵御和防范校园传教渗透。做好港澳台侨学生工作。加强党对群众工作的领导，发挥群团组织在学校民主管理、民主监督中的作用。

二、全面推进依法治教

全面推进依法治教，践行法治思维和法治方式，在法治框架内有序推进教育改革和发展，加快构建政府依法行政、学校依法办学、教师依法执教、社会依法评价和监督教育的新格局。完善学校章程和制度，推进学校依法治校、自主办学。探索依法建立多元化矛盾纠纷解决机制，妥善处理各类教育纠纷。发挥课堂主渠道、学校主阵地作用，做好教育系统师生员工法治教育。健全教育法规体系。积极推进地方性法规和规章的修订工作，不断完善首都教育法规体系。推进《雄安新区教育督导条例》和《雄安新区终身学习促进条例》的立法工作。积极跟进《民办教育促进法》《职业教育法》《学前教育法》等国家教育法律法规的制定和修订工作，适时修订雄安新区的实施办法。定期清理、修订规范性文件，增强制度体系的一致性和规范性。

第一，完善重大教育决策制度。建立公众参与、专家论证、风险评估、合法性审查和集体讨论决定的重大决策程序，确保决策制度科学、程序正当、过程公开、责任明确。加强重大决策跟踪反馈和责任追究。加强和改进教育系统调查研究工作，提升科学、民主、依法决策的能力和水平。重视教育科学研究，不断完善科研体制机制，加强教育科研机构、学会组织和科研队伍建设，建设中国特色的新型教育智库。完善群众利益表达和建言献策平台，切实保障人民群众对教育的知情权、参与权、表达权和监督权。全面推进依法治校。构建完善依法治校制度体系，明确依法治校责任，建立学校、师生权益保护机制，推行依法治校评价指标体系和达标考核办法，加大依法治校能力培训，推动法治教师培训基地和依法治教研究基地建设，全面开展依法治校示范校创建活动和督导，增强学校厉行法治的积极性和主动性。

第二，深入推进依法行政。完善教育行政组织和行政程序的法律制度，推进机构、职能、权限、程序、责任法定化。建立健全依法决策机制、教育行政机关内部重大决策合法性审查机制、教育重大决策终身责任追究制度及责任倒查机制。健全教育部门规范性文件审查和清理制度。加强教育法治工作队伍建设。推进教育行政执法体制机制改革，严格实行教育行政执法人员持证上岗和资格管理制度。加强教育执法工作的指导和监督，落实教育行政执法责任制。健全教育领域纠纷处理机制，积极探索建立在法治框架内的多元化矛盾纠纷解决机制。切实加强教育普法工作。把法治教育纳入国民教育体系，实施教育系统法治观念提升工程。建立健全校长、教师学法制度。推动青少年法治教育实践基地建设，每个县至少建立一个青少年法治教育实践基地。推进省级教育法治研究基地和专业智库建设。

三、保障教育经费投入

加强教育经费保障，完善教育公共财政管理体制机制，确保教育投入总量与教育事业发展的实际需求相适应、教育投入结构与教育布局结构变化及教育发展规律相适应、经费使用效益与实现教育现代化目标需求相适应。完善教育投入保障机制，确保一般公共预算教育投入逐年只增不减，确保按在校学生人数平均的一般公共预算教育支出逐年只增不减。健全学费动态调整机制。根据地方财力、办学需求和物价水平，适时调整中小学生均公用经费标准。完善以政府投入为主、多渠道筹措教育经费的体制，扩大社会资源进入教育途径。推动完善财政、税收、金融和土地等优惠政策，鼓励和引导社会力量捐资、出资办学。完善捐赠教育激励机制。牢固树立过紧日子的思想，深化全面预算绩效管理改革，优化资金使用结构，提高经费使用效益。

第一，建立健全多渠道筹措资金的社区教育经费保障机制。依法增加政府投入，各类学生生均公共财政预算教育事业费支出、生均公共财政预算公用经费支出逐步增长。完善转移支付制度，增强市级教育经费统筹能力。增量经费主要向财力薄弱区、人口导入区域、薄弱学校倾斜。完善税收减免、金融扶持和政府奖励等政策，鼓励和引导社会力量捐资、出资办学。发挥政府资金的引导作用，鼓励社会积极捐赠，提高高等学校积极争取社会捐赠的意识和能力。完善非义务教育培养成本分担机制。推进高校学费调整工作，指导各地推进地方高校、中等职业学校、普通高中学费调整，实施高校学分制收费制度。完善各级各类学生生均拨款制度。继续完善本科高校和高职院校生均拨款制度，继续推动各地制定中职生均拨款标准或公用经费标准，探索和试行建立普通高中和公办幼儿园生均拨款制度。

第二，提高教育经费管理使用效益。坚持依法理财，严格执行国家财政资金管理法律制度和财经纪律。探索创新经费投入方式，进一步提升经费投入政策的科学性和资金使用的效益。加强预算管理规划性，根据重大项目规划建立教育经费中期财政规划。加强预算编制质量管理，提高预算编制质量和水平，提高预算执行效率。完善教育财政咨询制度，增强经费分配的科学性。建立健全学校内部财务管理制度，强化内部控制建设，规范学校经济行为，防范财务风险。在高等学校试行设立总会计师职务，提升经费使用和资产管理专业化水平。完善内部审计制度。完善经费和资产管理使用效益的绩效评价体系。完善绩效拨款制度，强化绩效导向的经费分配和管理制度。实施学校"阳光财务"工程，建立财务信息公开制度，继续推行收费规范公示制度。落实和完善各级各类教育资助政策，精准帮扶家庭经济困难学生完成学业。

四、加强基础设施保障

第一,完善学校基础设施建设。推动雄安新区管委会统筹学校布局规划,科学安排教育基本建设投资,并纳入河北省国民经济和社会发展总体规划、土地利用总体规划、各级城乡规划和"十四五"时期建设规划。鼓励政府出台对各级各类学校基本建设经费的优惠政策。鼓励探索学校基本建设融资机制。加强学校基本建设业务指导。实施教育装备提升工程。推进农村教学点办学条件达标建设,提升雄安新区教育装备现代化水平。推进中小学校"创新实验室"建设,积极稳妥推进实验操作考核工作,提升雄安新区教育装备应用效能。建立健全教育装备质量安全管理体系,加强对中小学实验室、教学仪器设备的质量监管,提升雄安中小学教育装备质量。推进中小学图书馆(室)标准化建设,提升雄安中小学图书馆(室)的育人功能。加强普通高校、职业院校的装备建设和实验室、实训中心(基地)安全管理,积极推动高校贵重仪器设备的共建共享。

第二,构建现代信息技术与教育相结合。推进信息技术与教育教学融合创新。建设雄安新区数字学校、京津冀数字化资源共享交换平台,继续整合京津冀地区中小学名校名师资源、电子教材及各类企业优质资源,进一步丰富完善雄安新区数字教育资源供给体系。鼓励企业和其他社会力量开发数字教育资源,培育社会化的资源服务市场。全面构建数字化教育资源的融通供给与常态化应用新模式,推动优质资源快速便捷地向外扩散,服务学校特色发展。引导和支持各级教师应用信息技术改进教学实践。支持各级各类学校建设智慧校园,综合利用互联网、大数据、人工智能和虚拟现实技术探索未来教育新模式。提升教育管理服务的信息化水平。持续优化雄安教育信息化基础网络环境,实现无线教育网络全覆盖,加强信息安全保障能力。整合优化已有业务系统,建成贯通市区,衔接各级各类教育机构,集政务公开、在线互动、资源服务等多种功能于一体的雄安教育信息公共服务平台,提升雄安教育信息管理与服务水平。加强和改进教育统计,建设教育大数据体系,强化数据资源共建共享,为教育研究和决策提供强有力的数据支撑。推进教育后勤工作科学化、规范化和制度化建设。深化学校后勤社会化改革,逐步建立统一开放、竞争有序的学校后勤服务市场体系。全面推进教育后勤服务向精细化、标准化、信息化和智能化转变。

主要参考文献
MAIN REFERENCES

一、图书类

[1] Paul Beamish W,Peter Killing J.Cooperative Strategies:European Perspectives [M]. San Francisco:The New Lexington Press,1997.

[2] United Nations Development Programme. Human Development Report 2016:Human Development for Everyone [M]. New York:Oxford University Press,2016.

[3] 阿伦·拉奥,皮埃罗·斯加鲁菲. 硅谷百年史:伟大的科技创新与创业历程:1900—2013 [M]. 闫景立,侯爱华,译. 北京:人民邮电出版社,2014.

[4] 亨利·埃茨科瓦兹. 国家创新模式:大学、产业、政府"三螺旋"创新战略 [M]. 周春彦,译. 北京:东方出版社,2014.

[5] 刘易斯·芒福德. 城市发展史——起源、演变和前景 [M]. 宋俊岭,倪文彦,译. 北京:中国建筑工业出版社,2005.

[6] 罗伯塔·卡佩罗. 区域经济学 [M]. 赵文,陈飞,等译. 北京:经济管理出版社,2014.

[7] 迈克尔·波特. 国家竞争优势 [M]. 李明轩,邱如美,译. 北京:中信出版社,2012.

[8] 陈洪捷. 德国古典大学观及其对中国的影响 [M]. 北京:北京大学出版社,2002.

[9] 陈亮,苏建宁. 京津冀协同发展背景下河北省人力资本积累路径研究 [M]. 北京:中国社会科学出版社,2017.

[10] 方阳春. 人力资本:经济转型升级的内驱力 [M]. 杭州:浙江大学出版社,2013.

[11] 方中雄,桑锦龙. 京津冀教育发展研究报告(2018—2019)——一核两翼 [M]. 北京:社会科学文献出版社,2019.

［12］龚仰军，应勤俭．产业结构与产业政策［M］．上海：立信会计出版社，1999．

［13］潘懋元．高等教育学讲座［M］．北京：人民教育出版社，1983．

［14］吴敬琏．供给侧改革：经济转型重塑中国布局［M］．北京：中国文史出版社，2016．

［15］王守法．高等教育与区域经济发展研究［M］．北京：经济科学出版社，2006．

［16］杨娟．京津冀基础教育协同发展研究［M］．北京：经济科学出版社，2018．

二、报刊类

［1］Eren F. Regional Development Agency Experiences in UK［J］. European Journal of Economic and Social Systems，2016（9）．

［2］Susan C，Michael K，Jonathan M. Innovation，Networks and Knowledge Exchange［J］. Cambridge Journal of Regions，Economy and Society，2009（2）．

［3］Teece，D. Competition，Cooperation and Innovation：Organizational Arrangements for Regimes of Rapid Technological Progress［J］. Journal of Economic Behaviour and Organisation，1992（1）．

［4］白强．大学知识生产模式变革与学科建设创新［J］．大学教育科学，2020（3）．

［5］彼得·豪尔，罗斯玛丽·泰勒，何俊智．政治科学与三个新制度主义［J］．经济社会体制比较，2003（5）．

［6］杜德斌，祝影．全球科技创新中心：发展模式与中国实践［J］．科学，2022（4）．

［7］冯雪玲，张永庆．基于设立雄安新区后京津冀区域经济一体化研究——与长三角、珠三角地区的对比分析［J］．物流工程与管理，2017（8）．

［8］耿孟茹，田浩然．高等教育与产业结构耦合协调及其经济效应——基于省级面板数据和空间杜宾模型的实证分析［J］．重庆高教研究，2023（3）．

［9］公钦正．国家级特区高等教育与经济社会协同发展研究——基于深圳、浦东经验的雄安新区高等教育规划［J］．湖南师范大学教育科学学报，2021（6）．

［10］何立峰．深入学习贯彻习近平总书记重要讲话和指示精神 推动京津冀协同发展不断取得新的更大成效［N］．人民日报，2019-02-27（6）．

［11］胡德鑫，王漫．高等教育学科结构与产业结构的协调性研究［J］．高教探索，2016（8）．

[12] 黄容霞，魏萍，潘孝珍．高等教育人力资本集聚对技术创新的空间效应——以湖北省地级市为例的实证分析［J］．中国高教研究，2021（1）．

[13] 金保华，刘晓洁．高等教育供给侧结构性改革的理论逻辑与实践路径［J］．教育与经济，2016（6）．

[14] 梁爽，姜文宁．高等教育资源空间结构变迁及其创新效应——基于我国三大城市群［J］．中国高教研究，2021（8）．

[15] 刘长威，全锋，郑雪宜．高校与企业科技合作的相关问题分析［J］．科技管理研究，2015（2）．

[16] 罗植．中国三大城市群经济发展质量的区域比较——基于全要素生产率及指数的评价分析［J］．企业经济，2019（11）．

[17] 王钱永，任丽清．"双一流"建设视角下地方高校区域创新能力建设［J］．中国高教研究，2016（10）．

[18] 王晓玲，张德祥．试论学科知识生产的三种模式［J］．复旦教育论坛，2020（2）．

[19] 吴志攀．高等教育与区域发展——以"首都教育"为视角的考察［J］．北京大学教育评论，2003（4）．

[20] 武学超．模式3知识生产的理论阐释——内涵、情境、特质与大学向度［J］．科学学研究，2014（9）．

[21] 武义青，孙久宇，韩烁烁，等．京津冀经济增长方式及阶段性特征［J］．经济与管理，2019（1）．

[22] 谢维和．高等教育：区域发展的新地标［J］．中国高教研究，2018（4）．

[23] 薛二勇，刘爱玲．京津冀高等教育布局结构优化的政策研究［J］．高等教育研究，2018（8）．

[24] 闫沛慈，芮雪琴．人力资本集聚促进区域科技创新吗？——基于门槛回归模型的分析［J］．管理现代化，2018（6）．

[25] 杨蕾，陈先哲．从"中心—边缘"到创新网络：知识溢出视野下的粤港澳大湾区高等教育集群发展［J］．现代大学教育，2022（5）．

[26] 周光礼，宋小舟．区域知识创新中心：大学的新模式——武汉未来科技城的案例研究［J］．高等工程教育研究，2016（6）．

[27] 周光礼．大学治理模式变迁的制度逻辑——基于多伦多大学的个案研究［J］．高等工程教育研究，2008（3）．

[28] 周光礼．教育科技人才三位一体 共同支撑高质量发展［N］．光明日报，2022-11-01（15）．

[29] 周光礼. 中国大学的战略与规划：理论框架与行动框架 [J]. 大学教育科学，2020（2）.

[30] 周启良，范红忠. 高等教育人力资本集聚对产业结构升级的非线性影响——基于中国 287 个地级及以上城市面板数据的实证分析 [J]. 重庆高教研究，2021（4）.

附 录
APPENDIX

研究总报告

设立河北雄安新区是深入推进京津冀协同发展的一项重大决策部署。在此背景下,课题依据区域经济学、系统科学、创新理论、教育学等相关理论,综合运用文献研究、比较研究、调查研究、案例研究等研究方法,探讨京津冀地区的经济特征与雄安新区的战略定位,教育与区域协同发展的概念框架、理论模型、国际经验,并分别从人才培养、科学研究两个维度展开教育与京津冀城市群(雄安新区)经济社会协同发展的实证研究,基于此提出雄安新区教育与经济社会协同发展的实现路径与策略建议。

教育是国之大计、党之大计,在国家和区域发展中处于基础性、战略性地位。随着全球进入知识经济时代,区域发展越来越依靠知识创新,高等教育作为整个教育体系的龙头日益成为区域发展的核心驱动因素,必然在雄安新区总体建设中处于优先发展的地位。雄安新区高等教育体系建设的基本定位应该是:优质高等教育资源的集聚地、全国高等教育创新发展的示范区、全球主要的科学中心和科技创新高地。雄安新区要实现疏解北京非首都功能和实施创新驱动发展两大战略定位,必须在技术创新、产业发展、人才集聚、公共服务等方面协同推进。在此过程中,建设高质量的区域高等教育体系将是重中之重。

一、研究问题

(一)研究目的

本课题以区域发展为研究对象,将教育视为区域发展的内生因素,强调优化区域教育配置是统筹区域发展中的一个重大课题。在理论上,试图建构教育与区域协同发展的概念框架和理论模型,凸显教育在区域创新体系中的地位和作用;

在实践上，通过探讨雄安新区的战略定位及其教育需求、教育人力资源与雄安新区协同发展、知识创新体系与雄安新区协同发展，为雄安新区教育规划提供决策依据。本课题重点探讨五个重要问题：① 京津冀地区的经济特征与雄安新区的战略定位；② 教育与区域协同发展的概念框架与理论模型；③ 教育与区域协同发展的国际经验；④ 教育与京津冀城市群（雄安新区）经济社会协同发展的实证研究；⑤ 雄安新区教育与经济社会协同发展的实现路径与策略。

（二）研究意义

1. 学术价值

本课题旨在探讨雄安新区教育与经济社会协同发展，本质上是研究区域教育发展的战略问题，课题学术价值主要包括：① 基于人力资本结构从教育系统结构与产业结构的维度构建教育与经济的互动机理，丰富了区域发展理论；② 尝试将区域经济学理论引入城市群教育与经济社会协同发展路径分析中，为二者协同发展的策略选择提供一个新的理论视角；③ 博采众长，广泛吸收区域经济学、系统科学、创新理论、教育学等方面的相关理论，进一步丰富区域教育与区域经济协同发展理论。

2. 应用价值

第一，有利于优化区域教育配置，实现区域经济社会可持续发展。教育与区域经济社会相互促进、相互制约。区域经济作为一个相对完整的有机系统，要求区域内经济、教育、科技、文化等要素的有机结合与协同发展，这需要教育强化服务区域经济发展的功能，发挥区域教育资源配置优势，更好地履行各项职能，以创新人才、知识和技术为重要支撑，促进区域自主发展，以产学研为基本途径促进区域产业集群的发展，以校企合作为重要路径促进区域协同发展，最终实现区域经济社会可持续发展。

第二，有利于实施创新驱动发展战略，建构区域创新体系。新经济需要新产业，新产业需要新的高等教育。为回应新经济和新产业的挑战，传统高等教育模式需要做出战略性调整。高等教育新模式必须顺应两种变革趋势：一是知识生产模式的转型，即由"生产学科知识和理论知识"向"生产跨学科知识和应用知识"转型；二是人才培养模式的变革，即由"面向学科的专业教育"向"面向职场的专业教育"转型。区域知识创新中心主要由创新研发系统、人才培养系统构成，两者的耦合是对科教融合、产教融汇理念的生动实践。这种将教学活动、研究活动和创新活动聚合在一个统一模式之下的区域知识创新中心，将成为区域高等教育发展的新模式。

第三，有利于决策科学化，实现雄安新区教育与经济社会的协同发展。雄安新区教育结构是城市产业结构变迁的重要影响因素，进而影响城市产业经济的增长质量，而雄安新区的产业结构又对教育结构具有制约作用。本研究通过对国内外区域知识创新中心的教育与区域发展的多案例研究，借鉴和吸取其教育结构优化经验，可为雄安新区教育与经济社会协同发展提供借鉴。此外，探讨雄安新区教育与经济社会的互动问题，对雄安新区如何融入京津冀一体化战略格局，合理配置区域内教育资源，科学制定教育、区域发展政策提供有益的实践经验，对促进区域教育与区域经济社会协同发展提供决策参考。

（三）研究假设

第一，实现教育与区域经济社会协同发展是将雄安新区打造成为创新驱动发展引领区的必然要求。创新驱动发展强调将创新视为经济发展的驱动力，创新驱动实质上是人才驱动。教育作为人才培养的主阵地，是应对全球人才竞争的基础布局，是实施创新驱动发展战略的重要基石，是雄安新区实现创新驱动发展引领区战略定位的根本支撑。

第二，创新活动空间分布的非均衡是区域发展不平衡的基本原因。在劳动力和资本流动加快的情形下，最不易流动的要素就是知识与文化、技能、创新能力及其关系网络等无形要素，区域竞争力越来越多地取决于这些要素。

第三，雄安新区要成为京津冀新的增长极，必须发展知识产业。知识产业要求加强教育与区域发展之间的有效联合，将教学活动、研究活动和创新活动在一个统一的模式下聚合起来。唯有打破传统的教育结构，建构区域科教系统与区域创新系统的开放界面，才能真正建立一个连接教育与区域发展的有效机制。

第四，区域发展需要创新与新技能的汇聚，区域知识创新中心的核心是两个相互耦合的子系统：一个是创新研发系统，另一个是人才培养系统。人才培养系统与创新研发系统是一种紧密耦合关系，区域知识创新中心既应成为创新研发的平台，也应成为教育教学的平台，是科教融合和产教融合的统一体。其他行动者以这一平台为载体进行频繁的交流互动。

（四）核心概念

1. 雄安新区

党的十八大以来，以习近平同志为核心的党中央以高超的政治智慧、宏阔的战略格局、强烈的使命担当，积极筹划部署京津冀协同发展战略，于2017年4月1日设立国家级新区——河北雄安新区，这是党中央为深入推进京津冀协同发展，集中疏解北京非首都功能做出的一项重大的历史性战略选择。雄安新区位于河北中部，地处北京、天津、保定腹地，包括雄县、容城、安新三县及周边部分区域，面积约1770平方公里。

2. 高等教育

高等教育是指由高等学校（大学、学院、独立学院、高等职业技术大学、高等职业技术学院、高等专科学校等）以及与之水平相同的其他高等教育机构所提供的各种层次、类型和形式的正规性、专业性或职业性教育，这种教育以研究高深学问和培养专门人才为目标，基本入学条件是完成中等教育，入学年龄通常是18岁，学生在完成培养方案后可获得相应的证书，如毕业证书、结业证书或学位证书，作为其就业或攻读更高等级学位的证明。

3. 区域发展

区域发展是一个综合概念，囊括政治、经济、文化发展等多个方面。其中，区域政治发展是特定区域内的政治系统的改进以及获得制度创新潜在收益的发展，旨在实现区域政治民主化和社会的全面进步；区域经济发展将经济增长与满足人们的需求结合起来，指一个地区按人口平均的实际福利增长过程，既意味着财富和经济机体的量的增加和扩张，也意味着其质的变化，即经济结构、社会结构的创新以及社会生活质量和投入-产出效益的提高；区域文化发展是指生活在特定区域的人群在从事物质生产、精神生产和社会生活中所形成的具有浓厚的地域特色的价值观念、思维方式、人文心态、民族艺术、风俗习惯、道德规范等的变化。就三者关系而言，根据马克思主义基本原理，一定的社会上层建筑都建立在一定的经济基础之上，因此实现区域政治、文化等的发展和进步，归根结底要取决于区域经济的发展，反之，区域政治、文化的发展也会影响区域经济的发展。

4. 协同发展

协同理论作为一门新兴的综合性理论，是系统科学的重要理论分支，致力于研究开放系统内部各子系统之间通过非线性的相互作用产生的协同效应，促使系统从混沌状态转向有序状态，并且从低级有序转向高级有序。根据协同理论的阐释，协同发展是指系统内各组成部分多层次、宽领域的相互支持和深度合作，通过相互协作使得各个组成部分之间属性互相增强、共同发展，达到整体加强、各个获益的协同结果。协同发展不仅是雄安新区发展的基本要求，也是雄安新区教育与经济社会良性互动的唯一途径和最终目标。

5. 知识创新

知识创新，顾名思义，就是对"知识"进行"创新"，鉴于"知识"和"创新"这两个概念都具有强烈的实践性和应用性,因而"知识创新"也不能回避实践性和应用性。有学者指出,知识创新是一个过程,在这个过程中,有价值的思想被转变为会给组织、客户、员工和其他利益相关者增加利益的新形式。总体来说,知识创新不仅局限于理论层面的变革,还应涉及其实践应用。也就是说,知识创新至少应包括理论创新和技术创新两个层面。

二、研究背景和文献综述

(一)研究背景

随着中国经济进入速度换挡、结构调整的新常态,中国经济发展动力机制逐渐从要素驱动、投资驱动转向创新驱动。创新驱动发展依靠知识资本、人力资本和激励创新制度等无形要素创造新的增长要素,是一种更高层次、更高水平的增长方式。京津冀作为中国经济版图的重要板块,在中国经济发展中占据重要地位。2014年,京津冀协同发展被提升为重大国家战略;2015年,《京津冀协同发展规划纲要》指出,要打造"以首都为核心的世界级城市群、区域整体协同发展改革引领区、全国创新驱动经济增长新引擎、生态修复环境改善示范区"。2017年,经过反复深入的论证研究,中共中央、国务院发文设立河北雄安新区,其最重要的定位、最主要的目的是打造北京非首都功能疏解集中承载地。按照中央部署和《河北雄安新区规划纲要》的要求,雄安新区有四个发展定位,即绿色生态宜居新城区、创新驱动发展引领区、协调发展示范区、开放发展先行区。

当前,全球新一轮科技革命和产业革命正在孕育兴起,京津冀打造全国创新驱动经济增长新引擎、雄安新区打造全国创新驱动发展引领区是推动中国经济高质量发展和产业结构优化升级的必然选择。创新驱动实质上是人才驱动,创新最重要、最核心、最根本的是人才问题,高等教育在其中必将大有作为、大有可为。从高等教育资源看,京津冀以拥有全国高等教育总规模1/10以上、研究生教育总规模1/5、博士研究生规模1/4强、"211工程""985工程"院校等高水平大学1/4强等优势超过长三角、珠三角。从经济发展活跃度看,京津冀落后于长三角、珠三角。2013年,京津冀经济总量只有长三角的57%,人均GDP分别为长三角的77.5%、珠三角的63.6%。高等教育资源优势与经济发展活跃度的反差,在一定程度上说明京津冀经济发展潜力释放还不够。高校作为人才培养、科学研究与技术开发的主阵地,是优化产业结构、加快经济发展方式转变的重要生力军。推动实现教育与京津冀地区经济社会协同发展是助力推动京津冀协同发展战略、实现雄安新区"千年大计"的必由之路。在此背景下,开展雄安新区教育与经济社会协同发展研究具有重要的时代价值与深远意义。

（二）相关研究综述

紧密围绕研究主体，本课题以"区域教育发展""协同发展""区域创新体系""京津冀协同发展""区域教育规划"等为关键词进行文献综述，梳理前人研究成果，为本课题的顺利开展提供研究基础。

1. 区域教育发展研究

关于区域教育发展的文献主要围绕"区域教育发展的影响因素""区域教育发展的理论基础""区域教育的发展模式"等方面的问题展开。

区域教育发展的影响因素研究。顾志跃认为，科学发展观中有一条非常重要的原理，就是重视智慧在发展中的作用。尤其是在重大决策、战略运用等环节，更是少不了智慧的参与。因为有了智慧的参与，就会少走弯路，减少失误，就会有效地提高效益。因此，在一定的组织内通过建立研发机构，可以从机制上保证提高决策与运行的智慧程度，实现组织更有效地发展。王振权认为，教育改革成功与否、顺畅与否、代价几何，从根本上讲，不仅依靠革新，而且也依靠其对当下社会现实的适应性。区域教育变革的成功推进依赖于经济社会制度、区域文化、教育领导等复杂性场域，需要从提防普遍主义危险、坚守本土主义路向、立足教育自身变革等理念适用性和实践有效性维度超越场域依赖，寻求区域教育变革成功推进的实践智慧。王洪林认为，教育改革能够在一个地区、一所学校取得成果，一方面是源于先进教育理念的引领作用；另一方面，也有赖于先进理念得以孕育、成长、发展、壮大的环境。郭明玉认为，地方政府通过其区域高等教育发展观、对区域高等教育的投入和区域高等教育政策对区域高等教育的发展产生重要影响。蔡怡、吴景松通过对中部县级区域间教育发展水平与经济差距的相关分析后发现，中部县级区域间经济水平与教育发展水平呈显著关系。

区域教育发展的理论基础研究。高兵从四个方面论述了区域教育发展的理论基础：一是教育与区域发展的相关理论（包括现代化理论、互赖发展理论、内源发展理论和非均衡发展理论）；二是可持续发展理论与区域基础教育发展；三是产业分工理论与区域职业教育发展；四是区域竞争理论与区域高等教育发展。薛嘉春认为，区域基础教育资源整合的研究是多种学科与多种理论综合应用的结果，必须了解、分析区域经济学、规模经济理论、新制度经济学、教育经济学、人力资本理论等理论体系。孙运科从系统分析理论和复杂系统理论分析了区域高等教育的内涵式发展，系统分析是一种以人为中心、服务于管理决策的科学和理论，它采用系统方法对所研究的问题提出各种可行方案或策略，进行定性和定量分析、评价和协调，帮助决策者提高对所研究的问题认识的清晰度，以便决策者选择行动方案；复杂系统理论是在简单系统的基础上发展起来的，侧重关注子系统、元素及相互作用以及各子系统和元素间复杂关系的系统科学的理论。凌玲、贺祖斌提出运用教育生态理论来考察区域教育规划，推动区域教育的可持续发展，教育生态理论是以教育为研究对象，从生态学的维度，采用生态学的方法来剖析教育的内外部系统，从而分析教育的生态功能并揭示教育生态基本规律的理论。

区域教育的发展模式研究。王鑫介绍了"科研引领—专家常驻—过程指导—绿色通道—决策参与—院校加盟—联合调研—信息共享"的院区共建模式。在这一模式中，科研引领是院区共建的工作方针，专家常驻是院区共建的组织保证，过程指导是院区共建的基本途径，绿色通道是院区共建的职能结构，决策参与是院区共建的深度结合，院校加盟保证了院区共建的互助共赢，联合调研是院区共建的问题焦点，信息共享是院区共建的辐射效应。张文德、朱月翠介绍了区域教育信息化联动发展模型，该模型的第一联动要务就是资源共享，而在云计算技术完善的背景下，教育资源在实时协同分工网络系统中可以实现跨时空双向无障碍共享。技术联动、科研联动在这种梯度转移发展模式中的流动，可以实现各梯度间的互动，即高梯度的技术能快速转移到低梯度，低梯度的新需求和发现的新问题、新方案也能反映到高梯度。

2. 区域教育与区域经济社会协同发展研究

关于区域教育与区域经济社会协同发展研究主要集中在高等教育与产业结构互动领域。这是因为基础教育主要关注教育自身，高等教育主要关注教育与社会发展之间的关系。相关研究主要关注的是教育与社会发展之间的关系，因此下面主要围绕以下两方面展开。

高等教育对经济增长的影响研究。高等教育对经济增长的影响一直是学界关注的热点问题，多数学者认为高等教育对经济发展有积极影响，且比其他层次的教育对经济发展影响更大，利用实证研究方法探讨高等教育对经济增长的贡献率是最主要的方法。Devon Jensen 基于人力资本理论，采用定性研究得出结论：台湾地区的经济增长是因为有一个强大的高等教育系统。也有学者认为高等教育对经济增长可能有负面影响，认为高等教育对经济增长率贡献低或无助于促进经济增长。少数学者认为高等教育对经济增长影响存在差异，Gemmel 认为不同层次的教育对经济发展影响不同，而 Petrakis 等认为经济发达地区的教育对经济增长影响更大。中国高等教育对经济增长的贡献率区间差异较大，呈现由东向中西部地区逐渐递减的梯次分布。总的来看，关于高等教育对经济增长影响的研究主要是基于人力资源管理视角开展的。

高等教育结构与产业结构关系的研究。相关研究主要集中在两个方面：一是关于高等教育学科结构与产业结构的关系。潘懋元认为，高等教育结构是指高等教育内部各要素之间的构成状态和比例关系。一般分为宏观结构和微观结构，宏观高等教育结构主要包括区域结构（布局结构）、层次结构、形式结构和科类结构。高等教育结构调整要与产业结构升级相适应，产业结构多样化要求学科结构与专业结构多样化，产业结构调整对高等教育人才培养的专业结构产生深刻影响，这表明产业结构与人才需求结构存在相互依存的关系。二是关于高等教育层次结构与产业结构的关系。高等教育结构调整是一个"博弈过程"，是各方主体博弈的结果。有学者研究美国高等教育层次结构及影响因素、预测未来我国高等教育层次结构的变化，指出我国高等教育层次结构与经济增长的关系经历了从不适应、调整到逐步适应的调整过程。经济发展对我国高等教育层次结构的发展演变具有显著影响作用，高等教育层次结构的发展变化基本适应经济发展的需要。也有学者研究高等教育层次结构与就业结构之间的关系，认为高等教育层次结构的变化影响就业结构的调整。

3. 区域创新体系研究

区域创新体系，即区域创新系统，由英国卡迪夫大学库克教授于1992年首次提出，区域创新系统是在一个知识流集聚域内，由参加技术创新和扩散的企业、大学及研究机构、中介服务机构和政府组成，通过政府行为和制度规范，创造、储备、使用和转让知识、技能和新产品的社会网络系统。这个社会网络系统不仅受到创新环境、基础设施等的影响，还与区域内网络结构、人才储备密切相关。库克认为，为了更便捷地利用原始创新成果，企业开始从地理上向大学和研究机构周围聚集，从而呈现出创新活动的集聚，形成了区域创新中心。创新既可以是全国性的，也可以是区域性的，通过创新主体的地理接近和地方联系来获得创新能力。新经济地理学家研究指出，通过加强区域内的产业互动联系和技术溢出，产生空间层面的报酬递增，将持续降低该区域的经济活动成本，推动区域经济整体发展。

区域创新系统的构成要素主要包括：主体要素，指区域内的生产企业、地方政府、金融机构、中介服务机构、高校及科研机构等；环境要素，包括制度、机制、政府或制度调控、保障条件和基础设施等；资源要素，涵盖创新设施、企业资源和人力资本等。区域创新系统中创新的一般过程（即创新链）可以看作是一系列知识活动的集合，即包括知识创造、发现、识别、扩散、共享、资本化几个阶段。区域创新系统成长的内在动力要素主要指知识资本及资本化的过程，外部动力要素则重点受产业集群知识溢出效应和运行动力要素影响。由企业、大学以及科研机构构成的区域创新网络及知识创造网络，其创新能力某种程度上影响了区域整体创新系统核心竞争力的强弱。知识创造网络的内核开展知识创新及其与外层创新服务网络的紧密互动，激发创新潜力、活力，转化为实际生产力，切实提高区域创新能力。

三、研究程序

（一）研究设计

本课题以区域发展为研究对象，将教育视为雄安新区经济社会发展的重要指标和引擎，强调优化区域教育配置是统筹区域发展中的一个重大课题。本研究设计了"一个目标"（雄安新区教育与经济社会协同发展）、"两条主线"（教育人力资本与产业就业结构的协同发展、区域知识创新体系与产业技术结构的协同发展）、"四个问题"（雄安新区战略定位与产业特点、教育人力资源与京津冀城市群协同发展、科技创新与京津冀城市群协同发展、雄安新区教育与经济社会协同发展的实现路径），系统研究区域教育与区域经济社会的协同发展问题。据此，本部分将围绕研究内容、研究目标和研究思路进行详细论述。

1. 研究内容

聚焦雄安新区教育与经济社会协同发展这一核心问题，本研究形成了"理论研究＋实践研究"相结合的内容框架。

（1）理论研究。

明晰教育与区域协同发展的理论基础。本课题主要从三个层面明晰理论基础。首先，旨在从学理上阐述高等教育与区域发展的相关性，以及高等教育发展与区域经济发展的共生性。内生发展理论能够较好地解释这一问题。区域发展的无形要素（知识、学习、关系、社会资本等）内生于区域发展之中，并共同形成了地方竞争力。大学是创新活动的主要场所和新知识的"孵化器"，高等教育密集的区域是主要的研发中心，创新活动的集中成为地方经济的关键要素。其次，以人力资本理论为理论基础，深入探究人力资本与京津冀城市群（雄安新区）协同发展。人力资本依附于个人身上，像市场上的商品一样具有竞争性、排他性，人力资本存量决定技术进步和经济增长率。最后，以区域创新系统理论为理论基础，分析区域创新体系建设与京津冀城市群协同发展。区域创新系统是在一定社会活动范围内，由政府、企业、大学、中介服务机构等不同创新主体组成，包括知识、技术、服务等创新体系构成的相互影响的一体化网络和组织机构，受区域经济、社会、文化等的交互影响。

建构教育与区域协同发展的概念框架和理论模型。区域发展需要创新与新技能的汇聚，因此区域知识创新中心的核心是两个相互耦合的子系统：一个是创新研发系统，另一个是人才培养系统。创新研发系统是由创新主体所构成的系统，它是区域知识创新中心的核心要素,对于创新中心正常运作至关重要。创新主体包括大学科研机构、社会独立科研机构与企业创新部门。人才培养体系也是区域创新中心的核心要素——培养具有新技能的人才支撑知识产业。人才培养体系包括学历教育与非学历教育、企业的职业培训以及问题解决小组的团队学习。人才培养系统与创新研发系统是一种紧密耦合关系,区域知识创新中心既应成为创新研发的平台,也应成为教育教学的平台,是科教融合和产教融合的统一体。为此,本课题紧密围绕"雄安新区教育与经济社会协同发展"这一研究主线,从人力资本与科技创新两个角度分别探讨教育人力资本与产业就业结构的协同发展、区域知识创新体系与产业技术结构的协同发展。

(2) 实践研究。

明确雄安新区的战略定位及其教育需求。在对京津冀地区经济研究的相关文献研究的基础上,结合已有研究数据,得出京津冀地区的经济特征,京津冀地区协同发展的现状、问题及成因。基于雄安新区的战略设计与政策支持情况,可将雄安新区的战略定位分为短期定位与长远定位。短期定位体现在非首都功能集中承载地和京津冀协同发展的创新驱动增长极,长远定位体现在引领城市群区域经济发展新模式和中国改革开放引领示范区。雄安新区高等教育体系发展的基本定位应该是优质高等教育资源的集聚地、全国高等教育创新发展的示范区、全球主要的科学中心和科技创新高地,必须有序构建包括研究型大学、应用型大学、社区学院的三大高等教育体系。

探究教育人力资源、知识创新体系与雄安新区协同发展。本研究着力从教育人力资本和知识创新体系两个角度探究京津冀地区教育与经济社会发展的互动关系。首先,在教育人力资本与经济社会协同发展维度,研究分别通过问卷调查调研京津冀地区高等教育人力资本的供给状况,通过计算人类发展指数分析京津冀地区经济社会总体发展水平,通过构建综合指标体系、构建耦合协调模型测量京津冀地区高等教育人力资本对经济社会发展的贡献度。其次,在知识创新体系与京津冀城市群经济社会协同发展维度,本研究通过对比京津冀与长三角和粤港澳大湾区、河北省与北京市和天津市的发展情况,得出雄安新区知识创新体系服务区域经济社会发展的现实条件,并基于战略联盟理论、三螺旋理论、知识生产模式理论、区域创新系统理论,构建出区域创新系统的逻辑框架,进而提出雄安新区知识创新体系构建的相关举措。

提出雄安新区教育与经济社会协同发展的可行性路径。基于雄安新区教育与经济社会发展面临的形势与发展基础,立足雄安新区的战略定位和高等教育发展目标,依照前述研究发现,本研究总结了雄安新区承担的教育建设任务和教育改革任务,并通过对标深圳经济特区和上海浦东新区的发展实践,结合区域教育资源的类型、教育资源流动、区域产业定位、区域空间布局等指标,提出雄安新区基础教育体系和高等教育体系构建的基本构想和具体规划。同时，从加强党建、推进依法治教、教育经费投入和基础设施建设等角度提出雄安新区教育与经济社会协同发展的相关保障措施。

2. 研究目标

本课题以提升雄安新区教育与经济社会协同发展为目标，探讨雄安新区的战略定位及其对教育的新需求，着力解决教育人力资源与雄安新区协同发展、区域创新体系与雄安新区协同发展等问题。具体目标如下。

（1）推进理论创新。

第一，在前期研究的基础上，系统分析区域教育与区域发展的互动机理，提出并将验证区域发展的内生模型。区域发展的内生模型强调区域发展的来源不是外生的，而是内生的，发展在根本上取决于区域组织的集中，社会经济制度和文化制度嵌于区域组织中，正是这些制度成分决定着区域经济的成功与否：企业家才能、地方生产要素（劳动力和资本）、地方行动者在不断积累的学习过程中获得的相关技巧和决策才能等。

第二，采用嵌入性的多案例研究，系统分析了美国硅谷、加州大学城、128公路，日本筑波科学城，英国东北部大学集群等经典案例，归纳出区域知识创新中心的概念。区域知识创新中心是区域中的行动者围绕知识生产、知识整合、知识传播、知识运用而形成的协同运作的复杂系统。其核心包括两个方面：区域知识创新主体以及彼此之间的相互联系。

第三，运用区域经济学和复杂系统理论，探讨京津冀地区的教育结构与产业结构互动的理论框架，为中国区域发展提供全新的理论指导。

第四，建构雄安新区教育与经济社会协同发展模型。

（2）促进学科建设。

第一，通过本课题研究，为区域发展与区域教育规划研究提供理论增量和实践经验，推动区域教育研究的系统化、科学化。作为跨学科的新兴研究领域，区域教育研究将在客观上完善教育公共管理理论研究的学科体系。

第二，通过区域创新体系和复杂系统的研究，丰富我国在创新手段上的掌握与提升，这也是学科建设的重要内容之一。

（3）凝练实践智慧。

第一，通过对雄安新区的调查研究，分析创新驱动发展背景下教育与区域经济社会互动的规律，提出雄安新区教育体系发展战略规划的合理化建议。

第二，通过国际比较和实证研究，总结区域知识创新中心建构的成功经验，为中国区域发展和区域教育规划提供合理化的建议。

第三，开发一套较为普适性的区域教育与经济社会协同发展评价体系，为地方政府和教育行政部门提供咨询服务和决策依据。

3. 研究思路

本课题紧紧围绕"雄安新区教育与经济社会协同发展"这一研究目标确定研究思路，力图回答：雄安新区的战略定位是什么？作为创新驱动发展的引领区，雄安新区发展对教育的新需求是什么？教育人力资本与区域发展如何互动？区域知识创新体系与区域发展如何互动？雄安新区教育体系应如何设计规划？因此，本课题首先通过政策分析与现实考察，明确雄安新区的定位与教育发展需求。其次，充分吸收区域经济学理论、复杂系统理论、区域创新理论，探究区域教育与区域经济社会协同发展面临的理论与实践难题，形成概念分析框架。再次，鉴于区域知识创新中心的核心是两个相互耦合的子系统，即创新研发系统和人才培养系统，课题组分别从人力资本和科技（知识）创新两个视角，通过大样本的实证研究，分别探究雄安新区教育与经济社会协同发展的模式与路径。最后，在上述研究工作基础上，形成雄安新区教育与区域经济互动发展的可行性路径与建议。

（二）研究对象

本课题以区域发展为研究对象，将教育视为区域经济社会发展的重要指标和引擎，强调优化区域教育配置是统筹区域发展中的一个重大课题。本课题的主要研究内容为：在理论上，试图建构教育与区域协同发展的概念框架和理论模型，凸显教育在区域创新体系中的地位和作用；在实践上，通过探讨雄安新区的战略定位及其教育需求、教育人力资源与雄安新区协同发展、知识创新体系与雄安新区协同发展，为雄安新区教育规划提供决策依据。

（三）研究方法

本课题从理论与实践结合的角度，综合运用文献研究法、问卷调查法、数学建模法、案例研究法、比较研究法，探讨区域教育人力资本、知识创新中心的集聚效应及其运行机理，以及教育与区域经济社会协同发展的实践逻辑，形成一定的研究结论，为雄安新区教育发展及其与京津冀城市群的互动协同发展提供有力的理论支撑和实践指导。

1. 文献研究法

本课题的文献研究分为三个部分。第一部分以"京津冀地区经济""雄安新区""高等教育""区域经济关系""区域协同发展""区域创新体系"等为关键词，对国内外文献数据库进行全方位检索，梳理出关于京津冀城市群特别是雄安新区经济特征、基础教育与高等教育结构、京津冀地区教育与经济社会协同发展的研究成果，以明确京津冀地区教育与经济社会协同发展的现状与问题。第二部分以政策文本研究为主，通过收集党的十八大以来党中央关于京津冀协同发展战略、雄安新区建设的相关部署政策文件，梳理雄安新区设立的历程、雄安新区建设的优势与困境，进而明晰雄安新区的战略定位及教育发展需求。第三部分为教育与区域经济社会协同发展的理论探索。本课题紧紧围绕京津冀城市群、雄安新区建设规划、区域协同发展等核心议题，广泛学习相关理论，积极思考理论与课题研究内容的相关度，最终采用了新制度主义、内生发展理论、战略联盟理论、知识生产理论和区域创新系统理论等，并积极生成引导本课题开展的理论与分析框架。

2. 案例研究法

发达国家在教育与区域创新发展的理念与实践方面进行了大量探索并已取得一定的成效。因此，本研究以美国硅谷与斯坦福大学、128公路与麻省理工学院、加州大学集群，英国东北部高等教育与区域发展，日本筑波科学城与筑波大学，韩国大德创新特区为案例，分析大学集群在区域发展中的参与及贡献度，探究教育结构与产业结构的关系及互动，提炼其教育与经济社会协同发展的特点与经验。

3. 问卷调查法

本课题对京津冀地区90所普通高校全日制在校大学生进行问卷调查，问卷初稿先后征求了清华大学、北京大学、中国人民大学等高校数十位高等教育研究者的意见，并在相关高校进行预测试，加以完善后确定最终版本。调查以"问卷星"的形式开展，共回收有效问卷2422份，样本生源地覆盖31个省份。问卷主要调查了京津冀地区高等教育人力资本供给状况，包括就业地区意向、未来工作预期和专业满意程度，为课题研究积累了翔实的数据基础。

4. 数学建模法

本课题广泛使用实证研究方法探究京津冀城市群教育与区域经济协同发展，数学建模法的具体运用体现在：基于人类发展指数对京津冀地区经济社会发展水平进行描述统计与分析，通过健康、教育、收入三个维度构建公式，计算得出教育对京津冀地区经济社会发展的总体贡献；以《中国统计年鉴》《中国教育统计年鉴》为数据来源，基于京津冀地区时间序列以及京津冀三地面板数据，采用单位根检验、协整检验、格兰杰因果关系检验、回归分析建模等方法，计量京津冀地区高等教育人力资本对经济社会发展的贡献；以京津冀地区相关统计年鉴为数据来源，构建耦合协调模型，计算京津冀地区高等教育结构与产业结构的耦合协调状况。

5. 比较研究法

本课题比较研究法的运用主要体现在两个方面：一是将京津冀与长三角、粤港澳大湾区，河北省与北京市、天津市的相关情况进行比较，得出雄安新区知识创新体系建设的现实条件。二是对标深圳经济特区和上海浦东新区基础教育和高等教育的整体发展情况，通过对比其教育资源类型、教育资源流动、区域产业定位、区域空间布局等要素，形成并提出雄安新区高等教育体系构建、雄安新区高等教育与区域协同发展的基本逻辑和规划原则。

（四）技术路线

确立"雄安新区教育与经济社会协同发展研究"的整体目标与内容框架，通过文献研究、问卷调查、数学模型构建、案例研究等研究手段与方式，以研究现状评估、原始资料搜集、历史与现实考察研究为基础，以理论研究与实践研究为核心，以决策咨询为方向，本课题旨在探讨教育与雄安新区经济社会协同发展问题，为深入推进京津冀协同发展、调整优化京津冀城市布局和空间布局等提供智库建议。本课题技术路线图如附图1所示。

四、研究发现和结论

（一）高等教育在雄安新区总体建设中处于优先和基础地位

随着全球进入知识经济时代，区域发展越来越依靠知识与创新。从内生发展理论上看，高等教育的集聚带来了创新要素的集聚，内生于空间的创新是经济发展的驱动力，是地方经济成败的决定性因素。创新活动空间分布的非均衡被认为是区域发展不平衡的基本原因。在劳动力和资本的流动速度都明显加快的情形下，最不易流动的要素就是知识与文化、技能、创新能力及其关系网络等无形因素，地方系统的竞争力越来越多地取决于这些因素，而这些因素就内生于区域高等教育发展之中。从实践来看，美国硅谷、128公路的成功经验就是将区域高等教育作为区域发展的重要组成部分，高等教育与区域发展产生共生效应。

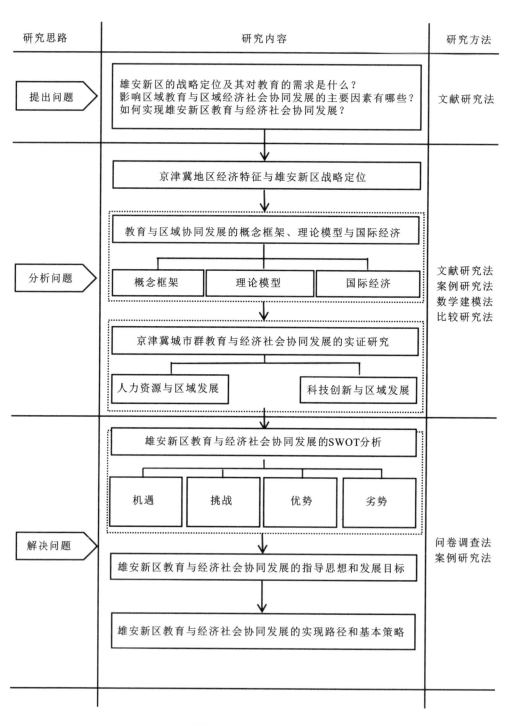

附图 1　研究技术路线图

雄安新区最主要的战略定位有两个：打造北京非首都功能疏解集中承载地和建设全国创新驱动发展的引领区。这两个战略定位是相辅相成的，是一个硬币的两个面：一方面，疏解北京非首都功能有助于高校、科研院所、医院、央企总部等创新要素向雄安新区集聚，直接支撑创新驱动发展战略；另一方面，建立创新驱动发展引领区有助于打造京津冀地区新的经济增长极，有利于人才的集聚，从而为疏解北京非首都功能提供可能性。这两个定位共同指向高等教育。因此，应该将建设高质量的区域高等教育体系置于雄安新区高质量发展的优先和基础地位。雄安新区高等教育体系发展的基本定位应该是优质高等教育资源的集聚地、全国高等教育创新发展的示范区、全球主要的科学中心和科技创新高地。为此，要有序构建包括研究型大学、应用型大学、社区学院三大高等教育体系。

（二）京津冀城市群教育、人力资本与区域发展

1. 教育、人力资本与区域发展的互动关系

高等教育与区域发展密不可分。一方面，区域经济社会为高等教育发展提供物质基础并影响高等教育的办学规模、办学层次、专业设置等；另一方面，高等教育是区域发展的发动机，为区域发展提供人力资本、科技支撑、决策咨询等。纵观世界高等教育发展史，大学职能经历了从单纯知识传授到教学与科研并重，再到人才培养、科学研究、社会服务并举的演变历程，但从根本上看，大学首先是实施高等教育的机构，任何一所大学都无法超脱于育人之外。大学的各项职能相互交叉、相互融合，但归根结底要服务于人才培养这一本质职能。因此，提供人力资本是高等教育对区域发展最根本、最重要的影响。

区域高等教育是区域人力资本积累的重要途径，对区域发展具有重要推动作用。研究区域高等教育人力资本供给状况时，需要考虑两个重要的连接点，即区域高校培养的人力资本和区域的社会人力资本。它们同属人力资本范畴，是区域不同形态和时期的人力资本。随着经济的区域化发展，高等教育区域化成为我国整体发展高等教育的一个有效的战略选择，人才培养的针对性是高等教育区域化的显著特点，即高校面向区域经济社会发展需要培养和输送高素质的人才。从根本上讲，高校培养出来的人力资本是区域人力资本积累的源头，高校人才培养是区域长远发展的必然诉求，高校培养的人力资本在时间维度上的演变生成区域社会人力资本的存量和流动状况。在这一演变过程中，区域高校大学生就业是连接两种人力资本的重要转折点。

高等教育结构与产业结构的耦合协调状况是分析区域高等教育人力资本供给与区域发展人力资本需求匹配程度的重要维度。高等教育系统处在人力资本供给侧，区域经济社会系统处在人力资本需求侧。根据一般系统论的观点，系统的结

构与功能密切相关、相互依存：结构是功能的内在根据，功能是结构的外在表现。因此，在考察处于人力资本供给侧的高等教育系统对处于人力资本需求侧的区域经济社会系统的影响时，必须高度重视高等教育结构问题，力求高等教育系统结构最优化，从而发挥高等教育系统人才培养的最佳功能。判断高等教育系统结构是否合理，一个重要的标准是看其是否适应经济社会发展对人才的需要。产业结构是经济社会系统的核心部分，产业结构的变动必然引发就业结构的调整，进而引起人才需求结构的变化，这就对高等教育人才培养提出新的要求，高等教育结构需要进行调整优化以适应产业结构升级的需要。可以说，只有高等教育结构与产业结构相协调，才能实现高等教育人力资本供给与经济社会发展人力资本需求的良性互动。

2. 京津冀城市群教育人力资本对经济发展的贡献

京津冀地区的高等教育综合实力强劲。京津冀地区是我国高等教育资源最为集聚、最具竞争优势的地区之一，高等教育综合实力强劲，为京津冀地区经济社会发展输送了大批优秀人才。但比较而言，京津冀地区高等教育规模、投资的绝对量及其增速均落后于长三角地区。此外，以财政拨款为主、多种渠道筹措的高等教育经费多元化体制在京津冀地区基本形成，但除事业收入外，其他类型的经费来源占比极小。

京津冀地区经济社会发展总体水平较高。在全国范围内，京津冀地区率先达到世界极高发展水平。但比较而言，京津冀地区教育指数对经济社会发展的贡献不及长三角地区。在京津冀地区内部，1990—2018年北京、天津由中等人类发展水平提升为极高人类发展水平，河北则由低人类发展水平上升为高人类发展水平，但仍与北京、天津相距甚远，并且京津冀三地教育差距不断扩大，河北教育指数对本地经济社会发展的贡献低于北京、天津。近七成的京津冀地区高校大学生愿意在京津冀地区就业，但河北高等教育人力资本流失较为严重。

京津冀地区高等教育结构与产业结构有待进一步协调。高等教育结构与产业结构是否协调是判断高等教育人力资本供需是否匹配以及高等教育与区域发展是否协同的重要依据和标准。2011—2018年，京津冀地区高等教育结构与产业结构的协调等级保持在勉强协调水平。其中，北京由中度协调提升为优质协调，天津由低度协调上升为中度协调，而河北始终徘徊在失调水平。这一研究结果充分说明：京津冀地区高等教育与经济社会两个系统尚未进入有序发展阶段，尚未形成1+1＞2的整体协同效应。锚定京津冀协同发展目标导向与战略定位，面向京津冀地区经济社会发展人才需求，优化结构、提升功能是当前和未来一段时间京津冀地区高等教育发展的重要任务。

（三）京津冀城市群教育、科技创新与区域发展

1. 教育、科技创新与区域发展的互动关系

分析大学的知识创新范式可以从两个层面进行：高校战略联盟内部和高校战略联盟外部。基于知识生产模式理论、区域创新系统理论、三螺旋理论和战略联盟理论构建的五螺旋创新系统理论是本研究的分析框架。根据五螺旋创新系统理论，高校战略联盟由研究型大学群体和教学型高校群体构成，在研究型大学群体中知识创新要素的运行逻辑体现在研究型大学内部和研究型大学之间，据此本研究定位了三个分析点：研究型大学内部、研究型大学之间、研究型大学和教学型高校之间。高校战略联盟外部，就是指创新系统的五个"螺旋"，分别为高校战略联盟、产业、政府、中介性组织和社会公众，这五个"螺旋"形成十对关系，对创新系统的形成与发展非常重要。

研究型大学是高校的重要组成部分，是高校知识创新的主导力量，是区域知识创新的主力军。随着现代知识生产模式的发展，跨界协作成为知识生产的主流发展趋势，研究型大学的知识创新也不能置身事外，应在知识创新中与其他机构积极互动，发挥跨界协作的优势，有效提高知识创新的质量和水平。事实上，知识创新表现突出的研究型大学都具有明显的地域聚集现象，而且大都与当地产业发展密切相关，形成一个"互利共生"的知识创新系统。

2. 京津冀城市群（雄安新区）知识创新体系的现实条件

京津冀地区内高校和科研院所富集，创新资源优势突出，创新活动积极活跃，创新投入和产出水平在全国处于领先地位。首先，京津冀地区的研发投入在全国处于较高水平，从研发经费占GDP的比重来看，2018年京津冀地区研发经费占比为3.36%，不仅明显高于2.19%的全国平均水平，而且显著高于长三角地区的2.93%和广东省的2.78%。其次，京津冀地区的创新产出十分丰富，其中北京市的创新产出优势最为突出。从科技论文发表数来看，京津冀地区的科研论文产出效率大大高于长三角地区和广东省。2018年京津冀地区达5.14万篇（占全国的21.45%），略高于长三角地区的4.69万篇，远高于广东省的1.17万篇。从发明专利授权数来看，京津冀地区的科研效率高于长三角地区和广东省。2018年京津冀地区达5.77万项（占全国的13.35%），是广东省的1.08倍。从技术合同交易额来看，京津冀地区的额度是长三角地区的2.11倍，是广东省的4.34倍。在京津冀地区的创新产出中，北京市的表现最为出色，科技论文发表数是天津市的5.32倍、河北省的7.32倍，发明专利授权数是天津市的8.39倍、河北省的9.22倍，技术合同交易额是天津市的7.23倍、河北省的17.96倍。

（四）高等教育资源空间布局对区域科技创新能力的影响

高等教育质量资源的集聚对城市群创新能力的提升具有正向影响，分散格局则会抑制城市群创新能力的提升。集中的科研资源有利于知识的溢出，降低科研和项目商业化的成本，同时，集聚会导致创新网络的形成，更有利于城市群的协同创新。科技创新是一个从新思想产生、知识生产、成果转化到产品商业化和市场化等一系列活动。高校高级职称教师数与高校科技课题总数集聚会带来人才和知识的集聚，空间的临近带来更多的非正式交流，畅通创新要素的循环。从知识生产来说，一方面，高校之间、高校与企业之间的交流和学习更加频繁，特别是良好的产学研合作机制，会推动知识和技术的加速溢出。另一方面，高校之间的竞争也会激励更多知识成果的产出。从人才培养来说，知识具有附着在人身上的特性，人才的集聚会促进信息共享，使信息搜索成本降低，通过知识积累与学习、专业化分工、提高劳动力匹配质量等机制提升区域创新效率。显然，高等教育资源的集聚会增加创新要素集聚程度，高水平资源的集聚更有利于基础研究、默会知识的交流与生产。近距离的知识溢出会促进中心城市原始创新能力的提升，缩短知识生产到产品化的创新链条，更快地产生经济效益，进而继续为高等教育资源提供更多保障，形成良性循环，有利于中心城市内生型创新能力建构。

高等教育数量资源的集聚不利于提高城市群的创新能力，高等教育数量资源呈现分散格局对城市群创新能力的提升具有促进作用。本课题中，高校数量基尼系数对区域创新能力影响不显著，验证了人力资本的双门槛效应，即人力资源对区域创新能力的影响呈现"先上升后下降"的趋势，这和集聚过度的挤出效应密不可分，意味着当前中心城市的部分普通大学生和普通高校需要往中小城市迁移。这可能是高校数量与高校在校学生数集聚带来了成本外部性升高，中心城市土地成本升高，高等教育数量资源的集聚效应小于挤出效应，高校和在校生开始往周边城市转移。分散格局一方面有助于降低中心城市的集聚成本，同时，补充中小城市因人才流动导致的劳动力流失，提升中小城市的创新承接能力，提升外溢性创新能力，进而提高整个城市群的创新发展水平。

科研项目和科研人员的集中带来了学习效应和知识溢出效应，有助于高效率知识生产和隐性知识溢出，高等教育质量资源的单中心分布和集聚状态是提升区域内生知识生产的最佳形态。同时，大学和在校生的分散分布一方面提升了各地人力资本水平，增加知识接受能力，另一方面缓解了中心城市同质化人力过度集聚的挤出效应，人员往中小城市流动带动知识溢出。高等教育资源的分布格局影响知识和人才的分布，在区域发展体系内不同城市的创新禀赋影响下，最终形成的中心城市-内生型创新和中小城市-外溢型创新的中心承接体系最有利于区域创新能力提升。

（五）雄安新区高等教育规模与结构的预测

关于高等教育规模。在京津冀协同发展背景下，应同时重视北京的疏解效果与雄安新区的承接效果，实现雄安新区的可持续发展。雄安新区是北京非首都功能的疏解地，作为非首都功能的高等教育可以在京津冀一体化发展框架下有序疏解到雄安新区。同时，雄安新区应紧紧抓住疏解北京高校的机会，打造自身的"造血"能力。与经济发展及人口规模相协调的雄安新区高质量高等教育系统有助于加快北京高等教育资源的疏解，并在新区实现有效配置，推动京津冀世界级城市群的建设。因此，雄安新区须结合自身创新发展模式与区域经济社会发展情况合理谋划，动态调整高等教育的规模。本课题通过大量数据进行实证分析后得到预测结果，当经济发展处于高收入水平，人口为300万人时，在高校知识创新驱动模式下，雄安新区普通高等学校在校生规模大于38.53万人较为适宜；在企业技术创新驱动模式下，在校生规模大于18.16万人较为适宜。随着人口规模增长与经济发展水平提升，雄安新区高等教育规模稳步增长。

关于高等教育层次结构。根据雄安新区的战略定位，雄安新区高等教育发展的战略目标应该是京津冀优质高等教育资源的集聚地，全国高等教育创新发展的示范区，全球主要的科学、人才中心和创新高地。为了支撑此战略目标，雄安新区需要构建服务高等教育大众化的中学后教育体系和服务于科技自立自强的高水平研究型大学体系。其中，中学后教育体系包括职业教育、普通高等教育和继续教育。从正规高等教育体系来看，中学后教育体系主要包括高等职业教育体系和普通高等教育体系，前者以专科层次的教育为主，后者以本科层次的教育为主。高水平研究型大学与国家实验室、国家科研机构、科技领军企业一道构成国家战略科技力量。因此，雄安新区高质量高等教育体系至少应该包括三个子系统，即高水平研究型大学体系、高水平应用型大学体系、高水平职业教育体系，其办学层次大体上对应于研究生教育、本科教育、专科教育。结合本课题预测结果，当经济发展处于高收入水平，人口规模为300万人时，在高校知识创新驱动模式下，雄安新区专科在校生占比小于27.96%，本科在校生占比小于58.53%，研究生在校生占比大于13.51%较为适宜；在企业技术创新驱动模式下，专科在校生应占比小于48.55%，本科在校生占比大于47.29%，研究生在校生占比大于4.20%较为适宜。随着人口规模的扩大与经济水平的提升，雄安新区高等教育层次结构重心应逐渐上升。

关于高等教育学科结构。人力资本转化为现实生产力依赖于高等教育与产业结构的耦合协调。学科专业结构与劳动力市场技能需求紧密相关。雄安新区瞄准世界科技前沿，面向国家重大战略，高起点布局高端高新产业，重点发展新一代信息技术产业、现代生命科学和生物技术产业、新材料产业、高端现代服务业等，合理的高等教育学科专业结构是实现其产业建设与发展的基础。同时，通过对接学科专业结构与产业结构，能够缓解结构性失业矛盾，使雄安新区既能培养人才，也能留住人才、吸引人才。结合本研究预测结果，当经济发展处于高收入水平，人口规模为 300 万人时，在高校知识创新驱动模式下，雄安新区第一、二产业对应学科本科在校生占比分别小于 0.80%、45.74%，第三产业对应学科本科在校生占比大于 53.44% 较为适宜；在企业技术创新驱动模式下，第一、二产业对应学科本科在校生占比小于 2.07%、36.16%，第三产业对应学科本科在校生占比大于 61.74% 较为适宜。随着人口规模的扩大与经济水平的提升，雄安新区高等教育的学科专业结构应遵循第一、二产业对应学科本科在校生占比下降，第三产业对应学科本科在校生占比上升的规律。

五、分析和讨论

（一）区域创新与内生发展理论

1. 内生发展理论对区域创新的解释度

高等教育与区域发展日渐增强的相关性呼唤新的区域理论，内生发展理论应运而生。内生发展理论认为，空间是发展过程的积极因素，城市和城市空间是集聚经济（地方化经济）产生的地方，因此整个区域的经济发展植根、建构于城市空间上。这种研究路径假设创新是内在的，区域发展的无形要素（知识、学习、关系、社会资本等）内生于区域高等教育发展之中，并共同形成了地方竞争力。正是高等教育发展与区域经济发展的共生性产生了协同、合作和交互作用，引起了地方产业的报酬递增和地区优势。高等教育密集的区域是主要的研发中心，这里有大量的专业知识储备和可以降低创新活动风险的先进服务业（金融和保险）。这证实了创新活动的集中所带来的报酬递增，如加州硅谷和波士顿 128 公路。在深刻的技术变革推动下，人们开始把创新视为经济发展的驱动力，知识成为地方经济成败的关键因素。创新活动空间分布的非均衡被认为是区域发展不平衡的基本原因。在劳动力和资本流动速度都明显加快的情形下，最不易流动的要素就是知识与文化、技能、创新能力及其关系网络等无形因素，地方系统的竞争力就取决于这些因素。

2. 区域创新的内在决定因素

根据内生发展理论，区域创新的内在决定因素有：① 地理临近性。大学与企业等创新主体空间的临近性促进了隐性知识的交换，这是创新集中的原因。大量的实证研究证实，创新活动具有空间上集中的天然倾向，它们一般集中在核心区和大都市区,具有显著的极化效应。这些极化区域可以称为区域知识创新中心,如美国旧金山湾区和纽约湾区、日本筑波科学城等。区域知识创新中心既是一个高等教育概念,也是一个区域经济概念。它既用来描述高等教育集聚,也用来表征企业创新的集聚。区域知识创新中心概念能够解释高等教育对区域发展的作用。在一个区域中,大学的研发活动带来的好处不仅局限在组织内部,它们还"溢出"到周围环境中,从而有利于企业的创新活动。② 关系接近性。所谓关系接近性是指地方行动者之间的互动与合作,即组织之间的本地联系,这是地方创新能力的重要来源。在该理论中,地方行动者之间的经济社会联系决定了特定区域的创新能力和经济发展,它被命名为"创新环境"。创新环境理论弥补了知识溢出理论的固有缺陷。它解释了知识传播的渠道,不仅只依据纯理论的接触可能性,而且在于那些已经被证实的地方经济现象,包括供应商与消费者之间的关系、劳动力在地方高度的流动性,以及新企业的衍生。创新环境理论阐述了通过行动者的互动与合作实现知识的社会化,从而解释了高等教育在区域发展中的作用。③ 制度接近性。创新环境理论关注地方创新能力内生性的基础,特别强调制度因素,即嵌入地方环境中的一系列社会、经济、文化规则,并在此基础上发展出了国家创新系统理论。国家创新系统理论认为,制度不仅促进了参与者之间的合作,以及知识的社会化,还促进了经济参与者发展支持交互式学习过程的组织形态。在区域知识创新体系中,学习源自企业和区域科教系统之间、企业内部不同职能部门之间、生产者和消费者之间、企业和社会制度结构之间的合作与互动。企业内部不同职能部门之间、企业和大学及其他外部行动者之间的反馈、相互依赖和互补作用,是创新过程所需要的。这也表明创新过程是高度地方化的,是各种传统、惯例、习惯、社会认同和风俗构成的"制度稠密"的结果。

(二)学术中心与经济中心的共生性

1. 中国学术中心的转移及其动力机制

任何一个国家的高水平大学的分布都是不均衡的,学术资源向特定区域集聚便形成了学术中心。从学术中心转移的逻辑来看,百年中国高等教育区域布局演变可以划分为三个阶段。晚清及民国时期为第一个阶段,初步奠定了中国学术中心分布的基本格局——高校集聚于东部沿海城市,学术中心转移的"首都效应"凸显,京津地区与沪宁地区交替成为全国学术中心。中华人民共和国成立17年和"文化大革命"时期为第二个阶段,中央政府通过强有力的计划干预实现高校地区分布的相对均衡——全国重点大学均衡分布于六大行政区域,"文革大革命"时期因推行"京校外迁"及高校下放农村政策,中国一度出现没有全国学术中心的极端情况。改革开放与市场经济时代为第三个阶段,在市场逻辑的驱动下,高等教育资源向京津冀、长三角、粤港澳三大都市圈集聚——内地名牌大学纷纷到东部沿海城市异地办学，学术中心转移的"极化效应"凸显。

贯穿于这三个阶段的一个核心问题是如何解决高等教育区域布局中"均衡"与"集聚"的矛盾。第一个阶段的特点是"集聚"胜过了"均衡"，第二个阶段的特点是"均衡"压倒了"集聚"，第三个阶段的特点是"均衡"与"集聚"同时并存。要解释这三个阶段的特点，有必要深入思考影响高校区域分布的主要因素，正是这些因素推动了中国学术中心的转移。

首先是政治因素。由于中央集权的传统，中国倾向于以国家为单位建构高等教育体系，这与美国以州为单位建构高等教育体系的分权传统截然不同。在中央集权的体制下，中央政府及政治家认为高校必须按照一个国家的人口分布来布局。要实现政治家这一政治意图，离不开强有力的中央政府的计划能力。晚清及民国时期，由于政治分裂及军阀割据，中央政府的计划统筹能力极为有限，高校地区均衡分布的目标难以实现，从而呈现"集聚"胜过"均衡"的特点。计划经济时期，随着高度集权的计划经济体制的建立，中央政府的计划统筹能力空前强大，能够通过行政的手段实现高校地区均衡分布，因而出现了"均衡"压倒"集聚"的特点。社会主义市场经济时期，计划和市场在高等教育资源配置中均发挥重要作用，形成了"有为政府、有效市场"的格局，故呈现出"均衡"与"集聚"同时并存的特点。政治因素影响学术中心转移的机制突出地表现为"首都效应"。所谓"首都效应"，是指一个国家的学术中心随着首都转移而转移，政治中心与学术中心高度重叠。晚清及北洋政府时期，首都位于北京，京津地区成为中国的学术中心；民国时期，首都位于南京，沪宁地区成为中国的学术中心；中华人民共和国成立后，首都位于北京，京津地区再次成为中国的学术中心。这种现象从资源配置的角度很容易解释。在中央集权制的国家，高等教育资源的配置遵循国家中心模式，即高校的办学资源控制在中央政府及其官员手中，首都高校因区位优势更容易获取办学资源和竞争优势。因此，除非再出现"京校外迁"这种极端现象，否则首都地区一定是全国学术中心。

其次是经济因素。经济在高校布局中发挥越来越重要的作用。区域经济学的一个基本洞见是知识经济时代高等教育与区域经济必须协同发展。一方面，区域经济发展越来越依靠知识与创新，越来越离不开一流高校的参与；另一方面，一流高校的发展越来越依靠一流的经费支持，越来越离不开区域的繁荣与发展。从这个意义上来说，学术中心向经济中心集聚具有必然性。因此，高校的区域分布必须遵循市场逻辑。晚清及民国时期，由于国家力量虚弱，市场逻辑在高校布局中发挥主导作用，高校集聚于工商业发达的东部沿海城市；计划经济时期，国家力量不断膨胀，行政逻辑取代了市场逻辑，高校集聚受到了强烈的制约；社会主义市场经济时期，国家力量与市场逻辑同时并存，均在高等教育布局中发挥重要作用，高校有序地集聚于长三角、粤港澳、京津冀地区。经济因素影响学术中心转移的机制突出地表现为"极化效应"，该效应是指一个国家的学术中心随经济中心的转移而转移，学术中心与经济中心高度重叠。这从资源配置的角度也很容易解释。在市场治理模式下，高等教育资源配置遵循市场导向模式，即高校的办学资源控制在无数消费者手中，高校通过提供教学服务换取学费，提供科研服务换取科研经费，由于经济中心购买能力强大，其高校更容易获得办学资源。因此，中国三大都市圈能够凭借其雄厚的经济实力实现学术的集聚，进而形成学术中心。

最后是文化因素。文化在学术中心的形成中发挥持久性的影响力。高等教育本身就是一种文化现象。高等教育所代表的学院文化既受制于区域文化，又引领区域文化。高等教育具有文化传承与创新的功能，能够提升一个区域的文化品位。因此，学术中心与文化中心具有共生性。晚清及民国时期，学术中心出现在京津地区和沪宁地区的一个重要原因是这些地区文化积淀深厚，是当时全国的文化中心；计划经济时期，学术中心之所以一度消失，是因为在"文化下乡"和"知识下乡"政策背景下，文化中心不复存在；市场经济时期，学术中心再次出现，这是因为随着改革开放，中国的文化中心正在形成。相对于外部的政治因素和经济因素，文化因素对学术中心形成来说是一种内部因素。如果说前者属于外部环境，那么后者就属于内在逻辑。从内在逻辑的角度来看，高校向文化中心集聚的主要原因有四个方面：一是文化中心的优秀师资集中，而一流的师资是达到一流大学的前提和基础；二是文化中心的优秀学生集中，北京、上海等文化中心吸引了全国最优秀的生源；三是文化中心的图书馆、博物馆、科技情报信息等文化资源丰富，全国最好的图书馆、博物馆、人文景观、科技情报信息中心几乎都集中在北京、上海等中心城市；四是文化中心的一流高校和科研院所密集，北京、上海等汇集了全国大部分的著名高校和国字号科研院所，拥有一流的学科资源。

2. 高等教育中心随区域经济中心而转移

2012年党的十八大对新的时代条件下推进中国特色社会主义事业做出全面部署，中国高等教育发展进入了新时代，市场在高等教育资源的配置中发挥越来越大的作用。在市场力量的推动下，我国优质高等教育资源正在向长三角、粤港澳和京津冀地区集聚，全国三大学术中心呼之欲出，中国优质高等教育的布局开始与经济发展保持同步。2017年，在教育部公布的140所"双一流"高校中，京津冀地区有39所，占比28%；长三角地区有34所，占比24%；粤港澳大湾区有5所，占比4%。从总体上看，三地"双一流"高校占比（56%）与其地区生产总值占比（45%）基本一致。分区来看，长三角地区"双一流"高校占比

（24%），与其地区生产总值占比（23%）基本一致；京津冀地区"双一流"高校占比（28%），远大于其人口占比（8%）；粤港澳大湾区"双一流"高校占比（4%），远小于其地区生产总值占比（14%）。如果考虑京津冀地区的"双一流"高校在粤港澳和长三角地区异地办分校或研究院的"补偿效应"，中国优质高等教育的布局正与经济发展趋于一致。

（三）京津冀城市群教育与区域协同发展

1. 京津冀协同发展的现状与雄安新区的战略定位

推动京津冀协同发展是一项重大的国家战略，而建设雄安新区是落实京津冀协同发展战略的关键举措。当前京津冀协同发展存在的主要问题有：产业结构差异明显，产业发展水平存在巨大落差；疏解存在结构性难题，没有形成合理的协同治理机制，导致要素单向流动；交通、环境、产业等重点领域仍存在亟待解决的深层次问题。雄安新区是京津冀协同发展的产物，要从国家战略的全局性高度出发，认识到雄安新区是中央政府为了打破京津冀协同发展当前陷入的无效率路径依赖状态而采取的自上而下的推进措施，目的在于改变京津冀地区内部发展水平严重失衡的现状，打造京津冀协同发展的新抓手和着力点，使雄安新区在承接北京非首都功能转移的过程中，形成能够与北京和天津的虹吸效应相抗衡的反磁力中心，从而重塑京津冀地区内部的政治、经济、文化格局，使整个区域进入一种协调均衡、层次分明、功能布局合理的发展格局，成为新的重要经济增长极。因此，高起点、高标准建设雄安新区是确定雄安新区定位、规划雄安新区建设的逻辑起点。

在京津冀协同发展过程中，雄安新区的战略定位表现在：① 作为北京非首都功能集中承载地。雄安新区区位优势明显、交通便利、生态环境优良、发展空间充裕，是承担北京非首都功能的理想之选，其可以承接首都疏解出的与全国政治中心、文化中心、国家交往中心、科技创新中心无关的城市功能，包括行政事业单位、总部企业、金融机构、高等院校、科研院所等。② 作为全国创新发展示范区。雄安新区是"贯彻新发展理念的创新发展示范区"，这既是国家对雄安新区的战略定位，也是新时期雄安新区贯彻落实新发展理念、探索创新发展模式的内在要求和历史使命。③ 作为京津冀地区新的经济增长极。雄安新区的设立，将在很大程度上优化调整京津冀城市布局和空间结构，缩小河北与京津两地在经济、文化、技术等重要领域存在的差距，解决京津冀产业结构不平衡的状况，扩大区域经济总量，推动京津冀协同发展呈现良性互动、深度融合的新格局。

2. 教育在雄安新区建设中的作用

基础教育和高等教育在雄安新区筹建初期发挥的作用有所区别。对于雄安新区的社会主义现代化建设而言，基础教育是非常关键的公共服务资源，优质基础教育资源的丰富程度将在很大程度上影响着雄安新区对高端创新人才的吸引力。只有将教育提升工作作为新区规划建设的重点工作，使雄安新区教育生态持续向好，师资水平不断提升，教育基础设施不断改善，群众对教育的重视程度出现质的转变，雄安新区才能真正引得来人才、留得下人才，获得长远可持续发展的前提条件。

高等教育机构是雄安新区的承接重点，在高等学校和科研机构方面重点承接著名高校在新区设立分校、分院、研究生院等，承接国家重点实验室、工程研究中心等国家级科研院所、创新平台、创新中心。相比基础教育的公共资源性质而言，高等教育对于提高雄安新区发展水平、提升雄安新区发展质量具有十分重要和关键的价值。第一，高等教育在雄安新区建设中首先发挥的是"容器"功能。高等学校和科研机构发挥着容纳高端创新人才的容器作用，将在京部委所属高校搬迁至雄安新区，将会使大批顶尖人才随之而来，能够在短时间内为雄安新区的创新发展输入充足的高水平人力资源。第二，高等教育发挥的"磁体"功能。雄安新区将重点承接北京的著名高校，在长期办学过程中，这些大学形成的品牌和声誉也被作为重要的隐形资本带到雄安，从而对高层次人才产生持续的吸引力，使人才能够源源不断地汇聚到雄安新区，服务地方创新发展。第三，高等教育发挥的育人功能。人才培养是高等教育的根本任务与核心功能，相关研究表明，高校毕业生就业具有显著的属地效应，且学历层次越高的毕业生往往属地效应越显著，即研究生更倾向于在高校所在的区域就业，因此，高等教育的育人功能将会为雄安新区的发展源源不断地输送高端创新人才，发挥其"造血"作用。第四，高等教育发挥的知识生产与应用功能。在知识经济时代，大学已经走到时代舞台中央，成为社会发展的"轴心机构"。大学及科研机构位于创新链的上游，是开展基础研究、生产基础知识的重要主体；大学、科研院所与企业的深度融合又将促进基础性知识的应用，加快雄安新区的创新驱动发展。

六、建议

（一）研究不足与改进

本课题聚焦"雄安新区教育与经济社会协同发展"这一研究主题，通过大量实证研究，探讨了京津冀协同发展过程中雄安新区教育人力资本与知识创新系统对区域经济社会发展的作用与影响，形成了具有较高学术价值与实践价值的研究发现与结论。在取得较高成果的同时，本课题仍存在一定的研究局限。一是，当前雄安新区的建设工作处于起步阶段，雄安新区的高等教育尚处于空白状态。因此，对一个处于发展中的事物进行深入研究具有较高难度，课题组只能采用类比方式，将雄安新区高等教育与经济社会协同发展的研究置于京津冀地区发展的框架中进行探讨。二是，本研究梳理了多个国外高校与区域协同发展的案例，例如美国硅谷与斯坦福大学、128公路与麻省理工学院等，尝试描绘出高等教育与区域协同发展的国际经验。然而，课题组目前对国际经验部分的提炼不够深入，未来研究工作中将弥补这一不足。

（二）启示

本课题以区域创新与内生发展理论、学术中心与经济中心共生理论、区域创新系统理论等为理论基础，立足京津冀协同发展这一政策背景，探究了雄安新区参与京津冀协同发展的战略定位、雄安新区教育与区域经济社会协同发展的模式与路径。本课题得到如下启示：

1. 确定雄安新区高等教育宏观结构，服务支撑高端高新产业发展与创新驱动发展战略

为适应雄安新区的发展战略，雄安新区高等教育一方面应培养适应高端高新产业需求的高素质人才，为雄安新区经济社会发展提供高质量人力资源。根据《河北雄安新区规划纲要》，雄安新区将重点发展新一代信息技术产业、现代生命科学和生物技术产业、新材料产业、高端现代服务业、绿色生态农业等高端高新产业。为了培养输送高层次专业人才，雄安新区的大学应当面向高端高新产业需求，优先布局建设计算机科学与技术、生物工程、材料科学与工程、应用经济学、农业工程等与产业结构相匹配的学科专业领域，将各个高校的优势学科分布情况作为重要指标，确定迁入雄安新区办学的北京高校名单，从而使雄安新区高等教育能够为雄安新区经济和产业发展提供学科专业对口的高质量人才资源。

另一方面，打造高水平高层次、本硕博贯通、知识溢出效应明显的高等教育系统，助力实施创新驱动发展战略。"创新驱动发展引领区"是雄安新区五大战略定位之一，实施创新驱动发展战略是雄安新区建设的题中应有之义。作为国家教育系统的最高层次，研究生教育是经济社会繁荣发展、创新驱动力有效提升的关键保障，是满足地方对高层次人才及尖端科技需求的重要支撑，在区域中发挥本体功能和派生功能。本体功能是指教育对高层次专门人才的培养作用，派生功能则是通过培养高层次专门人才来发挥研究生流动产生的知识溢出效应。应当在雄安新区创办以研究型大学为主体的高等教育系统，通过与科研院所、企业等创新主体合作，充分发挥研究生教育的本体功能和派生功能，凸显人才、学科、资源和平台的集聚优势，加快知识的创新输出与转化应用，推动雄安新区用创新驱动引领区的建设。

2. 有机结合"有效市场"和"有为政府",采取多元办学方式建设位于不同区位的高等教育

根据雄安新区空间布局的思路,雄安新区高等教育一方面应发挥"有为政府"主导作用,采取本土化、异地化办学方式,围绕科技园区,建设位于雄安新区起步区的大学城。在起步区(约100平方公里)内,由于承接非首都核心功能的紧迫性,高等教育建设必须发挥"有为政府"的主导作用,即由中央政府及北京市、河北省各级政府承担雄安新区起步区高等教育体系的规划、建设,做好北京高校的外迁与承接工作。此外,按照空间布局的前瞻性原则,应当在起步区内非启动区的组团中选址设立雄安新区中关村科技园,引导科技创新资源向那里集聚,主动打造一个科技园区与大学城共生共荣的教育、创新高地。

另一方面,发挥"有效市场"重要作用,采取市场化、国际化办学方式在雄安新区扩容区建设高等教育新高地。在中期发展区(约200平方公里)和远期控制区(约2000平方公里)内,为了体现雄安新区作为市场化国际大都市的发展定位,应当在政府引导的基础上,充分依靠市场力量、激发市场活力,推动"有效市场"和"有为政府"在高等教育资源配置中的有机结合。只有在空间更充裕、基础更扎实的中长期扩容区内提高高等教育的市场化、国际化程度,以更加开放、包容的姿态与国内外高水平大学合作办学,才能自然演化形成具有国际影响力和竞争力的高等教育新高地,从而支撑雄安新区全面建成各项经济社会发展指标达到国际领先水平的社会主义现代化城市。

3. 统筹协调"增量存量"和"疏解控制",确定适应不同阶段发展特点的高等教育建设方式

依据《河北雄安新区规划纲要》,雄安新区可采取增量疏解、存量疏解、增量控制方式,依靠政策辅助等外生因素完成高等教育资源初期积累。在2035年之前的政策扶持发展阶段,作为北京非首都功能疏解集中承载地,雄安新区依靠政策辅助等外生因素,通过综合运用增量疏解、存量疏解和存量控制的建设方式,承接北京疏解出的高等学校、科研机构和技术研发型企业,完成优质科技创新资源和高等教育资源的初期积累。增量疏解,即鼓励北京的高校在雄安新区新办校区、特色学院和研究院;存量疏解,即将部分北京的高校整体搬迁至雄安新区;存量控制,即严格控制在京高校的规模,防止在疏解过程中出现"走回头路"的问题。对于清华大学、北京大学等学科门类齐全、整体实力拔尖的高水平综合性大学,可以按照"增量疏解+存量控制"的原则,通过在雄安新区大学城创办分校区、特色学院和高精尖研究中心等方式完成疏解任务;对于"双一流"建设学科与雄安新区重点发展产业相匹配的高水平行业特色型大学,可以按照

"存量疏解＋存量控制"的原则，将本科及研究生教育整体迁入雄安新区大学城继续高起点办学。

雄安新区还可采取增量控制方式，依靠知识生产与自主创新等内生因素，实现优质高等教育资源的长期持续聚集。在 2035 年之后的内生创新发展阶段，雄安新区的高等教育应当采取增量控制的方式实现可持续发展，即汇聚和培育与雄安新区整体发展水平和方向相一致的高等教育资源。遵循特区建设的阶段性、约束性原则，在建设过程中逐步提高雄安新区创新发展的内生动力，摆脱对优惠政策等外部推动力量的依赖性，提升高等教育的基础研究能力和创新水平，增强创新链上游的知识供给能力，从而支撑雄安新区贯彻落实新发展理念，建成内生创新动力强劲的创新发展示范区。